주체적 실존치료의 이론과 방법

THEORY AND METHOD OF EXISTENTIAL THERAPY OF THE INSUBSTANTIAL-SELF

| 김은희 저 |

학지사

대우(大愚) 거사님과 원지(圓知) 거사에게
감사함과 고마움을 전합니다.

머리말

내가 심리학을 전공하기로 결심한 것은 중학교 3학년 때의 일이다. 그 후 심리학과에 입학하여 인간의 심리에 대한 서양 심리학적 접근을 공부하면서 감탄했던 기억이 난다. 그러나 해를 거듭하면서 서양 심리학적 이론에 의문을 품게 되었고, 바로 그때 학부 교수님의 소개로 불교를 중심으로 한 동양 심리학적 상담 접근을 하고 계신 윤호균 교수님을 알게 되었다. 1998년 대학원 입학과 동시에 불교 공부를 시작했고(불교를 만난 것은 내 인생 최대의 사건 중 하나이다), 불교의 핵심 개념 중 하나인 '집착'을 적용하여 '집착척도'를 개발하고 타당화하는 석사논문과 박사논문을 발표했다.

이후 2006년 자살유가족이 되면서(나는 이미 학부 시절 친구의 자살을 경험했었다) 실존치료에 관심을 두게 되었고, 2007년부터 본격적으로 실존철학과 실존치료를 공부하기 시작했다. 2009년 서울디지털대학교 상담심리학부 교수로 임용된 때부터 2020년 교수직을 그만둘 때까지 학부 수준의 '실존과 심리치료'라는 강의를 진행했고, 동시에 2012년부터 2022년까지 소그룹 모임을 진행하며 실존치료에 대한 강의 및 공부를 꾸준히 해 왔다. 2020년에는 제자들이 조직한 한국상담심리학회 산하 '실존치료연구회'의 초대 회장이 되어 2022년까지 회장 임무를 수행했다.

1998년부터 현재까지 2007년 한 해를 제외하고는 치료[상담]를 쉬지 않고 내담자들을 만나 왔고, 2008년부터는 실존치료 이론을 공부하는 동시에 내담자들에게 실제로 적용하면서 어떤 현상들이 일어나는지 알아보았다. 물론 이 모든 것은 불교 공부를 기반으로 실행되었다. 2024년에는 내가 이론과 치료[상담] 실제를 통해 공부하고 적용하며 만들어 온 내 나름의 실존치료를 『주체적 실존치료』라는 책을 통해 소개하기도 했다. 이미 『주체적 실존치료』 머리말에서 밝힌 바처럼, 나의 이력을 이렇게 자세히 소개하는 이유는 내가 '주체적 실존치료'라는 생소한 치료를 개발하고 소개할 최소한의 자격이 있다는 것을 말하고 싶어서이다.

2024년 『주체적 실존치료』를 발간한 후 다양한 피드백을 들을 수 있었다. 그 과정을 통해 보다 자세한 보충 설명이 필요하다는 점을 인정하게 되었고, 이에 『주체적 실존치료의 이론과 방법』이라는 책을 기획하게 되었다. 『주체적 실존치료의 이론과 방법』의 핵심 내용은 『주체적 실존치료』와 큰 차이가 없다. 다만, 독자들의 이해를 돕기 위해 부연 설명을 첨가하였고, 특히 『주체적 실존치료』에서는 의도적으로 기술을 지양했던 불교와 관련한 내용을 첨부하였다. 이것이 내가 불교 공부를 하게 된 이력을 소개한 이유이기도 하다.

두 가지 언급할 가치가 있는 차이는 다음과 같다. 첫째, 『주체적 실존치료』에서는 주체적 실존치료의 방법을 '나누기'와 '확인하기'의 두 가지로 제시했었으나 『주체적 실존치료의 이론과 방법』에서는 확인하기에 포함되어 있던 합의와 계약을 따로 분리하여 주체적 실존치료의 방법을 '나누기' '확인하기' '합의하기' 세 가지로 제시한다는 점이다. 이는 구체적인 방법에서 변화가 있는 것이 아니라 주체적 실존치료의 방법을 좀 더 이해하기 쉽도록 체계적으로 분류한 것에 불과하다. 주체적 실존치료의 방법인 '확인하기'와 '합의하기'는 여전히 밀접한 관계에 있다. 그러나 주체적 실존치료는 합의를 매우 중요하게 생각하는 경향이 있으므로 '합의하기'라는 방법을 따로 분류하여 제시함으로써 합의의 필요성을 좀 더 명확히 하고자 한다. 둘째, 『주체적 실존치료』에서 '구체적·실제적·현실적·가능적 현존'이라고 표현했던 실존의 정의를 『주체적 실존치료의 이론과 방법』에서는 '구체적·실제적·현실적 현존'이라고 수정하였다. 이 역시 '실존' 개념에 대한 큰 변화가 있는 것이 아니라 '실제적 존재' 혹은 '사실적 존재'를 의미하는 실존의 뜻을 보다 분명하고 명확하게 제시하고자 하는 의도에서의 수정이다.

『주체적 실존치료』를 발간할 때도 언급했지만, 나는 불교학이나 철학을 전공하지는 않았다. 학부 과정부터 박사 과정을 마칠 때까지 심리학, 세부적으로는 상담 및 심리치료를 전공했고, 항상 이론보다는 실제를 중요시했기 때문에 내담자들을 만나는 일을 소홀히 하지 않았다. '주체적 실존치료'는 이렇게 나의 생생하고 실제적인 체험을 토대로 만들어진 치료 접근이다. 따라서 불교와 실존철학 관련 내용들이 주체적 실존치료의 주요 내용이기는 하지만, 불교나 철학과 관련한(물론 심리학도 마찬가지겠지만) 이론적 결함과 한계를 인정하지 않을 수 없다(한편, 이러한 이론적 결함과 한계는 나 스스로 명확한 책임을 인식하면서 주체적으로 결단한 결과이기도 하다).

다만, 이 책을 읽는 독자 중 누군가는 인간과 인간의 심리적 문제에 천착(穿鑿)하여 살아온 한 사람의 치료자가 자신만의 길을 걸으면서 발견해 온 결과를 통해 도움을 받을 수 있기를 바랄 뿐이다. 또한 비주류 중에서도 비주류인 '주체적 실존치료'를 열심히 공부하고 적용하고 있는 나의 제자들과 실존치료에 관심이 있는 분들에게 이 책이 도움이 되기를 기대한다.

2025년 10월

김은희

차례

제2부

주체적 실존치료의 방법

서론

석사 입학을 코앞에 둔 내가 처음 설법(說法)을 들었던 때의 놀라움은 지금도 생생하다. 설법을 하시는 대우(大愚) 거사님(『그곳엔 부처도 갈 수 없다(2002)』 외 저서)의 사자후(獅子吼)도 인상적이었지만, 나를 놀라게 한 것은 '나라고 할 만한 나가 없다'라는 한 문장의 말이었다. 이 말이 불교에 조예가 있는 사람들에게는 익숙한 말이겠지만, 불교에 문외한이면서 '나'라는 실체를 당연히 전제하고 모든 것을 생각하던 심리학도인 나에게는 가히 충격적인 말이었다. 이 말을 듣는 순간 큰 호기심이 발동했고 그 이후부터 지금까지 나는 불교 공부의 끈을 놓지 않고 있다.

석사와 박사 과정을 거치는 동안 나는 심리학도이기보다는 불교 공부를 하는 사람이었다. 선원을 다니며 대우 거사님의 설법을 듣고 지산(志山) 스님(『붓다의 길 위빠사나의 길(2005)』 엮음)과 함께 불교 공부를 했으며, 나의 은사인 윤호균 교수님('온마음 상담' 이론 개발)과 나의 교육분석가(상담자/치료자)인 전현수 박사님(『불교정신치료 강의(2018)』 외 저서)이 불교를 상담과 정신치료에 적용하는 과정을 가까이에서 지켜보았다. 이런 영향 아래 나는 불교의 '집착(執着, Clinging)' 개념을 상담 및 심리치료에 적용하고자 하는 바람으로 '집착척도(The Clinging Scale)'를 개발하고 타당화하는 것을 석사와 박사 논문 주제로 삼았다. 당시 지도교수인 윤호균 교수님과 나는 척도라는 것 자체에 크게 관심을 두지는 않았지만, 불교의 훌륭한 개념을 상담 및 심리치료 영역에 들여오는 가장 효과적인 방법이 척도를 개발하는 것이라는 결론을 내렸다.

2006년은 내가 박사 과정을 마친 해이기도 하면서 실존치료에 처음으로 관심을 두게 된 해이기도 하다. 실존치료를 처음 접한 것은 심리학과를 다니던 학부 시절이다. 심리학 개론서에 짧게 소개된 실존치료를 보면서 흥미를 느끼기는 했으나, 석사와 박사 과정을 거치면서 실존치료라는 것에 대해 잊고 살았다. 그러나 2006년 가족을 자살로 잃는 경험을 하면서 항상 나의 머릿속에 죽음과 연결되어 있던 실존치료에 대한 관심이 증폭했다(당시 죽음과 실존치료를 자동적으로 당연하게 연결한 자체가 내가 실존치료에 대해 빈약한 지식을 갖고 있었기 때문이라는 것을 이제는 안다). 이후 실존치료를 공부하면서 치료에 실제로 적용하기 시작했고, 이러한 적용은 자연스럽게 그동안 내가 공부하고 치료에 구현해 온 불교와 교호작용을 하면서 나만의 치료 스타일로 이어졌다.

내가 실존철학과 현상학을 바탕으로 한 실존치료를 공부하면서 기존의 다른 치료 접근들과의 가장 핵심적인 차이로 보게 된 것은 '실체'와 '이분법적 사고'(사실 이 둘은 떼려야 뗄 수 없는 긴밀한 관계에 있다)에 대한 관점이다. 대부분의 기존 심리치료는 고정된 실체로서의 '주체(나)'와 '객체(너)'를 당연하게 전제하고, 주–객 이분법의 토대 위에서 자연과학적이고 실증주의적인 관점에 입각한 이론과 방법을 전개한다. 고정된 실체를 당연시할 때 자연스럽게 따라오는 이러한 이분법적 사고는 심리적 문제에도 그대로 적용되어, 건강과 불건강, 적응과 부적응, 병리와 비병리 등으로 심리적 문제를 분별하고 평가하는 태도를 형성한다. 이는 물론 치료자와 내담자를 이분법적으로 구분하여 보는 것에도 적용된다.

나는 실존치료가 심리적 문제를 자연과학적이고 실증주의적이며 의학모델적인 객관적 관점이 아닌 일상적이고 맥락적이며 고유한 주관적 삶의 관점에서 바라보고, 선형적 인과관계를 지양하며, 치료자와 내담자를 상호주관적 관점에서 바라보는 태도 등이 바로 실체를 전제한 기존의 다른 치료 접근들의 이분법적 사고에 대한 저항이라고 생각한다. 근대 이후 자연과학적 실증주의에 매몰된 심리학이나 치료를 비판한 Husserl의 현상학과 Heidegger의 실존철학(Heidegger는 자신의 철학을 실존철학으로 명명하는 것을 거부했다고 한다) 등 실존치료에 주된 영향을 미친 철학적 기조를 살펴보더라도, 고정된 실체와 이분법적 사고에 대한 실존치료의 거부는 명확하다고 판단된다. 이러한 거부는 근대적 주체의 '해체'가 그 주된 특성 중 하나라고 할 수 있는 포스트모더니즘 철학과 실존치료가 긴밀하게 관련되어 기술되는 점에서도 명백하게 드러난다.

실존치료는 심리적 문제를 하나의 병리적 현상으로 정의하고 명명한 후 그 병리적 현상의 원인을 찾아 고쳐서 병리적이지 않은 현상으로 변화시키는 것에 초점을 두지 않는다. 실존치료에서 심리적 문제라는 것은 근본적으로 병리적 현상이 아니라, 누구나 생을 영위하면서 경험하게 되는 삶의 자연스러운 현상일 뿐이다. 즉, 심리적 문제는 내담자 혹은 환자가 객관적인 병적 상태에 있는 것이라기보다는 어떤 고유한 개인이 어떤 유일한 주관적인 현상을 경험하는 것이라 할 수 있다. 이때 중요한 것은 경험의 맥락과 상황을 두루 살피면서 그 안에 실존하고 있는 존재자인 바로 그 유일하고 독특하며 고유한 한 사람의 관점(의미와 해석)을 해명하고 밝히는 것이다.

자연과학적 의학모델에 기반한 치료들이 드러난 심리적 문제를 객관주의적이고 실증주의적인 진단명으로 분류하여 그에 따른 대증적 치료를 하는 것에 반해, 실존치료는 모든 심리적 문제와 긴밀한 연관을 맺으며 실존하는 주체의 관점(의미와 해석), 선택, 결정 등에 대해 탐구한다. 즉, 드러난 부정적 현상(병)의 긍정적 현상에로의 변화(병의 소멸)에 초점을 두기보다는, 어떤 현상의 의미구조와 그 의미구조의 수혜자이자 동시에 부여자로서의 주체에 초점을 두는 것이다. 실존치료의 이러한 기조는 여타의 객관주의적이며 실증주의적인 치료 혹은 교조적인 치료의 기조와는 상당히 다른 것이다.

나는 실존치료의 이러한 기조가 불교와 상통하는 면이 있다고 생각한다. 불교 공부를 시작했을 때 '붓다는 병을 치료하는 사람이 아니라 병이라고 할 만한 것이 본래 없다는 것을 보여 주기 때문에 진정한 치료자다'라는 이야기를 들었다. 참으로 놀라운 말이었다. 늘 정신병리학적 병명에 집중하고 진단과 평가에 몰입하던 심리학도에게 병이라는 것이 본래 없다는 말은 호기심을 자극하기에 충분했다. 모든 고통은 무명(無明)으로 인한 집착(執着) 때문에 일어나므로, 무명이 있으면 고통이 있고 무명이 없으면 고통이 없다는 것이다. 무명의 핵심은 연기법(緣起法)을 모르는 것이니, '연기'를 보고 '연기'를 아는 사람에게는 고통이 더 이상 고통이 아니라는 것이다.

그런데 '연기'를 보고 '연기'를 아는 것은 온전히 '나'에게 달린 일이다. 결국 병이나 고통을 주관하는 핵심에 '나'의 역할이 자리하고 있다. 내가 '연기'를 보지 못하고 '연기'를 알지 못하면 고통이 고통으로만 보이지만, 내가 '연기'를 보고 '연기'를 알면 고통이 고통이면서 곧 고통이 아니라는 진실을 보게 된다는 것이다. 왜냐하면 '연기'를 보고 '연기'를 안다는 것은 어떤 현상, 예를 들어 고통이라는 현상의 인연화합(因緣和合)을 관조할 수 있다는 것이고, 이는 곧 인연(因緣)으로 말미암아 연기(緣起)하는 것은 결국 공(空)이라는 사실을 직관할 수 있다는 것이기 때문이다. 이렇게 되면 고통이 고통인 채로 고통이 아니라는 말장난 같은 말이 사실은 엄밀한 진실이라는 점을 이해하고 수긍할 수 있게 된다.

불교에서 모든 현상의 핵심적인 작동 원리가 연기(Conditioned arising)인 것처럼, 실존치료에서는 모든 현상이 서로 관련되어 있다는 연관성(Relatedness)이 핵심 주제 중 하나이다. 심리적 고통 혹은 문제를 객관적인 실증주의적 지표들로 진단·평가하고 대중적 차원에서 설명·대처하는 접근은 불교와 실존치료 모두가 지양하는 접근이다. 이들이 지향하는 공통점은 모든 현상이 서로 밀접한 불가분적 관계를 맺고 있으므로, 모든 현상에 대해 '연기'(불교)와 '연관성'(실존치료)을 바탕으로 한 총체적이며 전체적인 관점을 취한다는 데 있다. 더욱 중요한 공통점은 이러한 '연기'와 '연관성'을 꿰뚫어 통찰하며 실존하는 존재자인 '나'의 능력, 예를 들면 의지와 결단 등을 핵심적인 요인(조건)으로 간주한다는 것이다. 이 점에서 '나'는 '연기'와 '연관성'의 한 축으로서 미약한 하나의 요인(조건)이면서 동시에 의지와 결단을 통해 현상 전체에 영향을 미칠 수 있는 강력한 하나의 요인(조건)이기도 하다.

이처럼 불교의 '연기'와 실존치료의 '연관성'은 유사한 측면이 분명 존재한다. 그러나 '연기'라는 개념이 불교에서 '공(空, Insubstantiality)'이라는 개념과 같은 뜻으로 이해된다는 측면을 고려하면 '연기'와 '연관성'이라는 두 개념의 차이를 인식하게 된다. 불교에서 말하는 '연기'는 '서로 의지해서 함께 일어남'을 의미하기 때문에 어떤 것이든 하나의 고정된 실체를 상정하는 것이 불가능하다. 모든 것은 독립적으로 홀로 고정되어 존재할 수 있는 실체(實體)일 수 없기 때문이다. 오직 '연기'함으로써만 존재할 수 있다는 것은 실체로서 존재할 수 있는 것은 없다는 것이고, 이는 '연기'하는 모든 것은 자성(自性, 그 자체의 정해진 본질, 곧 존재의 고유한 실체)이라는 것이 비어 있음, 곧 '공'이라는 것을 의미한다. 불교의 '연기'는 곧 '공'을 의미하지만 실존치료의 '연관성'에는 '공'의 의미가 함축되어 있지 않다(적어도 명시적으로는 그렇다).

이상의 내용을 정리하면, '연관성'이 '자성'을 지닌 실체 간의 관련성을 의미한다면, '연기'는 단지 원인(因)과 조건(緣)에 따라 모여서 생기고(生成) 흩어져서 사라지는(消滅), 즉 '자성'이 본래 비어 있는 의존성을 의미한다고 요약할 수 있다. 모든 현상에 주의를 기울여 관조하면서 '지금 무슨 일이 어떻게 일어나고 있는가'를 있는 그대로 알아차리는 '나' 역시 '자성'이 비어 있어 원인과 조건에 의존적인 공(空)인 '나'일 뿐이다. 이러한 연기법을 이해한 후에야 비로소 나는 '나라고 할 만한 나가 없다'라는 말을, '나는 있다. 그러나 나는 없다. 그러므로 나는 있지만 나라고 할 만한 나는 없다'라는 말로 이해할 수 있었다.

불교의 관점에서 보면 모든 고통은 집착으로부터 기인한다. 그러한 고통을 진정으로 이해하여 자기 나름대로 소화하면서 자기 삶을 자기답게 살아가기 위해서는 '연기(공)'를 보고 '연기(공)'를 아는 것이 중요하다. 또 '연기'를 보고 '연기'를 알면서 자기 자신의 관점에 따라 결단하여 새로운 원인과 조건을 제공하는 것 역시 중요하다. 이것이 바로 실존적 조건 속의 나를 수동적으로 수용하면서도 내가 실존적 조건을 능동적으로 창조하는 의존관계, 즉 '연기(공)'를 치료 장면에서 구체적으로 구현하는 것이다. 그리고 이것은 우리가 개인의 능력으로 어찌할 수 없는 실존적 조건 속에서, 한계가 명확한 자유를 자각하며 실행하는 주체적 결단과 책임의 수행을 강조하는 실존치료를 구현하는 것이기도 하다.

나는 불교의 '연기법'을 치료 장면에 적용하는 것이 많은 왜곡과 오해의 소지를 갖는다는 점을 알고 있다. 집착척도를 개발했을 때도 마찬가지였다. 그러나 이처럼 훌륭한 개념들을 치료 장면에 적용하여 얻는 유익함을 치료자로서 외면하고 싶지는 않다. 그리고 붓다의 말처럼, 불교의 개념은 이론적인 추상의 영역에 존재하는 것이 아니라 각자의 매우 실천적인 영역에서 스스로 증명해야 할 것들이라고 생각한다. 이런 의미에서 온전히 자신만의 것인 심리적 문제(괴로움)에 집중하여 그 문제(괴로움)를 스스로 통찰하고 이해하면서 자기만의 결단을 통해 자기 자신의 길을 만들어 가는 내담자와, 그 길을 정성과 노력을 다해 같이 걸어가는 치료자가 함께 만들어 가는 '치료'야말로 붓다의 가르침에 부합하는 '실천'이라고 생각한다.

심리학을 전공하며 불교를 만나고 실존치료를 공부하면서, 나는 내담자를 만나는 일을 열심히 해 왔다. 내가 심리학을 전공하고자 한 것이 사소한 개인적 이유에서 시작된 것처럼 또 불교와 실존치료를 공부하게 된 것이 매우 사적인 인연(因緣)에 의한 것처럼, 나의 치료 이론은 지극히 개인적인 경험과 실천에 따른 체험적 결과물이다. 그러므로 '주체적 실존치료'라고 이름 붙인 나의 치료적 접근이 다수의 사람에게 유용할 것이라고는 생각하지 않는다. 어쩌면 매우 극소수의 사람에게만 도움이 되는 치료적 접근일 수도 있다. 하지만 불교와 실존치료에 진심으로 관심이 있는 소수의 사람에게는 이 생소한 치료적 접근이 자기 자신과 자기만의 삶의 문제를 숙고하면서 해명함에 있어 그리고 그런 과정을 통해 자기 삶의 진정한 주인으로 거듭남에 있어 도움이 될 것이라고 믿는다.

물론 자기와 자기의 삶이라는 것이 사실은 자기만도 아니고 자기만의 삶도 아니라는 것 그리고 바로 그런 사실 때문에 더욱 우리는 자기 삶의 주인이 될 진정한 책임을 지고 있음을 숙지하는 것이 중요하다. 왜냐하면 내가 '나'라고 생각하는 그것을 최대한 활용하는 것만이 우리가 할 수 있는 전부이기 때문이다. 그것이 아무리 빈약한 것일지라도 내가 '나'라고 생각하며 행동하는 그것이 내가 가진 전부이며 내가 할 수 있는 전부이기 때문이다. 이것이 바로 인연(因緣)으로 인한 연기(緣起)로 운용되는 '세상' 속에서 인연(因緣)으로 인한 연기(緣起)로 운용되는 '내'가 순간순간 온전히 나의 지금을 살아가는 원리일 것이다. 연기(緣起)나 공(空) 등의 불교 개념을 허무주의와 연결 짓는 피상적이고 무책임한 공염불(空念佛)을 하지 않으면서 말이다.

이 책에서는 '치료'와 '상담'이라는 용어를 따로 구분하지 않는다는 사실을 명확히 밝혀 둔다. 치료와 상담이라는 용어는 맥락에 따라 각기 의미와 용도가 다르기도 하지만, 실제 치료 장면에서 전문가들이 이 두 용어를 뚜렷한 구분 없이 사용하고 있는 것이 현실이다 (물론 구분하기를 주장하는 전문가들도 있다). 또한 나는 다른 실존치료자들과 마찬가지로, 기존의 '치료'라는 용어가 가지고 있는 매우 제한적인 정의를 넓히고자 하는 의도로서 '치료'라는 용어를 주로 사용할 것이다. 독자들은 이 책에서 치료와 상담이 다르지 않은 뜻으로 사용되고 있다는 점과 저자가 '치료'의 의미를 확장하고 변화시키고 싶은 의도에서 치료라는 용어를 사용한다는 점, 또 '주체적 실존치료'가 저자의 상담 접근의 공식 명칭이라는 것을 기억하면 된다.

제 1 부

주체적 실존치료의 이론

제 1 장

실존치료

이 책의 목적은 주체적 실존치료의 이론과 방법을 소개하는 것이다. 그러나 거의 모든 독자가 주체적 실존치료에 생소할 것이기 때문에, 우선 독자들에게 친숙한 실존치료에 대한 전반적인 내용을 간략하게 소개하는 것으로 시작하고자 한다.

실존치료(Existential therapy)는 한 사람의 선구자를 중심으로 발전한 일관성 있는 치료도 아니고 실존치료자들 모두가 합의하는 하나의 체계를 갖춘 치료도 아니다. 또한 실존치료를 주 지향으로 하는 치료자들이 적을 뿐만 아니라 실존치료 집단 자체도 심리치료 집단 중에서 작은 집단에 속한다(Cooper, 2015). 미국 심리치료자들을 대상으로 한 연구에서 단 4%만이 실존치료를 지향하는 것으로 조사되기도 하였다(Cooper, 2015에서 재인용).

실존치료의 철학적·역사적 배경도 다양하다. van Deurzen과 Adams(2016)는 실존치료의 선구자로서 고대 그리스 철학자 Socrates를 들고 있고, Plock와 Tantam(2019)은 실존치료의 배경으로 서양의 아테네와 로마 철학자들(Socrates, Plato, Aristotle, Epicurus, Cicero, Lucretius, Epictetus)은 물론 동양의 공자, 노자, 붓다를 거론하고 있다. 특히 19세기에 유럽에서 활발하게 전개된 실존적 사상과 문학, 해석학과 현상학은 실존치료의 배경에서 매우 중요하며, 심층 심리학과 현상학적·실존적 정신의학 등의 영향도 중요한 배경이 되고 있다(Cooper et al., 2019).

다음에 제시된 〈표 1-1〉은 van Deurzen(2012a)이 실존치료의 배경이 되는 인물들을 정리한 것이다. 단지 이 표에 등장하는 몇몇 생철학자와 실존철학자(실존주의자), 문학가와 사상가, 현상학자와 포스트모더니즘 철학자 그리고 인본주의자만 보더라도 실존치료의 배경이 얼마나 다양한지 짐작할 수 있다.

표 1-1 실존철학자

자유 철학자	현상학자	실존주의자	포스트 모더니스트	실존적 인본주의자
Søren Kierkegaard 1813~1855	Franz Brentano 1838~1917	Jean Paul Sartre 1905~1980	Michel Foucault 1926~1984	Martin Buber 1878~1965
Friedrich Nietzsche 1844~1900	Edmund Husserl 1859~1938	Maurice Merleau Ponty 1908~1961	Emmanuel Levinas 1906~1995	Paul Tillich 1886~1965
Arthur Schopenhauer 1788~1860	Karl Jaspers 1883~1969	Simone de Beauvoir 1908~1986	Paul Ricoeur 1913~2005	Rollo May 1909~1994
Fyodor Dostoyevsky 1821~1881	Martin Heidegger 1889~1976	Gabriel Marcel 1889~1973	Jacques Lacan 1901~1981	Hannah Arendt 1906~1975
Karl Marx 1818~1883	Max Scheler 1874~1928	Albert Camus 1913~1960	Jacques Derrida 1930~2004	Abraham Maslow 1908~1970

1. 실존치료의 정의

다양한 철학적 배경에서 등장한 치료이고 한 사람의 주창자가 존재하지 않는 만큼 실존치료가 무엇인지에 대해서 공통된 정의를 내리기는 어렵다. 그러나 2014년과 2015년에 걸쳐 온라인을 통해 실존치료가 과연 무엇이라고 생각하는지 조사한 결과가 『실존치료(Existential therapy)』(Cooper et al., 2019)에 제시된 예가 있다. 물론 이 내용은 매우 광범위해서 세부적으로는 모든 실존치료자가 동의하기 어려울 수 있다. 그러나 국제적 규모의 실존치료자들을 대상으로 수집된 자료에 기반하여 실존치료가 과연 무엇인가에 대한 전반적인 정의를 정리한 점에서는 큰 의의가 있다. 다음에 기술된 것이 바로 그 내용이다.

- 실존치료는 상담 또는 심리치료에 대한 철학적인 접근방식이며 매우 다양한 이론과 실제의 스펙트럼을 포함하고 있다. 실존치료는 계속 발전해 가고 있는 그 다양성 때문에 쉽게 정의 내리기가 어렵다. 예를 들어, 어떤 심리치료자들은 실존치료가 상담이나 심리치료의 독립적인 특정 접근이라기보다는 치료를 향한 태도 혹은 입장이라고 간주한다. 반면, 최근 몇 년 사이에 많은 심리치료자가 점점 더 실존치료를 구체적인 치료 접근방식으로 고려하고 있다. 어느 쪽이든 간에 본질적으로 실존치료는 실제 치료 장면에서 엄격한 원칙이나 독단적인 신조가 아닌 연관성(relatedness)과 자발성(spontaneity), 유연성(flexibility)을 강조하는 철학적 접근방식이다. 실제로 이러한 핵심 특징들 때문에 많은 실존치료자가 실존치료를 정의하려는 시도 자체가 실존치료의 본질에 모순된다고 여긴다.

- 다른 치료 접근법들과 마찬가지로 실존치료도 주로(전적으로는 아니지만) 고통을 받으며 위기에 처해 있는 사람들을 위해 사용된다. 일부 실존치료자들은 가급적 그러한 고통을 완화시켜서 개개의 내담자들이 삶의 필연적인 난제들에 좀 더 의미 있고 건설적인 방식으로 대처하도록 돕고자 개입한다. 반면, 다른 실존치료자들은 증상이나 문제에 덜 초점을 두면서 내담자들이 실존을 폭넓게 탐구하도록 개입한다. 이들은 증상의 완화 혹은 결함의 제거를 위해 인지와 행동의 교정을 꾀하는 특정 치료목표나 결과를 미리 가정하지 않는다. 그러나 그들의 이론적, 이념적 그리고 실질적 의견의 차이에도 불구하고, 실존치료자들은 대부분 동시대의 다른 치료자들과는 구분되는 독특한 철학적 세계관을 공유한다.

- 실존치료는 일반적으로 환자 혹은 내담자의 삶과 경험에 대한 지지적·협력적인 탐구로 이루어진다. 이런 방식의 탐구는 우선 치료실 안에서 일어나는 지금 여기의 치료적 관계의 특성과 질에서 중요하다. 이뿐만 아니라 치료실 밖에서 일어나는 환자 혹은 내담자와 그들의 맥락적 삶의 세계 간의 관계에 대한 탐구에서도 지지적·협력적인 탐구 방식은 중요하다. 이러한 중요한 철학적 근거를 고수하기 위해 실존치료는 비극과 황홀, 공포와 아름다움, 물질과 정신을 아우르는 무수한 인간사의 측면에 중점을 둔다. 더 나아가 실존치료는 모든 인간 경험을 우리가 지속적으로 그리고 필연적으로 참여할 수밖에 없는 실존의 근간, 즉 '세계-내-존재'와 본질적으로 분리될 수 없는 것으로 생각한다.

- 실존치료는 특정의 불가피한 한계를 지닌 채 살아가면서 자신만의 방식을 선택하고, 창조하고, 영속시키는 각각의 고유한 개인을 조명하는 것을 목표로 한다. 이론적 지향과 실제적 접근방식 모두에서 실존치료는 인간 경험의 끊임없는 출현과 개현, 그리고 역설적인 특성을 강조하고 중요하게 여기는데, 이는 인간이 된다는 것이 진정으로 무엇인가에 대한 무한한 호기심을 불러일으킨다. 궁극적으로 실존치료는 인간의 실존에 대한 가장 근본적이고 지속적인 몇 가지 질문을 직시한다고 말할 수 있다. '나는 누구인가?' '이 삶 속에서 나의 목표는 무엇인가?' '나는 자유로운 존재인가 아니면 결정되어 있는 존재인가?' '나는 나의 죽음을 어떻게 받아들일 것인가?' '나의 실존에 어떤 의미와 중요성이 있는가?' '나는 내 삶을 어떻게 살아야 하는가?'

요약하자면, 실존치료는 살아 있는 존재자로서 바로 지금 여기에 내가 있는 의미를 탐구하는 것이다. 실존치료자들은 선택과 딜레마, 한계를 직시하면서 인간이 된다는 것이 과연 무엇이고 도전과 장애, 문제에 어떻게 최선의 대처를 할 것인가를 탐구한다. 그들은 용기와 개방성, 겸손의 자세로 인간 존재의 근본 지반을 탐구한다.

2. 실존치료의 종류

19세기와 20세기 철학의 흐름과 제1·2차 세계대전은 치료자들에게 많은 영향을 주었는데, 특히 실존철학에 깊은 영향을 받은 치료자들이 나타나기 시작했다. 독일의 정신과 의사이자 철학자인 Jaspers는 정신질환을 이해하기 위해 진단명이 아닌 정신질환자의 경험 그 자체를 실존적 용어로 기술하고자 시도했던 최초의 인물이다(van Deurzen, 2012a).

이후 Freud의 친구인 스위스의 정신과 의사 Binswanger(1975)가 Husserl과 Heidegger의 사상으로부터 영향을 받아 자신의 치료에 그들의 철학을 적용하기 시작하였으며, 그것을 '실존분석(Existential analysis)'이라고 불렀다. 그는 시간과 공간 경험과 같은 인간 세계 경험의 철학적 차원에 관심을 가졌고, 해석(interpretation) 대신에 현상학적 기술 원리(phenomenological principle of describing)를 치료에 적용하였다. 역시 스위스의 정신과 의사이고, Freud와의 개인 분석과 Jung과의 세미나 경험이 있기도 했던 Boss(1963)는 Heidegger의 철학, 특히 후기 Heidegger 철학을 바탕으로 최초의 실존치료 형태인 '현존재분석(Daseinsanalysis)'을 개발하였다. Boss는 Heidegger를 스위스로 직접 초청하여 강의(졸리콘 세미나)를 듣는 것은 물론, 매우 긴밀한 개인적 교류를 통해 현존재분석을 개발하고 발전시켰다.

전 세계 치료자와 심리치료자를 대상으로 조사한 결과, 가장 영향력 있는 실존치료자로 뽑힌 Frankl은 '의미치료와 실존분석(logotherapy & existential analysis)'의 창시자이다(Correia et al., 2016). Frankl은 홀로코스트 생존자로서 유명하지만, 특별한 기법을 갖춘 실존치료인 의미치료를 개발하고 전 세계로 확장시킨 인물로도 유명하다. 그의 의미치료에 대해서는 『영혼을 치유하는 의사(The doctor and the soul)』(Frankl, 1986)에 자세히 기술되어 있다.

유럽에서 시작된 실존치료는 May에 의해 미국에 소개되었다. 두 권의 책 『실존(Existence)』(May et al., 1958)과 『실존심리학(Existential Psychology)』(May, 1961)은 당시 인본주의 심리학이 한창이던 미국의 치료자들에게 지대한 영향을 미쳤다. 특히 1980년 Yalom이 출판한 『실존심리치료(Existential Psychotherapy)』는 그 동안 대표적인 실존치료 교과서로 자리해 왔고, May의 제자인 Schneider는 다양한 저서(Schneider & May, 1995; Schneider, 2008; Schneider & Krug, 2010)를 통해 실존적-인본주의적 치료(Existential-humanistic therapy)와 실존적-통합적 치료(Existential-integrative therapy)를 발전시키고 있다. 오늘날 한국에서 대학원생들이 주로 교과서를 통해 공부하는 실존치료는 이와 같은 미국에서 발전한 실존치료에 치우친 경향이 있다.

현재 전 세계에서 실존치료가 가장 활발하게 전개되는 곳은 영국이다. 제1회 국제 실존치료 학술대회(The first World Congress of Existential Therapy)도 2015년 5월 런던에서 개최되었다. 이 학술대회는 전 세계 실존치료자들이 모이는 중요한 행사의 하나로 자리 잡고 있다. 영국의 실존치료는 대체로 실존적-현상학적 치료(Existential-phenomenological therapy)로 불리고 있으며, 반정신의학 혹은 탈정신의학의 핵심 인물로 꼽히는(그 자신은 그 말을 만들지도 인정하지도 않았지만) Laing의 지대한 영향 아래 발전하였다. Laing은 연구의 기본 토대로서 실존철학과 현상학을 선택하였으며, 특히 Sartre의 연구 중에서 사회-정치적 이론에 집중했다(van Deurzen & Adams, 2016). 현재 영국은 물론이고 전 세계 실존치료자 중 가장 주요한 인물들로 언급되는 van Deurzen과 Spinelli는 실존철학과 현상학에 초점을 두면서 자신들의 이론과 실제를 꾸준히 발전시키고 있다.

요약하자면, 실존치료자들은 대체로 현재 전 세계에서 실행되고 있는 실존치료를 크게 네 가지로 분류하고 있다. 네 가지 주요 실존치료와 각 실존치료의 대표적인 치료자들은 〈표 1-2〉와 같이 정리할 수 있다.

van Deurzen(2012a)은 실존치료에 기여한 사람들과 현재 실존치료에 큰 영향을 끼치고 있는 치료자들을 정리한 바 있는데, 이것이 〈표 1-3〉의 내용이다. 또한 van Deurzen과 Adams(2016)는 현대의 주류 실존치료를 다섯 가지로 분류하고, 실존치료의 선구자들과 각 실존치료의 주요 인물들을 표로 제시한 바 있는데, 이것이 〈표 1-4〉의 내용이다. 두 표는 중복되는 내용이 많기는 하지만, 분류 기준이 다르고 그 기준 자체가 가지는 의미가 있으므로 모두 제시하고자 한다.

표 1-2 네 가지 주요 실존치료와 대표적인 치료자

주요 실존치료	대표적인 치료자
현존재분석 (Daseinsanalysis)	Ludwig Binswanger, Medard Boss, Erik Craig
의미치료와 실존분석 (Logotherapy & Existential Analysis)	Viktor Frankl, Alfried Längle
실존적-인본주의적 & 실존적-통합적 치료 (Existential-Humanistic & Existential-Integrative Therapy)	Rollo May, James Bugental, Irvin Yalom, Kirk Schneider
실존적-현상학적 치료 (Existential-Phenomenological Therapy)	Ronald David Laing, Hans W. Cohn, Ernesto Spinelli, Emmy van Deurzen

표 1-3 실존치료자

초기 정신과 의사	인본주의적 심리학자	영국의 대안 치료자	최근 미국 치료자	최근 영국 치료자
Ludwig Binswanger 1881~1966	Paul Tillich 1886~1965	George Kelly 1905~1967	James Bugental 1915~2008	Hans Cohn 1916~2004
Karl Jaspers 1883~1969	Carl Rogers 1902~1987	Aaron Esterson 1923~1999	Thomas Szasz 1920~	Freddie Strasser 1924~2008
Eugene Minkowski 1885~1972	Rollo May 1909~1994	Ronald Laing 1927~1989	Irvin Yalom 1931~	Ernesto Spinelli 1949~
Medard Boss 1904~1990	Viktor Frankl 1905~1997	David Cooper 1931~1986	Kirk Schneider 1956~	Emmy van Deurzen 1951~

표 1-4 실존치료자

선구자	현존재분석	인본주의적 실존적	실존적 통합적	의미치료	유럽 학파
Ludwig Binswanger 1881~1966	Medard Boss 1904~1990	Rollo May 1909~1994	Thomas Szasz 1920~2012	Viktor Frankl 1905~1997	Ronald D. Laing 1927~1989
Karl Jaspers 1883~1969	Gion Condrau 1919~2006	James Bugental 1915~2008	Aaron Esterson 1923~1999	Joseph Fabry 1909~1999	Hans Cohn 1916~2004
Eugene Minkowski 1885~1972	Alice Holzey-Kunz 1943~	Irvin Yalom 1931~	Peter Lomas 1924~2010	Paul Wong 1937~	Ernesto Spinelli 1949~
Erich Fromm 1900~1980	Eric Craig 1944~	Kirk Schneider 1956~	Betty Cannon 1943~	Alfried Längle 1951~	Emmy van Deurzen 1951~

이들의 이론이나 실제를 이 책에서 기술하지는 않겠지만, 실존치료를 주 지향으로 삼고자 하는 치료자라면 각자의 선호에 따라 표에 제시된 인물들과 그들의 주장에 관한 공부가 필요할 것이다.

3. 실존치료의 목표

실존치료의 목표는 네 가지 주요 실존치료 간에도 큰 차이가 있지만, 각 실존치료 내의 각각의 치료자 사이에서도 많은 차이가 있다. 그러나 이 책에서는 각각의 실존치료에 대해서 다루지 않으므로 전반적인 실존치료의 목표를 제시한 예를 살펴보고자 한다. 이것은 단지 최소한의 예에 불과하다는 것을 독자들은 반드시 기억하기를 바란다.

Cooper 등(2019)은 실존치료의 전반적인 목표를 “내담자들이 자신이 살아온 삶의 경험을 정직하고 솔직하게, 그리고 철저하게 탐구하도록 하는 것”이라고 말한다. 실존치료는 내담자들이 자신의 삶을 깊고 면밀하게 살펴보고, 좀 더 만족스럽고 충만한 삶의 방향을 발견할 수 있는 기회를 제공한다. 실존치료는 쉬운 대답을 제공하지 않는다. 실존적인 관점에서 보면 빠른 해결책이란 없다. 그러나 내담자들은 어둠 속을 들여다볼 수 있는 끈기와 용기 그리고 의지를 통해 자신이 누릴 수 있는 최상의 삶을 만들어 가는 데 도움을 받을 수 있다. 이것을 제공하고자 하는 것이 바로 실존치료의 목표이다.

Sousa(2016)는 실존치료의 주요 목표를 정리했는데, 그 내용은 다음과 같다.

- 내담자가 자신의 삶을 살아가면서 하게 되는 선택에 대해 보다 명확하고 본래적인(authentic) 태도를 형성하도록 촉진하기
- 내담자가 자신의 삶을 의미 있게 만드는 과정을 촉진하기
- 자기 자신의 힘(self-strength)을 기르고 자기 자신에 대해 알도록(self-knowledge) 촉진하기
- 실존의 다양한 면을 직시할 수 있는 역량을 증진시키기
- 실존적 불안(angst)을 인지하고 직면하기
- 세계관(믿음, 감정, 생각, 경험)에 대한 반성적(reflective) 자기 자각을 증진시키기
- 인간관계에 대한 의식을 증진시키기
- 실존적 기투(자유와 한계 그리고 개인의 자율성)에 대한 개인적 책임감 높이기
- 실존(나는 어떻게 존재하는가?)의 본질(나는 무엇인가?)과 개인적 정체성(나는 누구인가?) 탐구하기

4. 실존치료의 차원

실존적인 접근의 개념화를 돕기 위해 Cooper는 실존치료의 아홉 가지 기본적인 차원을 제안했다(Cooper, 2017; Cooper et al., 2019). 실존적인 접근법과 치료법이 이러한 차원들(dimensions) 중 어느 하나의 차원과 깔끔하게 맞아떨어지지는

않으며, 언제 어떤 내담자와 만나느냐에 따라 치료자들 사이에도 상당한 다양성이 존재한다. 그러나 이 아홉 가지 차원은 얼마나 다양한 실존치료의 형태가 존재하는지에 대해 생각해 보고, 또한 실존치료가 얼마나 다양한 치료 방법을 아우르고 있는지 알아보는 데 유용하다.

- **앎 대 알지 못함**(knowing vs. un−knowing/not−knowing): 실존치료자가 다양한 가정과 믿음(해석)을 지닌 채 내담자를 대면하는가, 아니면 솔직하게 '알지 못한다'는 (현상학적인) 입장에서 내담자를 대면하는가?
- **지시적 대 비지시적**(directive vs. non−directive): 실존치료자가 치료 과정을 주도하는가, 아니면 내담자가 치료 과정을 이끌도록 허용하는가?
- **설명적 대 기술적**(explanatory vs. descriptive): 실존치료자가 내담자의 경험에 내재되어 있는 내용/의미를 알아내려고 노력하는가, 아니면 내담자가 자기의 경험을 있는 그대로 '풀어놓도록(unpack)' 돕는가?
- **병리화 대 비병리화**(pathologizing vs. de−pathologizing): 실존치료자가 내담자의 어려움을 병리적 '증상(symptom)'이나 '장애(disorder)'로 보고 그런 측면에 초점을 두는가, 아니면 내담자의 어려움을 '삶의 문제(problems in living)', 즉 부적응적이고 역기능적인 (고정된) 존재방식(way of being)으로 보는가?
- **기법 대 비기법**(techniques vs, not techniques): 실존치료자가 특정한 치료기법을 중심으로 치료를 진행하는가, 아니면 비교적 체계화되지 않고 비형식적인 대화 방식으로 치료를 진행하는가?
- **즉시성 대 비즉시성**(immediacy vs. non−immediacy): 실존치료자가 지금−여기(here−and−now)에서의 치료자−내담자 관계를 내담자가 탐색하도록 격려하는가, 아니면 격려하지 않는가?
- **심리학적 대 철학적**(psychological vs. philosophical): 실존치료자가 정서적·인지적·행동적 과정에 중점을 두는가, 아니면 내담자 삶의 전반적인 주제들과 의미에 대해 내담자와 함께 논의하는가? 즉, 치료의 초점을 '치유(healing)'에 두는가, 아니면 '지혜(wisdom)'에 두는가?

- **개인화 대 보편화**(individualizing vs. universalizing): 실존치료자가 내담자의 어려움을 그 내담자 개인 특유의 심리적 작용의 관점에서 이해하는가, 아니면 모든 인간이 겪는 보편적인 어려움의 관점에서 이해하는가?
- **주관적 대 세계-관계적**(subjective vs. inter-worldly): 실존치료자가 내담자의 정신(psyche) '내부(inside)'의 심리적 작용에 중점을 두는가, 아니면 내담자가 세상과 맺고 있는 관계(relationship)에 중점을 두는가?

이러한 관점들을 더 축약하면 실존치료적 접근들은 대체로 강경한-유연한(hard-soft) 축에 놓인 것으로 개념화해 볼 수 있다(Cooper, 2017). 상대적으로 더 지시적이고 병리적이며 해석적이고 기법 중심적인 접근들은 강경한 축에, 그리고 현상학적이고 기술적(묘사적)이며 관계적인 접근들은 유연한 축에 놓인다. 따라서 좀 더 강경한 실존치료 접근들은 내담자가 특정한 실존적 소여들(givens)을 직면하도록 촉구한다. 반면에 좀 더 유연한 실존치료 접근들은 내담자가 스스로 자신의 세상을 경험하는 방식을 탐구하고 이해하도록 돕는다.

그리고 상당 부분 이 강경-유연 축은 실존적 현상학적 영역 내에 존재하는 폭넓은 갈등을 대변한다. 이 갈등은 인간이 처한 상황에 관해 우리가 직면해야만 하는 어떤 진실이 있다고 믿는 좀 더 강경한 실존철학에서부터 실존적인 진실을 포함해 모든 진실은 궁극적으로 오직 세상을 바라보는 특정한 시각 내지는 관점일 뿐이라고 믿는 좀 더 유연한 실존적 입장에 이르기까지 그 스펙트럼이 다양하다.

Cooper(2017)는 다양한 실존치료와 실존치료자가 앞에 제시된 실존치료 차원들의 양극단 중 어디에 위치하는가를 표를 통해 보여 주고 있는데, 그 내용은 〈표 1-5〉와 같다. 나는 이 표가 가지는 의의는 어떤 실존치료와 실존치료자가 어떤 극단에 속하는가를 제시하는 것에 있다고 생각하지 않는다. 오히려 실존치료 내에 또 여러 실존치료자 간 이와 같은 다양성이 존재한다는 점을 보여 주는 것에 의의가 있다고 생각한다. 이는 실존치료가 지닌 특성, 즉 고정성과 독단성에 대한 지양의 특성과 유연성과 개방성에 대한 지향의 특성을 드러내는 또 하나의 예가 될 수 있다.

표 1-5 실존치료들의 차원

앎 (Knowing)	의미-중심적	Van Deurzen 실존적-인본 주의적 현존재분석 Laing	Spinelli	알지 못함 (Un-knowing)
지시적 (Directive)	의미-중심적	Laing 현존재분석 실존적-인본 주의적 van Deurzen	Spinelli	비지시적 (Non-directive)
설명적 (Explanatory)		현존재분석 실존적-인본 주의적 의미-중심적	실존적-현상학적 Laing	기술적 (Descriptive)
병리화 (Pathologising)	의미-중심적 현존재분석	실존적-인본 주의적	Laing 실존적-현상학적	비병리화 (De-pathologising)
기법-기반 (Technique-based)	의미-중심적	실존적-인본 주의적	현존재분석 실존적-현상학적 Laing	비기법-기반 (Non-technique-based)
즉시성 지향 (Immediacy oriented)	실존적-인본 주의적 Laing Spinelli	현존재분석	의미-중심적 van Deurzen	치료-외적 지향 (Extra-therapeutically orientated)
철학적 지향 (Philosophically orientated)	van Deurzen	의미-중심적	현존재분석 실존적-인간 중심적	심리학적 지향 (Psychologically orientated)

개인화 (Individualising)	실존적-인본주의적 현존재분석 Laing	의미-중심적	van Deurzen	보편화 (Universalising)
주관적 (Subjective)	실존적-인본주의적 Laing	van Deurzen 의미-중심적	현존재분석 Spinelli	세계-관계적 (Inter-worldly)

현존재분석(Daseinsanalysis)
의미-중심적=의미-중심적 치료(Meaning-centered therapy)
실존적-인본주의적=실존적-인본주의적 치료(Existential-humanistic therapy)
실존적-현상학적=실존적-현상학적 치료(Existential-phenomenological therapy)

5. 실존치료의 개관

이제까지 살펴본 실존치료 전반을 개관해서 정리해 보면 다음과 같다.

- 실존치료는 철학적 지향을 지닌 치료적 접근으로, 인간의 근본적인 실존적 조건에 관심이 있다.
- 실존치료는 인간의 본질과 인간 경험의 본질에 대한 깊은 의문을 제기하고, 인간이 된다는 것(what it is to be human)이 무엇인지를 탐구하는 것에 관심이 있다.
- 실존치료는 Newton식의 결정론(determinism)과 주체-객체 이분법(dualism)을 거부하는 경향이 있다.
- 실존치료는 각 개인이 자유로운 존재라고 가정하고 선택과 책임의 주체임을 강조하는 동시에 인간의 자유와 능동적인 자기 선택, 책임의 한계 또한 강조한다.
- 실존치료는 '문제'를 정신건강 혹은 병의 지표로 보기보다는 삶에서 누구나 직면하는 삶의 문제로 바라본다. 즉, 개인의 삶과 전체 맥락을 중요시하는

전체적(holistic) 접근이다.

- 실존치료는 의학적으로 지향된 접근의 전제에 의문을 제기하고, 정신병리학 개념을 거부하는 경향이 있다.
- 실존치료는 구체적인 기법상의 접근을 지양하고, 현상학적 방법론을 선호한다. 설명(explanation)과 분석(analysis)보다는 기술(description)과 이해(understanding)를 우선시한다.
- 실존치료는 치료자와 내담자 간의 활발하고 상호적인 대화(mutual dialogue)를 강조하며, 치료자는 내담자와의 진실하고 직접적인 관계를 지향한다.
- 실존치료는 내담자가 좀 더 실존적, 주체적, 본래적이 되는 것, 즉 자기 자신의 가치와 믿음에 따라 '진정한 자신'이 되고 '진정한 자신'으로 사는 것을 추구한다.
- 실존치료는 치유(cure)나 변화(change)보다는 이해와 탐구(exploration)에 더 관심이 있다.
- 실존치료는 치료 과정에서 내담자와 내담자의 경험에 대한 일반적이고 추상적인 이론이나 가설이 아닌, 유일하고 독특하며 구체적인 개인인 내담자와 그러한 내담자의 생생한 삶의 경험 그 자체를 중요시한다. 그리고 그러한 고유세계에 대한 있는 그대로의 이해가 중요하다고 전제한다.
- 실존치료는 내담자가 자신의 자유, 선택과 결정, 책임을 인식하고 주체적으로 행동하도록 권장한다.
- 실존치료는 내담자가 불안, 고독, 절망, 죽음과 같은 근본적인 실존적 조건들을 있는 그대로 인지하고 수용하면서 그러한 경험의 주체로서 자신을 명확하게 인식하도록 권장한다.
- 각각의 실존치료 접근에 따라 매우 큰 다양성과 차이가 존재한다.

Cooper(2017)는 자신의 책 『실존치료(Existential therapies)』에서 다양한 실존치료가 실제 치료 장면에서 대체로 공유하는 점을 다음과 같이 정리한 바 있다.

- 실존치료의 목적은 내담자가 보다 본래적(authentic)이 되도록 하는 것이다. 즉, 자신의 구체적인 실존을 더욱 자각하면서 좀 더 진정한 자신의 가치와 믿음, 경험에 따라 살도록 하는 것이다.
- 실존치료자는 내담자의 경험을 추상적이거나 가설적인 구성물로 보기보다는 구체적인 현실 자체로 보면서 치료하는 경향이 있다.
- 내담자는 자신의 자유와 책임을 인정하고 이에 따라 행동하도록 권장된다.
- 내담자는 불안, 죄책, 절망, 비극 등 '부정적인(negative)' 감정을 알아차리고 수용하며, 이러한 감정들로부터 배우도록 권장된다.
- 내담자는 자신의 현재와 미래 경험은 물론 과거 경험도 탐구하도록 권장된다.
- 내담자는 자기 존재의 모든 측면(정서, 사고, 행동, 생리적 반응 등)을 탐구하고, 이러한 측면들이 근본적으로 서로 연관되어 있음을 알도록 권장된다.
- 실존치료자는 단지 비춰 주는 거울과 같은 역할을 하기보다는 내담자에게 상대적으로 진솔하고 직접적인 경향이 있다.
- 실존치료는 실제 장면에서 고정되고 확고한 경계보다는 융통성과 적절성을 더 강조하는 경향이 있다.

6. 실존적 정신분석

앞에서 나는 실존치료의 큰 흐름을 간략하게 소개하였다. 실존치료는 그 내용과 방법 등 모든 면에서 다른 치료들에 비해 큰 스펙트럼을 가지고 있다. 실존치료가 여러 다른 치료적 접근과 달리 한 사람의 주창자나 선구자를 갖고 있지 않다는 점만 보아도 실존치료라는 범주 안의 다양성이 어떠할지 짐작이 가능할 것이다. 따라서 실존치료를 하고자 하는 치료자들은 하나의 통일적인 실존치료가 존재하지 않는다는 점을 기억하고, 각자 개별적으로 공부하고 수련할 실존치료를 선택하거나 혹은 자신만의 실존치료를 구성하여 검증하면서 하나의 치료적 접근으로 구축해야 할 필요가 있다.

나는 이 장을 마치기 전에 Sartre의 '실존적 정신분석'을 간단히 소개하고자 한다. 내가 Sartre의 실존적 정신분석을 간략하게나마 소개하는 이유는, 이 책을 읽는 치료자들이 어떻게 자신의 실존치료를 만들어 갈 수 있을지에 대한 하나의 예를 제시하기 위함이기도 하나, 더 나아가 독자들이 기존의 다른 치료들과 실존치료가 어떻게 다른지를 직관적으로 이해할 수 있도록 돕기 위함이기도 하다.

Sartre는 Husserl과 Heidegger 등과 더불어 실존치료자들에게 가장 큰 영향을 미친 철학자 중 한 명으로, 특히 영국의 실존적-현상학적 실존치료 흐름에서 매우 중요하고 핵심적인 인물이다. Sartre는 Freud의 정신분석을 비판적으로 수용하면서 자신의 정신분석을 '실존적 정신분석'으로 명명했다(Sartre는 Freud의 정신분석에 대해서는 '경험적 정신분석'이라는 명칭을 부여했다).

조광제(2013)는 Sartre가 경험적 심리학에 대해 가한 비판과 함께 '실존적 정신분석'(조광제는 Sartre의 철학은 Heidegger의 철학과 변별되게끔 '현존철학'이라고 불러야 마땅하다고 말하면서 흔히 '실존적 정신분석'이라고 번역하는 'la psychanalyse existentielle'를 '현존적 정신분석'이라고 번역한다. 그러나 나는 일반적으로 통용되는 '실존적 정신분석'이라는 번역어를 사용하여 기술하겠다)을 소개하고 있다. Sartre는 경험적 심리학의 분석에는 일종의 공준(postulate)[암묵적 전제 혹은 가정]으로 떠받들어지는 것들이 있다고 주장하면서, 경험적 심리학에서의 분석을 다음과 같이 비판한다.

> "심리학적 분석은, 개별적인 사실은 추상적이고 보편적인 법칙들의 교직에 의해 산출된다고 하는 공준(postulate)으로부터 출발한다. …… 가설에 의해, 추상적인 것이 구체적인 것에 앞서고, 구체적인 것은 추상적인 성질들의 유기적 조직에 불과한 것으로 된다. 개별적인 것은 보편적인 도식들의 교차에 불과한 것으로 된다(조광제, 2013에서 재인용)."

위의 인용문은 경험적 심리학이 개별적이고 구체적인 사실을 그 자체로서 유의미하게 다루지 않고, 추상적이며 보편적인 가정이나 가설에 근거하여 분석한다는 비판이다. 달리 표현하면, 경험적 심리학은 나의 구체적이고 현실적인 사실을 설명하기 위해 나의 사실과는 무관하거나 혹은 비록 무관하지는 않더라도 실제 나의 사실로서 확인할 수 없는 보편적인 가정이나 가설, 즉 가상의 기준을 적용한다는 것이다.

Sartre는 경험적 심리학의 오류를 지적하면서 '환원불가능성(irréductibilité)'을 제시한다.

> "이 '심리학적인' 설명들은 결국에는 우리를, 그 무엇보다 설명될 수 없는 원초적인 소여들로 이끈다. 그 소여들은 심리학의 원소들이다. 예컨대 사람들은 플로베르가 '웅대한 야심'을 가졌다고 말한다. 전술한 모든 기술들은 이 근원적인 야심에 근거하고 있다. 그렇다고 치자. 그러나 플로베르의 이 야심은 도대체 어떤 사람도 만족시키지 않는바 하나의 환원불가능한 사실이다. 여기에서 환원불가능성은 더 이상의 분석을 거부한다는 구실 외에 어떤 것도 아니다. …… 플로베르가 왜 그런 웅대한 야심을 가진 자였는가를 묻는 것은 그가 왜 키가 크고 금발이었는가를 알고자 하는 것만큼이나 헛된 일이다. [환원적인 설명은] 어느 지점에선가 멈춰야 한다. 그 지점은 실재적인 모든 현존의 우연성 자체이다(조광제, 2013에서 재인용)."

앞의 인용문은 경험적 심리학자들이 어떤 현상을 심리학적으로 설명하기 위해 환원(현상학적 환원이 아닌 심리학적 환원)을 통해 분석해 낸 원초적인 심리학적 원소들은, 단지 더 이상의 환원이나 분석을 거부하는 '환원불가능성'을 드러내는 것에 불과할 뿐이라는 점을 지적하고 있다. 즉, 경험적 심리학자들은 심리학적 설명을 위해 설명될 수 없는 원초적인 심리학적 원소들을 활용하므로, 그 누구도 이와 같은 설명 불가능한 원초적인 심리학적 원소들에 근거한 심리학적 설명에 만족할 수 없으며, 더 나아가 현실적으로 존재하는 모든 현상은 우연성 자체이므로 이러한 설명 자체가 헛된 노력일 뿐이라는 점을 지적하는 것이다.

경험적 심리학자들은 심리학적 환원이나 분석을 어느 지점에서 멈추는데, 그렇게 더 이상의 환원을 진행하지 않기로 한 바로 그 지점에서 발견된 추상적이며 보편적인 심리학적 원소들을 현상을 설명하는 근원적 토대로 간주한다. 그러나 Sartre는 이는 단지 '환원불가능성'을 나타내는 것일 뿐 어떤 현상의 원초적인 심리학적 근원은 본래 존재하지 않으며, 모든 것은 다만 우연성 자체에 근거하고 있다고 말한다.

모든 심리학적 설명은 통상 우리가 생각하듯이 어떤 특정 원인에 따른 어떤 특정 결과로 나타나는 것이 아니라 단지 우연적인 현상일 뿐인데, 우리는 이 우연적 현상들을 특정한 원인과 결과의 선형적인 인과관계로, 즉 특정 원인에 근거하여 특정 결과가 나타난다는 식으로 설명하는 오류를 범한다는 것이다(물론 대개의 사람에게 이 오류는 오류가 아니라 사실이다).

독자들의 이해를 돕기 위해 흔한 예를 하나 들어 보겠다. 나는 내담자들로부터 자신이 지금 어떤 특정 문제(결과)를 겪고 있는 이유는 낮은 자존감(원인) 때문이고, 자신의 낮은 자존감(결과)은 어린 시절 부모로부터 충분한 사랑을 받지 못한 애착 문제(원인) 때문이라는 등의 말을 듣곤 한다(이와 같은 연쇄적인 선형적 인과관계의 설명은 내담자 자신이 만족할 수 있는 정도까지 계속 이어진다). 이런 이야기를 할 때 내담자들은 '자존감'과 '애착'이 근본적으로는 추상적이고 이론적인 개념에 불과한 것임에도 불구하고, 마치 구체적이고 실제적인 실체적 자존감과 애착이 존재하는 것처럼 말하는 경향이 있다.

그러나 잠시만 대화를 해 봐도 내담자들은 그처럼 확실하게 말하던 자존감이나 애착이 자기 자신에게 어떠한 구체적, 실제적, 현실적, 사실적 현상인지에 대해서 막연해하는 경우가 대부분이며, 그처럼 확신에 차서 말하던 원인과 결과의 선형적 인과관계에 대해서도 애매모호하게 말하는 경우가 대부분이다. 더 나아가 이런 내담자들은 현재 지금 여기의 시점에서 자기 문제와 관련한 자기 자신의 직접적인 경험이나 체험에 근거한 생생한 일화를 이야기하기보다는, 추상적이고 개념적인 이론적 설명이나 과거의 누구 또는 무엇의 탓을 하소연하듯 말하는 경향이 있다.

이런 경우 만약 치료자가 자존감과 애착, 그리고 그것들 간의 선형적 인과관계에 대한 내담자의 구체적이고 개인적인 의미와 정의 등을 질문한다면, 적지 않은 내담자가 매우 의아해할 것이다. 왜냐하면 내담자는 자존감이나 애착을 단지 하나의 심리학적 개념에 불과한 것일 뿐이라고 생각하기보다는, 일반적이고 객관적이며 실제적이고 구체적인 사실적 현상으로 생각함은 물론, 그것들 간의 선형적 인과관계 역시 자신이 스스로 부여한 것이라기보다는, 본래 그러한 선형적 인과관계가 당연히 존재하는 것으로 생각하기 때문이다.

바로 이러한 예들이 앞에서 Sartre가 비판한 점들을 보여 주는 것들이다. 우리는 실제로 그것이 무엇인지 우리가 알지 못하고 알 수도 없는 어떤 심리학적 개념을 마치 실제로 그것이 있는 것처럼 가정하고, 그것을 어떤 현상의 확실한 특정 원인이나 결과인 것으로 여기는 경향이 있다. 이는 사실적이고 구체적인 현상을 이해하기 위해 추상적이고 이론적인 개념이나 가정에 근거한다는 것이고, 다양한 조건들의 의존적 발생에 따라 나타나는 현상을 이해하기 위해 협소하고 일방적인 특정 원인과 결과를 가정하는 선형적 인과관계에 근거한다는 것이니, 참 모순적이다.

Sartre에 의하면 이런 일들이 발생하는 까닭은, 모든 것이 그저 우연적으로 일어나는 것일 뿐이므로 우리 자신의 모든 일은 우리의 선택, 곧 자유에 달린 것이라는 점을 우리가 수용하지 못하기 때문이다. 만약 우리가 이 세계에는 그 어떤 안정적이고 고정적인 토대나 기반도 존재하지 않는다는 근본적인 우연성을 직시한다면, 우리는 불안과 공포 등의 정서를 경험하게 될 가능성이 크다. 그러므로 우리가 우연성을 인정하면서 자신이 경험하는 현상이 오로지 자신의 선택과 결정의 결과일 뿐이라는, 온전한 자기 책임을 수용한다는 것은 결코 쉬운 일이 아니다.

Sartre는 우리가 느끼는 감정까지도 우리의 선택이라고 말할 정도이니, Sartre의 관점에서는 치료자가 내담자의 문제를 내담자의 선택과 결정 이외의 어떤 객관적이고 고정된 원인과 결과의 선형적 인과관계로 환원하여 설명하는 것은 비판받아 마땅한 일이 될 것이다(내담자가 이러한 설명을 한다고 해도 마찬가지다). 이런 맥락에서 Sartre는 Freud의 리비도나 충동, 무의식 등을 비판했으며, 우리가 지금 우리 자신인 것은 우리 자신의 자유로운 선택, 즉 기투(project)의 결과라고 보았다. Sartre는 인간 존재자는 물론 심리적 문제를 철저하게 자유, 선택, 무(無),

우연성 등에 입각하여 본 것이다.

요약하자면, 경험적 심리학자들(경험적 치료자들)이 내담자 문제의 근원적인 원인으로 설명하는 추상적인 심리학적 개념들은 사실적이고 근원적인 원인이 아니라, 단지 우연성에 기반한 '환원불가능성'을 드러내는 가설적이며 가정적인 개념일 뿐이다. 이와 같이 가설적이며 가정적인 심리학적 개념이 자신의 심리적 문제에 대한 근원적인 원인이 될 수 있는 길은, 오직 자기 자신의 선택과 결정을 통해서이다. 자기 자신을 포함하여 자신에게 일어나는 모든 일은 자신의 선택이나 결정과 무관할 수 없다.

어떤 무엇이 자신을 움직이고 만드는 것이 아니라, 자신의 의지가 담긴 선택과 결정이 자신을 움직이고 만드는 것이므로, 자신의 문제는 물론 자기 자신조차도 스스로의 선택과 결정의 결과물이다. 이러한 선택과 결정은 비록 모든 사람이 공유하는 어떤 공통 요인이나 혹은 근원적인 원인으로 여겨지는 특정한 개인적 요인으로 환원될 수 있을지라도, 객관적이고 일반적이며 고정된 선형적 인과관계로 설명될 수 있는 것은 아니다.

오히려 이러한 선택과 결정은 어떻게 존재하게 되었는지 알 수 없는 한 개인의 '있음'을 중심으로, 사실 그 자체인 우연성 곧 자유 속에서 이루어지는 고유하고 유일하며 개별적인 그 개인만의 선택과 결정일 뿐이다. 이는 '실존은 본질에 선행한다'는 Sartre의 말과 일맥상통한다. Sartre는 다음과 같이 말한다.

> "실존이 본질보다 선행한다는 것은 무엇을 의미하는 것일까? 그것은 다름 아닌 사람이 먼저 있어 세상에 존재하고 세상에 나타난다는 것을 의미하며, 그는 그다음에 정의된다는 것을 의미한다. 실존주의가 생각하는 인간, 만약 그 인간이 정의될 수 없다면, 그것은 그 인간이 처음에는 아무것도 아니기 때문이다. 그는 나중에서야 비로소 무엇이 되며, 그래서 그는 스스로 창조해 나가는 것이 될 것이다. 따라서 인간성이란 있을 수가 없다. 그것을 상상하는 신이 존재하지 않기 때문이다. 인간은 다만 그가 스스로를 생각하는 그대로일 뿐만 아니라, 그가 원하는 그대로이다. 그리고 인간은 존재한 후에 스스로를 원하는 것이기 때문에 인간은 스스로를 만들어 가

> 는 것 이외엔 아무것도 아니다. 이것이 실존주의의 제1원리이다(변광배, 2005에서 재인용)."

Sartre는 자신의 '실존적 정신분석'의 근본 입장을 다음과 같이 제시한다.

> "우리가 요구하는 것—그리고 어느 누구도 제시하고자 결코 시도하지 않은 것—, 그것은 환원불가능한 진실이다. 즉, 우리가 요구하는 것은 우리에게 있어서 그 환원불가능한 것이 명백한바, 바로 그런 환원불가능한 것이다. 이 환원불가능성은 심리학자의 공준으로 주어지는 것도 아니고, 심리학자가 더 멀리 거슬러 올라가기를 거부함의 결과라거나 그가 더 멀리 거슬러 올라갈 수 없다고 하는 그의 무능함의 결과도 아니다. 오히려 우리로서는 이 환원불가능성을 확인함으로써 만족감을 얻게 될 것이다. 우리의 이러한 요구는 원인에 대한 끊임없는 추구에 의한 것도 아니고 무한퇴행에 의한 것도 아니다. …… 우리의 이 요구는 인간실재에 대한 선존재론적인(préontologique) 이해에 입각한 것이고, 인간을 분석 가능한 것으로 여기고 원초적인 소여들로 환원될 수 있다거나 하나의 대상이 속성들을 지탱하듯이 주체에 의해 지탱되는바 결정된 욕망들(혹은 '경향들')로 환원될 수 있다고 여기는 입장을 거부함으로써 성립하는 것이다(조광제, 2013에서 재인용)."

Sartre는 경험적 심리학자들은 인간을 분석 가능하다고 여기고 원초적인 소여들로 환원할 수 있는 것처럼 생각하지만, 사실 인간은 분석이 가능한 존재자가 아닐 뿐만 아니라 고정된 특정 욕망이나 경향들을 기반으로 설명될 수 있는 존재자도 아니라는 점을 명확히 하고 있다. 이는 인간이 철저한 무(無), 우연성, 자유와 선택이라는 것을 의미한다. 위 인용문을 통해 우리는 Sartre가 실체성을 얼마나 철저하게 부정하고 있는지를 알 수 있다.

치료자들은 대개 어떤 현상을 이해하기 위해 그 현상의 원인이나 이유를 찾으려고 노력하고, 자신들에게 타당하고 합리적이라고 생각되는 그럴듯한 원인이나 이유가 찾아졌을 때 그것을 중심으로 그 현상을 설명한다. 치료자들이 내담자의 어떤 문제(예를 들어, 우울)를 설명하기 위해 어떤 이유(예를 들어, 과거 어린 시절 부모와의 애착 문제 혹은 낮은 자존감)로 환원을 거듭하는 것이 바로 이런 예이다. 이처럼 원인과 이유를 찾기 위한 추적이 심리학적 환원(reduction)이고, 치료자들은 이 환원의 결과로 찾아진 이유를 통해 지금의 현상인 결과를 선형적 인과관계로 설명한다(이러한 경향은 내담자들도 똑같다).

Sartre는 이를 반박한다. 인간 자체가 이러한 환원이 불가능한 존재자라는 것이다. 인간은 원초적인 소여들로 환원하여 분석될 수 있는 존재자도 아니고, 결정되어 고정된 욕망들과 경향들로 환원될 수 있는 실체적 주체도 아니라는 것이다. 더 나아가 Sartre는 우리가 이러한 '환원불가능성'을 발견할 때 만족감을 얻을 것이라고 말한다(얼마나 많은 사람이 이에 동의할 수 있을지는 미지수다). Sartre가 말하는 '환원불가능성'은 모든 것이 우연성 그 자체이고 자유 그 자체이며 선택과 결정 그 자체라는 말과 상통한다.

이상으로 Sartre의 '실존적 정신분석'에 대한 아주 간략한 소개를 마친다. 앞에서도 기술한 것처럼, 내가 Sartre의 '실존적 정신분석'을 소개하는 이유는 독자들에게 실존치료가 어떤 점에서 다른 치료들과 차이가 있는지를 직관적으로 이해할 수 있도록 예로써 보여 주기 위해서이다. 특히 Sartre는 실존치료에 큰 영향을 준 철학자이면서 동시에 자신만의 치료 이론을 제시한 실존철학자이므로, 비록 간략할지라도 그의 '실존적 정신분석'을 소개하는 것은 치료자들이 자신의 실존치료를 구상하고 구성해 가는 데에 하나의 예로서 도움이 되리라고 생각한다.

제2장

주체적 실존치료의 배경

제1장에서의 소개를 통해 실존치료에 대해 개략적인 정리가 되었을 것으로 생각한다. 이제 본격적으로 주체적 실존치료라는 생소한 치료에 대한 소개를 시작하면서, 우선 주체적 실존치료의 배경을 기술하고자 한다.

1. 실존치료와 불교

나는 서론에서 실존치료가 실증주의적 주류 심리치료들과 다른 점으로 '실체'와 '이분법적 사고'에 대한 관점을 제시했다. 또 실존치료의 '연관성(Relatedness)'과 불교의 '연기(Conditioned arising)' 간의 유사점은 물론 실존치료의 '연관성'과 불교에서 '연기'와 같은 뜻으로 이해되는 '공(Insubstantiality)'과의 차이점을 제시했다. 앞의 실존치료에 대한 정리에서도 볼 수 있는 것처럼 실존치료는 연관성(relatedness)을 중요시하고 이분법(dualism)을 거부하는 경향이 강하다. 이런 경향성은 자연스럽게 결정론 및 주체-객체 이분법의 거부, 정신병리학적 진단과 자연과학적이고 의학모델적인 치료 접근에 대한 지양 등으로 나타난다. 더불어 실존치료의 다양한 배경에 불교(Buddhism)가 자리하고 있다는 사실도 앞에서 기술하였다.

대체로 사람들은 실존치료를 '한 개인'의 선택과 결정 및 책임 등을 강조하는 치료라고 생각한다. 그러나 사실 많은 실존철학자와 실존치료자가 그 '한 개인'을 그처럼 강조하는 이유는, 우리가 이미 '한 개인'만으로 존재할 가능성이 전혀 없을 만큼 서로 긴밀하게 연관되어 있다는 존재론적 진실을 통찰하고 있기 때문이다.

특히 실존치료의 직접적인 배경이라 할 수 있는 Huseerl과 Heidegger의 핵심 개념들, 예를 들면 Husserl의 '지향성(Intentionalität)'과 '상호주관성[상호주체성(Intersubjektivität)]', Heidegger의 '세계-내-존재(In-der-Welt-sein)'와 '탈-존(Ek-sistenz)' 등의 개념은 모두 상호 관계적 연관성의 강조 및 독립적인 개체인 실체에 근거한 이분법의 지양과 연결된다. 또한 이러한 경향은 현상학(특히 Husserl과 Heidegger의 현상학)과 실존철학(특히 실존치료의 최초 형태가 토대를 두고 있는 Heidegger의 후기 철학)을 기반으로 태동한 실존치료를 수행하고 있는 실존치료자들에게서도 마찬가지로 나타난다.

현상학과 실존치료는 불교와 마찬가지로 독립된 고정적 실체를 전제한 이분법적 사고를 지양하면서 모든 것이 전체적으로 관련되어 있는 연관성을 강조하고 있다. 여기에서 연관성(relatedness)은 앞에서도 말한 바처럼 불교의 연기(conditioned arising) 개념과 상당한 유사성이 있다고 볼 수 있다. 하지만 고정된 실체 자체를 명시적으로 또 전적으로 부정하는 무아(無我), 즉 모든 것의 자성(自性)이 비었음을 의미하는 공(insubstantiality) 개념과 비교하면 그 엄밀성(streng)의 정도에 있어서 상당한 차이가 있는 것도 사실이다. 이미 언급한 바처럼 불교에서 '공'과 '연기'는 같은 뜻으로 여겨지는 개념이다.

이해를 돕기 위해 실존치료의 기본 원리 중 하나로 연관성(relatedness) 개념을 명확하게 제시하고 있는 Spinelli의 예를 들어 보겠다. Spinelli(2015)는 '연관성(relatedness)' '불확실성(uncertainty)' '실존적 불안(existential anxiety)'을 실존치료의 세 가지 원리로 제시하고 있는데, 그중 '연관성'을 첫 번째 원리이자 실존적 현상학(existential phenomenology)의 핵심이면서 이분법(dualism)적 서구 사상에 직관적으로 반하는 개념으로 언급하고 있다.

Spinelli는 연관성을 표면적 수준(surface level)과 심층적 수준(deeper level)으로 나누어 이해하고 있는데, 표면적 수준에서 연관성이란 존재하는 모든 것들은 그것 이외의 다른 것들과 분리 불가능한 관계(inseparable relation)를 맺으며 상호작용(interaction)하는 것을 의미한다고 주장한다. 표면적 수준에서와 달리 심층적 수준에서의 연관성에 대해서 Spinelli는 이론적 정리가 아닌 비유를 들어 설명하고 있는데, 이는 이론적 설명 자체가 이미 상호 배타적인 이원론적 분류에 속하는 것으로서 심층적 수준의 연관성을 설명하기에는 한계가 있음을 인정하는 것이다.

결론적으로 Spinelli는 우리가 우리 자신을 독특하고 고유한 개별적 자기로서 의식할 수 있는 것은 바로 이 심층적 수준의 연관성이라는 토대 위에서만 가능하다고 언급한다. 마찬가지로 존재자들 간의 상호작용 역시 심층적 수준의 연관성에 의존하지 않고서는 인식할 수 없는 것이다. 이는 모든 개별성과 개별적 존재자 간의 상호작용은 결국 '연관성'에 그 근원적 기반을 두고 있으며, 실존적 현상학적 관점은 표면적 수준이 아닌 심층적 수준에서 고려할 때만이 명확하게 드러난다는 것을 말한다.

나는 Spinelli의 연관성(relatedness) 개념 설명에 동의한다. 그리고 유사한 설명들이 수없이 존재한다는 사실을 잘 알고 있다. 그러나 내가 보기에 불교의 '연기(conditioned arising)' 개념이야말로 spinelli의 연관성 개념을 포함하여, 실존치료에서 연관성과 관련하여 제시되는 모든 서양의 인식론적 관점과 존재론적 관점을 포괄하면서도 동시에 그 어느 관점보다도 엄밀한 '공(insubstantiality)' 개념의 차원까지 도달하는 근원적이고 근본적인 개념이다.

인식론적 관점에서 모든 것이 연관되어 있다고 해도 '연기'이고, 존재론적 관점에서 모든 것이 연관되어 있다고 해도 '연기'일 뿐이다. '연기'의 관점에서 보면 그 어떤 양태의 연관성뿐만 아니라 그 연관성을 구성하는 다양한 조건과 요소 그 자체까지도 '인연'에 따라 그때그때 화합하여 연기적으로 나타나는 것일 뿐이다. 즉, 인식론 혹은 존재론조차도 인연생기(因緣生起)일 뿐이고 연기(緣起)는 무기(無起)이니 이는 곧 공(空)인 것이다.

이해를 돕기 위해 좀 더 살펴보겠다. 水野 弘元은 '연기'에 대해 다음과 같이 말한다.

> "일반적으로 외계의 자연 현상에 관계되는 연기를 외연기(外緣起)라고 부르고, 내계의 정신 현상에 관한 가치적 연기를 내연기(內緣起)라고 부르기도 한다. 그렇지만 외연기는 주로 복잡한 내연기를 이해하기 쉽게 하기 위해 비유적으로 예를 들어 설명하는 경우에 쓰여진 것이며, 연기가 말해진 본래의 목적은 내연기에 있다고 보는 것이 타당하다(목경찬, 2014에서 재인용)."

우리가 보통 모든 것이 '연기'한다고 말할 때 대체로 우리는 '외연기'를 말하는 것이지 '내연기'를 말하는 것이 아니라는 것이다. 또 외연기(마음 밖 대상과 대상의 관계, 사물과 사물의 관계)가 자연 현상의 측면에서의 '연기'를 말한다면, '연기'의 핵심인 내연기(마음작용 간의 관계)는 정신 현상의 측면에서의 '연기'를 말한다는 것이다. 이는 곧 불교에서 '연기'란 항상(恒常)하지 않은 마음작용의 실상(實相)을 의미하는 것이라는 점, 그리고 대상과 대상 혹은 사물과 사물 등 어떤 고정된 실체 간의 관계를 의미하는 외연기는 보다 근원적인 내연기의 이해를 돕기 위한 하나의 방편(方便)으로 제시된 것이라는 점을 의미한다.

목경찬(2014)은 불교의 '연기법'을 설명하는 연관성을 말할 때 항상 등장하는 "이것이 있으므로 저것이 있다"에서 '이것'과 '저것'은 서로 관계있는 모든 개별적인 존재 사물의 관계를 나타내는 지시대명사가 아니라 12지(支) 사이의 관계를 말하는 것이라고 설명한다. 즉, '무명, 행, 식, 명색, 육입, 촉, 수, 애, 취, 유, 생, 노사'인 12지의 각 지분을 나타내는 지시대명사인 것이다. 따라서 "이것이 있으므로 저것이 있다"라는 구절은 세상 만물 간의 연관성을 설명한다기보다는 십이연기(十二緣起) 각 지분(支分) 상호 간의 연관성을 설명하는 것이다.

여기서 중요한 것은 십이연기 각 지분이 마음작용을 말하는 것이지 어떤 실체적 대상을 지칭하지 않는다는 점이다. 마음작용이라는 것은 고정되고 확정된 어떤 것으로 볼 수 없는 가변성과 가능성의 작용이다. 곧 있기는 있지만 있다고 말할 수 없는, 즉 자성(自性) 혹은 본질이 비어 있는 '공'인 것이다. 따라서 이는 실체가 있다고 말할 수 있는 세상 만물은 물론이고, 실체가 있다고 말할 수 없는 마음의 작용 그 자체 모두가 '연기'로 포괄된다는 것을 의미한다.

이처럼 불교의 '연기'와 '공'은 서구의 실존치료자들이 말하는 '연관성'과 유사하면서도 자성(自性), 즉 실체 및 본질 등을 철저하게 부정한다는 점에서 차이가 명백하다. 나는 Husserl의 초월론적(선험적) 현상학과 Heidegger의 해석학적 현상학 모두가 그토록 추구하는 '엄밀성(streng)' 측면에서 고려할 때, 불교의 '연기' 개념은 서양의 그 어떤 관련 개념보다도 엄밀하다고 생각하고, 이 점이 바로 내가 주체적 실존치료의 핵심 전제와 원리로 '연기(공)'를 주장하고 싶은 이유이기도 하다. 왜냐하면 내가 이해한 바에 따르면, 불교에서 말하는 '연기(공)' 개념이 인식론적 혹은 존재론적 관점을 포괄하는 동시에 그것들로부터 자유로우면서도, 드러나는(생기하는) 있는 그대로의 현상을 무시하지 않고 그 현상과 그 현상을 구성하는 원인과 조건의 비(무)실체성 및 가변성을 매우 엄밀하고 정밀하게 표현하여 밝히기 때문이다.

이중표(2020)는 불교의 '연기설'을 존재론적으로 이야기하면 관념론도 아니고 실재론도 아니며, 유심론도 아니고 유물론도 아니며, 일원론도 아니고 다원론도 아니라고 말한다. 왜냐하면 이 모든 것들은 우리의 인식과는 상관없이 어떤 사물이 실체로서 존재하고 있다는 가정 아래에서 나온 것들인데, 불교는 원천적으로 모든 존재의 실체성을 인정하지 않기 때문에, 어떤 사물이 실체로서 존재하고 있다는 가정 아래서 나온 이들 사상과는 본질적으로 다른 것이기 때문이다.

실존치료와 불교를 비교 연구하면 다양한 유사점과 차이점이 드러날 것이 분명하다. 그러나 나는 '연관성'과 '연기' 간의 유사점과 차이점에 초점을 두고 있고, '연기'를 핵심 전제로 하는 주체적 실존치료를 개발하였다. 내가 '연기'를 치료의 핵심 전제로 삼은 중요한 이유 중 하나는 괴로움의 원인을 '집착'으로 보는 불교에서 그 괴로움에서 벗어날 수 있는 근본적 길로 제시하고 있는 것이 '연기'를 보고 '연기'를 아는 것이기 때문이다. 이는 훌륭한 치료적 접근이다.

그러나 이처럼 괴로움과 괴로움에서 벗어남이라는 양자 구도를 명확히 제시하는 불교적 치료는 서구의 여타 치료들과 그 구도 면에서 큰 차이가 없는 것일 수 있다. 나는 '연기'가 이처럼 단지 하나의 치료적 접근으로 적용될 수 있는 유용한 개념일 뿐만 아니라, 나를 포함한 세상 모든 것들의 근원적인 작동 원리라고 생각한다. 이것이 내가 불교의 '연기'를 이해하는 방식이다. 따라서 '연기' 개념을 단지 괴로움으로부터 벗어나는 방편으로서만 적용하는 것에 만족할 수는 없다. 비록 현대적 의미의 '치료'라는 측면에서 '연기' 개념을 활용할지라도, 치료를 둘러싼 전체 맥락에서 모든 작용의 근본 원리인 '연기'의 본래 의미를 구현하는 것이 중요하다고 생각한다. 이것이 바로 내가 주체적 실존치료의 핵심 전제로 '연기'를 제시하는 더욱 중요한 이유이다.

이런 점에서 주-객 이분법을 전제로 한 이원론적 구도의 자연과학적이고 실증주의적인 '치료'에 저항하면서 '연관성'의 관점에서 새롭게 치료를 정의하고 적용하는 실존치료에 불교의 '연기' 개념을 첨가한다면, 서양적인 관점에서의 '치료'로서도 충분히 가치가 있으면서 동시에 동양의 불교가 가지고 있는 매우 엄밀하며 새로운 의미의 '치료'적 관점 제시가 가능하다고 본다. 또 한편으로 이는 동서양을 아울러 실존치료의 '연관성'과 맥을 같이하는 불교의 '연기'를 핵심 개념으로 하여, '연기'와 같은 뜻이면서 불교의 '무아(無我)' 사상을 그대로 내포하는 '공'까지 포괄하는 진정한 의미의 실존치료 혹은 불교적 치료가 될 수 있다고 본다. 나는 주체적 실존치료를 통해 이러한 이상을 구현하고자 시도했다.

이제 그동안 내가 개발하고 적용해 온 주체적 실존치료에 큰 영향을 미친 불교의 핵심 개념인 연기(緣起, Conditioned arising), 공(空, Insubstantiality), 집착(執着, Clinging)에 대해 알아보겠다. 더불어 내가 불교와 치료를 접목하고자 시도한 첫 결과물인 '집착척도(The Clinging Scale)'에 대해서도 간략히 소개하고자 한다. 이 부분에서는 불교 경전에서 발췌한 내용을 비롯하여 다소 깊은 불교적 내용들이 기술될 것이므로, 불교에 관심이 없거나 혹은 심리치료적 맥락에만 관심이 있는 독자는 이 부분을 건너뛰어도 주체적 실존치료를 이해하는 데는 문제가 없다는 점을 밝혀 둔다.

2. 연기

연기(緣起, conditioned arising)는 붓다 깨달음의 정수이자 불교의 기본적 교설이다. 『디가 니까야』의 "연기를 보는 자는 법을 보고, 법을 보는 자는 연기를 본다"(이중표, 2019) 혹은 『쌍윳따 니까야』의 "연기를 보는 자는 법을 보고, 법을 보는 자는 부처님을 본다"(이중표, 2021) 등의 말은 불교에서 '연기'가 가지는 위상을 잘 보여 준다. 이중표(2020)는 연기가 '의지하여(paṭicca) 함께(sam) 나타남(uppāda)'이라는 의미의 빨리어 'paṭiccasamuppāda'를 번역한 것이고, '연기'의 공식은 "이것이 있는 곳에 저것이 있고, 이것이 나타날 때 저것이 나타난다. 이것이 없는 곳에 저것이 없고, 이것이 사라질 때 저것이 사라진다(此有故彼有 此起故彼起 此無故彼無 此滅故彼滅)"라고 제시하며, 이는 모든 현상과 사물은 원인(因)과 조건(緣)이 서로 관계해서 성립되는 것이므로 고정된 실체가 없는 공(空, insubstantiality)과 같은 것으로, 연기(緣起)의 본뜻은 공(空)이라고 말한다.

『불교대사전』에는 연기(緣起)가 다음과 같이 정의되어 있다.

> "인연생(因緣生)·연생(緣生)인연업 모두를 말함. 다른 것과의 관계가 연이 되어 생기(生起)하는 것. A에(緣) 의해 B가(起) 일어나는 것. 무엇에 의해 일어난다는 뜻으로, 모든 현상은 무수의 원인(因)과 조건(緣)이 서로 관계해서 성립되어 있는 것으로, 독립 자존이 아니고, 제조건과 원인이 없어진다면, 결과(果)도 저절로 없어진다는 것. 불교의 기본적 교설. 현상적 존재가 서로 의존하여 생겨나고 있는 것. 이론적으로는 항구적인 실체적 존재가 하나로서 있을 수 없다는 것을 나타내며, 실천적으로는 이 인과관계를 밝히고, 원인과 조건을 없앰으로써 현상세계(고통의 세계)로부터 해방되는 것을 지향함. 불교에서는 연기(緣起)하고 있는 사실 외에 고정적 실체를 인정하지 않음. 일반적인 표현에 의하면 모든 것이 상대하는 것으로, 서로 맞당기고 밈[밂]으로써 성립하고 있는 것. 갖고 갖게 하는 관계 (길상, 2001)"

일묵(2020)은 연기(paṭicca samuppāda)가 '의지하여 일어남'을 뜻하는데 이것을

'조건 발생'이라는 의미로 보아서 중국에서 연기(緣起)라고 번역했다고 말한다. 연기(緣起)를 이해하려면 먼저 조건(緣)을 아는 것이 중요한데, 조건의 특징은 결과가 일어나도록 도와주는 것이므로 '그것을 의지하여 결과가 일어난다'고 해서 '조건'이라고 한다. 여기서 '의지한다'는 말은 '그것이 있어야 결과가 일어나고, 그것이 없으면 결과가 일어나지 않는다'는 것을 의미한다. 즉, 연기는 조건과 조건따라 생긴 법의 인과관계를 함께 드러내는 것이다.

『쌍윳따 니까야』의 다음과 같은 기술은 '의지하여 일어남(조건 발생)'이라는 연기(緣起)의 의미를 잘 드러내 보여 준다.

> "비구들이여, 내가 그대들에게 연기(緣起)와 연생법(緣生法)들을 가르쳐 주겠소. 그대들은 듣고 잘 생각하도록 하시오. 내가 이야기하겠소. …… 비구들이여, 연기(緣起)란 어떤 것인가? 비구들이여, 생(生)에 의존하여 노사(老死)가 있다오. 여래가 출현하거나, 여래가 출현하지 않거나, 실로 그 계(界), 즉 법(法)의 고정성, 법의 순차성, 이 의존성은 상주(常主)한다오. 여래는 그것을 바르게 깨닫고 통찰한다오. 그리하여 알려 주고, 보여 주고, 선언하고, 확립하고, 공개하고, 해석하고, 천명(闡明)한다오. 그리고 '보라!'라고 말한다오. 비구들이여, 생(生)에 의존하여 노사(老死)가 있다오. 비구들이여, 유(有)에 의존하여 생이 있다오. 비구들이여, 취(取)에 의존하여 유가 있다오. 비구들이여, 갈애(愛)에 의존하여 취가 있다오. 비구들이여, 느낌(受)에 의존하여 갈애가 있다오. 비구들이여, 접촉(觸)에 의존하여 느낌이 있다오. 비구들이여, 6입처(六入處)에 의존하여 접촉이 있다오. 비구들이여, 이름과 형색(名色)에 의존하여 6입처가 있다오. 비구들이여, 분별하는 마음(識)에 의존하여 이름과 형색이 있다오. 비구들이여, 유위를 조작하는 행위(行)들에 의존하여 분별하는 마음이 있다오. 비구들이여, 무명에 의존하여 유위를 조작하는 행위들이 있다오. 여래가 출현하거나 여래가 출현하지 않거나, 실로 그 계(界), 법의 고정성, 법의 순차성, 이 의존성은 상주한다오. 여래는 그것을 바르게 깨닫고 통달한다오. 그리하여 알려 주고, 보여 주고, 선언하고, 확립하고, 공개하고, 해석하고, 천명한다오. 그리고 '보라!'라고 말한다오(이중표, 2021)."

이처럼 불교의 연기(緣起)는 어떤 조건이 있을 때 그 조건에 의지해서 그 조건과 함께 어떤 현상이 발생하는 것을 말한다. 만약 그 조건이 없다면 그 조건에 의지하여 함께 일어나는 특정 현상도 발생하지 않는 것이다. 이는 모든 현상의 철저한 의존성을 보여 주는 것으로, 결국 모든 현상은 조건에 따라 발생하고 조건에 따라 소멸하는 것일 뿐 그 현상에 어떠한 실체도 존재하지 않는다는 것을 나타낸다.

대우(大愚)는 '지금 무슨 일이 일어나고 있는가'를 있는 그대로 보는 것을 강조하면서 불법의 요체라고 할 수 있는 연기설(緣起說)을 간단한 삼단논법으로 표현한다.

> "첫째, '인연'에 의지해서 나는 모든 것은 '자체의 성품(體性)'이 없다. 둘째, 이 세상 모든 존재는 '인연'으로 말미암지 않고 나는 것은 없으므로, 따라서 이 세상 모든 것은 '인연'으로 말미암아 '있는 것'이다. 셋째, 그러므로 이 세상의 모든 것은 '자체의 성품'이 없다(대우, 2002)."

대우는 '원인'으로 말미암아 '결과'가 오는 것은 필연적이라고 말한다. 그러나 우리가 상식적으로 알고 있는 것처럼 '원인'으로부터 '결과'로 어떤 구체적인 질적 이동이 있는 게 아니고, 다만 '원인'은 그저 '결과'를 낳는 데 단순한 '계기'가 될 뿐이라는 것을 강조한다.

이중표(2020)는 연기법(緣起法)은 마음을 바탕으로 법(法)의 인과관계를 설명하는 이론으로, 모든 법은 동일성을 가지고 있지 않고 항상 조건에 따라 변하고 있다는, 즉 '모든 법은 연기한다'라는 것을 의미하는 이론이라고 말한다. 여기서 '법(法)'은 주변의 조건에 의지하여 주변의 조건과 함께 나타나는, 즉 '연기'하는 것을 의미하므로 법의 실상(實相)을 모르는 사람들이 무상(無常)한 법을 동일성을 유지하는 것으로 잘못 이해한 '존재(存在)'와는 다른 것이라는 점을 강조하고 있다.

불교는 모든 것은 마음이 근본이 된다는 '일체유심조(一切唯心造)'의 사상이다. 따라서 '연기법'에서 '이것' 혹은 '저것' 등의 표현이 나타나더라도 이는 우리가 상식적으로 생각하는 고정되어 상주(常住)하는 실체(實體)를 의미하는 것은 아니다. 앞에서 '내연기'와 '외연기'를 기술할 때도 말한 것처럼 불교에서 '연기'의 근본은 내연기라고 할 수 있는 측면, 즉 마음 작용(목경찬, 2014) 혹은 의식 상태(이중표, 2020)를 말하지만, 그 이해를 돕기 위해 외연기를 방편(方便)으로서 말하고 있는 것이기 때문이다.

사실 모든 것이 '연기'이므로 굳이 내연기나 외연기 등의 구분이 필요하지 않지만, 모든 것의 근본에 우리의 마음(心)을 두고 있는 불교의 참뜻을 드러내기 위해서는 이러한 분류를 통한 설명이 유용한 방편(方便)이기도 하다. 사람들은 불교의 '연기'조차도 실체를 가진 어떤 사물이나 사람 간의 의존성 정도로만 이해할 가능성이 있기 때문이다. 그러나 실제로 '연기'라는 것은 실체를 지닌 어떤 것 간의 의존성을 의미하는 것뿐만 아니라, 더욱 엄밀하게는 우리가 지각하는 그 실체를 지닌 어떤 것 자체가 이미 '연기'한 것이므로 '공'한 것이라는 점을 의미한다.

불교의 핵심 교설인 '무아설(無我設)' 역시 우리가 자아(自我)라고 지각하는 그 현상 자체를 없다고 무시하는 것이 아니라 그 자아라고 하는 것이 어떤 '자성'이나 '본질' 등을 가진 상주(常住)하는 실체가 아니라는 것, 즉 인연(因緣) 따라 그때그때 연생(緣生)하며 연기(緣起)하는 것이고, 연기(緣起)하므로 자성(自性)이 비어 있는 공(空)이라는 것을 의미한다. '연기'를 보고 '연기'를 아는 자에게는 자아가 있기는 있으나 '연기'로서 있으니 동일성이나 실체성이 없는 무상(無常)하고 '공'한 것이지만, '연기'를 보지 못하고 '연기'를 알지 못하는 자에게 자아는 고정된 실체(實體)로서 동일성을 가지고 항상 상주(常住)하는 것이다.

이중표(2020)의 말처럼 결국 '연기법'도 인과관계를 말하는 것이기는 하지만, 동일성을 지닌 존재(存在)의 상태에서의 인과관계가 아니라 주변의 조건에 의해 무상(無常)하게 변화하는 법(法)의 상태에서의 인과관계이다. 이는 우리가 인과관계를 말할 때 너무도 당연하게 서양의 근대과학에 근거한 선형적 인과관계를 생각하는 오류와 연결된다. 불교 개념인 '연기'의 인과관계는 고정된 특정 원인이 시간적으로 앞에 있고 고정된 특정 결과는 시간적으로 뒤에 있다는 일방향의 선형적 인과관계가 아니라, 여러 원인과 조건, 즉 모든 법(法)이 동시에 함께 나타나는 상호 의존적인 인과관계를 의미한다.

『잡아함경』에는 붓다의 다음과 같은 말이 기록되어 있다.

> "연기법은 내가 만든 것도 아니고, 다른 사람이 만든 것도 아니다. 이 법은 여래가 세상에 나오거나 세상에 나오지 않거나 항상 법계(法界)에 머무른다. 여래는 이 법을 스스로 깨달아 등정각(等正覺)을 이룬 뒤에 모든 중생을 위하여 분별해 설하고 드러내 보인다. 즉, '이것이 있기 때문에 저것이 있고, 이것이 일어나기 때문에 저것이 일어난다. 즉, 무명을 연하여 결합(行)이 있고, …… 아주 커다란 괴로움의 무더기가 집기하며[集], 무명이 멸하기 때문에 결합이 멸하고, …… 아주 커다란 괴로움의 무더기가 멸한다[滅]'라고(고익진, 2014)."

이 말이 의미하는 바는, '연기법'이 나와 세상을 포함한 모든 것의 원리 혹은 법칙이라는 것, 즉 '모든 것은 연기한다'는 이 사실은 진리라는 것이다. 이는 또한 어떤 사람이라도 노력을 통해 스스로 '연기'를 보고 '연기'를 알 수 있다는 것을 의미한다. 왜냐하면 '연기'는 붓다에 의해서 개발되거나 발명된 것이 아니라 이미 존재하고 있던 원리 혹은 법칙을 단지 붓다가 발견한 것에 불과하고, 이는 붓다의 길을 가는 모든 사람 누구에게나 열려 있는 가능성이기 때문이다.

전현수의 다음과 같은 말은 이러한 뜻을 잘 드러내 보여 준다.

> "불교가 보편적인 경험, 보편적인 진리라는 근거는 관찰에서 나온 것입니다. 사유에서 나온 게 아닙니다. 머리로 생각한 게 아니라는 말입니다. 전부 다 본 것입니다. 볼 수 있는 상태를 만들어서 본 것입니다. 우리 역시 그런 상태를 만들어서 보면 부처님과 똑같은 경험을 할 수 있습니다. 그런 면에서 불교는 과학과 같이 갈 수 있는 종교라고 할 수 있습니다. 관찰하고 실험한 결과를 누구든지 똑같이 관찰하고 똑같이 실험하면 똑같은 결과가 나올 때 과학적인 진리로 인정받습니다. 그런 면에서 볼 때 과학의 검증을 통과할 수 있는 종교는 불교라고 생각합니다(전현수, 2020)."

여기에서 불교라고 지칭되는 것의 핵심에 '연기'가 자리할 것임은 의심의 여지가 없다. 불교에는 여러 종류의 '연기'가 존재하지만 가장 대표적인 것은 '12연기'이다(사실 나는 이 책을 읽는 독자들은 그것이 어떤 연기이든, 그 다양한 종류의 연기의 핵심이 모두 같다는 것을 아는 것으로 충분하다고 생각한다).

『쌍윳따 니까야』에는 괴로움이 생겨나고(苦集) 괴로움이 소멸하는(苦滅) 과정을 설명한 '12연기'와 관련한 붓다의 말이 다음과 같이 기록되어 있다.

"수행승들이여, 그대들에게 연기에 관해 설하겠다. …… 연기라는 것은 무엇인가? 수행승들이여, 무명[無明/ignorance]을 조건으로 형성이 생겨나고, 형성[行/행/의지적인, 또는 업에 의한 형성/mental formation/to practice]을 조건으로 의식이 생겨나며, 의식[識/식/인식/consciousness/to know]을 조건으로 명색이 생겨나고, 명색[名色/이름과 형태/심리-물리적 실재/name and form]을 조건으로 여섯 감역이 생겨나며, 여섯 감역[六入/여섯 가지 감각/six bases of the senses]을 조건으로 접촉이 생겨나고, 접촉[觸/접촉/contact/touch]을 조건으로 감수가 생겨나며, 감수[受/수/느낌/sensation]를 조건으로 갈애가 생겨나고, 갈애[愛/애/갈망/craving/to desire]를 조건으로 취착이 생겨나며, 취착[取/취/to obtain]을 조건으로 존재가 생겨나고, 존재[有/유/생성/being/existence]를 조건으로 태어남이 생겨나며, 태어남[生/생/birth/arising]을 조건으로 늙고 죽음[老死/노사/aging and death/old age and death], 우울, 슬픔, 고통, 불쾌, 절망이 생겨난다. 이와 같이 해서 모든 괴로움의 다발들이 함께 생겨난다[集]. 이것을 수행승들이여, 연기라고 부른다. …… 그러나 무명이 남김없이 사라져 소멸하면 형성이 소멸하고, 형성이 소멸하면 의식이 소멸하며, 의식이 소멸하면 명색이 소멸하고, 명색이 소멸하면 여섯 감역이 소멸하며, 여섯 감역이 소멸하면 접촉이 소멸하고, 접촉이 소멸하면 감수가 소멸하며, 감수가 소멸하면 갈애가 소멸하고, 갈애가 소멸하면 취착이 소멸하며, 취착이 소멸하면 존재가 소멸하고, 존재가 소멸하면 태어남이 소멸하며, 태어남이 소멸하면 늙고 죽음, 우울, 슬픔, 고통, 불쾌, 절망이 소멸한다. 이와 같이 해서 모든 괴로움의 다발들이 소멸한다[滅]. …… 이처럼 이것이 있을 때 저것이 있게 되며, 이것이 생겨남으로써 저것이 생겨난다. 이것이 없을 때 저것이 없어지며, 이것이 사라짐으로써 저것이 사라진다(전재성, 1999).”

12연기는 붓다 자신이 깨달은 '연기'를 토대로 중생들로 하여금 '연기법'을 깨달을 수 있도록 붓다가 시설(施設)한 방편(方便)이다. 12연기는 각 지분(12지분의 각각은 실체와 자성이 있는 존재를 의미하는 것이 아니라, 마음 작용 또는 의식 상태를 말한다) 간의 인연(因緣)과 연생(緣生)을 자세하게 보여 주면서, 어떻게 '자아가 존재한다'라는 중생들의 생각이 형성되는지, 어떻게 자성(自性)이 비어 무상(無常)한 자아를 고정된 실체(實體)의 자아로 여기게 되는지, 그렇게 전도된 망상으로 인해 어떻게 중생의 고통이 생겨나고 지속하는지를 보여 준다. 우리가 만약 12연기의 면밀한 연쇄 과정을 정확하게 파악한다면, 우리는 붓다 자신이 깨닫고 알려 주는 '나'와 '나의 고통'의 생성과 지속은 물론 '나'와 '나의 고통'의 소멸과 소멸에 이르는 길[사성제(四聖諦): 고성제(苦聖諦), 집성제(集聖諦), 멸성제(滅聖諦), 도성제(道聖諦)] 또한 정확하게 보게 된다.

이러한 전 과정의 최종 목적은 결국 '연기'를 보고 '연기'를 아는 것이다. 모든 현상이 각기 독립적인 개별적 현상으로 존재하는 것이 아니라, 원인(因)과 조건(緣)의 결합과 연쇄 작용을 통해, 즉 조건들의 상호 의존에 의해서만 생겨난다(緣起)는 것이다. 다시 말해, 모든 현상은 분명 존재하기는 존재하지만, 그 현상 자체만의 능력과 힘으로 자족적으로 존재할 수는 없고 단지 다른 것들과의 상호 의존을 통해서만 존재할 수 있으니, 그 현상만의 고유한 자성이나 실체가 없는 것이므로 곧 공(空)이라는 것이다.

결국 모든 '존재'는 곧 '공'이고 '공'은 곧 '존재'라는 것인데, 무명(無明)의 상태에서는 '공'인 현상이 곧 존재로 여겨지고, 명지(明智)의 상태에서는 존재가 곧 '공'으로 여겨지는 것이다. 한마디로, '무명'이라는 것은 '연기'를 보지 못하고 '연기'를 알지 못하는 것이고 '명지'라는 것은 '연기'를 보고 '연기'를 아는 것이다. 불교에서 말하는 '무명'과 '명지'는 물론 마음 작용 혹은 의식 상태를 말한다. 결국 '연기'를 보고 아는가 혹은 '연기'를 보지 못하고 알지 못하는가가 모든 나타나는 현상의 실상을 있는 그대로 볼 수 있는가 아닌가의 기준이 되는 것이고, 이것은 자기 자신이 어떤 마음 작용 혹은 의식 상태를 가지고 있는가에 달려 있다.

'연기'라는 개념은 실체라는 것을 너무도 당연하게 여기는 우리에게는 익숙하지 않은 개념일 뿐만 아니라, 어떤 사람에게는 도저히 인정하기 힘든 개념일 수도 있으며, 내가 이 책에 기술한 수준을 한참 넘어서는 매우 심오하고 어려운 개념이기도 하다. 나는 불교의 정수가 '연기'라고 본다. 사실 나에게는 '연기'가 불교에 국한된 훌륭한 개념 혹은 교설로서만이 아니라, 나를 포함한 모든 세상사의 작동 원리 내지는 법칙처럼 여겨진다. 나는 붓다 깨달음의 정수인 '연기'에 독자들이 관심을 두는 데 이 책이 기여할 수 있기를 바라고, 또 '연기'가 주체적 실존치료의 가장 핵심적인 토대임을 여기서 분명히 밝히고자 한다.

3. 공

공(空, insubstantiality)이라는 개념은 '연기' 개념과 상응하는 것으로 볼 수 있는데, 『불교대사전』에는 공(空)이 다음과 같이 정의되어 있다.

> "① 텅 빔, ② 모든 사물은 인연에 의해 생기는 것으로, 고정적인 실체가 없다는 것. 연기(緣起)하고 있다는 것. '~이 없다'라는 뜻으로 사용되지만, 단순한 '무(無)' '비존재'는 아니다. 존재하는 것에는 자체·실체·아(我) 등의 것은 없다고 생각하는 것. 자아의 실재를 인정하고, 혹은 아(我) 및 세계를 구성하는 것의 영구한 항존성(恒存性)을 인정하는 잘못된 견해를 부정하는 것. 무실체성(無實體性). 일체의 상대적·한정적(限定的) 내지 고정적인 테두리가 제거된 실로 절대·무한정한 진리의 세계. 유무(有無) 등의 대립을 부정하는 것. …… 모든 현상은 고정적인 실체가 없다는 의미에서 공(空: 결여되어 있는, 존재하지 않는)임. 따라서 공(空)은 고정적인 실체가 없는 것을 인과관계의 측면에서 받아들인 연기(緣起)와 같음을 나타낸다. 공(空)을 아무것도 존재하지 않는 것 등으로 잘못 이해하는 것을 공병(共病)이라 함(길상, 2001)"

불교에서 공(空)은 연기(緣起)와 다르지 않은 개념이다. 더 엄밀하게는 같은 개념이라고 말해도 좋다. 단지, '연기'는 원인(因)과 조건(緣)이 서로 의존하면서 나타나는(生起) 현상을 인과적으로 면밀하게 드러내는 것을 강조하는 반면, '공'은 이렇게 원인과 조건에 의지함으로써만 나타날 수 있는 모든 현상이 존재하는 것이기는 하지만 그 자체의 자성(自性) 혹은 실체(實體)는 없는 것이라는 사실을 단도직입적으로 드러내는 것을 강조한다는 차이가 있을 뿐이다. 두 개념은 모든 것의 실상(實相), 즉 모든 것이 독립적인 개체로서 존재하는 것이 아니라 수많은 조건의 상호 의존을 통해 존재하는 것일 뿐이라는 실상을 드러내 보여 주는 개념이라는 점에서는 조금의 차이도 없다.

『쌍윳따 니까야』에 등장하는 '공(空, Suñña)'에 대한 문답을 소개하면 다음과 같다.

> "세존이시여, '세간(世間)'은 비어 있다[空]고들 말하는데, 어찌하여 '세간은 비어 있다'고 합니까?"
>
> "아난다여, 자아(自我)나 자아에 속하는 것이 비어 있기 때문에 '세간은 비어 있다'고 말한다. 자아나 자아에 속하는 것이 비어 있는 것은 어떤 것인가? 아난다여, 보는 주관[眼]은 자아나 자아에 속하는 것이 비어 있다. 보이는 형색[色]들은 자아나 자아에 속하는 것이 비어 있다. 시각분별[眼識]은 자아나 자아에 속하는 것이 비어 있다. 시각접촉[眼觸]은 자아나 자아에 속하는 것이 비어 있다. 시각접촉에 의존하여 발생하는 느껴진 즐거움[樂]이나 괴로움[苦]이나 즐겁지도 괴롭지도 않음[不苦不樂], 그것은 자아나 자아에 속하는 것이 비어 있다. 듣는 주관[耳]과 들리는 소리[聲]들, 냄새 맡는 주관[鼻]과 냄새[香], 맛보는 주관[舌]과 맛[味]들, 만지는 주관[身]과 접촉되는 것[觸]들, 마음[意]과 법[法]들도 이와 같다. 아난다여, 자아나 자아에 속하는 것이 비어 있기 때문에 '세간은 비어 있다'고 말한다(이중표, 2021)."

『잡아함경』에는 공(空)에 대한 다음과 같은 내용들이 기술되어 있다.

> "자세히 듣고 잘 생각하여라. 그대들을 위하여 설법하겠다. 어떤 것을, '제일의공

경(第一義空經)'이라 하는가. 비구들이여, 눈은 생길 때에도 오는 곳이 없고, 멸할 때에도 가는 곳이 없다. 이와 같이 눈은 실체가 없이 생기고, 생겼다가는 모두 멸하니, 업보(業報)는 있지만 지은 자는 없다. 이 근간[陰]이 멸하고 나면 다른 근간이 이어받으니, 세간에서 이해하는 것과는 다르다. 귀·코·혀·몸·의지에 대해서도 이와 같이 말하니, …… 세간에서 이해하는 것과는 다르다. 세속의 법이란, '이것이 있기 때문에 저것이 있고, 이것이 일어나기 때문에 저것이 일어난다'라는 것이니, 즉 무명을 연하여 결합이 있고, 결합을 연하여 식별이 있으며, …… 아주 커다란 괴로움의 무더기가 집기한다. 또한, '이것이 없기 때문에 저것이 없고, 이것이 멸하기 때문에 저것이 멸한다'라는 것이, 무명이 멸하기 때문에 결합이 멸하고, 결합이 멸하기 때문에 식별이 멸하며, …… 아주 커다란 괴로움의 무더기가 멸한다. 비구들이여, 이것을 '제일의공경(第一義空經)'이라 한다. …… 나는 지금 '제일의공경(第一義空經)'을 설명하리니, 그대들은 잘 생각하고 기억하여라. …… 눈이 생길 때는 생기지만 그 오는 곳을 보지 못하고, 멸할 때는 멸하지만 그 멸하는 곳을 보지 못한다. 다만 붙여진 이름과 인연법은 제외한다. …… 어떤 것이 붙여진 이름인가. 이른바 이것이 있으면 곧 있고, 이것이 생기면 곧 생기는 것이다. …… 괴로움의 근간은 이러한 인연으로 이루어진 것이다. 이것이 없으면 곧 없어지고, 이것이 멸하면 곧 멸한다. …… 다만 붙여진 이름의 법은 제외한다. …… 귀·코·혀·몸·의지에 대해서도 그와 같다. 즉, 생길 때는 곧 생기지만 그 오는 곳을 알 수 없고, 멸할 때는 곧 멸하지만 멸하는 곳을 알 수 없다. 다만 붙여진 이름의 법은 제외한다. 붙여진 이름의 법이란, 이것이 생기면 곧 생기고, 이것이 멸하면 곧 멸하는 것을 말한다. 그러므로 이 육입이나 명색도 지은 사람이 없다. 다만 부모로 말미암아 태가 있지만 지은 사람은 없다. 인연으로 있는 것이니, 이 또한 붙여진 이름이다. 그러므로 앞의 대상이 있어야 비로소 있는 것이다(고익진, 2014)."

"만일 비구가 비고 한적한 곳이나 나무 아래에 앉아, '색은 덧없이 없어지는 것으로 그것에 대한 탐욕을 떠나야 할 법'이라 관하고, 이와 같이 '느낌·생각·결합·식별도 덧없이 없어지는 것으로 그것에 대한 탐욕을 떠나야 할 법'이라 관하고, 다시 그

'근간'은 덧없이 없어지고 단단하지 않으며 변하고 바뀌는 법이라 관하면, 마음은 청정한 해탈을 즐길 것이다. 이것을 '공(空)'이라 한다(고익진, 2014)."

"비구여, 두 손이 화합하여 서로 마주쳐야 소리를 내는 것과 같이, 눈이 색을 연하여 눈의 식별이 생기는 것이다. 이 세 가지 화합한 것이 부딪침이니, 부딪침에서 느낌·생각·의도가 함께 생긴다. 그러나 이러한 모든 법은 '나'가 아니고 영원하지 않으므로, 이것은 덧없는 '나'이고 영원한 것이 아니며 안온한 것이 아니고 변하고 바뀌는 '나'이다. …… 모든 행(行)은 환(幻)과 같고 불꽃과 같아서 잠깐 동안에 다 사라지니, 진실로 오는 것도 아니고 진실로 가는 것도 아니다(고익진, 2014)."

"눈은 '공'이다. 영원하여 변하거나 바뀌지 않는다는 법도 '공'이며, 내 것이란 것도 '공'이다. 왜냐하면 그 성질이 스스로 그러하기 때문이다. 색과 눈의 식별과 눈의 부딪침과 눈의 부딪침을 연하여 생기는 느낌, 즉 괴로운 느낌·즐거운 느낌·괴롭지도 즐겁지도 않은 느낌, 그것 또한 '공'이고, 영원하여 변하거나 바뀌지 않는다는 법도 '공'이며, 내 것도 '공'이다. 왜냐하면 그 성질이 스스로 그러하기 때문이다. 귀·코·혀·몸·의지에 대해서도 그와 같다. 이것을 '공'인 세간이라고 한다(고익진, 2014)."

대체로 '공' 개념은 대승불교에서 강조된 개념으로 여겨지지만, 가장 오래된 초기 경전인 『숫따니빠따』에서도 다음과 같은 구절이 나타난다.

"항상 주의를 기울여서 세계를 공이라고 관찰하라. 자아가 있다고 하는 견해를 파괴하고, 죽음을 극복하는 것이 가능할 것이다. 이와 같이 세계를 관찰하는 사람을 죽음의 왕은 보지 못한다(梶山 雄一, 2024)."

붓다가 첫 설법을 시작한 이후 여러 줄기의 불교들이 등장하였으나, '공(연기)'은 이처럼 다양한 불교를 시간과 지역을 초월하여 하나의 불교로 이어 주는 핵심 개념이라고 할 수 있다.

梶山 雄一(2024)는 '실체(實體, substance)'란 자신의 존재를 위해 다른 어떤 것도 필요로 하지 않는 자립적 존재로서 원인이나 조건으로부터 발생하지 않는 것을 뜻한다고 하면서, 이는 인간 사유의 세계에서 개념으로만 존재하는 언어, 즉 개념이나 언어가 실체로서 존재한다고 집착된 것에 지나지 않을 뿐이라고 말한다. 그리고 모든 것은 실체를 가지고 있지 않은 '공'이며, 공은 '없다'는 것이 아니라 '있는 것도 아니고 없는 것도 아니다'를 의미한다고 말한다.

즉, 모든 것이 '공'이라는 것은 어떤 것도 실체 혹은 본질을 가진 실재(實在)가 아니라는 주장이다. 왜냐하면 모든 것은 다른 것에 의존하여, 즉 '인연'으로 인하여 나타나기 때문에 자체의 독립성을 가지고 있지 않고 따라서 분명 나타나기는 나타나지만 그 나타남 자체가 '공'이므로, 나타난다고 말할 수 없음이 진실이기 때문이다.

梶山 雄一(2024)는 "연기인 것, 그것을 공성(空性)이라고 설한다. 그 [공성]은 [다른 것에] 의존한 가설이고, 바로 그것이 중도[中道]다. 연기하지 않고 발생한 것은 아무것도 없기 때문에, 공이 아닌 사물은 아무것도 없다"라는 『중론』의 글을 인용하면서, 공(空)이 곧 연기(緣起)이고, 공(空)의 입장은 곧 중(中)[중도(中道)]이라고 말한다.

나는 '주체적 실존치료'를 영어로 'Existential Therapy of the Insubstantial-Self'라고 번역했다. 여기에 등장하는 'insubstantial'은 바로 '공'의 의미를 함축하고 있다. 여러 가지 '공'의 번역어 중 내가 'insubstantiality'를 선택한 이유를 어떤 독자들은 이미 짐작할 수 있을 것이다. 주체적 실존치료의 제1의 전제는 '연기'이다. '연기'는 물론 '공'과 같은 개념이다. 그러나 치료적 맥락을 고려하면 불교 가르침의 핵심을 단박에 직접적으로 표현하는 '공' 개념보다는, '공'과 같은 뜻이지만 우리가 이미 익숙한 인과관계적 설명을 통해 '공'의 의미를 드러내는 '연기' 개념이 유용한 것이 사실이다.

따라서 나는 주체적 실존치료의 내용을 기술하는 데는 '연기'의 개념을 주로 활용하지만, 주체적 실존치료가 무엇인지를 한눈에 볼 수 있도록 표현하기 위해서는 '공'의 개념을 활용하고자 했다. 이런 이유로 '주체적 실존치료'라는 명칭을

'연기'의 번역어인 'conditioned arising'이 아닌 '공'의 번역어인 'insubstantiality'를 사용하여 표기했고, 주체와 주체성 역시 각각 'insubstantial-self'와 'insubstantial-ego'로 번역하였다. 이는 공(空), 연기(緣起), 중(中), 무아(無我)를 관통하는 핵심인 '실체 없음'에 토대를 두고 있는 것이다.

우리는 주체(主體)를 고정된 실체(實體)를 가진 자아로 상정하는 것에 익숙하다. 이는 너무나 당연해서 의문의 여지가 없는 것처럼 보인다. 그러나 독자들이 '연기'와 '공'에 대한 글을 주의집중하여 읽었다면, 우리가 당연하게 전제하고 있는 '주체' 개념에 대해 의문을 제기하지 않을 수 없을 것이다. 왜냐하면 불교의 관점에서는 실체라는 것을 인정하지 않고, '연기'와 '공'은 모두 이러한 실체의 부정을 의미하고 있으니, 우리가 실체로서의 자아로 여기는 주체라는 개념이 더 이상 발 디딜 곳이 없기 때문이다.

주체적 실존치료의 근간은 불교의 '연기(공)'에 있고, '연관성(relatedness)'을 고리로 실존치료와 연결되어 있다. 따라서 '주체'를 어떻게 이해하는가가 주체적 실존치료의 이해에 있어 매우 중요한 요인 중 하나이다. 주체적 실존치료를 다른 치료들과 가장 명백하게 구분해 줄 수 있는 '주체'에 대한 새로운 정의와 이것의 치료적 의미는 뒤에서 기술할 것이다. 다만 여기에서 나는 주체적 실존치료에서의 '주체'는 고정되어 동일한 실체성을 지닌 것이 아니라, '연기'하므로 실체가 없는 무상(無常)하고 '공'한 의미를 함축하고 있다는 것을 언급하고자 한다.

마지막으로 『신심명』(이중표, 2020에서 재인용)에 있는 중국 선종(禪宗)의 승찬(僧燦) 선사의 말을 인용하면서 공(空)에 대한 기술을 마치겠다.

> "지극한 도에 어려움이 있는 것이 아니다.
>
> 다만 분별하여 선택하는 일을 피해야 한다.
>
> 미워하고 사랑하는 마음에서 벗어나기만 하면
>
> 대낮처럼 뚜렷하게 드러나리라.
>
> 밖에 있는 인연을 좇지도 말고,
>
> 안에 있는 허망한 것 속에 머물지도 말라.

사물과 하나 되어 평안한 마음을 지니면,
밖의 인연과 안의 망상이 저절로 사라지리라.

보이는 대상은 보는 주관으로 말미암아 보이고,
보는 주관은 보이는 대상으로 말미암아 보나니,
보이는 것과 보는 자를 알고 싶다면,
원래 이들은 하나이며 공임을 알라."

4. 집착

불교에서 괴로움의 핵심으로 언급되는 집착(執着, clinging)은 『불교대사전』에 다음과 같이 기술되어 있다.

"사물에 고착하여 떨어지지 않는 것. 어떤 일에만 마음이 쏠려 떠나지 아니함. 잊지 않고 언제나 마음속 깊이 생각하는 것. 사물이나 도리를 고집하여 그것을 버리지 못하는 것. 꽉 쥐다. 달라붙다. 사로잡힘(길상, 2001)"

그리고 집착과 같은 의미로 통용되는 취(取)와 취착(取著)은 『불교대사전』에 각각 다음과 같이 기술되어 있다.

"취하는 것. 감각기관에 의해 지각하는 것. 이해하는 것. 번뇌의 다른 이름의 하나. 12인연의 제9지(支), 집착(길상, 2001)"

"집착하는 것. 집착의 생각. 마음 밖에 있어서는 대상을 실유(實有)로 간주하고, 몸(身)에 있어서는 아(我)가 있음에 집착하고, 아소(我所) 즉 아(我)의 기능을 고집하는 것(길상, 2001)"

이들 정의에서 볼 수 있는 바처럼, 집착(취/취착)은 '어떤 현상이 그치지 않고 지속되도록 그 질료를 취하여 붙잡고 있는 것'을 의미한다(이중표, 2020). 불교에서는 갈애(愛) 역시 괴로움의 핵심으로 여기는데, 탐욕의 마음인 갈애가 더욱 강력해진 것이 바로 집착(취/취착)이다.

『잡아함경』에 기록되어 있는 집착(취/취착)에 대한 기술을 살펴보자.

> "취함에는 또 어떤 연과 어떤 법이 있기에 취함이 있으면, 어떤 법을 연하기 때문에 취함이 있는가? …… 법을 취해 맛 들여 집착하고 마음으로 돌아보고 기억하여 마음이 묶이면 갈애와 탐욕이 더하고 자란다. 그 갈애가 있기 때문에 취함이 있고, 갈애를 연하기 때문에 취함이 있다. 취함을 연하여 존재가 있고, 존재를 연하여 태어남이 있으며, 태어남을 연하여 늙음·병듦·죽음·근심·슬픔·번민·고통이 있다. 이렇게 하여 아주 커다란 괴로움의 무더기가 생긴다. …… 그것은 마치 기름과 심지를 연하여 등불이 켜지는 것과 같으니, 만일 자주자주 기름과 심지를 더해 주면 그 등불은 오래가지 않겠는가? …… 취한 법은 덧없는 것이고 생하고 멸하는 것이라고 관하여, 탐욕을 떠나 모두 멸하여야 한다. 버리고 떠나 마음으로 돌아보거나 기억하지 않아 마음이 묶이어 집착하지 않으면 갈애가 곧 멸한다. …… 갈애가 멸하기 때문에 취함이 멸하고, 취함이 멸하기 때문에 존재가 멸하며, 존재가 멸하기 때문에 태어남이 멸하고, 태어남이 멸하기 때문에 늙음·병듦·죽음·근심·슬픔·번민·고통이 멸한다. 이렇게 하여 아주 커다란 괴로움의 무더기가 멸한다. …… 그것은 마치 기름과 심지로 등불을 켜는 것과 같으니, 만일 기름을 더하고 심지를 돋우지 않으면 그 등불은 앞으로 다 닳아 없어지지 않겠는가(고익진, 2014)?"

> "많이 들어 아는 거룩한 제자는 눈의 식별과 귀·코·혀·몸·의지의 식별을 바르게 관찰하고, 바르게 관찰하면 도무지 취할 만한 것이 없습니다. 취할 만한 것이 없기 때문에 집착할 것이 없고, 집착할 것이 없으므로 스스로 열반을 깨닫습니다(고익진, 2014)."

"많이 들어 아는 거룩한 제자들은 이 다섯 가지 취한 근간[五蘊]에 대해서 그것은 병과 같고 종기와 같고 가시와 같고 죽음과 같으며, 덧없고 괴롭고 공(空)이며, '나'가 아니고 '나의 것'도 아니라고 관한다. 그래서 거기에 집착하지도 않고 그것을 받아들이지도 않는다. 받아들이지 않기 때문에 집착하지 않고, 집착하지 않기 때문에 스스로 열반을 얻는다(고익진, 2014)."

다음에 제시되는 『앙굿따라 니까야』의 인용문은 불교의 사성제(고성제, 집성제, 멸성제, 도성제) 중 집성제와 멸성제를 설명하는 것인데, 단지 '취'와 '집착'에 국한되지 않고 괴로움이 어떻게 생겨나고 소멸하는지를 12연기의 과정을 통해 자세하게 보여 준다.

"고성제(苦聖諦)란 어떤 것인가? …… 요컨대 5취온(五取蘊)이 괴로움이라오. …… 고집성제(苦集聖諦)란 어떤 것인가? …… '나라고 할 만한 것이 없다'는 사실을 알지 못하는 무명(無明)에 의지하여 내가 있다는 생각을 만드는 행위(行)들이 나타난다오. 내가 있다는 생각을 만드는 행위들에 의지하여 분별하는 마음(識)이 생긴다오. 분별하는 마음에 의지하여 이름과 형색(名色)이 나타난다오. 이름과 형색에 의지하여 보고, 듣고, 냄새 맡고, 맛보고, 만지고, 생각하는 주관들(六入處)이 나타난다오. 보고, 듣고, 냄새 맡고, 맛보고, 만지고, 생각하는 주관들에 의지하여 객관들을 접촉하는 경험(觸)이 있다오. 객관들을 접촉하는 경험에 의지하여 고락(苦樂)의 느낌(受)이 생긴다오. 고락의 느낌에 의지하여 갈망(愛)이 생긴다오. 갈망에 의지하여 취착(取)이 생긴다오. 취착(取)에 의지하여 나라는 존재(有)가 있다오. 나라는 존재에 의지하여 내가 태어났다는 생각(生)이 있다오. 태어났다는 생각에 의지하여 늙어 죽는다는 생각과 근심, 슬픔, 고통, 우울, 고뇌가 생긴다오. 이와 같은 과정이 쌓여서(集) 순전한 괴로움 덩어리(苦蘊)가 나타난다오. …… 고멸성제(苦滅聖諦)란 어떤 것인가? …… '나라고 할 만한 것이 없다'는 사실을 알지 못하는 무명이 남김없이 사라지면, 내가 있다는 생각을 만드는 행위들이 사라진다오. 내가 있다는 생각을 만드는 행위들이 사라지면 분별하는 마음이 사라진다오. 분별하는 마음이 사라지면 이름과 형색이

> 사라진다오. 이름과 형색이 사라지면 보고, 듣고, 냄새 맡고, 맛보고, 만지고, 생각하는 주관들이 사라진다오. 보고, 듣고, 냄새 맡고, 맛보고, 만지고 생각하는 주관들이 사라지면 객관들을 접촉하는 경험이 사라진다오. 객관들을 접촉하는 경험이 사라지면 고락(苦樂)의 느낌(受)이 사라진다오. 고락의 느낌이 사라지면 갈망(愛)이 사라진다오. 갈망이 사라지면 취착(取)이 사라진다오. 취착이 사라지면 나라는 존재가 사라진다오. 나라는 존재가 사라지면 내가 태어났다는 생각이 사라진다오. 태어났다는 생각이 사라지면 늙어 죽는다는 생각과 근심, 슬픔, 고통, 우울, 고뇌가 사라진다오. 이와 같이 순전한 괴로움 덩어리(五蘊)가 사라진다오(滅)(이중표, 2023)."

앞의 인용문에서 붓다는 '오취온(五取蘊)이 괴로움'이라고 말한다. 이중표(2017)에 따르면 오취온은 빨리어로 'pañcupādānakkhandhā', 즉 다섯 개의[五, pañca] 붙잡고 있는[取, ādāna] 덩어리[蘊, khandha]라는 의미의 합성어로 붓다가 만들어 사용한 말을 한역한 것이라고 한다. 즉, 붓다가 괴로움이라고 말하는 오취온은 다섯 개의 붙잡고 있는 덩어리를 의미한다.

불교에서 다섯 개의 덩어리, 즉 오온(五蘊)은 나를 포함한 세상 모든 존재를 이루는 다섯 가지 요소인 색(色/물질), 수(受/느낌), 상(想/지각), 행(行/능동적 정신 현상), 식(識/인식)이다(지산, 2005). 이 오온을 붙잡고 있는 것이 오취온이다. 즉, 오취온(五取蘊)은 색취온(色取蘊), 수취온(受取蘊), 상취온(想取蘊), 행취온(行取蘊), 식취온(識取蘊)이다.

이중표(2017)는 우리가 '나'라고 생각하고 있는 중생들의 다섯 가지 '자아'가 오온이고, 우리는 이 다섯 가지 자아, 즉 오온을 붙들고 살아간다고 말한다. 그 다섯 가지 자아의 첫째는 보고, 듣고, 먹고, 만지는 나(色)인 몸, 둘째는 기쁨을 느끼고, 슬픔을 느끼는 나(受)인 감정, 셋째는 비교하고 추리하고 생각하는 나(想)인 이성(理性), 넷째는 의도와 의욕을 가지고 행위하는 나(行)인 의지(意志), 다섯째는 대상을 의식하여 인식하는 나(識)인 의식(意識)이다. 이것이 우리가 자아로 붙잡고 있는 오온이고, 이렇게 오온(五蘊)을 취하고 있는 오취온(五取蘊)이 바로 '나(자아)'이며, 이는 물론 무명 상태에서의 '나(자아)'이다.

따라서 오취온이 괴로움이라는 말은 '자아가 괴로움'이라는 말이고, 이는 다시 '있지도 않은 자아를 있다고 생각하는 자아가 괴로움'이라는 말이다. 앞서 제시된 '아(我)가 있음에 집착하고, 아소(我所), 즉 아(我)의 기능을 고집하는 것'이라는 취착(取著)의 정의에서 '아(我)'가 의미하는 것도 바로 무명 상태에서의 고정된 나, 즉 오취온이라고 할 수 있다. 결국 '연기법'을 모르는 무명 상태의 중생이 '나'라는 것이 현상적으로는 분명히 있지만, 그 '나'는 그저 여러 원인과 조건이 '연기'한 것에 불과하므로 무상(無常)하게 있는 것인데, 이 '공'인 나를 동일성을 지닌 실체인 나로 착각하여 나를 고집하여 취하며 집착하는 것이 괴로움이라는 것이다.

오취온은 『불교대사전』에서 '5가지 집착의 요소, 집착을 일으키는 근본인 5종류의 집합, 5개의 집착의 요인으로서의 얽힌 마음, 집착의 조건이고 또 번뇌가 발생하는 근원'(길상, 2001)으로 정의된다. 오온을 취하여 '나(자아)'라는 것을 확정하게 되면 이는 곧 집착과 번뇌로 이어지게 되는 것이다.

정리하자면, 우리는 조건이 모이면 있고 조건이 사라지면 없는 무상(無常)한 '나'를 조건과 상관없이 항상 동일성을 유지하며 존재하는 고정된 실체인 '나'로 여긴다. 사실은 '연기'이고 '공'인 '나'이므로 실제로는 '나라고 할 만한 나'가 없는데도 우리는 이 진실을 알지 못하고, 단지 여러 조건이 이 순간 화합하여 실존하는 나를 원인이나 조건과는 상관없이 과거부터 이미 존재했었고, 지금도 동일성을 유지하며 존재하고 있고, 미래에도 역시 변함없는 동일성을 유지하며 존재할 실체의 나로 여긴다. 이것이 바로 무명의 상태이다.

이 무명의 상태에서 우리는 '고정된 실체인 자아가 있다'는 생각을 하게 되고, 이와 같은 '나'를 모든 행위의 중심에 두고 그 '나'의 동일성을 유지하고 강화하는 방식으로 살아간다. 나를 둘러싸고 일어나는 모든 현상을 자기중심적으로 경험하면서 '내'가 어떤 것을 경험한다고 생각하고, 경험하는 그 '나'를 통해 더욱 '나'를 강화하면서, 그 경험의 중심에 동일성을 지닌 '나'가 존재한다고 믿는다. 즉, 모든 것을 동일한 '나'의 정체성을 유지하고 강화하는 방식으로 경험하고 체화(體化)하면서 '고정된 나'가 있다는 생각은 점점 굳어져, 그 '나'라는 것이 여러 조건이 모여 생기는 것이라는 점은 까맣게 잊고 만다.

이것은 전도(顚倒)된 생각이다. '나'라고 하는 '나'가 있다고 내가 믿기 때문에 어떤 '나'를 만들어 가는 '나'가 있는 것이며 그로 인해 고정된 '나'라는 것이 존속하는 것인데, 반대로 '나'와는 상관없이 원래 고정된 '나'라는 것은 있었고 본래부터 동일성을 지닌 채 존재하는 내가 이러저러한 경험을 한다는 것이다. 이렇게 되면 '연기'나 '공'은 외계어와 다를 바 없다. 무명의 상태는 고정된 '나'를 만들고, 고정된 '나'는 무명의 상태를 유지하는 악순환이 반복되는 것이다.

일단 이렇게 정체성(正體性)을 가진 '나'가 존재하게 되면, 내가 원하고 바라는 것을 욕구하는 갈애(愛)가 생기고, 이 갈애에 의지하여 무엇인가를 계속 붙잡고자 하는 집착(執着)이 생긴다. 사실 불교적 관점에서는 갈애가 근원적인 괴로움이고 문제일 수 있지만, 일반적으로 많은 사람에게는 이러한 갈애는 문제는커녕 오히려 당연하고 더 나아가 추구되어야 할 것처럼 여겨지기도 한다. 그러나 이런 사람들에게도 원하고 추구하는 그것에만 마음이 사로잡혀 그것에서 떨어지지 못하고 꽉 쥐고 달라붙어 있는 집착은 괴로움과 문제가 된다.

사람들은 대체로 자신이 좋아하는 것을 추구하고 싫어하는 것을 피한다. 많은 사람에게 이것은 당연하게 여겨지며 괴로움도 문제도 아니다. 그러나 만약 좋아하는 것이 사라지는 것이나 싫어하는 것이 나타나는 것을 도저히 견디기 힘들다면, 이런 상태는 누구에게나 괴로움일 수 있다. 이것이 바로 '집착'이다. 엄밀한 의미에서 불교 수행자가 아닌 일반 사람들에게 '갈애(愛)'는 문제가 아닐 수도 있지만, 그들에게도 '집착(執着)'은 문제가 된다.

5. 집착척도

나는 2002년 석사 논문으로 처음 집착척도(The Clinging Scale)를 개발 및 타당화했고, 2006년 박사 논문에서 그 집착척도를 개정하여 개발하고 타당화하는 작업을 했다. 따라서 석사 논문에는 '집착척도'로 박사 논문에는 '개정판 집착척도'로 명명되어 있으나, 이 책에서는 최종판인 개정판 집착척도를 '집착척도'라고 명명하겠다. 또 '집착'의 영어 번역어를 석사 논문에서는 'Jibchak'으로, 박사 논문에서는 'Clinging'으로 표기했는데, 집착의 최종 영어 번역어를 'Clinging'으로 결정하겠다. 따라서 독자들은 저자가 만든 척도의 최종 이름을 '집착척도(The Clinging Scale)'로, '집착'의 영어 번역어를 'Clinging'으로만 기억하면 된다.

내가 집착척도를 만들 때 근거로 했던 '집착'에 대한 정의들은 다음과 같다.

> "십이연기의 아홉 번째 고리인 취(取, upādāna)는 '무엇에다 마음을 두는(upadhi)' 또는 '무엇을 움켜잡는(upadi)'의 의미로, '모으다' '쌓아 올리다' '움켜잡다' 등의 뜻을 가지고 있다(Matthews, 1983; Rune, 1979). 이러한 취(取)는 애(愛)에 인연하며 유(有)의 조건이 된다. '애'가 처음으로 나타난 탐이라면 '취'는 그것이 강력해진 것(권오민, 2004)으로 애착보다 더 지속력이 강한 강력한 의도 중의 하나다(각묵, 2003). 그리고 집착은 '얻으려고 애쓰는 것, 손으로 붙잡고 놓치지 않으려고 꽉 움켜쥐고 있는 것'(U Pandita, 2002), '갈애가 강하게 드러난 것'(U Janaka, 2003), '조건화하기의 한 형태'(Boorstein, 1997), '움켜잡는 특징, 습관적인 업, 놓지 않으려 함'(대림과 각묵, 2004), '잡음, 움켜쥠'(각묵, 2003), '갈애, 얽매임, 욕망, 탐착, 속박'(전재성, 1999) 등으로 표현되고 있다. 육조법보단경(2000)에서는 집착을 벗어난 상태를 무념(無念), 무상(無相), 무주(無住)로 설하고 있다(김은희, 2007에서 재인용)."

나는 이러한 집착의 정의와 더불어 불교의 집착과 연기론 등을 상담에 적용하여 발전시킨 윤호균의 이론['불교의 연기론과 상담'(윤호균, 1999), '공상, 집착, 그리고 상담'(윤호균, 2001) 등]에 기반하여 심리학적으로 집착의 정의를 새롭게 내리고, 실제 치료에 도움이 될 수 있는 영역에 국한된 실용적인 집착의 구성개념을 설정한 후, 집착척도를 개발하고 타당화 작업을 실시했다.

집착척도 개발을 위해 내가 정의한 집착은 '현재성과 유연성, 초연성이 결여된 심리상태'이다. 나는 집착된 상태란, '지금 여기의 심리적 경험에서 현재성과 유연성, 초연성이 결여됨으로써 마음이 시간과 상황 등의 맥락에 따라 자유롭고 융통성 있게 흐르지 못하는 상태'라고 정의하였다. 이러한 정의에 따라 집착의 구성개념을 '현재성 결여' '유연성 결여' '초연성 결여'로 설정했고, 연구를 진행하면서 세 개의 구성개념을 좀 더 세분화하여 최종적으로는 여섯 가지 요인을 확정했다.

집착척도의 여섯 가지 요인은 다음과 같다.

- **과거중심성**: 과거의 기억·관념·감정·경험 등에 사로잡혀 현재 후회하고 괴로워함
- **현재성결여**: 지금 현재 해야 할 일·하고자 하는 일에 집중하거나 충실하지 못함
- **미래중심성**: 미래에 대한 걱정과 불안 등이 현재의 의식을 점유하고 있음
- **시각고정성**: 시간이 흘러도 변하지 않는, 고정된 시각의 틀(사람 대상)
- **상황경직성**: 당면한 상황에 유연하게 적응하지 못하고 경직된 태도나 행동을 보임
- **욕구집착성**: 자기중심적인 이기적 욕구에 집착하여 그 욕구를 갈망하고 고집함

집착척도(The Clinging Scale)의 한글판과 영어판, 그리고 각 요인에 해당하는 문항들은 각각 〈부록 1〉, 〈부록 2〉, 〈부록 3〉에 제시되어 있다.

내가 불교라는 종교의 한 개념을 심리척도로 만든 집착척도를 간략하게나마 소개하는 이유는, 주체적 실존치료가 탄생한 배경에 대한 설명과 더불어 더 중요하게는 불교를 그저 하나의 종교로만 치부할 것이 아니라 다양한 관점에서 적극적으로 활용했으면 하는 바람 때문이다. 불교는 치료자들의 관심사인 인간이 겪는 괴로움의 발생과 지속, 소멸과 소멸에 이르는 방법에 관한 소중한 자료들의 보고(寶庫)라는 것이 내 생각이다. 따라서 심리치료를 하는 사람이라면 관심을 두고 실제로 치료에 적용해 볼 수 있는 다양한 길을 찾아볼 충분한 가치가 있다고 본다.

나는 대학원에 입학하기 전까지는 불교와 아무런 인연이 없었다. 그러나 석사과정 시작과 동시에 불교 공부를 시작하여 붓다가 깨달음을 추구한 이유와 깨닫기 위한 과정 및 통찰 등에 대해 알아 가면서 놀라움을 금치 못했다. 나에게 붓다는 진정한 철학자이자 과학자이고 치료자이자 스승으로 보였다. 그리고 인간의

고통에 대해 숙고하는 수많은 심리학자와 심리치료자가 왜 불교라는 종교에서 괴로움의 원인과 그 괴로움의 극복을 위한 길을 찾고 있는지를 이해할 수 있었다.

불교는 내가 알던 종교와는 상당히 달랐다. 경전에 나타나는 붓다의 모습이나 가르침에서는 신비로움보다는(물론 비유로서 이런 내용이 없는 것은 아니지만) 과학자나 철학자와 같은 정밀함과 엄밀함이 보였고, 인간의 괴로움에 진정으로 관심을 두고 그 괴로움의 소멸을 열정적으로 추구하는 따뜻하지만 냉정한 치료자나 스승이 보였다.

종교라고 하면 일단 의문 없이 믿고 무엇인가 신비로운 것이어야 하는 것처럼 오해했던 나에게, 오히려 무조건 믿지 말고 자신의 의문을 간직한 채 스스로 보고 이해하여 검증한 후 스스로 인가(印可)하도록 하는 불교는 더 이상 종교로 보이지 않을 정도였다. 심리학도인 나에게 붓다는 그 어떤 심리학자보다 심리학자답게 여겨졌다. 그리고 나의 불교 공부를 도와주신 여러 어른의 모습이 바로 그와 같았다.

나는 이 책에서 집착척도를 간략히 소개함으로써, 더 많은 심리학자와 심리치료자가 불교의 다양한 개념을 우리의 실제 삶과 전문영역에 녹여 내는 데 작은 촉매제 역할을 할 수 있기를 기대한다.

이상으로 주체적 실존치료의 배경으로 소개하고자 한 실존치료와 불교(Existential therapy and Buddhism), 연기(Conditioned arising), 공(Insubstantiality), 집착(Clinging), 집착척도(The Clinging Scale)의 기술을 마치고자 한다. 앞의 내용은 실제 치료 장면에서의 직접적인 주체적 실존치료 실행과는 거리가 있는 것들이다. 따라서 그저 하나의 치료적 접근으로서의 주체적 실존치료의 구체적인 내용만을 알고 싶은 독자들에게는 크게 흥미가 없는 내용일 수도 있다. 그러나 주체적 실존치료에 진심으로 관심이 있고 주체적 실존치료를 자신의 주된 치료적 지향으로 삼고자 하는 치료자라면, 이 내용들을 잘 이해하고 체화(體化)하는 것이 무엇보다 중요하다.

사실 치료자들이 실제 치료 장면에서 수행하는 작업은 차이점보다는 공통점이 더 많다. 그리고 말 혹은 행동 자체만 보면 치료자들이 가지고 있는 이론과 상관없이 훨씬 더 큰 유사성이 존재할 것이다. 그러나 동시에 명시적으로는 뚜렷하게 드러나지 않는 치료자들 간의 매우 작은 가치 혹은 철학의 차이가 얼마나 커다란 차이를 불러일으킬 수 있는지를 나는 경험적으로 잘 알고 있다.

제3장

주체적 실존치료

주체적 실존치료(Existential Therapy of the Insubstantial-self)란 일차적으로는 저자인 '김은희'의 실존치료라고 말할 수 있으나 동시에 주체적 실존치료를 지향하는 치료자가 각자 '자기 자신'의 실존치료를 수행하는 치료를 의미한다. 물론 이 책에 기술된 주체적 실존치료는 김은희의 '주체적 실존치료'의 내용이다. 내가 굳이 이 말을 덧붙이는 이유는 '주체'라는 말을 두고 적지 않은 이견이 있을 수 있기 때문이다. 어떤 실존치료자들은 동일성과 고정성을 지닌 본질이나 실체, 불교적 용어로 자성(自性)이 있는 '주체'를 전제할 것이고, 다른 실존치료자들은 본질이나 실체, 자성을 인정하지 않는 무아(無我)이며 무상(無常)인 '주체'를 전제할 것이다.

유럽에서 시작되어 미국을 거쳐 현재 우리나라 교육 현장에서도 익숙한 실존치료는 주로 전자의 경향을 나타낸다(본래 실존치료 발단의 초석이 된 Heidegger 철학의 내용이 그렇지 않음에도 불구하고). 그러나 불교에 근거를 두고 있는 주체적 실존치료에서 '주체'의 의미는 후자의 의미이다(아래에서 자세히 기술하겠으나, 전자의 주체가 하는 역할을 주체적 실존치료에서는 주체의 한 측면인 '주체성'이 담당한다. 결국 주체적 실존치료의 '주체'는 전자의 주체를 포함하는 후자의 주체라고 말할 수 있고, 전자의 주체에 해당하는 것이 주체적 실존치료에서의 '주체성'이라고 볼 수 있다).

제2장에서 연기(緣起)와 공(空)에 대해 자세히 기술했기 때문에 많은 독자가 이미 이 두 용어가 결국 불교의 무아(無我)와 같은 말이라는 것을 알고 있을 것이다. '연기'와 '공'은 모든 것의 자성이 비어 있음, 즉 모든 것은 자기만의 고유한 동일

성을 지닌 실체(實體)일 수 없음을 의미하는 말들이다. 따라서 이 말들은 '무아'와 다른 말이 아니다.

불교에서는 모든 것은 다만 원인(因)과 조건(緣)에 따라 있다고 말한다. 원인(因)과 조건(緣)이 이러저러하게 모이면 어떤 것이 이러저러하게 생겨나고, 원인과 조건이 이러저러하게 흩어지면 어떤 것이 이러저러하게 사라지는 것이다. 이렇게 원인과 조건이 의존해서 함께 일어나야만 어떤 것이 있게 되는 것이므로, 우리가 있다고 하는 것들은 실제로는 자체만의 본질이 비어 있는, 즉 실체가 없는 것이고 이는 곧 '공'이라는 것이다.

그러나 이러한 '연기'와 '공'을 모르는 무명(無明) 상태에서 우리는 사실은 실체가 없는 것을 실체가 있는 것처럼 보고 이것을 '존재'로 여기게 된다(만약 Heidegger의 구분을 적용한다면 여기서 '존재'가 곧 '존재자'를 의미할 것이다). 불교에서 존재로 여긴다는 것의 의미는 원인과 조건과는 독립적으로 동일성을 유지하는 자체의 고유한 성품이 있는 어떤 고정된 것으로 여긴다는 것이다. 불교에서 존재(存在) 대신 굳이 '법(法)'이라는 용어를 사용하는 이유도 '존재'는 고정된 고유의 성품이 있는 것을 지칭하기 때문에, 의존하여 함께 일어나고 의존하여 함께 사라지는 세상 모든 것들의 실상을 표현하기 위함이라고 한다.

이런 맥락에서 보면 우리가 주체(主體)를 당연히 실체(實體)로 보는 것과는 달리, 불교에서는 실체인 '주체'를 인정하지 않는다. 따라서 불교에 근거하여 만들어진 주체적 실존치료 역시 우리가 상식적으로 단정하고 있는 실체(實體)로서의 주체(主體)를 인정하지 않는다. 그렇다면 주체적 실존치료에서 말하는 '주체'라는 것이 어떤 것인지에 대한 새로운 정의가 필요하다.

그리고 이러한 새로운 정의에 근거한 치료적 접근에서는, 비록 실증주의적인 객관적 척도를 통해서는 나타나지 않을지라도, 숙련된 치료자라면 무시하거나 간과할 수 없는 다른 접근들과의 중요한 차이들이 나타날 것이다. 대부분의 숙련된 치료자들은 척도를 통해 명시적으로 측정할 수 없는 어떤 요인들이 실제 치료 장면에서는 얼마나 가치 있고 중요한 것일 수 있는지를 잘 알고 있다. 이것이 바로 '치료'를 과학이자 예술이라고 표현하는 이유이기도 할 것이다.

1. 주체와 주체성

일반적으로 통용되는 '주체(subject)'의 의미는 본질을 가진 실체(substance)이다. 철학 사전(Blackburn, 2016)에서 'substance'라는 단어는 '실체' 혹은 '본질' 등을 나타내는데, 이는 모든 것이 변하는 와중에도 변하지 않는 어떤 것을 표현하는 단어이다. 그러나 불교와 주체적 실존치료는 실체로서의 주체를 인정하지 않는다. 모든 것을 구성하는 '법(法)'은 고정된 어떤 실재를 의미하는 것이 아니라, 단지 인연(因緣)에 의해 있는 것을 의미하므로 이는 곧 '공(空)'이다. 현상적으로 분명히 있기는 있지만 상호 의존적으로만 있을 수 있기에 결국 확실한 실체로서 있다고는 말할 수 없는, 공(空)인 상태로 있는 것이다.

모든 것이 이렇다는 것은 인간인 나에게도 그대로 적용된다. 나 역시 실체가 있는 것이 아니라 실체가 비어 있는 것이다. 그리고 불교에서 공(空)과 같은 뜻으로 이해되는 연기(緣起)로 표현하자면 모든 것이 조건에 의지하여 상호 의존적으로 함께 일어나는 것이니, 개체로서 독립적으로 따로 떨어져 고정된 실체로서 있는 것은 생각할 수 없다. 우리가 주체라고 부르는 것 역시 마찬가지이다.

이런 맥락에서 주체적 실존치료의 중요한 개념인 '주체(Insubstantial-self)'와 '주체성(Insubstantial-ego)'의 정의를 잘 이해하는 것이 중요하다. 주체적 실존치료에서 '주체'의 정의는 '모든 것과 연결되어 개방되어 있는 개개의 인간 존재자, 즉 각자의 가변적 가능성의 장에 항상 열려 있는 실존하는 총체적 인간 존재자'이고, '주체성'의 정의는 '주체의 의식적·반성적·의지적 자기 결단의 측면'이다.

이 정의에서 볼 수 있는 것처럼 '주체'란 인간 존재자를 일컫는 말이기는 하지만, 우리가 통상 이해하고 있는 모든 활동의 중심점으로서의 고정된 실체인 인간 존재자를 의미하지는 않는다. 주체적 실존치료에서 정의하는 '주체'는 이것이 바로 '나(주체)'라고 지칭할 수 있는 고정되고 불변하는 실체적인 것이 아니라, '나(주체)'라고 할 만한 '나(주체)'가 없는 가변적이고 개방적이며 연기(緣起)적인 것이다. 이 '주체'는 예를 들면, 무의식적/의식적, 선(전)반성적/반성적, 비(무)의지적/의지적 등의 다양한 측면을 모두 포괄하면서 개방되어 있는 열린 구조이다. 열린 구조이기는 하지만 '주체(나)'가 없는 것은 아니고 분명히 존재한다. 단지 이 '주체(나)'는 고정된 실체가 있는 것이 아니라, 맥락적·상황적·연기적인 것일 뿐이다.

여기서 독자들이 주의할 것은, 내가 말하는 '주체'는 '맥락적 주체'도 아니고 '상황적 주체'도 아니며 '연기적 주체'도 아닌, 그저 '주체'라는 것이다. 물론 맥락적·상황적·연기적 주체라는 것이 틀린 말은 아니다. 그러나 나의 초점은 '주체'의 정의 안에 맥락적이고 상황적이며 연기적인 측면이 이미 전제되어 포함되어 있다는 것이다. 따라서 정확히 표현하자면 맥락적·상황적·연기적 '주체'가 아니라, 이미 '주체'라는 정의 그 자체 안에 맥락 혹은 상황에 따라 그때그때 '연기'하는 '공'의 의미가 내포되어 있는 '주체'라는 것이다.

2024년에 출간된 『주체적 실존치료』 책에서 나는 우리가 흔히 알고 있는 실체로서의 '주체' 개념을 해체하고 새로운 '주체' 개념의 이해를 돕기 위해 '맥락적·상황적·연기적'이라는 형용사 표현을 사용했었다. 이러한 표현 때문에 어떤 제자가 내가 말하는 '주체'를 곧 맥락적·상황적·연기적 '주체'라고 하면서 내가 해체하고자 목표했던 기존의 실체적인 '주체' 개념을 그대로 사용하는 장면을 목격했다. 즉, 맥락적·상황적·연기적이기는 하지만 '고정된 실체가 여전히 있는 것'으로 주체적 실존치료의 '주체' 개념을 잘못 이해하고 있었다.

나의 목적은 기존의 실체인 '주체'의 개념을 '주체'가 곧 '공'인 개념으로 전환하는 것에 있었으므로, 이는 엄밀한 의미에서 잘못 이해된 것이었다. 내가 해체하고 새롭게 정의하고 싶었던 기존의 '주체' 개념을 버리고 새로운 '주체' 개념을 받아들이는 것이 아니라, 단지 형용사를 붙여 기존의 고정성을 완화하는 느낌을 주는, 그러나 여전히 동일성과 정체성을 가진 실체로서의 주체로서 이해한 것이다. 물론 이것은 정확하게 설명하지 못한 나에게 일차적 책임이 있다. 이 책에서는 이를 명확하게 공표하고자 한다. 불교에서 '무아'와 '연기'와 '공'이 모두 같은 뜻으로 통용될 수 있는 것처럼, 주체적 실존치료에서의 '주체'는 근본적으로 '무아' '연기' '공'과 다르지 않다.

내가 맥락적·상황적·연기적 등의 수식어를 붙이는 것이 효율성 면에서 이점이 있음에도 불구하고, 주체적 실존치료에서 정의하는 '주체'를 그런 수식어를 뺀 그저 '주체'로 표기하는 이유는, 일차적으로는 이미 그 수식어들이 의미하는 바가 주체라는 말 안에 함축되어 있다는 것이 내가 믿는 진실이기 때문이고, 이차적으로는 우리가 이제까지 당연하게 여기고 있던 '주체'의 개념 정의 자체를 새롭게 변경하여 알리고 싶은 마음에서이다. 굳이 혼동이 있을 수 있는 '주체'라는 말을 그대로 사용하는 주된 이유는, 사람들이 이제까지 당연하게 여기던 '주체'의 실체성에 의문을 갖고 사실은 우리가 실체라고 생각하던 '주체'가 실체가 없는 것이라는 점을 자각하는 데 이 혼동이 도움이 될 수도 있다는 생각 때문이다(오히려 혼란을 줄 수도 있겠지만).

요약하자면, 주체적 실존치료의 '주체'에는 '연기적' 등의 수식어가 전혀 필요하지 않다. 왜냐하면 '주체'가 이미 '연기' 그 자체이고 '공' 그 자체이기 때문이다. 불교 개념이 생소한 사람들에게 '연기적'이라는 수식어 등이 이해에 도움이 될 것이므로 방편으로 사용하기는 하지만, 그것은 방편일 뿐 실상은 '주체'가 곧 '공(空)'이고 '주체'가 곧 '연기(緣起)'이며 '주체'가 곧 '무아(無我)'인 것이다. 길게 설명했으나, 사실 '주체'에 대한 우리의 고정관념만 바꾼다면 혹은 불교의 관점에서 '주체'를 바라본다면 매우 당연한 이야기일 뿐이다.

주체와 관련하여 Sartre(2008)가 "실존은 본질에 선행한다(Existence precedes essence)"라고 말한 때의 '실존'과 『존재와 무(Being and nothingness)』(Sartre, 1994)에서의 '무(無)' 개념을 살펴보는 것이 도움이 될 것이다. Sartre가 본질에 선행한다고 말하는 '실존'과 존재에 대비하여 말하고 있는 '무' 둘 다, 실체성 혹은 고정성의 부정이라는 뜻을 담고 있다. 이에 대해 Spinelli(2015)는 Sartre의 무(nothingness)를 '어떤 것이-됨이-아님(no-thing-ness)' 혹은 '어떤 것이-되기-이전(pre-thing-ified)'이라는 실존의 원초적 의미를 표현한 것이라고 하면서 이는 서양 문화에서 당연하게 여기는 '무엇(something)' 중심적 사고에 대한 반전이라고 말한다. 서양 문화는 전통적으로 본질이 실존에 선행한다는 입장이었으나, Sartre는 실존이 본질에 앞서는 것이고, 오히려 본질은 실존을 기반으로 해서 만들어진다고 본 것이다. 우선 나의 '있음'이 있고, 그 있음의 바탕 위에 나의 '어떻게 있음 혹은 무엇으로 있음'이 있는 것이다.

van Deurzen과 Arnold-Baker(2005)는 전통적인 자아(self) 개념과 달리 실존적 관점에서는 실체적 혹은 고정된 자아라고 하는 것이 존재하지 않는다고 말한다. 우리가 나의 자아 혹은 정체성이라고 경험하는 모든 것은 항상 '되어감(becoming)'과 '변환(transformation)'인 흐름(과정)일 뿐이라는 것이다. 이는 Spinelli(2005)가 '세계화(worlding)'와 '세계관(worldview)'을 구분하면서 우리가 나라고 하는 본질적 정체성을 가지고 있기는 하지만(세계관) 이는 늘 과정일 뿐이어서 한순간도 고정되어 있지 않은 더욱 근본적인 흐름(세계화)을 기반으로 한다고 말한 것과 유사하다.

이를 주체적 실존치료의 '주체'와 연결하여 표현해 보면 '무엇이 주체이다'라고 명확하게 한계를 지어 정의할 만한 실체로서의 '주체'는 없지만, '주체'가 무엇이라고 정의 내릴 수 있는 가능성의 바탕이 되는 '주체'는 있다는 것이다. 따라서 '주체'는 없지만 있는 것이고 또 있지만 없는 것이라고 할 수 있다.

즉, 무엇이라고 명확하게 규정할 수 있는 실체적인 무엇은 아니지만 그렇다고 아예 존재하지 않는다고 그 현존성을 무시할 수도 없는 것이 바로 '주체'이다. 우리가 의식적, 반성적, 의지적으로 '이것이 주체이다'라고 할 때 우리에게 '주체'는 현존하고, 그렇지 않을 때 우리에게 '주체'는 현존하지 않는다. 그러나 현존하고 현존하지 않는 그 바탕인 '주체'는 늘 인연생기로서 존재하고 있으며, 그렇게 존재하는 '주체'가 바로 주체적 실존치료에서 말하는 '주체'이다.

이제 '주체성'이 무엇인지 알아보자. 주체성은 바로 이러한 '주체(나)의 의식적·반성적·의지적 자기 결단의 측면'을 말한다. 따라서 '주체성'을 발휘하여 우리는 '주체(나)'에 대한 고정된 정의를 내리고 무엇을 '주체(나)'라고 할 것인가 등을 선택하고 결정할 수 있다. 우리가 통상 '나'라고 할 때의 이 '나'를 의식적으로 명확하게 규정하는 것은 '주체성'의 역할이다. '주체'인 '나'는 경계를 알 수도 없고 무엇이라고 정의 내릴 수도 없지만, '주체'의 한 측면인 '주체성'은 내가 누구인지를 알 수도 있게 만들고 내가 무엇이라고 정의도 내릴 수 있게 한다.

결국 우리가 의식적, 반성적, 의지적으로 '나'라고 정의하는 것은 엄밀하게 말하면 '주체'가 아니라 순간순간의 자기 결단의 측면인 '주체성'이 발휘된 결과이다. 주체는 우리가 의식적으로, 반성적으로 그리고 의지적으로 포착할 수 있는 범위 이상의 것이므로(이것은 우리의 능력이 부족해서가 아니라 본래 그런 것이다) 우리가 지각하고 인식하는 모든 것은 '주체성'이 작동한 결과이다.

van Deurzen과 Adams(2011, 2016)는 '실존은 본질에 선행한다'는 말의 의미가 "우리가 존재한다는 사실이 우리가 무엇으로 존재하는지보다 더 근본적인 것"이라고 말한다. 이때 적어도 우리가 무엇으로 존재한다는 측면은 의식적으로 명확한 것이므로 이는 '주체성'의 현현(顯現)이라고 볼 수 있다. 주체성은 결국은 자기 결단을 의미하는 것이고, 내가 무엇이라고 나 스스로 정의할 때 그 말은 의식적, 반성적, 의지적으로 또 자기 스스로 그러하다고 자기가 결단한 결과이므로 이는 '주체성'의 현현으로 볼 수 있다.

그러나 '주체성'을 고정된 것으로 오해해서는 안 된다. 주체성 역시 '주체' 내의 고정된 한 요소이거나 닫힌 구조의 개념이 아니라 가변적이고 개방적이며 연기적인 것이지만, 우리가 자각하고 의식하며 반성할 수 있는 측면이라는 것을 잊지 않는 것이 중요하다. 또한 '주체성'의 정의에 나타나는 '자기 결단'이라는 표현이 매우 중대한 선택과 결정만을 의미하는 것이 아니라는 점 역시 기억해야 한다. 우리가 의식적으로 자각하고 반성적으로 사고하면서 의지를 가지고 하는 어떤 선택과 결정도 자기 결단에 속하는 것이다. 예를 들어, 목이 마를 때 물을 마시기 위해 손을 컵으로 뻗으려고 마음을 내는 것도 자기 결단이다.

주체성은 매우 생생한 의식적 자기 결단만을 말하는 것이 아니고, 깊은 반성적 자기 결단만을 말하는 것도 아니며, 결의에 찬 의지적 자기 결단만을 말하는 것 역시 아니다. 매우 미약한 정도에서부터 매우 강력한 정도에까지 그것이 의식적이고 반성적이며 의지적인 선택과 결정이라면 그 모든 것이 자기 결단이라고 할 수 있으며, 주체성은 바로 이런 '자기 결단의 측면'을 지칭하는 것이다. 이러한 관점에서 보면, 독자들이 이제까지 생각했던 것보다 훨씬 더 많은 것이 자기 결단에 속하게 될 것이다. 또 이는 우리가 너무도 흔히 '나도 모르게'라고 말하는 습관에 대해 다시 한번 생각하게 만들 것이다.

비유적으로 정리하자면, '주체'는 내 능력의 부족 때문이 아니라 원래 도무지 알 수 없는 '모름'의 영역을 항상 품고 있는, 완성이 아예 불가능한 퍼즐이라면, '주체성'은 그 지평은 계속 움직이고 변화되겠지만 내가 항상 '알고 있는 혹은 알 수 있는' 측면을 의미하는, 순간순간 항상 완성되어 있는 퍼즐과 같다. 우리가 '실존'을 '실제로 있다'라는 국어사전적 의미로 이해할 때, 여기에서 '실존'이 의미하는 것이 바로 '주체성'이라고 볼 수 있다.

이중표(2017)는 실존철학에서 이야기하는 실존(實存)이 불교에서는 '오취온(五取蘊)'이라고 말한다. 제2장에서 오취온에 대해 설명했었다. 오취온은 자아로 집착되는 다섯 가지 구성요소이다(梶山 雄一, 2024). 즉, 이것은 무명(無明) 상태에서 실제로 있다고 생각하는 '나'이다. 무명은 '연기'를 모르는 것이고, '연기'를 모른다는 것은 모든 것이 조건에 따라 의존적으로 함께 생기고 함께 사라지므로 결국 모든 것의 실상은 '공'이라는 것을 알지 못하는 것이다. 이렇게 '나라고 할 만한 나'가 없다는 것을 모르고, 동일성과 항상성을 유지하면서 정체성을 가진 '나'가 있다고 여기는 것이 '오취온'이고, 이것이 곧 '실존'이라는 것이 이중표의 설명이며, 이것이 곧 '주체성'이라는 것이 나의 말이다.

단정적으로 말해 우리가 '나'라고 의식해서 알고 있는 모든 것이 '주체'가 아니라 '주체'의 한 측면인 '주체성'이고, 이렇게 의식해서 아는 그 자체가 '자기 결단의 측면'이다. 이는 자기기만을 하지 않는 사람에게는 자명할 것이다. 이 지점에서 꼭 기억해야 할 것은, '주체'와 '주체성'이 분리되어 있지 않다는 점이다. 우리가 물이 수소와 산소를 조건으로 하여 생긴 것이라는 점을 알지만 물을 수소와 산소로 각각 나누어 말하지 않고 그저 물이라고 말하는 것처럼, 우리가 '주체'라고 말할 때 이미 그 주체의 한 측면인 '주체성'을 함께 포함하여 '주체'라고 부르는 것임을 기억해야 한다. 이는 '주체적 실존치료'라고 할 때 '주체적'에 '주체'와 '주체성'의 의미가 모두 포함되어 있는 것과 같다. 그러나 동시에 물은 수소와 산소로 이루어져 있다고 필요에 따라 구분하여 말할 때가 있는 것처럼, '주체'와 '주체성'은 떼려야 뗄 수 없는 것임에도 불구하고 각각 구분하여 설명할 때가 있다는 것도 기억해야 한다(이 구분이 치료에서는 결정적으로 중요하다).

나는 '모든 것과 연결되어 개방되어 있는 개개의 인간 존재자, 즉 각자의 가변적 가능성의 장에 항상 열려 있는 실존하는 총체적 인간 존재자'라고 정의한 '주체'와 '주체의 의식적·반성적·의지적 자기 결단의 측면'이라고 정의한 '주체성'을 영어로 각각 'Insubstantial-self'와 'Insubstantial-ego'로 표기하였다. 그리고 주체적 실존치료를 영어로 'Existential Therapy of the Insubstantial-self'라고 표기할 때, 여기에 등장하는 'Insubstantial-self'는 이미 'Insubstantial-ego'를 내포하고 있는 'Insubstantial-self'이다.

내가 정의한 '주체'와 '주체성'에 딱 맞아떨어지는 영문 표기를 찾지는 못했으나 심리학에서 정의하는 'self'와 'ego' 개념은 내가 정의하는 '주체'와 '주체성'의 한 측면을 비교적 잘 대변해 준다. 심리학적으로 self(자기)는 의식적·무의식적, 정신적·신체적 모든 특성을 포함하는 총체적 한 개인을 의미하고, ego(자아)는 한 개인의 자기-개념(self-concept)을 의미한다(Corsini, 2002). 특히 Freud의 정신분석에서 ego는 의사결정(decision making)을 담당하는 한 개인의 의식적 부분(conscious part)을 의미한다(Gladding, 2001). 따라서 두 단어를 '주체'와 '주체성'의 표기에 사용하는 것은 타당하다고 생각한다.

내가 선택한 불교의 '공(空)'에 대한 영문 표기는 'insubstantiality'이다. 나는 주체와 주체성에 담긴 '공'의 의미를 표현할 수 있는 영문 표기를 'insubstantial'로 결정하였다. 불교의 '공' 개념에 대한 영어 번역어로는 일반적으로 'emptiness'가 사용되는 경향이 있다. 그러나 나는 '공'의 개념이 단순히 '자성'이 '비어 있음'을 의미하기보다는 '자성'이 비어 있어 결국은 '실체가 없음'을 의미하는 것으로 이해하기 때문에, 비록 흔히 사용되는 단어는 아니지만 불교 사전에 등장하면서도 적절하다고 판단되는 'insubstantiality'를 '공'에 대한 영문 표기로 결정하였다.

이런 점을 종합적으로 고려할 때, 직관적이고 관습적인 측면에서 다소 혼란스럽더라도 의미를 잘 전달하는 것이 중요하다고 생각하여 나는 주체적 실존치료에서의 '주체'와 '주체성'의 영문 표기를 각각 'Insubstantial-self'와 'Insubstantial-ego'로 결정하였다. 내가 의미하는 '주체'와 '주체성' 각각에 정확하게 부합하는 간결한 영어 단어를 찾지 못했기 때문에 기존에 이미 존재하는 단어들을 굳이 '-'로 연결하여 표기하게 되었다.

2. 주체적 실존치료의 의미

주체적 실존치료는 '나(주체)라고 할 만한 나'가 없는 '나'를 전제하고 있으며, 나라고 할 만한 그 어떤 '고정된 나'가 없기에 '그 어떠한 나'도 상정(想定)이 가능하다고 본다. 즉, 주체(나)의 주체성(나)이 자기가 누구인지를 인식하여 알면서 동시에 자기를 구성하는 것이다.

이것이 함의하는 바는 매우 크다. 만약 우리가 이러한 의미를 수용한다면 '나는 무엇인가?' '나는 누구인가?' '나는 어떻게 살아갈 것인가?' '나는 어떻게 죽을 것인가?' 등 '나(주체)'와 관련한 모든 주제의 진정한 주인이 바로 내가 되는 것이고, 그 '나'조차도 고정되어 불변하는 실체가 아니라 순간순간 인연생기(因緣生起)하는 가변적이고 열려 있는 중심이라는 것을 수용하는 것이 된다.

이렇게 되면 '나'라는 명확한 정의를 무시하지도 않지만 그렇다고 그 명확한 정의에 매이지도 않는, 진정 내가 '나'라고 정의하는 '나'로서 서게 되는 일이 일어날 수 있다. 또한 '나'라고 하는 것이 내가 '나'라고 정의하는 그 '나'에 국한되지 않는, 그 가장자리를 규명하거나 정할 수 없는 '나'라는 것을 수용하는 것이므로 자기중심적 집착(執着)에서 벗어나 모든 것이 '인연생기'라는 원리를 받아들일 수 있다.

주체적 실존치료는 궁극적으로 그리고 결론적으로 '나'라고 할 만한 고정된 '나'가 있는 것은 아니지만(주체) 바로 그렇기 때문에 '나'를 그때그때 구성할 수 있으므로(주체성), 그렇게 구성된 '나'를 중심으로 세워 그 '나'를 진정한 주인으로 삼아 '인연' 따라 자신의 삶을 순간순간 자기답게 만들어 살아가는 것을 강조하는 치료이다.

임제의현의 "수처작주 입처개진(隨處作主 立處皆眞: 머무르는 곳마다 주인이 되라. 지금 있는 그곳이 바로 진리의 세계이다)(벽해 원택, 2018)"이나 불교 경전 『숫따니빠따』(일아, 2015) 중 '코뿔소 뿔의 경'에 등장하는 "코뿔소의 뿔처럼 혼자서 가라"라는 말('혼자서 가라'는 뜻을 강조하기 위해 뿔이 하나인 코뿔소를 등장시키고 있다고 함), 그리고 불교 경전들을 모아놓은 『니까야』('니까야'와 '아함경'은 모두 초기불교 경전들을 모아놓은 경전의 모음집을 말한다)에 나타나는 다음과 같은 말들이 주체적 실존치료가 지향하는 바를 잘 표현해 준다.

> “이제 그대들은 자신을 등불로 삼고, 자신을 귀의처로 삼고, 다른 사람을 귀의처로 삼지 말라. 가르침을 등불로 삼고, 가르침을 귀의처로 삼고, 다른 것을 귀의처로 삼지 않고 살아가도록 하라(이중표, 2019).”

> “비구들이여, 다른 삶을 의지하지 말고, 자신을 등불로 삼아서 자신에게 의지하여 살아가시오. 다른 것에 의지하지 말고, 가르침(法)을 등불로 삼아서 가르침에 의지하여 살아가시오. 비구들이여, 다른 사람을 의지하지 않고 자신을 등불로 삼아서 자신을 의지하여 살아갈 때, 다른 것에 의지하지 않고 가르침을 등불로 삼아서 가르침에 의지하여 살아갈 때, 근심, 슬픔, 고통, 우울, 고뇌를 낳는 것은 무엇이고, 근원은 무엇인가를 이치에 맞게 탐구할 수가 있다오(이중표, 2021).”

> “붓다는 진실을 판단할 때 전통(傳統)에 의지하지 말고, 전승(傳承)에 의지하지 말고, 뜬소문에 의지하지 말고, 경전의 권위에 의지하지 말고, 논리에 의지하지 말고, 추론(推論)에 의지하지 말고, 이론(理論)에 의지하지 말고, ‘이 사문(沙門)은 우리의 스승’이라고 해서 의지하지 말 것을 가르친다. 그리고 스스로 실행하고 시도하여 즐겁게 되는 것과 괴롭게 되는 것을 스스로 알게 되었을 때, 그것을 취하거나 버리라고 가르친다(이중표, 2023).”

주체는 우리가 근본적으로 알 수 있는 것이 아닌 ‘모름’의 세계이다. 내가 ‘세계’라고 표현할 수 있는 것은 주체가 우리가 생각해 오던 주체가 아니기 때문이다. 주체는 물질작용과 정신작용으로 이루어진 정체성을 지닌 독립적 개체가 아니고 모든 것과 연결되어 있는 인간 존재자이므로, 사실은 개인인 나이면서 세상 모든 것이기 때문이다. 불교적으로 보자면, 무명(無明) 상태에서는 한 개인인 ‘나’이지만 명지(明智) 상태에서는 세상 모든 것과 상호 의존적으로 ‘인연’ 따라 ‘연기’하는 ‘나’인 것이다. 그러므로 주체 자체는 ‘모름’의 영역에 있는 것으로 우리는 그저 알 수 없다고 표현할 수 있을 뿐이다.

반면, 주체성은 우리가 모를 수 없는 '앎'의 영역이다. 우리가 의식적·반성적·의지적으로 정신작용을 수행하며 물질작용(몸의 작용)을 운용할 수 있는 것은, 그렇게 하고자 하는 자기 결단이 없이는 불가능하다. 나의 결단 없이는 물 한 모금도 마실 수가 없다. 목이 마름을 의식적으로 알아차리고, 갈증을 없애기 위해서 어떻게 물을 마셔야겠다고 반성적으로 생각하며, 컵으로 손을 뻗어 잡으려고 하는 의지적 자기 결단을 통해 나는 물 한 모금을 마시는 행위를 할 수 있다. 이와 같은 전 과정은 내가 모를 수 없는, 알 수밖에 없는 과정이다.

단정적으로 말해, 내가 알고 있는 '나'나 내가 알면서 영위하는 '삶'은 모두 '주체성'의 영역이다. 주체를 모두 아는 것은 불가능하다. 내가 '주체'라고 하는 것의 의미는 '모름'을 본래적으로 내포하고 있는 것이기 때문이다. 그러나 우리는 주체를 모를 수 없다. 왜냐하면 우리는 주체와 한 몸인 주체성의 소유자이기 때문이다. 더 엄밀하게 표현하자면, 우리 자신이 '나'라고 여기는 그것이 곧 주체성이며 우리가 흔히 '자아'라고 하는 것이 곧 주체성이다.

단, 자아와 주체성 간의 차이는 '자아'는 정체성의 결정체와 같이 여겨지는 데 반해, '주체성'의 본질은 연기(緣起)이므로 결국 핵심은 공(空)이라는 점이다. 자아는 시간의 변천에도 변하지 않는 본질이 존재하는 것처럼 여겨지지만(혹은 그것을 자아라고 여기지만), 주체성은 이 순간에만 또렷한 것일 뿐 지속되는 본질을 상정하지 않는 것은 물론, 이 순간 또렷하게 존재하는 현상 속에서도 본질이나 자성이 '연기'로, 또 '공'으로 있다는 것을 보고 아는 것, 즉 관찰하는 측면이다.

물론 인연화합(因緣和合)하는 현상을 깊은 수준에서 관찰하는 것은 지극한 불교 수행이 필요할 것이다(사실 나는 이 부분에 대해서는 아는 바가 별로 없다). 그러나 그러한 깊은 수준의 관찰은 대체로 사람들에게 꼭 필요하지 않을 뿐만 아니라 치료 장면에서는 유용하지 않을 수도 있다. 많은 사람에게 필요한 관찰은 나와 나를 둘러싼 다양한 실제적인 현상들에 대한 거친 수준(불교 수행자의 눈에나 거칠지 나를 포함한 많은 사람에게는 매우 미세한 것이겠지만)의 '인연화합'일 것이고, 사실 치료 장면에서는 이것만으로도 충분히 유익한 결과를 기대할 수 있다. 이것조차도 우리에게는 상당한 수련이 필요하다. 내가 잘 안다고 생각하는 부분은 바로 이 부분이고 이것이 주체적 실존치료의 구체적 방법을 통해 구현하고자 하는 것이다.

요약하자면, 실존하는 나는 주체성이고 이 주체성이 내 삶의 주인이다. 그리고 우리가 나와 내 삶의 주인으로서 다양한 원(願)을 세우고 그 원(바람)에 따라 나와 내 삶을 빚어 갈 수 있는 까닭은, 나도 내 삶도 고정되어 있지 않고 늘 변화하는, 즉 인연생기(因緣生起)하는 것이기 때문이다. 만약 그 본질이 정해져 있는 실체라면 우리는 원천적으로 변화하는 것이 불가능하다. 그러나 우리는 매 순간 변화를 겪고 있고 이 변화의 중심에 고정된 것처럼 보이는 주체성이 존재하기는 하지만, 사실은 그것조차도 '인연생기'하는 것이기 때문에 온갖 변화에 응할 수 있는 것이다. 이 변화는 순간순간의 조건에 따르는 것이고 그 조건을 감지하고 체험하는 것이 주체성이다.

주체성은 분명 한 몸이기는 하지만 그 몸 전체를 도무지 알 수 없는 '주체'의 한 측면이다. 모든 것이 의존하여 함께 일어난다는 사실은 부정할 수 없는 진실이지만, 의존하는 원인과 조건 모두를 낱낱이 밝힐 수 없다는 것 역시 진실이다. 왜냐하면 그것을 밝히는 인지적 작업을 하는 나 자신 역시도 다양한 원인과 조건의 화합 자체이므로, 내가 있다는 것으로부터 출발하는 인식 작용 그 자체가 이미 엄밀하게는 없는 것(실재적으로 없는 것이지만 현상적으로는 분명히 있는 것)을 있는 것으로 전제하고 시작하는 모순이기 때문이다. 그러므로 우리는 주체성을 어떻게 활용할 것인가에 온전히 초점을 두어야 한다. 내가 내 삶의 주인이라고 여기면서 쓸 수 있는 유일한 것이 그것이기 때문이다.

이런 이해의 바탕에서라면 앞에 제시된 『니까야』의 인용문들이 자연스럽게 이해될 것이다. 나라고 할 만한 나가 없다고 하면서 '나'라는 것을 너무나 굳건하게 세우는 붓다의 말의 의미를 말이다. 나라고 할 만한 '나'가 없기 때문에 그때그때 형성되는 '나'가 전부일 뿐이다. 그 '나'는 본래 인연(因緣) 따라 생기(生起)하는 공(空)한 것이므로, 내가 있다고 하는 그 자각과 인식 자체가 전부이고 그 이외에 다른 것은 없다.

그러므로 내가 의지할 것은 그 '공'한 현상인 '나'라고 하는 현상뿐이고, 내가 '나'라고 인식하면서 그 현상의 작동에 영향을 미칠 수 있는 전부가 또한 '나'뿐이다(나 아닌 다른 조건들은 처음부터 어차피 나의 소관일 수 없다). 이렇게 생각하면 '연기'와 '공'과 같은 불교 개념을 통해 허무함과 무력감을 느끼는 것이 아니라 오히려 생기발랄한 활발함과 명랑한 역동성을 느끼게 된다. 물론 그것 역시 '인연' 따라 그렇겠지만 말이다(적지 않은 사람이 활발함과 역동성보다는 허무함과 무력감을 먼저 느끼는 경향이 있는 것으로 보인다).

일반적으로 치료는 변화를 목적으로 하는 행위로 여겨진다. 그러나 대개 사람들은 자신이 부정적이라고 생각하는 것으로부터 긍정적으로 생각하는 것에로의 전환을 치료 장면에서의 '변화'라고 여긴다. 변화를 원한다고 하지만 사실은 그런 고정된 양태의 변화만을 원한다는 것이다. 우리는 늘 변화하고 있다는, 그래서 한시도 고정되어 있지 않다는 엄연한 사실을 모르는 척 기만한다. 기만하는 줄도 모르고 기만한다는 것이 더욱 정확한 말이겠다. 나는 이러한 공성(空性)이 모든 것의 변화와 역동의 초석이라는 진실을 기만 없이 직시하는 것이 필요하다고 본다.

주체적 실존치료가 지향하는 바를 잘 드러내 보여 주는 또 다른 예를 들자면 Nietzsche의 다음과 같은 말들이 있다. 이 말들도 위의 불교 경전의 인용문에 대한 설명과 마찬가지로, 치료 장면이라는 한계를 전제하고 그 장면의 인식론적 핵심인 주체성, 즉 주체의 의식적·반성적·의지적 자기 결단의 측면에서 언급되는 지향점이라는 것을 기억해야 한다.

> "나의 제자들이여! 그대들도 이제 헤어져 홀로 가도록 하라! …… 나를 떠나라, 그리고 차라투스트라에 저항하라! …… 그대들은 아직도 자신을 찾아내지 못하고 있었다. 그때 그대들은 나를 만났다. …… 이제 그대들에게 명하노니 나를 버리고 그대들 자신을 찾도록 하라. …… 나의 의지, 나의 오랜 의지는 나의 발로 자신의 길을 가고자 한다. …… 나는 언제나 자기 자신을 극복해야 하는 그 무엇이다. …… 하지만 우선 자기 자신을 사랑하는 자가 되어라! …… 나는 나에게 길을 묻는 자들에게 '이것은 이제 나의 길이다. 그대들의 길은 어디 있는가?'라고 대답했다. 다시 말

하면 모두가 가야 할 그런 길은 존재하지 않는다(Nietzsche, 2000).”

“자기 자신을 원하라, 그러면 하나의 자신이 될 것이다. …… 너는 너의 주인이며 동시에 네 자신의 미덕의 주인이 되어야만 한다(Nietzsche, 2001).”

“그대 자신을 해부해 보라! …… 나는 나 자신인 것이다(Nietzsche, 2002a).”

“나를 죽이지 못하는 것은 나를 더욱 강하게 만든다. …… 삶에 대한 자신의 이유인 왜냐하면을 가진 자는, 거의 모든 방법, 거의 모든 어떻게?를 견뎌 낼 수 있다. …… 우리는 우리 자신이 누구인지 알지 않으면 안 된다. …… 내 자유 개념. 자유란 무엇이란 말인가! 자기 책임에의 의지를 갖는다는 것. …… 사람은 어떻게 자기 자신이 되는가 …… 사람들은 강건하게 자기 자신을 잡고 있어야 한다. 그리고 용감히 자신의 두 다리로 서야만 한다. …… 인간에게 있는 위대함에 대한 내 정식은 운명애다. 앞으로도, 뒤로도, 영원토록 다른 것은 갖기를 원하지 않는다는 것. 필연적인 것을 단순히 감당하기만 하는 것이 아니고, 은폐는 더더욱 하지 않으며—모든 이상주의는 필연적인 것 앞에서의 허위다—오히려 그것을 사랑하는 것 …… 자유 정신이란 스스로 자기 자신을 다시 소유하는 자유롭게 된 정신이다(Nietzsche, 2002b).”

“자기 자신만의 길 …… 그대들 인간에 정통한 자들이여, 자신을 좀 더 잘 알기를 …… ‘너 자신을 알라’는 학문의 전부다(Nietzsche, 2004a).”

“너 스스로가 되어라! …… 온전히 자기 자신이 되는 것 …… 지금 네가 하고 있는 것, 생각하는 것, 원하는 것은 모두 너 자신이 아니다(Nietzsche, 2005a)!”

“나는 그 누구도, 그 무엇도 모방하지 않으며 내 집에 기거하노라. …… 나를 따르지 말고 너 자신을 따르라! 너 자신을! …… 너는 너 자신이 되어야 한다. …… 가치를 부여하고 선사했던 것은 바로 우리들인 것이다! …… 자신의 철학, 자신의 권리,

> 자신의 태양을 가져야 한다! …… 인간에게 의미를 지니는 세계를 창조한 것은 바로 우리들이다! …… 우리는 현재의 우리 자신이 되고자 한다. 새롭고, 일회적이고, 비교 불가능하고, 자기 스스로가 입법자이고, 자기 스스로를 창조하는 인간이 되고자 한다! …… 너는 반드시 너 자신이 되어야 한다. …… 네 운명을 사랑하라. …… 위험하게 살아라(Nietzsche, 2005b)!"

이 밖에도 수많은 유사한 주장이 Nietzsche의 글에 포함되어 있다. 다양한 문헌에 등장하는 Nietzsche의 말은 주체적 실존치료가 실제 치료에서 '주체성'을 '개현, 발현, 부각'하면서 이루고자 하는 목표인 '자기 결단과 책임의 성취'를 잘 표현해 준다. Nietzsche는 신으로 대변되는 기존의 전통적 가치가 몰락하고 난 후 우리가 허무주의를 인식할 때, 바로 그때 우리는 진정으로 자기 자신이 자기의 가치 준거를 설정하고 그에 따라 살아가는 주인이 될 수 있다고 주장한다. 이제까지 맹목적으로 믿고 따르던 가치들을 의심하고 그것의 계보와 정체를 해체하면서 고독한 가치 파괴자이자 열정적인 가치 창조자로 거듭나는 것이다.

Nietzsche가 행하고 있는 해체는 우리가 너무도 당연하게 받아들이고 있었던 것들이 사실은 그저 우리의 해석과 관점이라는 것, 그리고 실체로서 존재하지도 않는 주체를 설정하여 그 허망한 주체를 중심으로 특정 해석과 관점을 확고부동한 가치나 진리인 것처럼 고정해 왔다는 것을 보여 준다. 더불어 이제는 더 이상 이상적이고 관념적이며 추상적이고 객관적인 가치를 의식 없이 추종하여 따르며 살지 않겠다는 것을 표현한다.

더 나아가 가치 상실과 허무주의를 극복한 사람은 이제 몸을 가진 실제적이고 사실적인 '나'로서 구체적으로 내가 설정한 가치에 따라 현실적인 나의 있는 그대로의 삶을 사랑하면서 진정한 '나'로서 살아가겠다는 결단과 책임을 성취하는 자임을 설파한다. 이때 '있는 그대로'가 핵심이다. 내 삶이 어떠해서 사랑하는 것이 아니라 그 순간순간의 삶을 그저 그 삶 자체로, 있는 그대로 사랑한다는 것이다(나는 물론 Nietzsche의 '운명애'조차도 관점에 따라 선택될 수 있거나 혹은 거부될 수 있다고 본다. 자기 삶의 주인으로 사는 모양이 운명을 사랑하면서 사는 것일지 혹은 다른 것일지는 그 주인에게 달린 일일 것이다).

내가 이해한 Nietzsche의 사상은 주체적 실존치료가 추구하는 것과 일맥상통하는 면이 있다. 어떤 계기와 이유로 치료 장면에 와 있는지와 상관없이 거의 모든 내담자는 자기 삶의 어떤 주제(문제)에 대해 생각해 보는 것이 필요해서 치료를 찾는다. 심각한 정신병적 장애가 있든, 신경증적 증상이 있든 혹은 특정한 심리적·정신적 문제는 없지만 자기 탐구에 대한 욕구가 있든, 어떤 경우이든 기존의 안정적이고 편안한 상태가 흔들리거나 파괴될 때, 그 생경하거나 혹은 불편한 현상을 잘 알아보고 살펴보고자 치료를 찾는 것이다.

증상의 제거가 목적인 경우일지라도 그 증상이 자기와 자기 삶에 어떤 변화, 특히 반갑지 않은 변화를 일으키기 때문에 그 증상을 둘러싼 맥락과 현상을 알아보고 치료자와 궁리하여 해결책을 찾고자 치료에 오는 것이다. 한마디로 자기와 자기 삶에 대한 의문이 존재하고, 그 의구심을 치료자와 함께 탐구하기 위해 오는 것이 일차적 목적이다.

나는 치료가 병(문제)을 고치는 것이어야만 한다고 생각하지 않는다. 사실 '병(문제)'이라는 것 자체도 그것이 정말 의미하는 바가 무엇인지 깊은 고민과 다각도의 탐색이 필요하다고 본다. 그러나 우리가 나와 나의 삶에 대해 관심을 갖고 진지하게 살펴보고 열심히 궁리하여 진정 어떤 사람으로 어떻게 살 것인가를 스스로 책임감 있게 결단하는 것은 매우 의미 있다고 생각한다. 이러한 탐구와 궁리는 일상이 안락할 때보다 삶에 대한 생경함과 불편함 혹은 혼란과 의심이 들 때 이루어질 가능성이 크다. 즉, 기존의 가치와 믿음이 흔들리고 편안하고 자연스러웠던 자기와 자기 세계에 금이 가는 위기 상황일 때 우리는 진지한 참구(參究)를 하게 된다.

따라서 흔히 우리가 문제나 병이라고 부르는 것들이 진정한 자기 탐구를 위한 핵심 요소이며 출발선이 된다. 이런 말을 들으면 사람들은 대개 어려움 없이 동의한다. 그러나 들을 때만이다. 자신이 실제 그러한 위기 상황에 직면하면 상황을 직시하면서 면밀하게 살펴보기는커녕 빠른 해결책과 정답을 자기 외부로부터 구하면서 자동적으로 회피하고 도피하기에 바쁜 경우가 대부분이다(나는 회피와

도피 자체가 문제라고 보지 않는다. 자신이 회피하기로 또는 도피하기로 의식적, 반성적, 의지적으로 결단을 했다면 말이다).

주체적 실존치료는 바로 이때 남들이 말하는 빠른 해결책과 정답을 찾아 떠나고 싶은 마음을 다잡아 자신의 위기 상황에 스스로 머물기로 선택하기를 촉구한다. 그것이 얼마나 힘들고 고통스러운 일인지 모르는 것은 아니지만, 자기 삶의 주인은 자기이니 지금 나에게 무슨 일이 어떻게 일어나고 있고 내가 그 일과 어떻게 관계 맺고 있는지를 자신이 살펴보는 수밖에 없다고 전제하는 것이다. 물론 스스로 자기와 자기 삶의 주인이 되고자 하는 사람에 한해서 그렇겠지만 말이다.

Nietzsche가 가치의 몰락과 허무주의를 이야기한 것처럼, 내담자들은 자신의 가치와 믿음이 흔들리는 경험을 하면서 허무와 괴로움에 빠질 수 있다. 그러나 Nietzsche가 남들이 정해 놓은 낡은 가치를 전도시켜 새로운 가치를 설정하여, 있는 그대로의 순간순간의 자기 삶을 사랑하면서 사는 것을 설파한 것에 귀 기울여 볼 필요가 있다. 내담자의 위기는 이제까지 자신이 가지고 있던 가치와 믿음이 정말로 자기 자신의 선택과 결정에 의해 소유된 것인지 면밀하게 살펴보고 궁리하는 계기가 될 수 있다. 또 스스로 책임감 있는 결정을 통해 자기 가치와 믿음을 설정하여 자기 삶의 주인으로 자신의 삶을 용감하게 살아가는 결단을 내릴 수 있는 계기가 될 수 있다.

이렇게 결단을 하게 되면 자기 삶의 내용이 어떠한지가 이전처럼 큰 문제가 되지는 않는다. 똑같이 괴롭고 고통스럽더라도 여러 가지 삶의 내용이 역동적으로 순환하는 그 중심에 늘 자기 결단과 자기 책임이 자리하고 있기 때문이다. 그 결단의 내용이 어떠해야 한다는 것은 전혀 아니다. 결단의 내용이 중요한 것이 아니다. 명확한 자기 결단과 그에 대한 책임의 성취가 중요한 것이다. 그것이 바로 주체성의 개현, 발현, 부각의 목표이다.

이때 만약 내담자가 타인과 외부의 힘에 전적으로 의존하는 자기와 자기 삶을 선택하고 결정한다면, 주체적 실존치료에서는 그 선택과 결정을 존중할 것이다. 단적으로 말해 주인이냐 노예이냐가 중요한 것이 아니라, 내가 '스스로' 인식하면서 '스스로' 주인이 되기를 선택하느냐 '스스로' 노예가 되기를 선택하느냐 하는 자기 결단이 중요하다. 그리고 내가 이렇게 하고 있다는 명확한 인식 그 자체가 바로 책임의 성취이다.

주체적 실존치료의 목표는 단지 '자기 결단과 책임의 성취'이다. 다른 많은 치료 접근처럼 어떤 적응적이고 바람직하며 긍정적인 고정된 구체적 목표의 내용이 있는 것이 아니다. 물론 여기서도 주체적 실존치료에서 말하는 '나'라는 것이 우리가 통상 생각하는 고정된 '나'가 아니고 가장자리를 알 수 없는 '연기(공)인 나'이므로 '나'라는 말 속에 이미 '나'가 아닌 수많은 가변적 존재자와의 연관성이 내포되어 있다는 점을 잊지 않는 것이 중요하다.

강조하자면, 주체적 실존치료에서 말하는 '주체'의 의미를 정확히 이해하는 것이 중요하다. 이 이해의 정도에 따라서 주체적 실존치료의 실제는 상당히 달라질 것이기 때문이다. '주체'를 '실체'로 잘못 이해하는 사람의 '주체적 실존치료'와 '주체'를 '실체가 없는 연기(緣起)이고 공(空)'으로 이해하는 사람의 '주체적 실존치료'는 매우 큰 차이가 있을 것이다. 내가 지금 이 책을 통해 소개하고 있는 나의 치료적 접근인 '주제적 실존치료'는 어떤 치료를 하는 사람이든 적용하여 활용할 수 있다(모든 치료적 접근이 그런 것처럼). 그러나 내가 주장하는 접근의 핵심을 이해하고 실행하고자 하는 치료자라면 '주체'에 대한 후자의 이해가 필수적이라는 점을 강조해 둔다.

나의 전부이자 곧 나 자신인 주체성(Insubstantial-ego)을 개현하고 발현하며 부각하는 것은 연기(緣起)이자 공(空)인 주체(Insubstantial-self) 개념에 대한 깊은 이해와 수용의 전제하에서만 의미가 있게 된다. 만약 '연기'이자 '공'인 '주체' 개념에 대한 이해와 수용 없이 그저 주체성의 개현, 발현, 부각에 초점을 둔다면, 내가 말하는 의미의 진정한 주체적 실존치료일 수는 없다(물론 이 또한 주체적 실존치료라고 말하지 않을 수는 없겠지만).

'모름' 그 자체인 '주체'는 '연기'이고 '공'이며 '무아'이고, 보고 알고 생각하는 모든 것인 '주체성'은 단지 하나의 '해석'이자 '관점'일 뿐임을 명확하게 아는 것이 중요하다. 이 앎의 훈습(熏習)이야말로 주체적 실존치료의 수련은 물론 치료 과정의 전부이며, 주체적 실존치료의 의미 그 자체라고 해도 과언이 아니다.

제 4 장

주체적 실존치료의 전제

주체적 실존치료는 기존의 치료적 접근들이 대체로 전제하고 있는 '실체'와 '이분법'을 가정하지 않는다. 현상적으로 '나'가 있고 '너'가 있다는 것을 무시하는 것은 아니지만, '나'와 '너'는 더 깊은 의미에서 서로 분리될 수 없이 연관되어 있으므로 '너가 있음으로써 있는 나'와 '나가 있음으로써 있는 너' 혹은 '너가 없으면 없는 나'와 '나가 없으면 없는 너'를 전제한다. 나와 너뿐만이 아니라 모든 것이 서로 연관되어 함께 의존해 있다는 것은 주체적 실존치료뿐만 아니라 실존철학과 실존치료, 그리고 불교 모두가 공통으로 전제하고 있는 점이다.

이러한 관점을 바탕으로 주체적 실존치료가 기본적으로 전제하고 있는 세 가지는 ① 연기(공), ② 불확실성, ③ 관점주의이다.

1. 연기(공)

주체적 실존치료의 첫 번째 전제는 '연기(공)(緣起/空, conditioned arising/insubstantiality)'이다. 모든 것이 인연생기(因緣生起)라는 것은 불교의 핵심 개념 중 하나인데, 이는 주체적 실존치료의 전반을 관통하는 가장 근원적이고 기본적이며 핵심적인 전제이다. 앞에서 말한 것처럼 연기(緣起)는 '의지하여 함께 나타남'이라는 의미이고, '연기'의 공식은 '이것이 있는 곳에 저것이 있고, 이것이 나타날 때 저것이 나타난다. 이것이 없는 곳에 저것이 없고, 이것이 사라질 때 저것이 사라진다'이다.

이는 모든 현상은 원인(因)과 조건(緣)이 서로 의존해서 생기고 사라지는 것이므로 고정된 실체가 없다는 것이다. 따라서 '연기'는 곧 '공'과 같은 것으로 연기(緣起)와 공(空)은 본래 다른 뜻이 아니다. 그러나 '연기'는 인연(원인과 조건)이 서로 의존해서 생기(生起)하는 과정을 세밀하게 제시할 수 있으므로, 비록 '연기'와 '공'이 같은 뜻이라고는 해도 '연기'를 통한 설명이 불교도가 아닌 일반 사람들에게는 '공'에 비해서 이해하기 쉬운 것이 사실이다. 따라서 나도 주체적 실존치료의 전제를 이야기할 때 주로 '연기'로 언급하지만, 내가 말하는 '연기'에는 이미 '공'이 함께 내포되어 있다는 사실을 독자들이 꼭 기억하기를 바란다.

불교의 '연기'는 제2장 주체적 실존치료의 배경에서 자세히 설명하였으므로 반복하지는 않겠다. 단, 여기에서 강조할 것은 주체적 실존치료를 이해하고 실행하기 위해서 불교의 12연기 등을 반드시 자세히 알아야 할 필요는 없다는 점이다. 중요한 것은 '연기'가 무엇인지 그 원리를 아는 것이지 어떤 종류의 특정 '연기'를 알아야 하는 것은 아니다. 불교에는 다양한 '연기'의 종류가 존재한다. 그러나 그 다양한 종류의 '연기'의 핵심은 '모든 것이 조건에 의지하여 함께 나타난다'라는 것이고, 조건에 의지하지 않고 독립적으로 홀로 존재할 수 있는 것은 없으므로, 결국 본질 혹은 자성이 비어 있어 실체가 없는 '공'이라는 것이다. 이것이 바로 붓다가 깨달은 연기법(緣起法)이다.

일묵(2020)은 붓다가 '모든 현상은 조건이 있으면 일어나고, 조건이 없으면 사라진다'는 연기의 진리를 깨달았으며, 이러한 연기를 꿰뚫어 아는 것은 곧 중간(中)을 체득한 것과 같다고 말한다. 여기서 중간(中)이란 '물질이나 정신 현상은 작용(假)은 있지만, 자아가 비었으므로 공이고, 공이지만 작용은 있다. 또 작용과 공은 물질이나 정신 현상 중 한 가지의 두 가지 측면일 뿐이므로 작용은 공과 다르지 않고, 공은 작용과 다르지 않다'라는 것을 표현하는 용어라고 한다. 일묵은 모든 현상은 개별적인 작용(假)이 있을 뿐 아니라 공이라는 공통된 특성이 있으며, 개별적인 작용과 공이라는 특성은 모든 현상, 즉 물질이나 정신 현상 중 한 가지의 다른 측면을 표현한 것일 뿐이라고 말한다. 따라서 개별적인 작용과 공은 한 가지 현상의 두 가지 측면일 뿐이므로 둘이 아니라는(不二) 것이다.

이는 한마디로 연기(緣起), 중간(中), 공(空)은 모든 현상, 즉 물질이나 정신 현상의 실제 있는 그대로의 특성인 실상(實相)을 표현하는 것이라는 의미이다. 여기서 실상의 의미는 고정되고 독립적인 동일성을 지니고 항상 지속하는 실체적 의미의 현상은 존재하지 않으며, 모든 현상은 단지 조건에 의존하여 일어나고 조건에 의존하여 사라질 수밖에 없는 무상(無常)이며 무아(無我)라는 의미이다.

불교의 '연기'가 의미하는 의존성 혹은 의타기성(依他起性)은 실존치료자들이 말하는 연관성과 연결될 수 있다. 한 예로, 실존치료자 Spinelli(2015)가 자신의 실존치료에서 세 가지 기본 원리 중 하나로 주장한 '연관성(relatedness)' 개념은 불교의 '연기' 개념과 유사하다. Spinelli는 고립된 자아 혹은 전적으로 사적인 경험이란 없으며, 오히려 "우리는 공동으로 구성하는 세계 내에 존재한다"라는 Gergen(2009)의 말을 소개하고 있다. Ziman이 '주관성의 공리(the axiom of subjectivity)'를 반박하면서 "나는 의식의 주관적 양태가 상호주관적 협력자(intersubjective copartner)보다 앞서 존재한다는 어떠한 증거도 찾지 못했다(Spinelli, 2015에서 재인용)"라고 말한 것도 연관성을 주장하는 것으로 볼 수 있다.

또 Spinelli는 남아메리카와 동남아시아, 뉴기니와 호주 원주민들이 '관계적·상호주관적 세계관'을 가지고 있다는 것, 서양과는 달리 "상호주관성(inter-subjectivity)이 중국과 일본, 인도 문명에 존재한다"(Spinelli, 2015에서 재인용)는 인류학자의 말을 연관성을 강조하는 한 예로 제시하고 있다. Spinelli(2015)는 특히 서양 문화와 치료가 고립되고 자족적인 개인을 고양시키는 것에 매우 비판적이었던 Buber를 인용하면서 Buber가 주장한 관계의 두 태도인 '나-그것(I-It)'과 '나-너(I-Thou)'가 모두 연관성의 다른 표현일 뿐이라는 점을 강조한다.

분명 Spinelli가 말하는 연관성은 '연기'와 유사한 측면이 있다. 그러나 앞에서도 기술한 바와 같이, 불교에서 의존성과 의타기성을 이야기할 때는 그 의존성과 의타기성의 원인과 조건이 되는 것들 역시 또 다른 원인과 조건에 의지해서 함께 나타나는 것이므로, 결국 실체가 없는 '공'을 의미한다는 점을 잊지 않아야 한다.

불교의 '연기'와 실존치료의 연관성이 분명 유사한 의미로 해석될 수 있는 부분이 있는 것은 사실이지만, 불교의 '연기' 개념이 지니고 있는 철저한 무아(無我), 자성(自性)의 비어 있음, 곧 공(空)은 엄밀한 의미에서 실존치료의 연관성을 넘어서는 것으로 볼 수 있다.

연기(緣起)와 관련해서 또 살펴볼 수 있는 개념이 '인과성(causality)'이다. 나는 우선 Nietzsche의 말을 인용하겠다.

> "우리는 '원인'이나 '결과'를 단지 순수한 개념으로만, 다시 말해 기술(記述)하고 이해하기 위한 관습적인 허구로만 사용해야 할 것이며, 설명하기 위해 사용해서는 안 될 것이다. '원인과 결과 그 자체'에는 '인과의 연합'도 '필연성'도 '심리적 부자유'도 없다. 그것에는 '결과는 원인에 뒤따른다'는 것이 없으며, 이는 어떤 '법칙'이 지배하는 것도 아니다. 단지 원인, 계기, 상호성, 상관성, 강제, 수, 법칙, 자유, 근거, 목적을 꾸며 냈던 것은 바로 우리이다(Nietzsche, 2002a)."

Nietzsche는 인과성의 허구를 철저하게 해체하고 있다. 원인과 결과는 관습적인 허구, 즉 그저 우리가 필요에 의해 자의적으로 만들어서 사용해 왔던 것에 불과할 뿐 법칙과 같은 것이 전혀 아니라는 것이다. 따라서 어떤 것이 필연적으로 그리고 시간적으로 어떤 것의 앞에 나타나는 원인이고, 또 어떤 것이 필연적으로 그리고 시간적으로 어떤 것의 뒤에 나타나는 결과라는 식의 원인과 결과에 대한 설명은 사용해서는 안 된다는 지적이다. 또 Nietzsche는 다음과 같이 말한다.

> "심리학에서 보면 모든 생기 현상은 행위이고, 모든 행위는 어떤 의지의 결과이고, 다수의 행위자들이 세계가 되며, 행위자(어떤 '주체')는 모든 생기 현상의 하부에 슬며시 끼어든다. …… 사물 자체, 사물이라는 개념은 내가 원인이라는 믿음의 단순한 반영이다. …… 이런 식으로 특정한 하나의 원인-해석에 익숙해지는 습관이 발생하고, 이 습관이 사실상 원인에 대한 탐구를 저해하며 심지어는 배제시킨다. …… 알려지지 않은 어떤 것을 알려진 어떤 것으로 환원하는 것은 마음을 편히 해 주고

> 안심시키며 만족하게 하고 그 외에도 힘을 느끼게 한다. 알려지지 않은 것에는 위험, 불안정, 걱정이 수반된다—첫 번째 본능은 이런 불편한 상태들을 없애면서 사라져 간다. 첫 번째 원칙: 어떤 설명이든 설명이 없는 것보다는 낫다. …… 알려지지 않은 것을 알려진 것으로 설명해 주는 첫 번째 생각은 어찌나 좋게 작용하는지, 그것은 참으로 간주될 정도이다. …… 새로운 것, 체험되지 않은 것, 낯선 것은 원인이 될 수 없다—그러므로 단지 특정한 종류의 설명들이 원인으로 발견될 뿐만 아니라, 정선되고 선호되는 종류의 설명들이 찾아지는 것이다. 이 설명들은 낯선 느낌, 새로운 느낌, 체험되지 않았다는 느낌을 가장 빨리, 가장 빈번히 제거해 버리는 설명들이며–가장 습관화된 설명들이다—그 결과: 특정 종류의 원인–설정이 점점 더 우세해지고, 체계로 집결되며, 결국은 지배적이 된다. 달리 말하면 다른 원인과 설명들은 간단히 배제되어 버린다(Nietzsche, 2002b)."

여기서도 Nietzsche는 우리가 깊은 고민 없이 너무나 당연하게 수용하는 인과성, 설명, 주체 등의 개념을 해체하고 있다. Nietzsche가 보기에 우리는 어떤 일어나는 현상을 있는 그대로 잘 살펴보면서 그 현상이 진정 무엇이고, 그 현상의 원인이 진정 어떤 것인지 등을 심사숙고하지 않는다. 우리는 어떤 현상, 즉 낯선 것이나 새로운 것, 체험되지 않았던 현상을 접하면 그것을 위험하게 여기고 불편해하며 걱정을 한다. 그래서 우리는 가능한 한 빨리 선호되는 종류의 어떤 설명을 찾아서 그것을 이 현상의 원인이라고 결정해 버린다. 그 설명이 참인지 거짓인지는 중요하지 않다. 우선 설명을 만들어 내고 그것을 참이라고 믿으면 되는 것이다.

이렇게 친숙한 것으로 친숙하지 않은 것을 환원해서 재빨리 설명해 버리면 불안과 걱정 등의 불편감이 사라지는 것은 물론이고 만족감과 힘까지 느끼게 된다. 사실은 이 현상이 무엇인지, 이 현상의 원인이 무엇인지 등에 대해서는 알아낸 것이 전혀 없음에도 불구하고 말이다. 이렇게 허구의 원인–설정이 점점 더 우세해지고, 체계로 집결되어 허구의 지배적 설명이 등장하면 다른 원인과 설명은 아예 배제된다. 다른 가능성을 생각해야만 하는 불확실성에 대한 불안에 대처하기 위해 우리는 성급한 인과관계의 설명을 끌어들이는 것이다.

Nietzsche는 심리학이 그저 일어나는 현상을 마치 특정 행위인 것처럼, 그리고 그 행위가 마치 어떤 의지의 결과인 것처럼, 더 나아가 있지도 않은 행위자, 즉 모든 현상의 원인으로 간주할 수 있는 주체가 있는 것처럼 생각한다고 지적하고 있다. 우리가 당연한 실체, 당연한 사실, 당연한 진리라고 여기는 것들의 비(무)실체성과 가변성, 허구성 등을 Nietzsche는 철저하게 밝히고 있는 것이다. Nietzsche의 지적과 일맥상통하게 인과성 개념은 보통 '선형적(linear) 원인과 결과' 개념으로 이해되고, 이는 인과성이 일방향적(uni-directional) 개념이라는 것을 의미한다.

Spinelli(2005, 2015)는 현대의 주류 치료 모형들이 인간 행동과 관련해서 19세기 물리학에 의존하고 있고, '일방향적 선형성(uni-directional linearity)'에 근거하고 있다고 말한다. 이러한 예로 특히 치료자가 내담자가 현재 겪고 있는 어려움이나 문제에 대한 과거의 영향을 고려할 때, 마치 어떤 특정한 과거의 사건이 현재의 내담자 문제에 대한 특정한 원인인 것처럼 여기는 예를 들고 있다. 과거의 특정한 원인이 현재의 특정한 결과로 이어졌다는 것이 선형적이고 일방향적인 인과성 개념인데, Spinelli는 실존적 현상학의 관점은 과거와 현재의 관계 그리고 과거가 현재에 미치는 영향에 대한 이와 같은 일방향적이고 선형적인 인과성을 거부함은 물론이고 부적절한 것으로 여긴다고 주장한다.

Spinelli(2015)는 또한 현대물리학(contemporary physics)의 '동적 체계 이론(dynamical systems theory)'에서 보는 인과성은 비선형적이고 다중적이라고 말한다. 동적 체계 이론은 변화를 불러오는 인과적 과정이 안정적이고 선형적으로 구축된다고 보는 전통적인 관점과는 달리 갑작스럽고 강력한 변화를 강조한다는 것이다. 이는 하나의 원인이 하나의 결과를 가져오고, 그 결과가 다시 원인이 되어 다시 다음의 결과를 가져오는 식의 인과성이 더 이상 표준이 될 수 없음을 의미한다. 동적 체계 이론에 대한 Spinelli의 의견에 따르면, 특정한 한 원인과 특정한 한 결과의 관계라는 것은 확정적일 수 없으며 무수히 많은 요인이 각각의 중요도를 보유하고 있어 그것이 동시적으로 어떤 작용을 일으키면서 우리가 변화라고 이름 붙이는 결과들을 가져온다는 것이다.

이는 실존적 현상학의 관점에서 보는 인과성과 매우 유사하다는 것이 Spinelli의 의견이고, 나는 이에 동의한다. 굳이 Husserl의 '지향성(intentionalität)' 개념으로부터 시작되는 현상학과 Heidegger의 '세계－내－존재(in－der－Welt－sein)'로부터 펼쳐지는 존재론을 여기서 자세히 다루지 않더라도, 현상학과 실존철학이 이원론과 선형적 인과성을 지양하고 모든 것이 연관되어 있는 실상을 구체적으로 면밀하게 해체하고 있다는 것은 자명하다.

서론과 제2장의 '실존치료와 불교'에서 기술한 것처럼, 실존치료에서 말하는 '연관성'과 불교의 '연기' 개념은 분명히 유사한 점이 존재한다. 그러나 엄밀한 수준에서 차이점 또한 분명히 존재한다. 연관성(relatedness)과 연기(conditioned arising)의 유사점과 차이점을 여기서 다시 서술하지는 않겠지만, 독자들은 주체적 실존치료의 전제인 연기(緣起)가 공(空)과 같은 개념이라는 것을 기억해야 할 필요가 있고, '연기'와 '공'은 다시 '무아(無我)'와 같은 개념이라는 것을 숙지할 필요가 있다. 이 모든 개념의 핵심은 자아, 자성, 본질 등 일체의 실체성을 부정한다는 점이다.

여기서 인연법, 연기법, 인과법의 차이를 살펴보는 것이 도움이 될 것이다. 미산(2016)은 '인연법'을 원인과 함께 조건을 더 선명하게 드러내기 위해, 즉 조건에 초점을 맞춘 것이라고 말하고, '연기법'은 모든 현상의 상호 의존을 강조하는, 즉 다양한 조건들이 서로를 의지해서 관계를 형성해 간다는 교설이라고 말하며, '인과법'은 연기법이나 연생법[인연법]을 단순화한 것이라고 말한다. 결론적으로 연기법은 인과법과 인연법을 포함해서 종합적으로 존재의 현상을 나타낸다는 것이다. 또한 미산은 연기법의 중요한 핵심은 있는 그대로의 모습을 보는 것인데, 여기서 있는 그대로의 모습이라는 것이 의미하는 바는, 있기는 있되 영원히 있는 실체가 아니라 텅 빈 개념으로서의 있음인 '법공(法空)', 빨리어로 '담마 수냐타'를 의미한다고 말하고 있다.

다시 말하지만, 불교의 '연기(공)' 개념은 인식론적 혹은 존재론적 관점을 포괄하는 동시에 그것들로부터 자유로우면서도 드러나는 있는 그대로의 현상을 무시하지 않고, 그 현상과 그 현상을 구성하는 원인과 조건의 비(무)실체성과 가변성을 매우 엄밀하고 정밀하게 밝혀 드러내 보여 준다. 이러한 '연기(공)'는 불교의 핵심이면서 동시에 주체적 실존치료의 핵심이다.

2. 불확실성

주체적 실존치료의 두 번째 전제는 불확실성(uncertainty)이다. 이는 Spinelli도 자신의 실존치료의 기본 원리 중 하나로 주장한 개념이다. Spinelli(2015)는 불확실성을 "우리의 실존에 대한 반성 그 자체에 이미 내재하는 가능성에 대한 필연적이고 불가피한 개방성"이라고 표현한다. 한마디로 우리의 실존은 가능성 그 자체이고, 이는 곧 우리의 선택이나 의지와는 상관없이 우리가 존재론적 개방성 내에 이미 존재함을 의미한다.

이는 『존재와 시간(Sein und Zeit)』에서 현존재의 본질은 실존에 있다고 주장하면서 실존을 가능성으로 본 Heidegger를 떠올리게 한다. Spinelli의 불확실성의 원리는 무엇이 내가 경험하는 자극으로 제시될 것인지뿐만 아니라 그러한 자극을 내가 어떻게 경험하고, 또 그 자극에 어떻게 반응할지에 대해서조차 나는 완전하고 최종적인 확실성 혹은 통제력을 갖고 결정할 수 없다는 것을 의미한다. Spinelli는 자신의 치료에서 두 번째 기본 원리에 해당하는 불확실성은 첫 번째 기본 원리인 연관성의 직접적인 결과로 따라올 수밖에 없는 원리라고 말한다.

마찬가지로 주체적 실존치료의 첫 번째 전제인 '연기'를 이해했다면, 두 번째 전제인 불확실성이라는 개념은 따로 설명할 필요가 없을 만큼 자연스럽게 이해되는 개념이다. 왜냐하면 '연기' 개념이 곧 '공' 개념이라는 것을 이해한다면, 실체성을 철저히 부정하는 '연기(공)'야말로 불확실성의 엄밀한 기반이 되는 개념이라는 것이 쉽게 이해될 것이기 때문이다. 모든 것이 인연생기(因緣生起)하는 것이라면 그 어떤 것에도 고정성을 부여할 수 없을 뿐만 아니라 모여서 무엇인가가 나타나고 흩어져서 무엇인가가 사라지는 모든 역동적 현상은 우연성, 즉 불확실성일 수밖에 없다. 이러한 이해에 도달하면 고정성을 근거로 한 확실성의 개념은 무너질 수밖에 없다.

한 가지 유의할 것은 여기서 말하는 우연성은 우연적인 것이면서 우연적인 것이 아니라는 점이다. 모든 현상이 불확실하게 우연적으로 생기고 사라지는 것은 사실이지만, 모이고 흩어지는 이 우연성은 모이게 되는 인연(원인과 조건)과 흩어지게 되는 인연(원인과 조건)에 따라 나타나는 우연성이므로 '연기'하는 우연성인 것이다. 모일 만한 '인연'들이 함께하면 모여서 무엇인가가 나타나고, 흩어질 만한 '인연'들이 함께하면 흩어져서 무엇인가가 사라지는 것이다. 이것을 우리는 우연적이고 불확실하다고 말한다. 이는 마치 불교에서 무(無)나 공(空)이라는 개념이 단순히 없다거나 비었다는 뜻이라기보다는, 모든 것이 고정되어 불변하는 실체로서 있지 않고 무한한 가능성과 가변성의 장(field)에 개방되어 순간순간 변화를 거듭하고 있음을 뜻하는 말이라는 것과 유사하다.

대우(大愚)와 Spinelli는 모두 불확실성이라는 개념과 관련될 수 있는 예로써 현대물리학을 들고 있다. 특히 대우는 20세기 초 과학자들이 Newton의 통찰(일상생활의 경험을 구성하는 다양한 사실적 체험의 밑바탕에는 그것들을 모두 통일적으로 상호 연관 지을 수 있는 어떤 체계적이고 합리적인 법칙들이 존재한다고 보는 통찰)에 상반되는 현대과학의 세계관을 수립했다는 점을 강조하면서 양자역학의 예를 들고 있다. 대우(2002)는 "입자물리학의 세계관은 '물질'이 없는 세계이고, '존재하는 것'과 '일어나는 사건'이 둘이 아닌 세계이며, 따라서 '작용의 주체'가 있어서 제가 일으키는 작용을 스스로 통제하고 제어하는 것이 아니라, 생성과 소멸의 끝없는 변화 과정이 전적으로 자체의 보존법칙과 확률에 의해 제어되는 세계"라고 말하고 있다. 이는 관찰자의 유무와 무관하게 입자들이 인과율에 따라서 시공 속을 운동하는 실체라고 보았던 고전적인 물질관과 세계관을 반증하는 것이다.

이를 대우(2002)는 불가의 용어로 "연생은 무생이다(緣生無生: 인연으로 나는 것은 나는 것이 아니다)"라고 표현하면서 '작용의 주체'가 본래 있은 적이 없다고 말하고 있다. 이것과 저것이 둘이 아니라는 것은 각기 제 성품이 없어서 본래 하나의 허공성일 뿐이라는 주장인데, 이는 어떤 것도 이것이 이것이라고 지칭하여 가리킬 수 있는 고정성이 없다는 것으로, 즉 모든 것이 확실하게 정해진 바가 없다는 불확실성을 뜻하는 것으로 이해할 수 있다.

Spinelli(2015) 역시 Einstein의 상대성 이론과 Al-Khalili를 인용하면서 물리학에서 불확실성의 원리가 이미 확고하다는 점을 이야기하고 있다. 빛(light)은 파동인 동시에 입자이고, 빛의 속도는 시간과 공간에 따라 상대적이며, 관찰자라는 변수가 상대성 원리에서 주요 변수라는 것이다. 따라서 고정된 것은 없고, 모든 것은 단지 상대적일 뿐이다. 시간과 공간의 상대성은 지식의 상대성으로까지 확장되어 Al-Khalili(Spinelli, 2015에서 재인용)는 "19세기 물리학은 우리가 더 많이 이해할수록 더 많은 것을 확실하게 알 수 있을 것이라고 가정했던 반면, 20세기 물리학은 우리가 더 많이 이해할수록 우리가 안다고 생각하는 것이 더욱 불확실해지는 사실이 드러나기 시작한다"라고 말하고 있다. 이 모든 예는 우리가 확실하다고 하는 것이 사실은 얼마나 불확실한 것인지를 말해 주는 것이며, 우리의 확실성은 결국 불확실성의 토대 위에 자리 잡고 있음을 보여 준다.

여기에서 잠시 주체적 실존치료에서 주체와 주체성을 구분한 것을 생각해 보자. 치료 장면에서 우리는 대개 '나'와 '너'가 이미 있다고 생각하고 출발한다. 특히 자연과학적 의학 모델에 기초하고 있는 현재 치료 장면의 상황을 고려하면, '나'와 '너'가 있다고 생각하고 출발한다는 말 자체가 무의미하게 들릴 정도이다. 그러나 주체적 실존치료는 '주체'가 무엇인지 우리는 전적으로 알 수 없다고 본다. 주체라는 것은 그 한계를 정할 수 없는 무한히 열린 체계이므로 내가 진정 누구인지는 결코 알 수 없는 그런 존재자이다. 그러나 우리는 주체의 한 측면인 '주체성'을 갖고 있으므로 내가 누구라고 말할 수 있는 동시에 알 수 없는 주체의 구성 작용에 끊임없이 참여하고 있다.

주체성의 측면에서는 확실성을 가정하는 것이 가능하고 필요하며 유용할 수 있지만, 주체를 생각할 때 확실성은 그 힘을 잃게 된다. 주체를 생각할 때, 우리가 아는 것이라고는 오직 우리가 그것을 전적으로 알지 못한다는 사실뿐이다. 따라서 어느 수준에서 생각하느냐에 따라 불확실성은 전적이고 완전할 수도 있고, 부분적이고 불완전할 수도 있다. 한마디로 하자면 모든 것이 불확실하다는 것이다. 확실한 것이란 없다. 여기서 중요한 것은 불확실하다는 나의 주장 또한 불확실하다는 것을 잊지 않는 것이다. 이것 또한 '연기'하는 것이기 때문이다.

우리의 주체성 측면은 확실성의 토대 위에서(물론 이 확실성조차도 '인연생기'하는 불확실성에 근거하지만) 확실성과 불확실성을 취할 수 있다. 그러나 주체에 관해 우리는 단지 "모른다"라고 말할 수 있을 뿐 확실성이나 불확실성 자체를 말할 수는 없다. 엄밀한 의미로서의 '불확실성'은 '모름', 즉 아는 것의 반대 개념으로서의 모름이 아니라 '앎과 알지 못함을 포괄하는 모름'이고, 그렇기 때문에 진정한 '불확실성'이라고 볼 수 있다. 그러므로 주체성 측면에서는 불확실성을 '가능성'으로 볼 수 있지만, 주체 측면에서는 불확실성을 가능성이나 개방성이 아닌 '모름'으로 보아야 한다는 것이 나의 입장이다.

그리고 내가 지금 이러저러한 주장을 하는 그것들은 주체성의 현현(顯現)이므로 이는 이미 하나의 관점을 취한 것이라는 점을 기억해야 한다. 즉, 모든 것은 '인연생기'이므로 우리는 '나'라는 존재에 대해 전적인 확실성을 가질 수는 없지만, 나는 항상 주체의 한 측면인 주체성으로 현현(顯現)하므로 확실성을 가지고 확실한 것과 불확실한 것을 취할 수 있다. 내가 확실성을 가지고 확실한 것을 취할 때 이는 '관점'이 되고, 내가 확실성을 가지고 불확실한 것을 취할 때 이는 '가능성'이 된다. 결국 불확실성은 주체의 측면에서 보면 앎도 아니고 알지 못함도 아닌 '모름'이고, 주체성의 측면에서 보면 무한히 열린 '가능성'이다.

우리는 치료 장면에서 대체로 확실성을 기반으로 한 불확실성, 즉 치료자와 내담자의 관점 혹은 그 밖의 여러 가능한 관점을 준거로 한 다양한 가능성을 전제하고 작업한다. 한마디로 주체성의 측면을 사용하는 것이 치료 작업의 전체일 수 있다. Cooper와 MacLeod(2011)도 "실존적 불확실성은 항상 개방적이고 다원적인 가능성"을 품고 있다고 말한다. 그러나 치료의 한계가 그럴지라도 그 한계 때문에 엄연한 전제인 '모름', 즉 진정한 불확실성을 부정할 수는 없다. 그리고 진정한 불확실성인 '모름' 그 자체를 수용하는, 즉 '연기(공)'를 보고 '연기(공)'를 아는 치료자와 그렇지 않은 치료자 간의 차이는 다양한 현상을 통해 분명하게 드러날 것이다.

Spinelli는 서구 문화가 확실성은 과대평가하고 불확실성은 과소평가하며, 확실성은 강점으로 불확실성은 약점으로 여긴다고 말한다. 하지만 내가 보기에 동양 문화는 이미 충분히 서구화되었고, 더 이상 서양과 동양 간의 큰 차이가 있는 것 같지 않다. 이는 치료 장면에서도 마찬가지이다.

3. 관점주의

주체적 실존치료의 세 번째 전제인 '관점주의(perspektivismus/perspectivism)'는 Nietzsche로부터 유래된 것이다. Nietzsche(2005b)는 "세계가 무한한 해석을 자체 내에 내포하고 있고, 지금까지 우리는 이 세계를 오류와 허위로, 우리의 존경의 소망과 의지에 따라, 즉 필요에 따라 해석해 왔다"라고 하면서 다음과 같이 말한다.

> "오직 하나의 올바른 해석만이 있다는 …… 근본 전제는 …… 심리학적으로 경험상으로 틀렸다. 오직 관점주의적으로 보는 것만이, 오직 관점주의적인 '인식'만이 존재한다. 우리가 한 사태에 대해 좀 더 많은 정서로 하여금 말하게 하면 할수록, 우리가 그와 같은 사태에 대해 좀 더 많은 눈이나 다양한 눈을 맞추면 맞출수록 이러한 사태에 대한 우리의 '개념'이나 '객관성'은 더욱 완벽해질 것이다(Nietzsche, 2002a)."

또한 Nietzsche는 세계가 본질적으로 관계-세계이고, 세계는 상황에 따라 각각의 점(punkt)에 의해서 다양한 모습을 지닌다고 하면서 "다양한 눈들이 있다. 스핑크스도 역시 다양한 눈을 가지고 있다. 따라서 다양한 '진리'들이 존재한다. 그러므로 어떠한 진리도 존재하지 않는다(Nietzsche, 2004b)"라고 주장한다. Nietzsche(2002a)는 "물리학도 단지 하나의 세계 해석이며 세계 정리"이지 세계 설명이 아니라고 하면서 관점적 평가와 가상성에 바탕을 두지 않는 한 삶이란 것은 전혀 존립할 수가 없을 것이라고 말한다. 더 나아가 Nietzsche는 다음과 같이 말하기까지 한다.

> "정신적 고통 자체도 나에게는 전혀 사실이 아니라, 지금까지 정확히 형식화할 수 없었던 사실들에 대한 하나의 해석(인과적 해석)에 불과하다고 생각된다. …… 해석은—의심의 여지없이—새로운 고통을 가져왔고, 좀 더 깊고, 좀 더 내면적인, 좀 더 독이 있는, 삶을 갉아 먹는 고통을 가져왔다. …… 모든 시대는 자신만이 갖고 있는 힘에 의거해 그 시대에 허용될 수 있는 덕과 금지해야 하는 덕 또한 결정한다 (Nietzsche, 2002a)."

Nietzsche는 그의 저작 여러 곳에서 우리가 진리 혹은 사실이라고 생각하는 것, 더 나아가 '나'라고 생각하는 것조차 단지 해석(관점)일 뿐이라는 점을 강조하고 있다. Nietzsche는 해석(관점)을 인간에게 부여된 실존의 방식으로 보며, 모든 진리를 특정 관점에서의 해석으로 보고 관점주의를 역설한다. Nietzsche(2005c)는 '이성적 사유'조차도 "우리가 버릴 수 없는 도식에 따른 하나의 해석"이라고 평가한다. 이처럼 관점에 따라 대상은 달리 보일 수 있으며, 세계는 달리 해석될 수 있다는 Nietzsche의 관점주의는 '해석적 다원주의'(김정현, 2013에서 재인용)로 표현되기도 한다. 모든 사실을 인간의 가치 평가가 개입된 해석(관점)으로 간주하는 것이다.

Nietzsche는 이러한 '관점(해석)'을 전환할 수 있는 근거 혹은 도구를 '가치의 전환'으로 생각했는데, 이는 한 개인이 어떤 가치를 가지고 있느냐와 어떤 관점주의적 인식을 가지고 있느냐 사이에 밀접한 관계가 있음을 의미한다. 다음과 같은 Nietzsche의 말은 이런 점을 부각한다.

> "너는 너의 주인이며 동시에 네 자신의 미덕의 주인이 되어야만 했다. 과거에는 미덕이 너의 주인이었다. 그러나 그 미덕은 다른 도구들과 마찬가지로, 오로지 너의 도구여야 한다. 너는 너의 찬성과 반대에 대한 지배력을 터득하여 너의 더 높은 목적에 필요할 때마다 그 미덕을 붙이거나 떼 버리는 것을 배워야만 했던 것이다. 너는 모든 가치 평가에서 관점주의적인 것을 터득해야만 했다. 지평의 이동, 왜곡 그리고 표면상의 목적론과 관점주의적인 것에 속하는 모든 것 그리고 대립된 가치들

> 과 관계하는 약간의 우둔함, 찬성과 반대와 함께 항상 지불되는 지적 희생도 터득해야만 했다. 모든 찬성과 반대 속에 포함된 필연적인 불공평을 이해하는 것을 배우고 그 불공평은 삶에서 분리될 수 없는 것이며, 그 삶 자체를 관점주의적인 것과 그 불공평에 의해 제약되는 것으로 터득해야 했던 것이다(Nietzsche, 2001)."

Nietzsche는 우리가 자기 자신이 되어야 하고 자기 삶의 주인이 되어야 한다고 말한다. 기존의 가치에 매몰되어 맹목적으로 이미 있는 가치를 따르는 것이 아니라, 자신의 가치를 자기 스스로의 관점(해석)으로 정립하는 것이 필요하다고 주장하는 것이다. 이처럼 스스로 정립한 가치를 통한 관점(해석)은 보편적 진리가 아닌 여러 다양한 관점(해석) 중 하나일 뿐이지만, 자기 자신이 스스로 선택하고 결정한 하나의 관점(해석)이기에 이는 자기 자신에게는 유일하고 중요한 관점(해석)이라는 점을 강조하고 있다.

즉, 내가 어떤 관점을 가지느냐에 따라서 혹은 내가 어떤 해석을 하느냐에 따라서 어떤 것이 나에게 가치 있는 것이 되기도 하고 가치 없는 것이 되기도 하는 것이다. 달리 표현하면 나의 가치에 따라서 나의 관점과 해석은 달라진다는 것이다. 이는 모든 가치의 준거가 나의 관점(해석)에 있다는 뜻이면서 동시에 나의 관점(해석)에 따라 가치의 준거가 달라진다는 뜻이기도 하다(니체의 관점은 비단 인식론적인 관점만이 아니라 존재론적인 관점을 포함하는 관점이다).

Nietzsche(2000)의 "모든 사물의 가치는 너희에 의해 새롭게 정립되어야 한다! 그러기 위해서 너희는 투쟁하는 자가 되어야 한다! 그러기 위해 너희는 창조하는 자가 되어야 한다! …… 스스로 자신을 선택한 너희로부터 선택된 민족이 나와야 한다. 그것으로부터 위버멘쉬(초인)가 나와야 하고"와 같은 말은 가치 준거의 결정론자로서의 우리 자신, 다시 말해 우리 자신의 가치를 자기 스스로 정립하고 창조하여 그 가치에 따른 관점(해석)을 능동적으로 취하는 것의 중요성을 부각한다.

동시에 이는 우리가 가치 있다고 생각하는 것이 모두에게 가치 있는 것이 아니라 단지 자기의 관점(해석)에서 자신에게 가치가 있는 것일 뿐임을 말하는 것이다. 이 세상과 이 세상에 속한 모든 것은 '관점'과 '해석'에 따라 그 가치와 의미,

중요성 등이 결정될 뿐 그 이상도 이하도 아니다. 그리고 그 관점과 해석은 다름 아닌 '나의 관점'과 '나의 해석'일 뿐이다. 모두에게 통용되는 진리가 있는 것이 아니라 오직 '나'의 진리만이 있는 것이다. Nietzsche는 다음과 같이 강조한다.

> "세계의 가치는 우리의 해석에 있다는 점(어쩌면 어디에선가는 단순히 인간적인 것과는 다른 해석들이 가능하다는 점), 종래의 해석들은 우리가 권력을 증대하기 위해 생명, 즉 힘에의 의지를 보존할 수 있도록 해 주는 관점주의적 평가들이라는 점, 모든 인간의 향상은 편협한 해석들의 극복을 수반한다는 점, 모든 도달한 강화와 권력 확장은 새로운 관점들을 열어 놓고 또 새로운 지평들을 믿게 한다는 점—이것이 나의 저서들을 관통한다(Nietzsche, 2005c)."

앞서 기술된 주체적 실존치료에 대한 설명을 고려한다면 '연기(공)'와 '불확실성'에 이어 세 번째 전제로 '관점주의'가 제시되는 것이 자연스럽게 받아들여질 것이다. 모든 것이 '의존하여 함께 발생하는' 인연생기(因緣生起)이므로 고정된 실체란 존재하지 않기 때문에 모든 것은 결국 불확실한 것으로 드러난다. 그러므로 우리가 어떤 것을 어떤 것이라고 지각하고 인식할 수 있는 유일한 근거는 바로 우리의 관점(해석)뿐이다.

주체적 실존치료에서 '주체'는 우리 각자의 인식의 범위를 벗어나 있는 것으로, 궁극적으로는 '모름' 그 자체이다. 그리고 이 주체의 한 측면인 '주체성'은 '주체의 의식적·반성적·의지적 자기 결단의 측면'으로, 주체성을 통해 우리는 내가 '나라고 자각하는 나'를 알아차리면서 생각하고 말하고 행동한다. 수수께끼 같은 주체는 알 수 없지만 우리는 자명하고 분명한 주체성의 개현, 발현, 부각을 통해 삶을 영위한다. 삶을 영위한다는 것은 의식적이고 반성적이며 의지적인 자기 결단을 통해 어떠한 '관점(해석)'을 취하면서 실존하고 있다는 것을 의미한다.

우리는 한순간도 어떤 관점(해석)을 취하지 않고는 살 수 없다. 아주 사소한 생각과 말과 행동조차도 우리의 관점, 즉 해석을 기반으로 하지 않고는 나타날 수 없다. 흔히 '무의식적으로' 혹은 '나도 모르게'라는 표현을 쓰기는 하지만, 이는 우리의 알아차림이 정밀하거나 미세하지 못한 것을 의미할 때가 대부분이다. 만약 진정으로 무의식적인 것이고 내가 알 수 없는 것이라면 사실 우리가 이런 말들을 사용하는 것 자체가 무의미하다. 어차피 의식의 영역 너머의 것을 우리는 알 수 없고, 나라는 것을 전제하지 않고는 알고 모르고를 논할 여지 자체가 없으니 말이다. 나라는 것을 명확하게 설정하는 의식의 영역 자체를 주체적 실존치료에서는 주체성이라고 하는 것이며, 따라서 주체성은 항상 관점(해석)과 한 몸이다.

이는 Jaspers(2019)가 "사람들은 매 순간 하나의 관점을 취하지 않으면 안 된다"라고 한 말과 일맥상통한다. 결국 우리가 어떤 것을 어떤 것이라고 지각하고 인식할 수 있는 유일한 근거는 바로 우리의 관점(해석)일 뿐이다. 내가 어떠한 인식론적·존재론적 관점을 가지고 있느냐에 따라 있는 것과 없는 것 또 어떤 것이 무엇으로 어떻게 있는 것 등이 결정되는 것이다. 그러나 다른 한편으로 Gadamer의 다음과 같은 말도 간과하지 말아야 할 사실이다.

> "올바른 해석 자체라는 것은 존재할 수 없다. 모든 해석은 구체적인 텍스트를 다루기 때문이다. 전통은 부단히 새롭게 수용되고 해석됨으로써 역사적 생명력을 얻는다. 따라서 올바른 해석 '자체'라는 것은 전통의 그러한 본질을 간과하는 공허한 이상일 뿐이다. 모든 해석은 해석의 준거가 되는 해석학적 상황에 자신을 맞추어야만 한다(Gadamer, 2012)."

우리는 관점(해석)의 주인일 수도 있지만 동시에 관점(해석)의 노예일 수도 있다. 핵심은 나와 내가 처한 맥락 및 상황 그리고 나의 관점(해석)은 따로 떼어서 볼 수 있는 것들이 아니라, 상호 영향(影響)을 미치면서 역동적으로 동시에 작용하는 것들이라는 점이다. 이는 모든 것이 상황과 맥락에 따른 관점(해석)일 뿐, 상황이나 맥락과 상관없는 해석이나 관점 등은 본래 존재할 수 없음을 의미한다.

여기서 한 가지 언급해야 할 것이 있다. 내가 말하는 관점주의는 상대주의와는 다르다는 것이다. 많은 수퍼바이지가 내가 말하는 관점주의를 상대주의로 받아들이는 경향이 있다. 상대주의는 모든 진리나 가치는 상대적인 것에 불과하고 상황과 맥락에 따라 달라지는 것이므로, 옳은 것도 그른 것도 없고 따라서 진리라고 할 만한 것을 결정할 가능성 자체가 없는 것을 의미한다.

간혹 관점주의를 상대주의로 오해하는 수퍼바이지는 모든 관점(해석)이 다 의미 있고 중요하므로 그 어떤 관점(해석)도 중요도 면에서 차이가 없다는 생각으로, 내담자의 모든 관점(해석)을 그대로 수용하기 위해 자신의 관점(해석)을 드러내지 않거나 드러낼 필요와 가치가 없다고 생각하기도 한다. 더 나아가 자신의 명확한 관점(해석)을 고수하거나 드러내는 것을 마치 치료자로서 잘못된 태도를 가지는 것으로 생각하기도 한다(이는 본래 가능하지도 않은 치료자의 중립성을 지나치게 강조해 온 교육 및 수련의 역사에도 책임이 있다고 생각한다).

이는 내가 말하는 관점주의를 잘못 이해한 것이다. 앞에서 내가 '주체성은 항상 관점(해석)과 한 몸이다'라고 표현한 것을 떠올려 보자. 이 말이 의미하는 것은 우리는 누구나 예외없이 어떤 상황에서든 항상 나의 관점(해석)을 가지고 있다는 것이다. 이것은 비단 우리의 의식(인식)뿐만이 아니다. 우리가 몸(신체)을 가지고 있는 것조차 관점(해석)을 가지고 있다는 것과 같은 말이다. 몸과 의식을 가진 우리는 특정 관점(해석)을 가지지 않을 수 없는 존재자들이다. 그리고 나의 관점(해석)은 너의 관점(해석)과 명백히 구분되는 나만의 가치와 진리이다. 나의 관점(해석)은 한순간도 없을 수가 없고, 나의 고유한 관점(해석)에 따라 다른 사람들과는 다른(비슷하거나 혹은 같은 것처럼 보일지라도 엄밀하게는 동일할 수 없는) 세상을 경험하는 것이다.

나의 관점(해석)은 나에게 고유하고 유의미하며 중요한 것이므로, 비록 모든 사람의 관점(해석)이 동등하고 평등하다고 말할 수는 있을지언정, 당연히 나에게는 나의 관점(해석)이 다른 사람의 관점(해석)에 비해 중요할 수밖에 없다. 그리고 이것은 누구라도 마찬가지다. 이처럼 명확한 사실을 회피하거나 간과하는 것은 하나의 기만일 수 있다. 치료자가 자신의 관점에 따른 의견과 생각이 있고 이에 따른 옳고 그름의 가치판단이 있음에도 불구하고, 마치 그런 견해가 없는 것처럼 내담자의 관점(해석)을 피상적이고 기만적인 수준에서 이해하고 수용하는 것은 오히려 진솔하고 솔직하며 정직해야 할 치료자의 태도가 아니라고 나는 생각한다.

우리는 누구라도 자신만의 관점(해석)이 있다는 사실을 인정해야 할 것이다. 다만 나의 그 관점(해석)이 고정되어 불변하는 것이 아니라 늘 변화 가능성 속에 놓여 있다는 이 사실도 인정해야 할 뿐이다. '나'도 인연생기(因緣生起)일 뿐인데 '나의 관점(해석)'이야 더 말할 필요도 없는 것이다. 주체적 실존치료에서 말하는 관점주의는 이것도 저것도 아닌 영역에서 자신의 보호와 안위를 위해(물론 내담자를 위해서일 때가 없지는 않겠지만) 상대주의 뒤로 숨는 것이 아니다. 오히려 자신이 상대주의자임을 명확히 한다면 그것이 바로 주체적 실존치료에서 말하는 관점주의에 해당하는 것이다.

나는 Nietzsche로부터 관점주의라는 것을 받아들였으나, Nietzsche가 고귀한 인간과 비천한 인간 간의 거리, 즉 차이를 주장하면서 관점을 논하는 것까지 나아가고 싶지는 않다. 다만 각자의 관점(해석)이 가지는 고유성과 독특성, 유일성과 중요성 등을 인정하고 그것의 가치를 수용하고 싶을 뿐이다.

불교의 '연기(공)' 관점에서 보면 모든 관점(해석) 역시 그 관점(해석) 자체가 홀로 독립되어 고정된 채 지속하는 것이 아니라, 끊임없는 '연기'의 과정을 내포하고 있는 것이므로 결국은 실체가 없는 '공'이라는 것이고, 바로 이것이 주체적 실존치료의 주된 관점(해석)이다. 그리고 이러한 관점(해석)은 주체와 한 몸이기는 하지만 끝내 알 수 없는 주체와는 달리 우리가 의식적으로 알 수 있는 부분에 해당하는, 의식적이고 반성적이며 의지적인 자기 결단의 측면인 주체성으로 드러난다(아니, 주체성이 곧 관점이자 해석이라고 말하는 것이 더 정확한 표현이겠다).

독자 중 '연기(공)'와 '불확실성' 전제에서 망망대해를 헤매는 듯한 느낌을 받았던 사람이 있다면, 주체적 실존치료의 또 다른 전제인 '관점주의'를 만나면서 다소 안심할 수도 있을 것이다. 우리는 항상 무엇을 잡고 정박하고 싶은, 즉 안정감을 추구하기 때문이다. 조금만 생각해도 이 안정감이라는 것이 얼마나 터무니없는 허구의 현상에 붙여진 허망한 이름인지를 알 수 있지만 말이다.

이상으로 주체적 실존치료의 전제인 '연기(공)' '불확실성' '관점주의'에 대한 기술을 마친다. 주체적 실존치료는 철저하게 불교의 '연기(공)' 개념을 토대로 하지만, 치료 장면에서 철저하게 '불확실성(가능성)'과 '관점주의'를 토대로 작업한다.

내가 앞에서 설명한 '연기(공)'의 내용을 면밀하게 읽고 잘 이해한 독자라면, 모든 것이 '연기(공)'이기 때문에 불확실하고(가능하고) 따라서 더욱 명확한 자기 관점(해석)을 가지고 치료에 임할 수 있다는 말이 어떤 뜻인지 알 것이다. 그리고 '연기(공)'로 인해 혼란스럽거나 막막해지기보다는 오히려 '연기(공)'로 인해 모든 것이 더욱 명확하고 분명할 수 있다는 것과, 크고 작은 변화를 산출하는 원인으로서의 자기 관점(해석)이 이러한 '불확실성(가능성)'의 한가운데에 하나의 또렷한 조건으로 존재하고 있음을 볼 수 있을 것이다.

제5장

주체적 실존치료에서 '치료'의 의미

통상적으로 '치료'라고 하면 '병이나 상처를 잘 다스려 낫게 함'이라는 정의를 떠올리게 된다. 흔히 영어사전에서 정의하는 'therapy(치료)'도 '정신 및 신체의 병리적 상태(pathological condition)를 치유(cure)하거나 증상(symptom)을 제거 혹은 완화시키는 것'을 의미한다. 심리치료를 찾는 내담자들 역시 치료는 당연히 자신의 병이나 증상을 낫게 하거나 완화시켜야 하는 것이라고 믿는 경우가 대부분이다.

그러나 실존치료는 자연과학적 의학모델이 아니라 주로 생철학과 현상학 그리고 실존철학을 바탕으로 발전하였고, 내담자의 문제를 객관적이고 고정된 '병리적' 문제로 보기보다는 개인적이고 맥락 의존적인 '삶'의 문제로 보는 경향이 있다. 주체적 실존치료는 이러한 실존치료의 관점에 동의하는 것은 물론, 한발 더 나아가 이 모든 '문제'뿐만 아니라 그 문제를 겪고 있는 '나'조차도 '연기'이고 '공'이라고 말한다.

내담자의 문제를 병리적 문제로 보는 것과 삶의 문제로 보는 것 사이의 차이는 실제 치료 장면에서 두드러지게 나타날 가능성이 있다. 내담자의 문제를 자연과학적 의학모델에 기반한 병리적 문제로 보는 치료자는, 문제를 심리학적 혹은 의학적 진단명으로 명명하여 '객관화'시키면서 그것이 마치 본질을 가진 채 실제로 존재하는 어떤 실체인 것처럼 고정화하는 경향이 있다. 그렇게 하나의 객관적인 병리적 진단이 만들어지고 난 후에는 그 진단명이 붙은 현상, 즉 객관적 문제 혹은 병에 대한 원인과 결과의 도식 혹은 패턴을 선형적 인과관계의 관점에서 찾아내고, 그 찾아낸 도식 혹은 패턴에 근거해 객관적 개입 전략을 세운 후, 그 개입 전략에 따라 처치를 실시한다.

한마디로 내담자의 주관적이고 상호 의존적인 현상, 즉 주체적 실존치료의 관점에서 볼 때 연기(緣起)이고 공(空)인 현상을, 객관적이며 고정되어 독립적인 실체적 현상으로 보는 것이다. 이런 경우, 문제와 그 문제를 겪는 내담자는 물론 내담자와 치료자조차도 이분법적으로 구분되는 결과가 나타나게 된다.

반면, 내담자의 문제를 삶의 문제로 보는 치료자는 어떤 특정 문제가 그 특정 문제를 겪고 있는 한 내담자의 내적·외적 맥락과 분리될 수 없다는 것, 그리고 그 모든 맥락이 매우 주관적이고 고유하며 독특하고 유일하다는 것을 직시하지 않을 수 없다. 또 이런 치료자의 관점에서 보면 내담자의 문제가 곧 그 내담자의 삶이고, 그 내담자의 문제와 그 내담자의 삶은 곧 그 내담자 자체이므로, '그의 문제와 그의 삶과 그 사람 자체'는 한 몸이라고 할 수 있다.

따라서 내담자의 문제는 오직 그 내담자가 처한 상황의 맥락 속에서만 그 내담자와 그 내담자를 만나고 있는 치료자와 내담자만이 함께 탐구할 수 있는 현상이다. 혹여 이런 과정에서 누구나 유사하게 경험하는 현상이 나타날지라도 그것이 객관적이라고 말할 수 있는 것은 아니다. 그저 여러 사람이 비슷한 현상을 각자 경험하는 것이라고 말할 수 있을 뿐이다.

순수하게 '객관적'인 현상은 본래 존재할 수 없다. 우리가 어떤 현상을 주관적으로 '객관적'이라 명명하지 않는다면, '객관적'이라고 불리는 현상 자체가 있을 수 없고 '객관적'이라는 말 자체도 성립할 수 없기 때문이다. 어떤 현상이든 우리가 그것을 현상으로 지각하거나 인식하거나 언어로 명명하지 않는다면, 그 현상은 우리에게 현상으로서 현존하지 않는다. 여러 사람이 유사한 경험을 한다고 할지라도 그것이 나의 주관과 상관없는 객관적인 어떤 것이라고 인정될 수는 없다. 내가 없다면 객관적이라는 말은 성립하여 존재할 수조차 없을 테니 말이다.

이런 관점을 가진 치료자에게는 우리가 소위 '객관적' 혹은 '전문적'이라고 말하는 진단과 평가, 처치 등은 중요하지 않다. 오히려 불필요하거나 방해물로 작용할 가능성이 더 크다. 왜냐하면 이런 것들이 내담자의 삶 속에서 내담자와 한 몸으로 연결되어 있는 문제를 그 자체 있는 그대로 볼 수 없게 만들기 때문이다. 또 이런 것들이 치료자가 있는 그대로의 자기 자신을 감추고 그것들 뒤에 숨는 도구로 사용됨으로써, 결과적으로는 치료자도 내담자도 자기 자신을 온전히 활용하여 '지금 나에게 무슨 일이 어떻게 일어나고 있는가'를 있는 그대로 직접 보고 직접 느끼며 직접 생각하지 않게 되기 때문이다.

이런 방식으로 우리는 '나'가 아닌 '치료자'가 되고, '나'가 아닌 '내담자'가 된다. 마찬가지로 나의 문제는 더 이상 '나'의 삶의 문제가 아닌 '누구나'의 객관적 혹은 병리적 문제가 된다. 이렇게 나와 나의 삶과 나의 문제는 점점 그 긴밀한 연관성을 잃게 되고, 이 모든 것이 조건에 의해서 '연기'한 것이라는 사실은 자취를 감추게 되며, 조건이 모이면 생겨나고 조건이 흩어지면 사라지므로 모든 것은 고정된 실체를 갖지 않는 '공'이라는 관점은 도무지 생각조차 할 수 없게 된다. 그러면서 그 모든 조건 중 가장 중요한 조건이면서 유일하게 우리 자신이 운용할 수 있는 '나'인, '주체성'은 사라지고 만다.

이런 맥락에서 치료와 관련하여 실존치료자들이 한 말들을 몇 가지 살펴보자.

Langdridge(2013)는 실존치료가 비의학적(non−medical) 입장을 취하고 있고, 증상에 대한 매뉴얼화된 진단을 신뢰하지 않는다고 말한다. 또 Spinelli(2015)는 실존적 현상학의 관점에서 '증상(symptom)'을 그 본래의 의미에 근거해 고찰할 때, 증상이란 한 개인이 주관적으로 경험하는 생각과 느낌 그리고 행동의 이례적인 장애라고 정의한다.

더 나아가 Spinelli는 DSM(Diagnostic and Statistical Manual of Mental Disorders)과 ICD(International Classification of Disease and Health Problems)가 정신의학적(psychiatric) 진단이지, 치료적(therapeutic) 진단은 아니라고 말한다. 그리고 정신장애 혹은 불안정의 증상은 주관적인 것이고, 이는 다른 사람들에 의해 직접적으로 측정될 수 있는 것이 아니며, 오직 내담자 자신만이 자기 경험에 대한 기술(description)과 평가(evaluation)를 통해 자기 증상을 진단할 수 있다고 말한다.

van Deurzen(2010)은 실존치료자들은 전체적으로 체계와 학파를 거부하고 자유와 개인성을 선호하는 경향이 있다고 하면서 치료자들이 이미 자신들이 알고 있다고 생각하는 것에 초점을 두기보다는 아직 알아 가야 할 인간의 측면들에 더욱 관심을 두기를 호소한다. 또 Spinelli(2001, 2005, 2015)는 실존치료자들이 내담자들이 호소하는 다양한 증상을 의학적으로 구분하여 분별하거나 병리화하지 않고, 증상의 개선이나 제거를 자신들의 주요 과제로 삼지 않으며, 오히려 내담자들이 그들이 경험하는 어려움으로부터 벗어나기보다는 그 어려움에 더욱 집중하도록 돕는 것을 과업으로 생각한다고 말한다.

Cohn(1997)은 실존적 현상학적 접근은 '정신병적(psychotic)' 상태를 다른 치료들처럼 정신 내적 체계 내의 불균형으로 설명하지 않고, 세계-내-존재로서의 내담자가 자기만의 고유한 세계에 반응하는 능력에 손상을 입은 것으로 보면서 이 손상을 탐구한다고 말한다. 이때 중요하게 여겨지는 것은 연관성(relatedness)과 상호주관성(intersubjectivity)의 장 안에서 발생하는 갈등이라고 한다. 그러므로 실존치료자는 내담자가 자신의 전체 상황을 명확히 하고, 내담자 자신이 스스로 창조한 세계를 탐색하도록 도와야 함을 강조한다.

같은 맥락에서 실존치료자들은 '치료'의 정의를 정신의학적 '병(문제)'의 관점이 아닌 다른 관점에서 바라보고자 하는 경향이 있다. 몇 가지 예를 들면 다음과 같다.

van Deurzen(2012b)은 '심리치료(psychotherapy)' 또는 '정신(psyche)의 치료'라는 단어는 다양한 의미로 사용된다고 말한다. 우리가 흔히 치료라고 말하는 'therapy'라는 단어의 어원은 '돌보다'라는 뜻의 그리스어 동사 'therapeuo'이다. 그리고 'psyche'라는 단어는 번역하는 사람에 따라 마음(mind)이나 영혼(soul) 또는 자기(self)라는 뜻으로 사용되기도 한다. 그러나 고대 그리스어를 직역하면 '생명력(vitality) 또는 생의 힘 혹은 숨결(force or breath of life)'을 의미하고, 더 나아가 우리 삶의 활력의 근간이 되는 인간 의식의 힘과 용기의 정신[라틴어로 spiritus는 '숨결(breath)'을 의미함]을 의미한다. 그러므로 우리가 말하는 'psychotherapy'는 '생을 돌보는 것(attending to the force of life)'으로 정의될 수 있다고 van Deurzen은 주장한다. Craig(2019)는 'psychotherapy'의 어원을 그리스어 'psyche'와 'therapeuein'이라고 하면서 'psyche'의 의미는 '영혼(soul)', 'therapeuein'의 의미는 '돌보다(attend), 돕다(serve), 보살피다(wait upon)'라고 소개하고 있다.

Spinelli는 치료 개념인 'therapeia'라는 단어의 본래 의미가 "누군가가 세상 속에서 존재하고 삶을 영위하는 데 있어 그의 곁에서 함께 함으로써 그 사람을 '돌보는(attending to)' 일"(Spinelli, 2015에서 재인용)이라고 말한다. 이 정의에는 처치(treatment), 치유(cure), 향상(enhancement), 교육(education), 개선을 위한 개입(ameliorative interventions), 직접적인 변화(directive change), 일반적인 도움이나 원조(general help or assistance) 혹은 현대 심리치료가 도입하고 있는 어떤 준-의학용어(quasi-medical terms)도 포함되어 있지 않다는 것이다. 대신 이 정의는 '곁에 있다(stand beside)'와 '함께하다(be-with)'를 의미한다(Pomponi, 2019). 같은 맥락에서 Spinelli(2019)는 실존치료자가 내담자와 그저 '가만히 있기(stay still)'가 중요하다는 점을 언급하고 있다.

Plock(2012)는 심리치료(psychotherapy)의 본래 의미를 '영혼을 돌보는 것(attending to the soul)'으로 정의하고 있고, Hoeller(2012)는 유사의학 용어(pseudomedical term)인 '심리치료(psychotherapy)'를 Socrates의 철학적 접근에서 유래한 '영혼의 치유로서의 심리치료(psychotherapy as the cure of souls)'로 대체하려고 했던 Szasz를 소개하고 있으며, Szasz가 '심리치료(psychotherapy)'를 '치유의 말(healing words/iatroi logoi)'로부터 유래된 것으로, '치료자(therapists)'를 '(과학이 아닌) 수사학 전문가(iatrologicians/specialists of the art (not science) of rhetoric'로 소개한 것을 인용하고 있다.

Szasz(1978)는 고대 그리스인 Aeschylus는 우리가 'psychotherapy'라고 부르는 것을 '치유의 말(iatroi logoi)'을 사용하는 것이라고 불렀다고 하면서, 'psychotherapy', 즉 '영혼의 치유(cure of souls)'는 'iatrologic'이라고 부를 수 있으며, 'iatrologic'은 수사학(rhetoric)과 논리학(logic)의 한 분야로 이해할 수 있다고 말한다. 그리고 이 분야의 전문가는 'iatrologicians'로 불리며, 이들의 활동은 과학(science)이 아니라 '예술(art)'로 분류된다고 언급한다. 한마디로 Szasz는 심리치료가 자연과학적 의학모델에 의한 진단과 처치를 하는 과학적 접근이 아니라는 점을 주장하고 있다.

이처럼 실존치료자들에게 '치료' 혹은 '심리치료'의 의미는 우리가 일반적으로 알고 있는 '병 혹은 증상의 완화 또는 제거'와는 다르다. 주체적 실존치료는 이러한 정의들을 수용하면서, 이 정의들의 가장 기본적이고 공통되는 요인으로 판단되는 '만남(참여)'을 치료의 일차적 정의로 채택한다.

치료와 관련된 모든 정의가 전제하고 있는 것은 치료자라고 불리는 한 사람과 내담자라고 불리는 한 사람의 '만남 그 자체'이다. 치료를 '곁에 있는 것' 혹은 '함께하는 것'으로 보는 시선은 이런 만남의 소중함과 중요함을 부각한다. 그리고 다양하고 풍부한 의미를 함축하고 있는 '돌보다, 보살피다, 돕다' 등의 개념 역시 '곁에 함께 하는 것'을 전제로 한다. 따라서 치료는 우선 곁에 같이 있는 것, 즉 '만남'이 첫째 의미이고, 함께 있는 그 상태에서, 즉 만나고 있는 그 상태에서 어떤 양태의 돌봄과 보살핌이 일어나는 것이 두 번째 의미라고 나는 생각한다.

이처럼 치료의 정의를 엄밀한 차원에서 고찰했을 때 그 가장 핵심에는 결국 사람과 사람의 '만남'이라는 것이 존재한다. 이 만남의 실제적 의미는 각 사람이 그 만남에 '참여'한다는 것이고, 이 참여(만남)를 토대로 관점에 따라 다양한 접근, 즉 돌봄과 보살핌 등이 발생하는 것이다. 참여와 관련된 Gadarmer의 다음과 같은 말은 주체적 실존치료에서 내가 치료의 의미로 사용하는 '참여'와 일맥상통하는 면이 있다.

> "'참가함'은 동시에 존재하는 다른 것과 단순히 함께 현전하는 것 이상이다. '참가함'은 참여를 의미한다. 어떤 것에 참가하는 사람은 그것이 어떠했는지를 모든 면에서 안다. …… 인간의 태도의 주관적 실행인 참가함은 탈자(脫自) 존재의 특징을 갖는다. …… 탈자 존재는 어떤 것에 완전히 참가할 수 있는 긍정적 가능성이다. 그러나 참가는 자기망각의 특징을 갖는다. …… 자기망각은 사태에 대한 완전한 집중에서 발생하며, 이 집중은 관객의 고유하고 적극적인 활동이다. 예술의 놀이에 완전히 몰두하는 관객과 단순한 호기심에서 보는 것을 즐기는 사람 사이에는 명백히 본질적인 차이가 있다. …… 열린 자세는 궁극적으로 귀를 기울이는 상대방만을 위한 것은 아니다. …… 두 사람이 서로 이해한다는 것은 한 사람이 다른 사람을 '이해'한다

는 뜻이 아니다. 그런 일방적 이해는 상대방을 얕보는 것이다. 마찬가지로 '누군가의 말에 귀를 기울인다'는 것은 단순히 상대방이 원하는 것을 무조건 따른다는 뜻이 아니다(Gadarmer, 2000)."

주체적 실존치료에서 치료의 첫 번째 의미인 '참여(만남)'는 치료자 자신을 주체로 간주하고 내담자를 객체로 간주하면서, 주체인 내가 거리를 두고 내담자와 내담자 문제를 객관적으로 관찰하는 대상으로 바라보면서 단순히 인간관계를 맺는 것이 아니다. 비록 Gadamer가 말하는 자기망각 정도의 상태는 아닐지라도, 치료자와 내담자가 지금 여기에 완전히 집중하여 같이 알아보고 함께 궁리하고자 하는 것에 온전히 몰두하는 것이다. 더 정확하게 표현하자면, 온전히 집중하여 몰두하고자 '열심히 노력하는 것'이라고 말해야 할 것 같다(이 노력은 우선 치료자로부터 시작될 가능성이 크지만, 궁극적으로는 치료자와 내담자가 '같이' 또 '함께' 실천하는 노력이다). 이것이 주체적 실존치료에서 참여(만남)가 의미하는 바다.

그리고 치료자는 이 참여(만남)를 토대로 다양한 접근인 돌봄과 보살핌을 하게 되는데, 이 돌봄과 보살핌의 양태가 결국 실제 치료 장면에서 치료자가 자신의 전문적인 치료적 지향 혹은 전략으로 취하게 되는 이론적 배경이 된다. 이와 관련해서는 Heidegger(1997)의 '심려(Fürsorge)' 개념을 참고하는 것이 도움이 될 것이다.

Heidegger는 현존재의 존재를 "(세계 내부적으로 만나게 되는 존재자) 곁에-있음으로써 자기를-앞질러-이미-(세계)-안에 있음"이라고 하면서 '염려(Sorge)'로 규정한다. 이때 염려는 존재론적-실존론적으로 사용되고 있으므로 보통 우리가 생각하는 '걱정'이라는 존재적 의미는 아니다. 그런데 Heidegger는 인간 존재자와 사물 존재자를 구분하고, 사물 존재자와의 관계를 '배려(Besorgen)'로, 인간 존재자와의 관계를 '심려(Fürsorge)'로 규정한다. 우리가 타인들과 맺는 다양한 방식의 관계 맺음, 즉 타인에게 마음을 쓰는 방식이 '심려'인 것이다.

현존재는 이미 세계-내-존재이므로 근원적으로는 하나의 독립적인 개체라고 말할 수 없다. 이미 모든 것과 염려를 통해 관계를 맺고 있고, 그 관계 중 특별히 사람과의 관계를 '심려'로 지칭하는 것뿐이다. 심려는 '더불어 있음(함께 있음)' '돌봄(고려)' '함께 거기에 있음(공동 현존재)'(이기상, 구연상, 1998) 등을 의미한다. Heidegger의 '염려'가 존재적 의미의 걱정이 아니라 존재론적–실존론적 개념인 것처럼, '심려' 역시 사전적 의미인 '마음속으로 걱정함'이 아니라 사람과의 관계, 즉 함께 있음이다. '돌본다(attend to)'라는 치료의 의미 또한 우선은 함께함이 전제되어야 하는 것은 물론이다. 더불어 함께 있으면서 돌봄이라는 행동을 하게 되는데, 이때 '함께 있음'이라는 일차적 현상을 토대로 이차적 현상이라고 할 수 있는 '돌봄'이라는 '어떻게 있음'이 나타나는 것이다.

앞에서 말한 것처럼, 아무리 치료의 종류나 형태가 다양할지라도 엄밀한 의미에서의 치료는 우리가 하나의 장(field)에서 만나는 것, 즉 하나의 장에 참여하는 것을 말한다. 그렇다면 치료, 즉 만남(참여)은 어떻게 구체적이고 현실적인 과정적 현상으로 드러나는가? Heidegger의 용어를 빌려 표현하자면, 함께 더불어 있으면서 돌보는(고려하는) 현상은 과연 구체적으로 또 현실적으로 무엇을 말하는가?

주체적 실존치료는 이 만남(참여)의 구체적 현상을 '같이 알아보기'와 '함께 궁리하기'로 정의한다. 치료는 일차적으로 '만남(참여)'이다. 그리고 이 치료라는 만남(참여)의 명시적 형태는 '같이 알아보기'와 '함께 궁리하기'이다. 즉, 치료는 두 사람이 '만나서(참여하여) 같이 알아보고 함께 궁리하는 것'을 말한다. 무엇을 같이 알아보고 무엇을 함께 궁리할 것인지는 상황과 맥락에 따라 달라지겠지만, 치료자와 내담자가 '같이 그리고 함께' 만나고 참여한다는 사실은 어떤 상황적 맥락에서도 변함이 없는 것이다.

비유하자면, 자연과학적 의학모델을 따라 내담자의 문제를 '병리적' 문제로 보는 치료자는 어떤 사람과 만나든 상관없이, 그 사람에 대한 병리적 진단에 따른 개입 전략에 부합하는 지도를 갖고 있는 것이라고 볼 수 있다. 내담자의 말을 듣고, 사례 개념화를 통해 진단을 내리고, 그 진단에 따른 처치 전략이 담긴 지도를 찾아 지닌 채 내담자를 인도하는 것이다. 출발 지점과 목표 지점이 이미 정해져 있고, 목표 지점에 이르는 최적의 길 역시 이미 정해져 있으므로, 치료자와 내담자는 그 길을 그저 따라가기만 하면 되는 것이다(여기서 맹점은 치료자만 그 지도를 갖고 있고 읽을 수 있을 뿐, 내담자는 그런 지도가 있는 줄도 모르고 혹은 알더라도 그 지도를 읽는 법을 모른 채 그저 따라가는 것일 가능성이 크다는 점이다).

그 지도는 치료자가 직접 만든 것도 아니고, 내담자가 직접 만든 것도 아니며, 둘이 함께 만든 것도 아니다. 그저 많은 다른 사람의 경험과 말을 토대로 다른 사람들에 의해서 만들어진 지도일 뿐이지만, 그 지도가 차마 무시할 수 없는 공신력을 가지고 있을 뿐이다.

그에 비해, 주체적 실존치료는 아직 존재하는 지도 자체가 없는 치료라고 할 수 있다. 오직 내담자와의 '만남'을 통해 처음 선을 긋는 것부터 같이 '참여'하여 함께 지도를 그려 나가는 치료이다. 정해진 출발점도 목표점도 없으므로 당연히 정해진 길이라는 것도 없다. 모든 것이 '연기(공)'이고 '불확실'한 것이므로 각자의 '관점(해석)'을 나누고 확인하면서 함께 우리만의 지도를 만드는 수밖에 없다. 출발점은 어디이고, 목표점은 어디이며, 그곳을 어떻게 갈 것인지 등을 하나하나 같이 의논하고 합의해야 한다.

이때, 치료자가 자신의 풍부한 지식과 경험 등을 내담자와 나누는 것은 매우 자연스럽다. 치료자는 '같이 지도 그리기'를 그 어떤 사람보다 많이 해 본 사람이므로, 내담자보다 지도 그리기에 훨씬 익숙할 것이기 때문이다. 그러나 '이' 내담자와 지도를 함께 그리는 것은 처음이므로 서로 '같이 그리고 함께' 지도를 그려 가기 위해서는 면밀한 나누기와 세밀한 확인하기를 통한 조율이 필수이다. 치료자가 자신의 생각과 느낌, 의견 등을 내담자와 나누고 확인할 수는 있지만, 내담자의 합의 없이 선을 그어 나갈 수는 없다. 이는 내담자도 마찬가지이다.

정리하자면, '치료'는 곧 '만남(참여)'이다. 그리고 만남과 참여라는 것이 구체적으로 어떻게 드러나는가에 초점을 둔다면, 이는 '만남(참여)'을 통해 '지금 무슨 일이 어떻게 일어나고 있는가'를 '같이 알아보고' 또 '함께 궁리하는' 것이라고 말할 수 있다. 물론 그 어떤 현상이라도 같이 알아보고 함께 궁리할 대상이 될 수 있다. 즉, 어디에서 출발하고 어디로 갈지, 왜 거기로 가고 어떻게 갈지 등은 치료자와 내담자가 같이 의논하면서 조율하면 되는 것이다. 어떤 것도 정해진 것은 없다. 이미 존재하는 지도는 없다. 치료자와 내담자의 '만남(참여)' 그 자체는 마치 치료자와 내담자가 백지(白紙)를 함께 마주하는 것과 같다.

중요한 것은 서로 의논하고 조율하는 과정, 즉 같이 알아보고 함께 궁리하는 과정이다. 이것이 지도를 '같이 그리고 함께' 그려 가는 것이다. 지도를 그려 본 경험이 많은 치료자가 그 경험이 적은 내담자에게 다양한 조언과 안내를 할 수도 있다. 이런 경우, 치료자는 자신의 의견을 내담자와 솔직하고 진솔하게 나눌 수 있어야 한다. 또 정말 자신만의 지도를 만들고 싶은 내담자라면, 내담자 역시 자신의 솔직하고 진솔한 의견을 치료자와 나누어야 한다. 이러한 '나누기'는 그 자체가 이미 서로에 대한 하나의 '확인하기'가 된다.

이렇게 두 사람이 만나 '나누기'와 '확인하기'를 통해 함께 출발점과 도착점, 그리고 그 사이의 길을 '합의(조율)'하면서 지도를 그려 나가는 것이다. 이 지도는 그 누구의 지도도 아닌 그 둘만의 지도이다. 단, 내담자가 자신의 필요에 따라 지도 제작을 주문한 당사자이므로 그 지도의 최종 소유자는 내담자가 된다. 동시에 치료자는 누군가와 '같이 그리고 함께' 지도를 그리는 과정을 통해 주체적 실존치료의 방법(method)을 수련하고 연마하게 된다.

강조하자면, 주체적 실존치료에서 중요한 것은 문제(병) 혹은 주제(관심사)가 아닌 만남(참여) 그 자체이다. 따라서 주체적 실존치료에서 '치료(therapy)'의 정의는 '만남(참여), 같이 알아보기, 함께 궁리(窮理)하기('궁리'는 사물의 이치를 깊이 연구함, 일을 처리하거나 개선하기 위하여 마음속으로 이리저리 따져 깊이 생각함, 또는 그런 생각으로 정의됨)'이다.

많은 치료자가 이 '만남(참여)'의 중요성 자체와 만남의 일차적 기능과 역할을 간과한다. 대체로 내담자들이 치료를 찾을 때 가장 필요로 하는 것은 치료자와의 '만남'이다. 내담자들이 치료를 찾는 근본적인 이유는 자신의 이야기를 들어 주고 반응해 줄 타자, 즉 치료자가 필요하기 때문이다. 만약 증상의 제거만을 원한다면 정신과에 가서 약 처방을 받는 것을 선택할 가능성이 크다. 치료를 통해 자신의 증상이나 문제가 바로 사라지거나 완화되기를 기대하는 내담자는 현실적으로 많지 않으며, 그러한 획기적인 변화가 대화(말)를 통해 바로 일어나지 않는다는 것은 대부분 인지하고 있다. 그와 같은 기적적인 변화를 원하기는 하지만 그것이 비현실적이고 비합리적이라는 생각을 동시에 하는 것이다.

그러함에도 불구하고 많은 사람이 치료를 선택하는 이유는 타자(치료자)와의 만남과 대화(참여)를 통해 자신의 이야기를 하면서 자기 자신의 문제(주제, 관심사, 병)를 탐구하기 위해서이다. 물론 이 탐구의 목적이 문제의 제거 혹은 완화일 수는 있지만, 그것이 일차적인 목적이 아니라는 것은 조금만 생각하면 대개의 내담자가 통찰할 수 있다. 그저 너무도 당연해서 한 번도 타자와의 만남과 대화가 일차적으로 자신에게 필요한 것임을 자각하거나 알아차리지 못했을 뿐이다.

물론 드물기는 하지만 어떤 내담자들은 문제의 제거 혹은 완화가 아니라 치료자와의 만남과 대화 자체를 분명한 목적으로 두는 경우도 있다. 그러나 대체로 내담자도 치료자도 치료의 근본적이고 엄밀한 기능과 역할은 망각한 채, 문제의 내용과 결과에만 집착한다. 대화(이야기)의 과정 자체와 대화의 내용이 모두 중요한데, 내용에만 초점을 둘 뿐 두 사람의 만남을 통한 대화 속에서 내용이 생기고 변화하고 사라지는 그 자체의 흐름인 과정에는 초점을 두지 않는 경향이 있는 것이다.

나는 개인적으로 이것이 큰 문제라고 생각한다. 주체적 실존치료는 '치료'의 의미를 기존의 일반적인 치료의 의미와 다르게 정의한다. 그 이유 중 하나는 치료라는 것이 과연 무엇인지 엄밀하게 다시 생각해 보고, 그것의 근본적인 기능과 역할을 고민해 보고자 하는 의도이다. 나는 치료자들이 다양한 치료의 정의와 의미가 존재한다는 것을 인지하고 앞으로도 새로운 치료의 정의가 얼마든지 만들어질 수 있다는 가능성을 염두에 두기를 바란다.

그리고 각 치료자가 자신이 추구하는 치료가 무엇인지에 따라 주체적으로 치료의 정의를 선택하거나 창조하고, 엄중한 책임감을 의식하면서 그 치료를 실행하는 것은 물론이고, 그 실행의 결과에 자기가 기여한 만큼의 책임을 전적으로 질 수 있기를 바란다. 특정 대가(大家)의 특정 치료 방법을 수련하고 실행할 때조차도 수련과 실행의 주체가 자기 자신이라는 점을 명확하게 알아차리고, 그 선택과 결정에 대한 온전한 책임을 수용하는 것이야말로 전문가의 자세라고 생각한다. 모방만 하는 치료자는 책임지기를 거부할 가능성이 크다.

이는 내담자에게도 그대로 적용된다. 나는 내담자 역시 자기 문제를 어떻게 다루고 싶은지, 즉 치료를 통해 무엇을 하고 싶은 것인지 심사숙고한 후 자신이 생각하는 의미의 치료에 합당한 치료를 선택하고 자신의 선택에 대해 책임지기를 촉구하고 싶다. 만약 이러한 선택 자체가 어렵다면 어떤 선택을 해야 할지 진지하게 고려하는 것 자체를 치료에서의 우선 과제로 설정할 수도 있다. 자신이 어디를 향해 어떻게 가야 할지 모를 수도 있다. 그렇다면 자신이 지금 어디에 서 있는지, 어떻게 서 있는지, 어디로 가고 싶은지, 어떻게 갈 수 있을지 등을 먼저 천천히 생각하는 것이 순서일 것이다.

달리 표현하자면, 자신이 문제라고 하는 것이 자신에게 왜, 어떻게, 어떤 의미에서 문제인지를 생각하는 것으로부터 출발할 수 있다. 자신에게 '진짜 문제'가 무엇인지를 탐색하는 것에서부터 출발할 수 있다는 것이다. 자신이 경험하는 것에 대해 남들이 정해 놓은 기준을 적용하고 싶으면 그렇게 해도 된다. 그러나 그 기준 자체를 살펴보는 것에서부터 출발하고 싶다면 원점에서 출발하면 되는 것이다. 남이 그려 놓은 지도를 갖고 싶어 하는 사람도 있을 수 있고, 자기만의 지도를 그리고 싶은 사람도 있을 수 있다.

'치료'를 무엇이라고 생각하는지에 대한 정의도 다양할 수 있다. 치료가 어떤 것이라는 기존 주류의 정의를 선택할 수도 있지만 그렇지 않을 수도 있다. 나는 내담자가 자신의 문제를 마치 제삼자의 문제처럼 객관적으로 바라보려고 하는 태도 자체가 이미 자기 문제 혹은 자기 삶의 주인임을 포기하는 것일 수 있다고 본다. 물론 나다움의 나를 포기하고 자신을 제삼자처럼 다루겠다고 결단한 경우는 예외가 되겠지만 말이다. 나는 나만의 지평을 가진 유일한 존재자이고, 따라서 나의 문제 역시 나의 문제만의 지평을 토대로 하고 있다. 이는 내담자가 자신의 문제를 오직 자신의 것으로 수용하고 탐구해야 할 타당성과 필요성이 있음을 의미한다.

내담자들은 종종 정신과 진단명이나 심리검사 결과의 명칭 및 점수 등으로 자신을 비로소 알게 된 것처럼 여기곤 한다. 그러나 검사 문항을 읽고 그것을 나름대로 이해한 후 그에 대한 답을 제출한 것이 자기 자신이라는 점을 간과하는 경우가 적지 않다. 자기가 자기에 대해 응답한 결과가 바로 검사의 결과인데 말이다. 이는 표준화된 객관적 검사뿐 아니라 투사검사도 마찬가지이다. 내담자 자신이 어떤 자극에 대해 자신의 어떤 면을 투사했기 때문에 그러한 검사 결과가 나온 것이라는 기본적인 바탕을 망각하는 경우가 있다.

나 또한 어떤 것이 양적인 숫자나 명확하게 개념화된 명칭으로 제공될 때 일어나는 통찰을 무시하는 것은 아니며, 다만 그 결과에 내담자 자신이 얼마나 기여(寄與)했는지를 망각하거나 간과하는 것의 문제를 지적하는 것뿐이다. 치료자 역시 검사 결과의 주요 요인 중 하나가 내담자 개인이라는 것을 잊지 않아야 한다. 지필 검사가 아니라 치료자가 직접 내담자와 상호작용하면서 검사를 실시한 경우에는, 치료자가 자신 또한 검사 결과의 중요한 요인 중 하나라는 것을 기억해야 하는 것은 당연하다. 문항의 내용과 채점 및 진단의 기준 등 심리검사 자체 역시 신중하게 고려해야 할 하나의 요인임은 물론이다.

반면에 어떤 내담자는 진단명이나 검사 결과가 자신의 상태를 전혀 반영하지 못한다고 무시하기도 하는데, 이 또한 똑같은 문제를 드러낼 뿐이다. 내담자가 자신의 증상을 서술하고 스스로 문항을 선택하거나 투사함으로써 검사 결과에 기여(寄與)를 했다는 엄연한 사실을 인식한다면, 진단명이나 검사 결과가 전혀 맞지 않는다는 등의 이야기를 할 수는 없을 것이기 때문이다. 마찬가지로 만약 어떤 치료자가 내담자의 진단명이나 검사 결과를 무시한다면, 이 역시 그 검사 결과에 대한 내담자의 기여(寄與)와 몫 혹은 그 진단을 내린 치료자 또는 검사를 실시한 치료자의 기여(寄與)와 몫을 무시하는 것이 된다.

주체적 실존치료의 전제는 '연기(공)' '불확실성' '관점주의'이고, 이러한 전제에서 보면 모든 것이 인연생기(因緣生起)이고 불확실하기 때문에 모든 것은 단지 관점(해석)일 뿐이다. 따라서 진단명이든 검사 결과이든 그것들 역시 어떤 조건들의 기여를 통해 만들어진 것에 특정 고정된 이름을 붙인 것에 불과하다. 그러므로 특정 진단명이나 검사 결과조차도 그 명칭과 결과를 만들어 낸 조건들의 기여를 면밀하게 살피는 것이 마땅하다.

결론적으로 치료와 관련된 모든 것 역시 인연생기(因緣生起)이고 따라서 고정된 실체가 아닌 공(空)이며 불확실한 것일 뿐인데, 그 가운데서 어떤 한 관점(해석)을 취하는 것이 치료일 뿐이라는 점을 기억할 필요가 있다. 절대적이고 확실하며 고정된 치료의 정의나 방법이 존재하는 것이 아니다. 각자의 관점에 따라 나름의 치료 혹은 방법이 존재할 뿐이다. 한 시대의 많은 사람이 공유하는 관점은 주류가 되고, 소수의 사람이 공유하는 관점은 비주류가 되는 것이다. 치료에도 주류와 비주류가 있을 뿐 정답은 없다.

물론 독자 중 누군가가 하나의 정답이 존재한다는 관점을 주장한다면, 나는 그것 또한 그 독자의 관점으로 인정할 것이다. 나에게 나의 관점이 있는 것과 똑같이, 그 사람에게도 그 사람의 관점이 있는 것일 뿐이고, 이 모두가 그저 인연생기(因緣生起)일 뿐이라고 믿기 때문이다.

어떤 치료자들은 내담자가 스스로 치료의 정의를 생각하고 선택하며 그 결과에 책임질 수 있다는 것이 어불성설이라고 말할 수도 있다. 이는 치료자가 내담자를 능동적인 생각과 선택을 할 수 있는 대상으로 보기보다는, 수동적으로 치료를 받아야 할 상태에 빠져 있는 대상으로 보는 것이다. 내담자는 특정 치료를 '받아야만 하는' 사람이고, 치료자는 특정 치료를 '제공해야만 하는' 사람이라고 보는 것이다. 여기에 '만남(참여)'을 자각할 여유와 공간은 없다. 만약 어떤 치료자와 내담자가 그런 관점을 취한다면 나는 그것에 반대할 생각이 전혀 없다. 그리고 많은 치료자와 내담자가 치료를 그런 의미로 생각하고 있다는 것을 부정하지도 않는다.

그러나 나는 다른 관점을 취하기 때문에 치료를 다르게 본다는 것이고, 나와 같은 관점으로 치료를 생각하는 사람들이 소수이지만 존재한다는 것을 말하고 싶을 뿐이다. 그리고 이러한 '관점(해석)' 요인이 치료에서 매우 중요하다는 것을 치료자로서의 나의 경험을 통해 확인해 왔다는 점을 말하고 싶을 뿐이다. 치료를 해 오면서 나는 관점(해석)의 중요성을 더욱 확신하게 되었고, 모든 것이 인연생기(因緣生起)일 뿐임을 경험적으로 더 믿게 되었다.

나는 치료자와 내담자가 이제는 '치료'가 과연 무엇인지에 대해서조차 주체적으로 엄밀하게 알아보고 궁리하기를 촉구하고 싶다. 지도를 처음부터 같이 그려

가는 것이 힘들고 지난(至難)할 수 있지만 그렇게 완성된 지도는 진정한 자신만의 지도일 것이기에, 그것이 의미 있다고 생각하는 사람에게는 매우 가치 있는 작업일 것이다. 이러한 작업이 바로 주체적 실존치료가 지향하는 '치료', 즉 '만남(참여), 같이 알아보기, 함께 궁리하기'의 의미이다.

제6장

주체적 실존치료의 정의

주체적 실존치료의 정의는 '주체의 실존(구체적·실제적·현실적 현존) 과정에의 주체적 참여(만남, 같이 알아보기, 함께 궁리하기)'이다. 앞에서 '주체'와 '주체성' 그리고 주체적 실존치료에서의 '치료'의 의미를 기술하였으므로, 독자들은 주체적 실존치료의 정의에서 '주체적'과 '참여'가 의미하는 바에 대해서는 이미 이해하고 있을 것으로 생각한다. 다만 주체적 실존치료의 정의에서 나타나는 '실존'이라는 용어에 대해서는 좀 더 설명이 필요하다.

1. 실존

실존(Existence)이라는 말은 그 기원이 실존(existentia)과 본질(essentia)을 구분했던 중세 시대까지 거슬러 올라가는 철학적 개념이다(Gordon, 1999). Bollnow(2006)는 '본질'은 어떤 무엇이 바로 그것인 것, 즉 이 존재자의 내용적인 규정들(속성들)을 이루고 있는 것을 말하고, '실존'은 어떤 무엇이 있다는 사실, 다시 말하면 이러이러한(어떤 구체적인) 성질의 존재자가 현실적으로 있다는 사실을 가리킨다고 말한다.

조광제(2013)에 의하면, '실존'의 기본 의미는 '실제로 존재함 또는 그런 존재'이고, 이 말은 그리스어 'existanai'와 라틴어 'exsistere'에서 유래하였다. 'exsistere'

는 명사인 'existentia'의 동사형으로, 'to exist' 'to appear' 'to stand out' 'to emerge' 'to stand forth' 'to become' 등의 의미가 있다. 동사 'exsistere'를 좀 더 자세히 살펴보면, 'ex-'는 그리스어 '…… 밖에' 혹은 '…… 너머'라는 뜻을 지닌 'eks-' 혹은 'ek-'에서 온 것이고, 'sistere'는 '자리를 잡다'라는 뜻을 갖는다. 즉, 'exsistere'는 '…… 밖에 자리하다' 혹은 '…… 너머에 자리하다'라는 뜻이다.

'실존'의 라틴어 어원은 '……으로부터 밖으로 나가서 서다' '나타나다'라는 의미로서, 이것은 관념론적 본질 규정 혹은 합리주의 체계의 밖으로 나와 구체적이고 개별적인 존재로 머무는 것을 의미하는 동시에 자기 자신의 바깥에 초월하는 존재를 뜻하기도 한다. 철학적 의미로 '실존'은 '사물의 본질이 아닌, 그 사물이 존재하는 그 자체'이며, 실존치료자 van Deurzen과 Kenward(2005)는 '실존(existence)'을 'to stand out' 또는 'to emerge'로 정의하고 있다.

중세 이후 실존철학자로 알려진 철학자들이 다양하게 실존 개념을 기술해 왔다. 그러나 실존철학의 선구자로 여겨지는 Kierkegaard와 실존철학이라는 말을 최초로 사용한 Jaspers 그리고 특히 최초의 실존치료 탄생의 기반이 된 Heidegger의 실존 개념에 대해서는 좀 더 살펴볼 필요가 있다.

Bollnow(2006)에 따르면, 단지 본질(essence)에 대비되는 개념으로서만 논의되던 실존(existence) 개념이 실존철학에 의하여 결정적인 방식으로 개조되는데, 즉 실존철학에 있어서 실존 개념의 적용 범위가 '인간'에게 국한되기 시작한 것이다. '실존'이라는 말을 처음으로 '인간적 현실존재'의 뜻으로 사용해서 그 주체적인 개별성을 강조하고 그것으로써 내가 나 자신에 대해서 어떠한 관계에 있는가, 또 이 관계가 초월에 대해서 어떠한 관계에 있는가를 제시하려고 한 것은 Kierkegaard이다.

Kierkegaard는 『철학적인 단편(Philosophiske Smuler)』에 붙인 '궁극적인, 비과학적인 부록'에서 '실존하는 사상가' 혹은 '주체적인 사상가'라는 개념에 대해 이야기하고 있다. 그의 '실존하는 사상가' 혹은 '주체적인 사상가'라는 개념은 Hegel에서 구체화되고 있는 것으로 보이는 '추상적인 사상가' 혹은 '체계적인 사상가'에 반대하는 개념이다.

Kierkegaard에게 실존은 주체적으로 생각하는 것이다. 실존하는 사상가는 언제나 자기 자신과 관련된 상태에 있고 자기 자신에 무한한 관심을 가지고 있다. 따라서 실존하는 사상가는 모든 개념 규정을 깨뜨리는 끊임없는 생성 안에 있다. 이 생성은 Hegel적인 이념의 논리적 발전으로서의 생성이 아닌 개별자(단독자)가 자기의 자유로운 선택과 결단에 의해서 끊임없이 자기를 만들어 갈 때의 생성이다. 실존과 관련해서 Kierkegaard는 다음과 같이 말한다.

> "객관적인 사상가는 사고하는 주체와 실존에 대하여 무관심한 데 반하여, 주체적인 사상가는 실존하는 사람으로서 그의 사고에 본질적으로 흥미를 가진다. 즉, 그는 바로 그 속에서 실존한다(Bollnow, 2006에서 재인용)."

> "주체적(=실존적) 사유자는 상상력, 감정, 변증법을 필요로 하되 정열과의 실존적 내면 관계에서 그들을 필요로 한다. …… 주관적 사유자의 과제는 자기 자신의 실존을 이해하는 데 있다. …… 주관적인 사유자는 실존하는 자다(김종두, 2014에서 재인용)."

김종두는 Jaspers가 말한 인간 실존에 대해서 다음과 같이 정리한다.

> "① 실존은 정적인 본질이 아니고 존재능력이다. 나는 이미 나를 소유하고 있지 않고 나 자신에게 이르는 과정에 있다. 실존은 항상 자신이 되느냐 되지 않느냐 하는 양자택일의 기로에 서 있다. 오로지 비장한 결단으로만 나는 나 자신이 될 수 있다. ② 키에르케고르가 피력한 바와 같이 실존은 자기 자신과 스스로 관계를 맺고 있다는 사실과 자신을 존재하게 한 하나의 절대적인 힘과도 관계를 맺고 있음을 아는 자다. 실존은 자유다. 그러나 실존은 초월자 없이 존재하지 않는다. ③ 실존은 다 각기 개별자와 자아로서 다른 그 무엇으로도 대리할 수 없고 대치할 수도 없다. 개인은 언어로 표현할 수 없는 존재이다. 실존은 무한성을 지닌 개별적인 사물이 아니고 스스로 성취해야만 하는 하나의 과제로서 무한한 그러한 실재다. 나는 오로지 결단을 통해서 나 자신이 될 수 있다. 실존이 참된 존재가능성을 선택한다는 것은 초

월자 앞에서 참된 자신이 됨을 의미한다. ④ 실존은 역사적이다. ⑤ 실존은 오로지 타 실존과 교류를 통해서만 자신이 될 수 있다. 고립된 독존으로서는 자아가 결코 자아가 될 수 없다. ⑥ 실존에 대한 지식을 소유하는 데서 내가 진정한 실존을 성취할 수 있는 것은 아니다. ⑦ 실존은 은사로 주어진 것이기에 그 정체는 근본적으로 감추어져 있을 수밖에 없다(김종두, 2014)."

또한 Jaspers의 책 『철학(Philosophie) II』의 번역자들은 이 책에서 Jaspers가 말하는 '실존'의 특징을 다음과 같은 다섯 가지로 정리하고 있다.

"첫째, …… 실존이란 지금 여기에 구체적으로 존재하는 대체불가능한 '단독자로서의 나'이다. 그러나 나의 현존(Dasein)은 실존이 아니며, 실존은 나의 현존 안에서 내가 성취할 수 있고, 또한 성취해야만 하는 특수하고 유일회적인 나의 존재가능성이다. …… 둘째, 자기 존재인 실존은 사물들처럼 경험할 수 없고, 인식할 수도 없으나 그럼에도 불구하고 나에게는 무가 아니라는 것이다. 왜냐하면 나는 내가 대상으로 파악할 수 있는 나를 아는 것보다 '더 깊이' 나 자신을 알고 있고, 실존의 실현에서만 나는 참으로 나 자신일 수 있음을 알고 있기 때문이다. …… 셋째, 나는 보편타당한 학문적 지식에 의해서가 아니라 다른 실존과의 소통에서 실존으로서의 나의 존재가능성에 대한 확신을 얻게 된다는 것이다. 그러한 의미에서 타자와의 실존적 소통은 실존으로서의 나의 자기 확신의 근원으로서 중요한 의미를 지닌다. …… 소통은 자기가 자유롭게 자기를 선택함과 동시에 타자 역시 자유롭게 자기를 선택하려는 '의지'를 가질 때에만 가능하다. 넷째, 실존의 본질적 특성은 '자유'에 있다. 실존은 현존 안에 있는 나의 존재가능성으로서 나의 자유로운 선택과 결단에 의해 존재할 수도 있고 '무' 속으로 사라질 수도 있다. 따라서 실존은 오직 나의 선택과 결단에 의해서만 존재한다는 점에서 단순한 현존과 구별된다. …… 자기를 실현하는 실존의 운동은 현존의 상황에서 한계상황으로 나아가고, 경험적 의식에서 절대의식에로, 그리고 제약적 행위에서 무제약적 행위로 나아간다. 그리고 이와 같은 실존 운동의 일관된 특징은 실존의 무제약적 선택과 결단의 모험이다. …… 다섯째, 실존은 항상 세계와의 긴장 속에 존재한다는 것이다. …… 실존은 세계를 떠나서 존재할 수 없고, 세계를 매개로 해서만 자기를 실현할 수 있다. …… 세계는 가능실존이 자기를 실현하는 유일한 장소이기는 하지만, 현실이 가능실존을 제약할 때는 그에 대해 반발하고 현실 돌파의 투쟁을 감행하는 장소이기도 하다(Jaspers, 2019)."

통상 Kierkegaard와 Jaspers는 유신론적 실존철학자로 구분된다. 이들은 한 개인의 고유한 실제로 있음(실존)과 선택 및 결정 등을 강조하는 측면에서는 무신론적 실존철학자로 구분되는 Heidegger 및 Sartre와 유사한 입장이라고 볼 수 있다. 그러나 이 한 개인의 실존이 결국 지향하고 포섭되는 신이나 포괄자를 전제한다는 점에서는 차이가 있다.

2. 실존과 탈존

Heidegger는 특히 중요하게 다루어야 할 실존철학자이고, 그의 실존(Existenz) 개념은 자세히 살펴볼 필요가 있다. 왜냐하면 최초의 실존치료인 '현존재분석' 발생의 기초가 된 것이 Heidegger의 철학이고, 실존치료가 다른 치료들과 명확하게 구분될 수 있는 이원론(주-객 이분법)의 거부가 Heidegger의 철학에 큰 빚을 지고 있기 때문이다. Heidegger는 자신을 실존철학자로 여긴 적이 없으나, 그는 실존치료자들 사이에서 중요한 실존철학자이며, 그의 '실존' 개념은 실존치료에서 중요한 의미를 지닌다.

1) 전기 Heidegger의 '실존'

Heidegger는 실존에 대해 다음과 같이 말한다.

> "현존재(Dasein)가 그것과 이렇게 또는 저렇게 관계를 맺을 수 있고 또 언제나 어떻게든 관계 맺고 있는 존재 자체를 우리의 실존이라고 이름한다. …… 현존재는 언제나 자기 자신을 그의 실존에서부터, 즉 그 자신으로 존재하거나 그 자신이 아닌 것으로 존재하거나 할 수 있는 그 자신의 한 가능성에서부터 이해한다. …… 실존은 오직 그때마다의 현존재에 의해서 장악하거나 놓치는 방식으로 결정된다(Heidegger, 1997)."

이기상과 구연상(1998)은 앞의 인용문에 대한 해설에서 '실존'은 자신의 존재에서 이 존재 자체가 문제시되는 현존재의 존재를 일컫는 말이고, 현존재가 실존한다는 것은 그가 자신이 존재할 수 있는 여러 가능성을 문제 삼으면서 존재한다는 것을 뜻한다고 말한다. 또한 이들은 Heidegger의 '실존' 개념에 대해 다음과 같은 해설을 하고 있다.

> "실존(實存)이라는 낱말은, 낱말 그대로는, '실제적 존재'나 '사실적 존재'를 뜻한다. '실존'이라는 말은 따라서 '관념적 존재'나 '이념적 존재' 또는 '본질적 존재'에 대비되는 말로 이해되어 왔다. '실존'은 현실 속에서 변화하는 구체적 '존재'를 지칭하는 것으로 이해되어 왔다. 그러나 Existenz라는 말은 완전자로서의 '신(神)' '밖에(Ex–)' '섬(sistere)'을 뜻한다. 그러나 하이데거는 Existenz를 신으로부터 떨어져 나와 자신의 존재를 자신이 가꾸어 갈 수 있는 '존재양식'을 뜻하기 위해서 사용한다. Existenz는 사물과 같이 그 본질이 한번 정해지면 더 이상 변할 수 없는 '존재양식'을 뜻하는 것이 아니라 자신의 존재를 자기 스스로 이루어 갈 수 있는 '존재가능'을 뜻하는 용어이다. 인간은 자신의 존재가 한번 정해지면 그것으로 끝나 버리는 그러한 존재자가 아니라, 스스로 자신의 가능성을 끊임없이 설계하고 기획하면서 자신이 되고자 하고 또 될 수 있는 자신의 장래 모습에서부터 자신의 현재 모습을 문제 삼는 존재자인 것이다. 이렇게 인간은 자신의 존재를 그 가능성의 측면에서 끊임없이 문제 삼고 있다는 존재성격을 가지고 있다. 인간 현존재의 존재양식으로서의 '실존'은 '거기에 있음(현존재)'의 '거기' 속으로, 즉 '존재' 일반이 의미하는 바가 이해되

어 있는 열린 '지평' 속으로 '들어서 있음'을 뜻한다. …… 자신의 모든 존재가능성의 불가능성으로서의 죽음에로 앞서 달려가 봄으로써 자신의 본래적 유한성을 깨닫고, 그래서 자신의 '존재'를 자신의 '것(책임)'으로서 받아들여 자신을 가장 본래적인 존재가능에로 펼쳐 던지는('결단하는') 것이 바로 현존재의 가장 고유한 본래적 실존인 것이다(이기상, 구연상, 1998)."

Heidegger는 『존재와 시간(Sein und Zeit)』에서 인간(현존재)은 실존(Existenz)한다고 정의하면서 다음과 같은 말을 한다.

"현존재의 '본질'은 그의 '실존'에 있다. 따라서 이 존재자에게서 끄집어낼 수 있는 성격들은 어떤 이렇게 저렇게 '보이는' 눈앞의 존재자의 눈앞에 있는 '속성들'이 아니고 오히려 각기 그때마다 그에게 가능한 존재함의 방식들이며 오직 이것일 뿐이다. 이 존재자의 모든 그리 있음은 일차적으로 존재이다. 그러기에 우리가 이 존재자를 지칭하고 있는 '현존재'라는 칭호는–책상, 집, 나무와 같이–그의 무엇을 표현하고 있는 것이 아니라 존재를 표현하고 있다. 이 존재자에게 그의 존재함에서 문제가 되고 있는 그 존재는 각기 나의 존재이다. …… 현존재의 말 건넴은 그 존재자의 각자성의 성격에 맞추어 언제나 인칭대명사를 함께 말해야 한다. 즉, '나는 이렇고', '너는 저렇다'라고. …… 현존재는 다시금 각기 그때마다 이런 또는 저런 존재함의 방식에서 나의 현존재이다. 현존재는 그가 어떤 방식으로 각기 나의 현존재인가 하는 것을 이미 언제나 어떻게든 결정했다. 그의 존재함에서 바로 이 존재함 자체가 문제가 되고 있는 그 존재자는 그의 존재에 대해서 그의 가장 고유한 가능성으로 관계한다. 현존재는 각기 그의 가능성으로 존재하며 현존재는 그 가능성을 일종의 눈앞의 것으로 그저 속성으로 '가지고' 있는 것이 아니다. 그리고 현존재가 본질적으로 각기 그의 가능성으로 존재하기에, 이 존재자는 자기 자신을 상실할 수도 있으니, 다시 말해서 결코 획득하지 못하고 그저 '겉보기에만' 획득할 수도 있다. 현존재가 자기 자신을 상실했을 수도 있거나 아직 획득하지 못했을 수도 있음은 오직 그가 그의 본질상 가능한 본래적인 존재인 한, 다시 말해서 자기 자신을 자기 것으로 하는

> 한에서 가능하다. 본래성과 비본래성이라는 …… 두 존재양태는 현존재가 …… 각자성으로 규정되어 있다는 데에 근거하고 있다(Heidegger, 1997)."

요약하자면, 인간 존재자는 사물 존재자처럼 그 쓰임이 고정되어 불변하는 존재자가 아니라, 각자의 유일하고 고유한 자기만의 가능성을 본질로 가지면서 순간순간 자신의 가능성을 발휘하여 자기 자신을 선택하고 결정하는 존재자라는 것이다. 그러한 결단을 통해 인간은 자기 책임성을 확실하게 인식하는 진정한 자기 자신을, 즉 본래적(authentic) 양태를 획득할 수도 있는 반면에, 평균성과 일상성에 빠져 있는 그들(das Man) 속으로 진정한 자기 자신을 잃어버리는, 즉 비본래적(inauthentic) 양태에 빠질 수도 있다는 것이다.

이러한 가능성 자체가 바로 실존(Existenz)의 의미다. Heidegger(1997)는 "현존재는 실존한다. 그 외에도 현존재는 각기 내 자신이 바로 그것인 그런 존재이다. 실존하는 현존재에게는 각자성이 본래성과 비본래성의 가능조건으로서 속하고 있다. 현존재는 각기 그때마다 이 두 양태 가운데 한 양태 안에서, 또는 그 둘의 양태적 무차별 속에서 실존한다"고 말한다. 또한 Heidegger는 가장 고유한 존재가능으로 자기 자신을 기획투사함이란 자기 자신을 이해할 수 있음, 즉 실존함이라고 말한다.

2) 후기 Heidegger의 '탈-존'

Heidegger는 『존재와 시간(Sein und Zeit)』에서 인간의 본질로 규정했던 용어인 '실존(Existenz)'을 후기에 '탈-존(Ek-sistenz)'으로 바꿔서 사용하고 있다. 그는 "존재의 '밝음(Lichtung)' 안에 서 있음을 나는 인간의 탈-존(Ek-sistenz)이라 명명한다. 이러한 있음의 양식은 인간에게만 고유하다(Heidegger, 2005b)"라고 말한다. Heidegger(2005a)는 '실존의 탈자적인 본질'을 "밖에 나가서 있음" 또 '탈존적으로'의 의미를 "벗어난 상태로 존재하는" 등으로 표현하면서 탈-존에 대해 다음과 같이 말한다.

> "현-존재 안에는 인간이 탈-존(ek-sistieren)할 수 있는 본질근거, 그러나 오랫동안 정처된 바 없던 본질근거가, 인간을 위해 보존되어 있다. …… 자유로서의 진리에 뿌리박은 탈-존은 존재자 그 자체의 탈은폐성에로 자신을 내어-놓음이다. …… 역사적 인간의 탈-존은 최초의 사유자가 '존재란 무엇인가?'라는 물음을 제기함으로써 존재자의 비은폐성을 물으며 거기에 자신을 세우는 저 순간 시작되었다. …… 만약 존재자를 존재하게 함으로서의 탈-존적 현-존재가 인간을 그의 자유로 해방한다면, 이러한 자유는 인간에게 여하튼 비로소 선택의 가능성(존재자)을 제시하고 필연적인 것(존재자)을 인간에게 부과하므로, 인간은 자신의 임의대로 자유를 처리하지 못하게 된다. 인간이 자유를 속성으로서 소유하는 것이 아니다. 오히려 기껏해야 그것의 역(逆)이 타당하다. 즉, 자유가, 다시 말해 탈-존적이며 탈은폐하는 현-존재가 인간을 소유한다(Heidegger, 2005b)."

또한 후기 Heidegger는 현존재의 실존보다 존재 그 자체의 중요성을 부각하면서 탈-존에 대해 다음과 같이 말한다.

> "인간의 본질은 인간의 탈-존(Ek-sistenz)에 기인한다. 그러나 이런 식으로 사유된 탈-존은 현존(existentia)이라는 전승된 개념과 동일하지 않다. 현존은 현실성(Wirklichkeit)을 의미하며, 가능성으로서의 본질(essentia)과 구별된다. 『존재와 시간』에서는 다음과 같은 명제가 강조된다. '현존재(Dasein)의 본질은 자신의 실존(Existenz)에 있다.' 그러나 여기에서는 현존과 본질(existentia und essentia)의 대립이 문제되지 않는다. 왜냐하면 여기에서는 이 두 형이상학적 존재 규정들의 관계는 물론이거니와, 이 두 형이상학적 존재 규정들 자체조차 물어지지 않기 때문이다. …… 이 명제가 의미하는 바는 이렇다. '인간은 현(Da)으로, 다시 말해 존재의 밝음(die Lichtung des Seins)으로 있는 그런 방식으로 현성'한다. 이러한 현의 존재가, 아니 단지 이것만이, 탈-존이라는, 다시 말해 '존재의 진리 안에 탈자적으로 서 있음'이라는 근본

> 특징을 갖는다. 인간의 탈자적 본질은, 형이상학적으로 사유된 현존과 구별되는 것으로서의 탈-존에 기인한다. …… 인간의 인간다움을 탈-존으로 규정할 때 중요한 점은, 본질적인 것은 인간이 아니라 오히려 탈-존의 탈자적인 것의 차원으로서의 존재라는 사실이다. …… 탈-존이란, 모든 현존(existentia) 및 실존(existence, 즉 Sartre가 말하는 실존[인간적 현실])과 근본적으로 구별되는 것으로서, 존재와의 가까움 안에 탈-자적으로 거주함을 의미한다. 탈-존은 존재에 대한 파수꾼의 역할을 떠맡는 것이며, 다시 말해 존재를 위한 심려[Sorge, 마음씀, 이기상은 이 단어를 '염려'로 번역함]이다. …… 인간은 '탈-존하는 자'인 한에서 있는 것이며 또한 인간인 것이다. 인간은 존재의 열려 있음 안으로 나아가 서 있으며, 존재의 열려 있음으로서의 존재 자체는 '던짐'으로써, 인간의 본질을 심려 안으로 기투하였다. 이와 같은 방식으로 피투된 채, 인간은 존재의 열려 있음 안에 서 있다. 세계는 존재의 밝음이며, 인간은 피투된 자신의 본질에 입각하여 그 안으로 나아가 서 있는 것이다(Heidegger, 2005b)."

Heidegger(2005b)의 『이정표(Wegmarken)』에서 역자 이선일은 탈존을 "인간이 이미 존재의 밝음 안에 들어서 있음", 즉 "존재의 밝음 안에로의 탈존"이라고 표현한다. 그는 탈존(Eksistenz)은 실존(Existenz)과 긴밀하게 관련되며, 또한 실존은 어원적으로 현존(existentia)으로 소급된다고 말한다. 그러나 탈존과 현존은 본질적으로 구별되는데, 현존이 가능성으로서의 본질(essentia)과 대립하는 개념으로 그런 가능적 본질의 현실화를 의미한다면, 탈존은 가능적 본질이나 또는 현실성과는 내용상으로이든 형식상으로이든 전혀 무관하다고 말한다. 탈존은 존재의 밝음 안에 서 있는 인간만의 독특한 존재방식을 가리킬 뿐이라는 것이다.

즉, 인간의 본질은 존재의 밝음에로의 탈존이고, 탈존은 인간이 이미 존재에 의하여 존재의 진리 안에 던져져 있음을 의미하며, 존재의 진리는 은닉된 채 인간에게 도래한다는 것이다. 따라서 이선일은 인간은 존재의 진리를 심려(Sorge)하는 가운데 새롭게 밝아 오는 존재의 역사적 운명에 순응함으로써 존재의 진리를 수호해야 한다고 말한다. 이렇게 인간은 존재의 목자가 되는데, 존재의 목자란 존재의 진리를 수호함으로써 비로소 존재자를 그것의 고유한 의미 안에서 존재하게 하는 막중한 자신의 책무를 다하는 본래적 인간의 모습이라는 것이다.

간단히 말해 실존과 탈존이라는 두 개념 모두 인간의 존재양식을 표현하는 것인데, 인간 현존재의 구조를 밝히는 전기 Heidegger에서는 현존재가 마치 능동적으로 존재를 열어 밝히는 것과 같이 표현되는 반면, 후기 Heidegger에서 인간 현존재는 이미 존재에 의하여 존재의 진리 안에 던져져 있는 것으로, 즉 인간은 수동적으로 존재의 진리를 수호해야 하는 것으로 표현된다. 한마디로 현존재 중심의 묘사인 전기의 '실존'에서 존재 중심의 묘사인 후기의 '탈존'으로의 전회(Kehre)라고 볼 수 있다.

그러나 '실존'과 '탈존' 두 개념은 근본적으로 서로 다른 개념이 아니다. 단지 우리가 우리 자신의 존재에 대해 숙고할 때 현존재 중심 관점으로 생각할 때와 존재 중심 관점으로 생각할 때의 차이일 뿐이다. 근본적으로 현존재, 즉 '세계-내-존재'의 개방성과 현존재의 존재론적 초월성, 즉 현존재의 실존이 지닌 탈자적(탈존적) 본질을 고려한다면, 두 개념은 동일한 것의 각기 다른 이름일 뿐이다.

Heidegger(1997)가 『존재와 시간(Sein und Zeit)』에서 "현존재는 오직 실존할 뿐이다. 따라서 실존(Existenz)은 '거기에'의 열려 있음 안으로 나가서-그리고 들어서-있음, 즉 탈-존(Ek-sistenz)을 말한다"라는 각주를 단 것을 통해서도 '실존'과 '탈존'이 서로 다른 개념이 아니라는 사실이 분명히 드러난다.

3. 주체적 실존치료에서 '실존'의 의미

우리는 지금까지 실존 개념에 대해 자세히 살펴보았다. 주체적 실존치료는 '주체'와 '주체성'을 구분하고 있다. 주체와 주체성은 모두 '인연생기'하는 '공'한 것이지만, 일단 우리가 어떤 가치를 준거로 하여 의식적·반성적·의지적 자기 결단의 측면인 주체성을 발휘하면, 특정 관점을 취하면서 무엇인가를 향해 명시적인 지향을 갖게 된다. 그것의 양상은 지각일 수도 있고, 감정일 수도 있으며, 생각일 수도 있고, 행동일 수도 있다. 그것이 무엇이든 우리는 능동적인 양태를 갖게 되는데, 이는 수동과 능동을 모두 포괄하는 주체와는 다른 것이다.

Heidegger에게 실존과 탈존은 다른 것이 아니지만 실존이 현존재를 중심으로 한 능동적 존재양태인 것처럼, 주체적 실존치료에서 주체성과 주체 역시 떼려야 뗄 수 없는 관계이지만 실존은 그 존재를 규정지을 수 없는 주체의 한 측면인 주체성이 현존하며 드러나는 것이다. 그리고 이 주체성의 드러남은 개별적인 각자의 관점(해석)이 드러남을 의미하며, 그런 측면에서 각자의 무한한 가능성 속에서의 능동적이고 자발적인 자기 결단의 측면으로 이해할 수 있다. 이는 Heidegger(2008)가 『숲길(Holzwege)』에서 "실존(Existenz)은 자기 현상함의 방식으로 있는 그런 현존을 의미한다"라고 한 말과 상통한다.

주체적 실존치료의 정의에서 '주체'는 무엇이라고 명확하게 규정하여 한계를 지을 수 없는 모든 것과 연관되어 인연생기(因緣生起)하는 인간 존재자이다. 그리고 '실존'은 앞에서 살펴본 정의들과 맥을 같이하는 것으로, 간략하게 표현하면 '구체적·실제적·현실적 현존'이다. 여기서 '현존'은 가능성으로서의 본질과 대립하는 개념으로 그런 가능적 본질의 '현실화'를 의미하며 지금 여기에 실제로 나타나 존재하는 것을 말한다. 이처럼 무엇이라고 한계를 지어 지칭할 수 없는 내(주체)가 의식적, 반성적, 의지적으로 명확한 한계를 스스로 짓는 자기 결단의 측면(주체성)을 통해 실제로 나타나 존재하는 나로서, 구체적이고 실제적이며 현실적으로 현존하고 있는 그것이 바로 '실존 과정'이다.

여기서 '과정'이 의미하는 것은 실존이라는 것이 고정되어 실체로서 존재하는 것이 아니라, 있기는 있지만 끊임없이 인연생기(因緣生起)하는 '흐름'으로 있음을 강조하는 의미가 있다. 우리는 분명히 있다. 이것이 주체성이다. 그러나 이 주체성은 항상 모름의 영역인 주체와 연결되어 떨어질 수 없는 한 몸이다. 그리고 궁극적으로 이 모든 것은 무수한 조건들이 의존하여 함께 나타나는(또 그 조건들조차도 의존하여 함께 나타나는) 현상과 그 이름일 뿐이다.

이 실존 과정은 치료 장면에서 치료자와 내담자가 만나서 같이 알아보고 함께 궁리하는 현상으로 드러날 것이며, 이 자체가 주체적 실존치료의 과정 그 자체이다. 이때 이 과정에 참여하는 나는 명확한 나(주체성)인 동시에 명확하지 않은 나

(주체)이다. 이 둘은 분리될 수 없는 것을 말로써 나누어 놓은 것에 불과하다. 나라고 할 만한 나가 없다는 것을 알면서도 이것을 아는 내가 있다는 것을 부정할 수 없는 것이 현묘(玄妙)한 이치(理致)이다. 그리고 이 현묘한 이치를 이해하고 수용하는 것이 주체적 실존치료를 이해하고 수행하는 데 있어 매우 중요하며, 이것은 주체적 실존치료의 세 가지 전제인 '연기(공)' '불확실성' '관점주의'를 잘 이해하는 것과 맥을 같이한다.

치료 장면에서 치료자와 내담자의 만남과 그 만남으로 인해 생기(生起)하는 모든 현상은 주체의 현현(顯現)이므로 '주체적 참여'라고 할 수 있다. 그러나 주체적 참여는 의식적, 반성적, 의지적이기도 하고 무의식적, 선(전)반성적, 비(무)의지적이기도 하다. 따라서 치료자와 내담자가 치료 장면에서 만나 같이 알아보고 함께 궁리한다는 사실을 알아차리고 인식하는 것은 주체의 역할이 아니라, 주체의 의식적·반성적·의지적 자기 결단의 측면인 주체성의 역할이다. 그리고 그 과정을 바로 주체의 '실존 과정'이라고 하며, 이 과정에 주체는 주체 그 자체로서 시종일관 참여하고 있고, 그 참여의 드러난 양태가 치료자와 내담자가 같이 알아보는 행위 혹은 함께 궁리하는 행위이다.

요약하자면, 주체적 실존치료에서의 실존은 '구체적·실제적·현실적 현존'이고, 주체적 실존치료의 정의는 '주체의 실존 과정에의 주체적 참여(만남, 같이 알아보기, 함께 궁리하기)'이다. 앞의 '주체의'와 뒤의 '주체적'의 의미에는 주체와 주체성이 함께 포함되어 있으나, 치료 장면에서 현상적으로 드러나는 모든 것은 굳이 구분을 하자면 주체가 아닌 주체성이다.

독자들은 여기서도 이러한 실존의 정의와 주체적 실존치료의 정의가 단지 김은희라는 사람의 정의일 뿐이라는 사실을 상기할 필요가 있다. 김은희의 실존치료인 '주체적 실존치료'는 이러한 관점을 취하는 치료이고, 그것에 동의하느냐의 여부는 각자의 인연(因緣)에 따른 관점에 기인한 각자의 문제이다. 내가 이 점을 이토록 반복해서 강조하는 이유는 주체적 실존치료의 전제인 '연기(공)' '불확실성' '관점주의'를 이해하는 것보다 더 중요한 것은 없으며, 이것이 주체적 실존치료의 근본 토대이기 때문이다.

제 7 장

주체적 실존치료의 과정

주체적 실존치료의 정의에 입각해서 볼 때, 주체적 실존치료에서 치료자와 내담자가 함께하는 작업이 무엇인지는 명확하다. 치료자와 내담자는 치료 장면에서 각자의 주체성을 개현(開顯), 발현(發現), 부각(浮刻)하는 활동을 하게 된다. 여기서 '개현'의 뜻은 '열어서 드러냄'이고, '발현'의 뜻은 '구체적으로 나타나게 함'이며, '부각'의 뜻은 '특징적으로 두드러지게 함'이다. 주체적 실존치료에서 이 말들의 의미는 기본적으로 같다고 볼 수 있지만, 엄밀한 측면에서 살펴보면 미세한 차이가 있는 것이 사실이다.

치료자와 내담자가 치료 장면에서 서로 마주하고 있을 때 이미 그들은 서로에게 개방되어 드러나 있다. 단 한 순간의 예외도 없이 그들이 마주하는 내내 그들은 자신을 열어서 드러내는 개현(開顯) 상태에 있는 것이다. 개현 상태에서 치료자 혹은 내담자가 주체성을 인식하면서 구체적으로 어떤 말과 행동 등을 실제로 할 때 이것을 우리는 발현(發現)이라고 부를 수 있다. 발현의 뜻은 구체적으로 나타나게 하는 것이다. 치료의 주요 도구가 말(언어)이라고 할 때, 어떤 실제적인 말을 하는 것(발화)은 현실적으로 구체적인 어떤 것을 나타나게 하는 것이고, 이것을 발현이라고 지칭한다.

마지막으로 부각(浮刻)은 단지 개방하여 드러내는 것에 그치지 않고 구체적으로 나타나게 하는 것에서 더 나아가, 특징적으로 어떤 것을 두드러지게 만드는 것을 의미한다. 치료자와 내담자가 끊임없이 개현하고 있는 상태에서, 구체적인 어떤 말이나 행동을 보이는 발현에서 더 나아가, 명확하고 분명하며 확실하게 자신의 어떤 행위를 실행하는 것이 부각이다. 예를 들면, 자기의 생각과 느낌 등을 분명하게 자기 것으로서 인식하고 소유하면서 적극적으로 자신의 의견을 개진하는 것이 부각에 속하는데, 이러한 주체성의 현현(顯現), 즉 부각은 매우 또렷하게 새겨지는 흔적일 수 있다.

요약하면 개현과 발현 그리고 부각은 모두 주체성의 현현(顯現)이기는 하지만, 발현 상태는 개현 상태를 토대로 하고 부각 상태는 개현과 발현 상태를 토대로 한다. 개현 상태에서는 수동성이 두드러지는 것에 비해 발현 상태에서는 능동성이, 그리고 부각 상태에서는 적극성이 두드러진다. 그러나 개현과 발현, 부각은 근본적으로 각기 구분될 수 없는 주체성의 현현(顯現)에 속하는 것이다. 그러므로 주체성의 현현이라는 것의 의미를 깊이 이해한 치료자라면, 나는 이러한 미세한 구분을 반드시 할 필요가 있다고 생각하지는 않는다(단지 이런 구분이 필요한 치료자를 위해 부득이하게 기술해 놓은 것일 뿐이다).

한마디로, 주체성을 개현하고 발현하며 부각한다는 것은 치료자와 내담자가 '지금 무슨 일이 어떻게 일어나고 있는가'를 자각하고 인식하면서, 의식적이고 반성적이며 의지적인 자기 자신의 결단을 실행한다는 것이다. 물론 지금 일어나고 있는 일의 중심에는 '나'와 '나의 지평(맥락)'이 있다. 이를 치료자와 내담자가 함께하는 치료 장면으로 옮겨 생각하면, 치료자의 주체적 지평(맥락)과 내담자의 주체적 지평(맥락)은 이미 '지평융합'(Gadamer, 2012)을 통해 연결되어 있으므로, 결국 치료자와 내담자가 내담자의 문제를 자세하고 면밀하게 살펴보는 그 행위 자체는 이미 내담자 주체성의 개현, 발현, 부각은 물론 치료자 주체성의 개현, 발현, 부각을 포함한다. 따라서 서로가 함께 실존하는 과정에서 서로의 기여(寄與)가 동시적으로 드러나 밝혀지게 된다.

이는 흔히 치료자들이 말하는 중립성이라는 개념이나, 나(주체)-너(객체)의 이분법을 전제로 치료자가 내담자를 '위해' 혹은 '향해' 어떤 치료적 접근을 실행한다는 의미의 처치가 이미 설 자리가 없음을 의미한다. 물론 치료자의 '기여'와 내담자의 '기여'가 각각 이야기될 수는 있겠으나, 근본적으로는 둘의 만남 그 자체가 이미 공통의 지평을 공유한다는 사실이 더 근원적이기 때문이다.

이해를 돕기 위해 Gadamer(2012)의 『진리와 방법(Wahrheit und Methode)』에 수록된 몇 가지 내용을 언급하고자 한다. Gadamer는 총체적 의미연관을 드러낼 수 있는 터전, 즉 인간이 세계와 자기 자신을 항상 새롭게 이해할 수 있는 전제조건인 Husserl의 '지평(Horizont)' 개념을 수용한다. 우리가 어떤 것을 어떤 것으로 지각하고 그 의미를 형성하는 것은 그 어떤 것을 둘러싸고 있는 다양한 맥락과의 연관성, 즉 이해의 전제조건하에서 가능한 일이다.

Gadamer는 전통을 중요시하면서 역사의 지평과 현재의 지평이 상호작용하는 과정을 통해 이해가 확장되는 과정을 '지평융합(Horizontverschmelzung, Fusion of horizons)'이라고 하고, "서로를 부각시켜 주는 상이한 지평들이 존재함으로써 '지평융합'이라는 말이 성립"된다고 말한다. 또한 Gadamer는 '이해'란 "서로 무관하게 존재하는 것처럼 보이는 상이한 지평들의 상호 융합 과정"이라고 말하고, Heidegger의 '선이해(Vorverständnis)' 개념을 수용하면서 '선입견(Vorurteil)'을 이해의 본질적 구성요건으로 간주한다.

Gadamer에게 선입견은 통상 우리가 부정적으로 생각하는 의미의 선입견이 아니다. 선입견은 결코 없앨 수도 없지만 없애서도 안 되는 것이다. 인간인 우리가 무엇을 인식하고 알기 위해서는 인식 주체인 우리가 처한 전통의 영향사적 맥락을 이해해야 하는데, 바로 이러한 이해의 바탕이 되는 것이 선입견과 선이해이기 때문이다.

우리가 대한민국이라는 나라에서 태어나 한글을 사용하여 소통하는 것 자체가 이미 선입견과 선이해 속에 있는 것이다. 우리가 치료자로서 내담자를 만나 치료를 하는 것도 이미 치료라는 것을 둘러싼 맥락적 선입견 혹은 선이해를 갖고 있지 않다면 불가능한 것이다. 이처럼 우리가 이해한다고 알고 있는 모든 것은 우리가 이미 앞서서 이해하고 있는 것들의 맥락, 즉 선입견과 선이해의 맥락 안에서 이해될 수밖에 없다. 우리는 아무런 맥락 없이 직면하는 것들을 이해하지 못한다. 따라서 이해라는 것은 항상 선입견과 선이해를 전제한다는 것이 Gadamer나 Heidegger의 주장이다.

주체적 실존치료에서도 치료자와 내담자의 인식론적 만남이 이미 앞서 이해함인 존재론적 만남을 전제한다고 본다. 그러나 이러한 이미 앞서 이해함, 즉 선입견과 선이해는 우리가 의식적, 반성적, 의지적으로, 즉 내가 무엇을 하고 있다는 것을 자각하고 인지하는 자기 결단의 측면이 작용하여 인식하는 것이 아니다. 우리는 항상 선입견과 선이해를 갖고 있지만 그것을 인식하지는 않으며, 바로 그렇기 때문에 '선(先)'입견 혹은 '선(先)'이해라고 부르는 것이다. 우리가 이러한 존재론적 선입견과 선이해를 '선입견'과 '선이해'라고 명명하는 순간, 그것은 이제 더 이상 인식되지 않는 선입견이나 선이해가 아닌 의식적이고 반성적이며 의지적인 자기 결단의 측면이 작용한 인식론적 이해가 된다.

여기서 분명히 해야 할 것은 인식되지 않는 선입견과 선이해이든, 인식되는 선입견과 선이해이든 그것은 인식론적으로 드러나느냐 드러나지 않느냐의 차이일 뿐이라는 점이다. 선입견과 선이해가 인식되는 순간 그것은 이미 인식되어 알게 된 선입견과 선이해이지만(이 경우 더 이상 선입견과 선이해라는 명칭을 붙이지는 않겠지만), 그것 역시도 인식되지 않으므로 알 수 없는 또 다른 선입견 및 선이해와 항상 맞물려 있다는 것이 핵심이다. 이렇게 우리의 이해와 선이해(선입견)는 따로 떨어져 나누어지지 않으면서 늘 상호 역동적으로 함께 작용하는 것이고, 이러한 역동적 순환 과정이 바로 이해의 과정이다.

이는 주체적 실존치료의 과정에 그대로 녹아 있다. 주체적 실존치료의 과정은 주체성의 개현, 발현, 부각이고, 주체성은 주체의 의식적·반성적·의지적 자기 결단의 측면이다. 치료 장면에서 주체성을 개현하고 발현하며 부각한다는 것은 결국 주체의 의식적이고 반성적이며 의지적인 자기 결단의 측면을 개현, 발현, 부각한다는 것이다. 여기서 중요한 것은, 내가 주체성이라는 것을 소유하고 있어서 그 주체성을 전적으로 내가 개현시키고 발현시키며 부각시키는 것처럼 오해해서는 안 된다는 점이다.

주체적 실존치료에서 주체성은 우리가 '나'라고 인식하는 바로 그것이다. 주체성이 바로 나 자체이다. 내가 하는 모든 행위는 주체성이 드러나 있는 그 이상도 이하도 아니다. '나의 있음'은 곧 '주체성이 드러나 있음' 그 자체이다. 주체성은 모름 그 자체인 '주체'의 한 측면으로서 '주체의 의식적·반성적·의지적 자기 결단의 측면'을 말한다. 주체로서의 '나'는 무수한 조건들과 상호 연관되어 있으며 끝없이 계속해서 발생과 소멸을 반복하고 있기 때문에, '내가 누구이다' 혹은 '내가 무엇이다'라고 확정적으로 고정된 실체로서 지칭하여 말할 수 없는 '연기'이며 '공'인 존재자이다. 이것이 '주체'의 실상(實相)이다.

주체적 실존치료에서의 '주체'는 우리가 상식적으로 '나'라고 알고 있는 그 '나'가 아니다. 주체의 한 측면인 주체성만이 현실적으로 그리고 사실적으로 내가 '나'라고 알고 있는 것의 전부이다. 우리가 일상적으로 사용하는 '주체'라는 단어가 의미하는 것은 주체적 실존치료에서는 주체가 아닌 '주체성'에 해당한다(물론 주체성이 주체의 한 측면이므로 우리가 일상적으로 알고 있는 그 주체 속에 주체적 실존치료의 주체와 주체성이 이미 모두 내포되어 있음은 당연하다. 하지만 많은 사람이 그렇게 생각하지 못할 것이기 때문에 우리가 일상적으로 알고 있는 그 주체가 곧 주체성이라고 말할 필요성이 있다는 점을 명확히 밝힌다). 따라서 주체성은 현현(顯現)되어 있지 않을 수 없다는 것이 주체성의 운명이고 숙명이다. 내가 주체성을 가지고 쓰는 것이 아니라, 내가 생명 활동을 하면서 삶을 영위하는 그 모든 것이 주체성의 현현, 즉 개현, 발현, 부각 그 자체라는 말이다.

주체성은 주체의 한 측면이며 주체와 따로 떨어뜨려서 생각할 수 없으므로, 이는 곧 인식할 수 없는 주체가 인식할 수 있는 주체성으로 드러나는 것을 의미한다. 주체성을 개현하고 발현하며 부각하는 것은 한 인간의 실존 과정으로, 구체적이고 실제적이며 현실적인 현존의 과정을 의미한다. 이때 주체는 이미 자신의 실존 과정에 참여하고 있는 것이지만, 우리는 주체가 무엇인지 알 수 없고 단지 인식할 수 있는 주체성의 드러남만을 체험할 뿐이다. 즉, 주체적 실존치료에서 주체성을 개현하고 발현하며 부각하는 것은, 실제로 주체가 실존 과정에 참여하는 동시에 무엇인지 알 수 없는 주체가 주체성의 측면을 통해 그 실존 과정에 동참하고 있는 것이라고 볼 수 있다.

치료자와 내담자가 각자의 주체성을 현현(顯現)하면서 자신의 실존을 구성하는 그 자체가 이미 치료자와 내담자 주체의 융합된 지평을 전제하고 있고, 순간

순간 구성되는 실존 과정 자체가 다시 또 지평융합된 주체의 세계와 공명하고 있는 것이다. 이렇게 본다면 내가 무엇을 한다는 것이 과연 내가 하는 것인지, 내가 무엇을 하지 않는다는 것이 과연 내가 무엇을 하지 않는 것인지 그 경계가 모호하고 애매할 수 있다.

이처럼 우리는 분명 각자 자신의 고유세계 안에서 '나'라는 확실한 의식을 가지고 때로는 미약하고 때로는 강력한 자기 결단을 통해 책임감 있는 자기 실존을 구현해 가지만, 그 실존의 깊은 차원은 분리될 수 없는 연관성으로 촘촘하고 긴밀하게 짜여 있다는 것을 알 수 있다. 그리고 이 연관성 자체도 인연(因緣) 따라 '생기'하는 것이므로, 결국 '이것'과 '저것'이라고 불릴 수는 있으나 본질이나 실체를 가진 '이것'과 '저것'이라고는 지칭할 수 없는 무상(無常)하고 공(空)한 것이다.

Heidegger(1997)는 '이해'를 실존하는 세계-내-존재, 즉 현존재가 그 자체로서 열어 밝혀져 있음이라고 말하면서 실존범주로서의 이해는 실존함으로써의 존재함이라고 말한다. 이해에는 실존론적으로 존재할 수 있음이라는 현존재의 존재양식이 내포되어 있다. 이는 현존재의 실존 그 자체가 이미 이해라는 것이고, 이러한 이해는 현존재가 존재하는 양식 그 자체이므로 이해로부터 벗어나는 현존재의 실존은 있을 수 없다는 것이다. 전이해(선입견)이든, 분명하고 또렷한 이해이든 그것은 모두 이해이고 우리 인간의 존재 자체는 이해와 한 몸이라는 의미이다. 이러한 이해의 정의는 한 개인이 자기의 머리로 무엇인가를 이해한다고 할 때의 협소한 인식론적 이해의 범위를 훨씬 벗어나는 것이다.

나는 Heidegger가 말하는 이해가 우리가 존재적(ontic)으로 이미 있으면서 나의 머리로 무엇을 이해하고 이해하지 못하는 차원의 문제가 아니라고 본다. 우리는 이미 존재론적(ontological)으로 이해하지 않을 수 없는 존재자이고, 이러한 이해는 선이해를 조건으로 해서 일어나는 현상이다. 우리가 무엇인가를 이해한다고 말할 때, 이미 그 이해에는 우리가 인지적으로 하는 이해 이상의 이해의 세계가 함께 담겨 있는 것이다. Gadamer는 다음과 같이 말한다.

"텍스트를 이해하려는 사람은 텍스트 스스로가 말하게 할 마음의 자세를 가져야 한다. 그래서 해석학에 단련된 의식은 처음부터 텍스트의 생소함을 받아들이게 되는 것이다. 그렇지만 생소한 텍스트를 받아들인다고 해서 엄정히 '중립성'만 지켜야 한다거나 자신의 생각은 완전히 버려야 한다는 뜻은 아니며, 오히려 자신의 선입견과 편견까지도 명시적으로 취할 수 있다. 다만 텍스트 자체가 내 생각과는 다른 의미를 드러내고 텍스트의 객관적 진실이 나의 선입견을 극복할 수 있는 가능성을 열어 놓기 위해서는 나 자신이 선입견을 갖고 있다는 사실 자체를 자각하고 있어야만 한다. …… 이해의 모든 과정은 그 본질상 선입견을 수반할 수밖에 없다는 것을 인정할 때 비로소 해석학의 문제는 정말로 첨예해진다. …… 우리는 우리 자신을 되돌아보면서 스스로를 이해하기 훨씬 이전부터 이미 삶의 터전인 가족과 사회와 국가를 통해 우리 자신을 이해하고 있다. 주관성이라는 렌즈는 대상을 왜곡시켜서 보여 주는 거울이다. 개인의 자기의식이라는 것은 역사적 삶이라는 거대한 전기장 안에서 명멸하는 작은 불꽃에 지나지 않는다. 그렇기 때문에 개개인이 갖는 선입견은 개개인의 올바른 판단보다 훨씬 더 강력하게 개개인 존재의 역사적 사실성을 규정한다. …… 이해라는 것은 주관성의 활동이라기보다는 과거와 현재가 부단히 상호매개 작용을 하는 전통의 전승이라는 사건 속에 참여하는 것을 뜻한다(Gadamer, 2012)."

앞의 인용문에서 볼 수 있듯이, Gadamer는 역사와 전통에 다소 치우친 신뢰와 중요도를 부과하는 것처럼 보인다. 나 역시 역사와 전통의 중요성을 무시하지는 않지만, Gadamer가 역사와 전통에 부여한 만큼의 중요도에는 동의하지 않는다. 하지만 그가 선입견과 선이해의 중요성을 부각하면서 Husserl 현상학의 '무전제성의 원리'에 도전하는 것에는 동의한다. 무전제란 있을 수 없고 선입견이란 없을 수 없기 때문에 Gadamer가 선입견이 있다는 사실 자체를 자각해야 한다고 말한 것처럼, 나도 우리가 이미 선입견을 갖고 있다는 것을 명확하게 인식하는 것이 중요하다고 생각한다.

나는 더 나아가 그 선입견이 자각되는 것뿐만 아니라 의사소통을 통해 개방되어 공유되어야 한다고 생각한다. 선입견을 개방하여 공유하는 것이 내가 볼 때는 진정한 선입견의 자각이다. 나 혼자서 나의 선입견을 자각하는 것은 여전히 내가 만든 나의 협소한 세상 안에서 맴도는 것일 뿐일 수 있다. 이때 선입견은 나에게 너무나 당연하고 자연스러워서 우리가 선입견이라는 단어에 붙인 의미, 즉 '직접 경험하지 않은 상태에서 면밀한 실증적 확인 없이 내 맘대로 미리 받아들여 마음 속에 굳어진 견해'로서 나에게 수용되지 않을 가능성이 크다.

머리로는 선입견이라고 알고 입으로도 선입견이라고 말하지만, 그것이 얼마나 나만의 세상에서 나에게만 당연한 것처럼 여겨지던 것인지를 명확하게 깨닫기는 어려운 일이다. 내 선입견을 혼자서 자각하는 것도 의미가 있는 것은 분명하지만, 다른 사람과의 소통을 통해 우리는 우리 자신의 선입견을 더욱 명확하고 생생하게 직면하게 될 것이라고 나는 생각한다(아니, 직면하지 않을 수 없다는 말이 더 정확할 것 같다).

일단 나의 견해(선입견)가 개방되고 그것이 나와 너가 함께 하는 장(field)에 펼쳐지게 되면 우리 각자는 자신의 견해가 또렷해지는 것을 경험하게 되고, 이러한 견해의 나누기와 확인하기를 바탕으로 어떤 현상(문제)을 열심히 같이 알아보고 함께 궁리할 때, 우리는 나만의 좁은 세상(지평, 관점, 선입견)에서의 시각에서 벗어나 확장되고 변화되는 세상(지평, 관점, 선입견)을 보고 알며 체험하게 된다. 사실 이것이 주체적 실존치료 과정의 전부이다.

주체는 알 수 없는 것이지만 주체와 한 몸인 주체성으로서의 나와 너가 개현되고 발현되며 부각되는 것 자체가 주체적 실존치료의 과정이다. 이 주체성의 개현과 발현과 부각을 그저 나누기와 확인하기, 그리고 합의하기라는 방법을 통해서 구현하는 것이 주체적 실존치료이다. 연기(공), 불확실성, 관점주의라는 전제에 비추어 볼 때, 나누고 확인하는 것, 그리고 합의하는 것 이외에 특별한 다른 방법은 없다는 것이 내 생각이다.

Gadamer의 지평융합이나 이해, 선입견 등은 주체적 실존치료에서 다루는 개념들과 밀접한 관련성이 있다. 주체적 실존치료에서 치료를 '만남(참여)'이라고 정의할 때, 이는 주체성 측면에서의 만남만을 의미하는 것은 아니다. 물론 말(언어)을 통해 상호작용을 할 수밖에 없는 치료 장면에서의 만남(참여)은 일차적으로 의식적·반성적·의지적 자기 결단의 측면인 주체성의 일일 수밖에 없으나, 그 만남(참여)은 이미 그것이 무엇인지 알 수 없는 주체 간의 만남을 전제로 한다.

나와 너가 만나서 언어적 상호작용을 한다는 자체는 이미 나의 지평과 너의 지평이 의식적·반성적·의지적 자기 결단의 측면을 통해 융합되고 있다는 것이다. 동시에 이것은 주체성을 포함하여 가변적 가능성의 장에 항상 열려 있는 실존하는 총체적 인간 존재자인 주체라는 서로의 세계, 즉 지평이 이미 융합되고 있다는 것을 전제한다. 이는 비록 우리가 각자 독립적이고 고정된 실체의 나와 너인 것처럼 대화를 하지만, 이미 나와 너를 품어 안고 있는 주체라는 지평의 융합이 이루어지고 있음을 의미한다.

그런데 이 각각의 지평은 이미 이해의 본질적 구성요건인 선입견으로 이루어진 것이다. 다만 우리는 서로 언어적 교환을 통해 지평과 선입견을 조명하여 밝히고 해체하면서 끊임없는 지평과 선입견의 변화와 확장을 경험할 뿐이다. 그러한 가변성 내에서 순간순간 우리는 단지 어떤 관점을 취하는 것일 뿐이며, 나는 이 모든 것이 '연기(공)'의 개념으로 수렴 가능하다고 생각한다.

이런 시각은 치료 장면에 획기적인 변화를 일으킬 수 있다. 흔히 치료 장면에서 치료자는 내담자를 하나의 대상으로 보는 자연과학적 의학모델에 치중하는 경향이 있다. 그렇기 때문에 '내담자'와 내담자의 '문제'를 치료자 자신의 고정된 이론적 틀로 개념화하거나, 내담자의 심리를 고정된 것인 양 검사를 통해 분석하여 파악하려는 경향이 있다. 치료자는 자신을 '고정된 실체의 치료자'로 인식하고 내담자를 '고정된 실체의 내담자'로 인식함으로써, 결국 사람과 사람의 진솔하고 전체적인 만남은 사라지고 마치 물리적 대상인 양 분석하고 평가하는 일들이 벌어지게 된다. 이는 내담자의 입장에서도 다를 바가 없다.

만약 독자 중 누군가가 앞에 언급된 서술에 동의한다면, 이러한 일이 얼마나 터무니없는 것일 수 있는지 이해가 될 것이다. 예를 들면, 치료자가 내담자의 입장이 되어 '일방적'으로 내담자를 공감하고 이해하여 전문적으로 도우려는 태도는 내담자를 단순히 도움이 필요한 객체로만 취급하는 것에 불과할 수 있다. 마찬가지로 치료자로부터 '일방적'으로 공감과 지지, 전문적인 도움만을 받으려는 태도의 내담자도 역시 치료자를 단순히 도움을 주는 객체로만 취급하는 것일 수 있다.

이 결과, 치료자는 자신을 전문가라는 개념 속의 특별한 존재로 착각하게 되고, 내담자는 치료자의 실체 없는 권위에 의존해서 자기 자신을 망각하고 특별히 힘들어하는 그저 한 명의 내담자로 전락할 수 있다. 자기 문제의 주인이 되어 책임감을 갖고 스스로 자기 문제에 천착(穿鑿)하여 참구(參究)하기보다는, 공인된 진단명과 문제(병)를 가진 내담자(환자)라는 공허한 개념 속으로 자신의 본래성(authenticity)을 은폐하면서 Heidegger가 말했던 평균성과 일상성의 비본래성(inauthenticity)에 자발적으로 매몰되고자 하는 것이다.

만약 특별한 도움을 일방적으로 제공해야만 하는 치료자와 특별한 도움을 일방적으로 받아야만 하는 내담자의 구도 또는 공감을 일방적으로 제공해야만 하는 치료자와 공감을 일방적으로 받아야만 하는 내담자의 구도 등이 치료자와 내담자 간에 합의된 것이 아니고, 치료자 혼자만의 전략이거나 내담자 혼자만의 바람이라면 이는 주체적 실존치료일 수는 없다. '주체'의 측면에서는 이해, 선입견(선이해), 지평융합 등이 당연히 전제되지만, '주체성'의 측면에서는 면밀하고 명확한 '나누기' '확인하기' '합의하기'를 실행하는 것이 주체적 실존치료의 핵심이기 때문이다.

치료에 대한 이와 같은 내담자의 수동적이고 의존적인 경향성(사실은 자기기만인 경우가 대부분이지만)은 우선 그 내담자의 의식적이고 반성적이며 의지적인 자기 결단의 측면인 주체성의 개현, 발현, 부각의 결과라고만 보기는 어렵다. Heidegger가 우리는 보통 대개 비본래적 상태로 일상성에 빠져 있으므로 자신의 본래성, 즉 실존성이 은폐되어 있다고 하는 것처럼, 내담자는 그 시대와 상황의 전제와 선입견, 가치관, 지식 등의 자연적 태도(natural attitude)에 머물러 있을 가능성이 크다.

따라서 주체적 실존치료 과정에서 주체성을 개현, 발현, 부각한다는 것은 우선 내담자가 이러한 '자연적 태도' 속에 빠져 있음을 자각할 수 있게 하는 것으로부터 시작된다. 치료자 역시 자신의 '자연적 태도'를 자각해야 하는 것은 물론이다. 이 모든 것은 솔직하고 진솔하며 면밀한 '나누기' '확인하기' '합의하기'를 통해 구현된다.

나는 Husserl, Heidegger, Gadamer를 비롯한 일부 현상학자, 실존철학자, 해석학자의 주장을 나름대로 공부하면서 내가 주체적 실존치료의 전제로 삼는 세 가지, 즉 '연기(공)' '불확실성' '관점주의'에 대해 더욱 확신하게 되었다. 그리고 이들의 주장이 '연기(공)' '불확실성' '관점주의'와 상당 부분 연결된다는 것을 알게 되었다(물론 철학과 불교학을 전공하지 않은 사람의 한계가 대단히 클 것이라는 점을 부인하지는 않는다).

모든 것이 인연에 따라 화합하여 일어나는 것이기에 고정된 본질이나 실체가 없는 무상(無常)한 '공(연기)'으로서 늘 개방성과 가능성(불확실성)에 열려 있으므로, 우리가 할 수 있는 것이라고는 우리의 관점(해석) 자체에 집중하는 것(관점주의)뿐이라는 것이 나에게는 명백해 보인다.

그러므로 치료라는 활동 역시 우리가 알 수 없는 미지의 주체와 우리가 명백하게 알고 있는 주체성의 끊임없는 교류, 즉 '나누기' '확인하기' '합의하기'를 통해서 우리의 의식적이고 반성적이며 의지적인 자기 결단의 측면인 주체성을 발휘하는 것, 달리 말해 각자 자신의 특정 관점(해석)을 명확하게 갖는 것이라고 생각한다. 이처럼 각자의 관점(해석)을 솔직하고 진솔하게 개방하여 나누고 확인하면서 서로 면밀하게 합의하는 것이 바로 주체적 실존치료의 활동 전부이다.

주체적 실존치료의 과정은 그 내용이나 방법과는 무관하게 끊임없이 반복적으로 주체성을 개현, 발현, 부각하는 것이다. 이 과정을 해석학적으로 표현하면, '주체'와 '주체성' 개념을 중심으로 한 이해를 바탕으로, 자연적 태도(기존의 선입견 및 편견 등에 기초한 태도)를 현상학적 태도(자연적 태도를 '판단중지'하고 드러난 사태를 있는 그대로 엄밀하게 직관하는 태도)로 변경하여, 해체적 해석을 거쳐 설명하면서 다시 이해로 돌아가는 과정, 즉 이해와 설명의 반복 과정이라고 할 수 있다. 이러한 반복 과정은 나누기, 확인하기, 합의하기를 통해 이루어진다.

이때 해석이라는 것은 보통 심리학에서 정의하는 해석, 즉 특정 이론 틀에 근거한 분석이 아니라 "어떤 것을 어떤 것에서부터 풀어내거나 어떤 것을 어떤 것으로서 새기는 것 …… 해석에는 어떤 것이 어떤 것에로 이해되어 있음이 전제되어 있다(이기상, 구연상, 1998)"라는 말과 Heidegger(1997)가 "어떤 것을 어떤 것으로서 해석함은 본질적으로 앞서 가짐, 앞서 봄, 앞서 잡음에 의해서 기초를 부여받고 있다"라고 한 말을 기억하는 것이 필요하다.

정리하자면, '지금 무슨 일이 어떻게 일어나고 있는가'를 면밀하게 펼치고, '이 일에 대한 나의 기여는 무엇이고, 이 일과 관련하여 나는 어떻게 실존하고 있고 또 어떻게 실존할 것인가' 등을 주체성을 개현, 발현, 부각하면서 같이 알아보고 함께 궁리하는 것이 주체적 실존치료의 과정이다. 그리고 이 과정은 그저 나누기, 확인하기, 합의하기의 반복으로 진행된다.

여기서 중요한 것은, 치료자가 내담자의 주체성만을 개현시키고 발현시키며 부각시키는 것을 주요 과정으로 생각한다면 그것은 진정한 주체적 실존치료일 수 없다는 점이다. 이는 이미 주-객 이분법과 자연과학적 의학모델의 입장을 취하는 것이므로 주체적 실존치료의 전제 자체를 근본적으로 훼손하는 것이기 때문이다. 모든 것이 '인연생기'임을 잊지 않는 것이 중요하고, 그 모든 것에는 치료자 당사자도 당연히 포함된다는 분명한 사실을 간과하지 않는 것이 중요하다. 주체적 실존치료의 과정은 주체적 실존치료의 전제에 대한 치료자의 진정한 이해와 수용 위에서 실행되어야 하며, 전제에 대한 치료자 자신의 분명한 자기 결단이 선행되어야 한다(만약 내담자도 이럴 수 있다면 주체적 실존치료자로서는 더 바랄 것이 없을 것이다).

주체적 실존치료 과정에서는 치료의 처음부터 끝까지 치료자와 내담자 간의 명확한 '합의'가 반복적으로 이루어지는 것이 중요하다. 예를 들면, 합의된 바 없이 무조건 '도움을 받아야 하는' 내담자 혹은 무조건 '도움을 주어야 하는' 치료자는 존재하지 않는다. 도움이 필요하다는 자기 결단을 통해 치료를 결정하고 요청한 내담자와 내담자가 요청한 도움을 줄 수 있고 주고 싶다고 자기 결단을 통해 치료를 결정한 치료자가 있을 뿐이다. 이때 중요한 것은 치료 전반에 걸쳐 치료자와 내담자가 서로 책임감 있는 '합의'를 통해 치료의 시작과 진행 그리고 종결 등을 결정해야 한다는 것이다(이러한 합의를 도출하는 과정을 구현할 책임은 일차적으로 치료자에게 있다).

여기서 나는 독자들이 한번 상상해 보기를 바란다. 불교에서 말하는 '연기(공)' 개념을 철저히 믿는 두 사람이 한 사람은 치료자로 또 한 사람은 내담자로 만난다면 과연 그들이 함께하는 치료가 어떤 모습일지를!

제8장

주체적 실존치료의 목표

주체적 실존치료의 목표는 '자기 결단과 책임의 성취'이다. 주체적 실존치료에는 이론적으로 추구되는 내용적 최종 목표가 본래 존재하지 않으며, 오직 치료자와 내담자 간의 합의된 목표만이 존재한다. 목표의 특정 내용에 중점을 두기보다는 그것이 어떤 내용의 목표이든, 목표 그 자체를 결정하는 내담자의 자기 결단과 그 결단에 대한 자기 책임의 성취에 중점을 두는 것이다. 따라서 목표의 내용에는 제한이 없지만, 그 목표는 반드시 내담자 당사자의 결단(주체적 치료목표 결정) 및 내담자와 치료자 간의 합의(최종 치료목표 결정)를 통해 결정되어야 하며, 이 합의에는 치료자와 내담자 모두의 자기 결단의 요소와 그 결단에 대한 자기 책임이 수반되어야 한다.

주체적 실존치료의 과정은 주체성의 개현, 발현, 부각이고, 주체적 실존치료의 목표는 이 과정을 통한 자기 결단과 책임의 성취이므로, 누구든 주체적 실존치료를 받을 수 있는 내담자가 될 수 있다. 왜냐하면 모든 인간은 매 순간 자신의 주체성을 드러내고 있기 때문이다(인간은 자신의 주체성을 매 순간 드러내지 않을 수 없다). 따라서 치료의 시작과 진행 그리고 종결의 양상과는 무관하게 치료자와 내담자가 각자 자신의 주체성을 드러내어 합의를 통해 치료에 참여하고 있다면, 이 모든 치료는 원론적으로는 주체적 실존치료라고 할 수 있다.

중요한 것은 '합의'이다. 그러나 주체적 실존치료에서의 합의는 나누기와 확인하기 방법을 수반하는 합의이지, 언제 어떻게 반드시 합의를 해야만 한다는 도그

마가 아니다(주체적 실존치료에서는 반드시 어떻게 해야만 한다는 식의 일방적인 당위성이 철저하게 배제된다). 합의를 전제로 하지 않는 일방적인 접근은 주체적 실존치료가 지향하는 방법인 '나누기' '확인하기' '합의하기'에 반하는 것인 동시에 '합의'라는 단어가 의미하는 기본적인 뜻에서도 벗어나는 것이다.

따라서 만약 치료자가 내담자와의 '나누기' '확인하기' '합의하기' 없이 '이것이 주체적 실존치료이다'라는 신념을 가지고, 내담자가 이 치료에 적합한지의 여부를 일방적으로 분별하여 판단한다면, 이는 주체적 실존치료를 수행하는 것이 아니다(분명히 주체적 실존치료에 더욱 적합한 내담자들이 있는 것은 사실이지만, 그런 경우일지라도 내담자와의 나누기, 확인하기, 합의하기를 통해 이 내담자가 주체적 실존치료에 적합한지 아닌지의 여부를 확정하는 것이 여전히 매우 중요하다).

왜냐하면 치료자가 자신의 신념에만 집착하고 있어 진솔한 인간 대 인간의 '만남'이 이루어지기 어렵기 때문이다. 더 나아가 서로 개방하여 나누고 확인하면서 합의하는 과정이 빠진다면, 이는 주체적 실존치료라고 할 수 없기 때문이다. 그러므로 치료자는 자신의 생각이나 느낌 등을 최대한 개방하려고 노력하면서 내담자와 솔직하고 진솔하게 만나기 위해 지속적인 조율을 해 나가야 한다.

이러한 합의는 단지 목표를 결정할 때만이 아니라, 주체적 실존치료의 진행 과정 전반에 걸쳐 핵심적인 요인이다. 주체적 실존치료는 치료 과정에서 내담자와 치료자의 의견이 서로 다르거나 혹은 대립이 될 때조차도, 내담자와 치료자가 각자의 주체성을 드러내어 나누고 확인하면서 상호 간의 합의 내용을 도출하기 위한 조율 노력을 지속하기를 지향한다. 이 과정에서 중요한 것은 이러한 합의의 내용이 치료자와 내담자 간의 나누기와 확인하기를 통해 다다른 치료자와 내담자 각자의 명확한 자기 결단의 결과이어야 하고, 치료자와 내담자 모두 그러한 자기 결단에 대한 책임을 분명하게 성취해야 한다는 점이다.

주체적 실존치료의 목표는 내용적 목표가 아닌 '자기 결단과 책임의 성취'라는 과정적 목표에 초점을 둔다는 점에서 기존의 다른 치료 접근들과 차이가 있다. 대다수의 치료 접근의 목표는 내담자의 적응이나 자아실현, 병이나 장애의 완화 및 치유 등 모두 긍정적이고 바람직하며 적응적인 내용들이며, 그 목표의 내용이 무엇이든지 그것은 늘 나아지고, 발전하고, 향상하고, 좋아지고, 건강해지고 등의 뚜렷한 방향성을 갖고 있다. 이것은 너무나 당연한 '자연적 태도'여서 치료자와 내담자는 물론 그 누구도 의문을 제기하거나 반박하지 않는다.

그러나 주체적 실존치료는 더 엄밀한 수준에서 치료를 수행하고자 하며 이러한 '자연적 태도' 자체에 의문을 제기한다. 즉, 주체적 실존치료는 전문가 집단과 사회문화적 척도 혹은 국가의 기준 등이 바람직하고 긍정적이라고 제시하는 정해진 방향을 따라 목표를 설정하지 않는다. 목표의 내용이 내담자가 자신의 책임을 인식하면서 자기 결단을 통해 설정한 것이라면, 비록 전문가 집단이나 사회문화적 척도, 그리고 국가의 기준 등에서 볼 때 바람직하지 않거나 부정적일지라도 그것은 그 내담자의 엄연한 주체적 치료목표가 되는 것이다. Jaspers의 다음과 같은 말은 주체적 실존치료의 이러한 입장과 결을 같이한다.

> "모든 실존적 선택은 그 당시 유일하게 수행되어 취소할 수 없는 최종적인 것으로서 조명된다. 선택은 자유롭지만 나는 선택에 구속되고 그 결과를 감수한다. 결단의 명석한 의식이 비로소 그 선택을 실존적 선택으로 만든다(Jaspers, 2019)."

치료자가 내담자가 결정한 목표에 동의하는가의 여부는 별개이다. 주체적 실존치료에서는 내담자가 자신의 '주체적 치료목표'를 결정했다고 해서 바로 그것을 목표로 하여 치료가 시작되는 것은 아니다. 비록 내담자가 스스로 자신의 주체적 치료목료를 결정했을지라도, 치료자와의 합의를 거친 후에야 비로소 그것이 '최종 치료목표'가 되어 치료를 진행할 수 있게 되는 것이다. 만약 치료자가 내담자의 주체적 치료목표에 합의할 수 없다면, 그것은 더 이상 최종 치료목표가 될 수 없고 치료의 진행 여부 자체가 원점에서 다시 논의되어야 한다.

정리하자면, 주체적 실존치료의 목표가 되는 내용에는 그 어떤 기준과 제한도 존재하지 않지만, 최종 치료목표가 결정되고 치료가 실제로 진행되기 위해서는 내담자와 치료자 간의 합의가 필수라는 것이다. 이때 합의는 명시적일 수도 있고 암묵적일 수도 있으며, 명확하고 자명할 수도 있고 애매하고 모호할 수도 있다.

중요한 것은 치료자와 내담자가 나누기와 확인하기를 지속하면서 서로 조율하고 동의하는 합의하기를 통해 최종적인 합의에 도달하는 것이다.

그러나 만약 치료자가 명확한 합의를 '반드시 해야만 한다'는 당위적인 생각에 사로잡혀 내담자의 합의를 일방적으로 유도한다면, 이는 주체적 실존치료에서 말하는 합의라고 할 수는 없다. 주체적 실존치료에는 반드시 합의를 해야만 한다는 절대적인 규칙은 없다. 합의뿐만이 아니라, 그 어떤 것도 주체적 실존치료에서는 절대적으로 고정된 규칙으로써 존재할 수 없다. 단지 주체적 실존치료는 합의를 추구하고 지향할 뿐이며, 주체적 실존치료자는 합의를 위해 열심히 노력할 뿐이다. 사실 주체적 실존치료는 '나누기' '확인하기' '합의하기'를 통해 끊임없이 서로의 견해를 교환하므로, 그 과정에서 자연스럽게 상호 간의 조율을 통한 합의가 발생하는 경향이 강하다.

주체적 실존치료의 목표 설정에서 중요한 것은, 치료자와 내담자 간의 합의가 이루어지지 않아 치료가 진행되지 않는 것은 수용될지라도, 치료자가 내담자와의 합의 없이 일방적으로 치료목표의 방향성을 정하는 것은 수용될 수 없다는 점이다. 또한 치료자가 내담자와의 나누기, 확인하기, 합의하기 과정을 거치지 않고, 겉으로는 내담자의 목표를 수용하면서 속으로는 자신의 목표를 따로 설정하는 것 역시 수용될 수 없다는 것이다.

그리고 이보다 더 중요한 것은 주체적 실존치료의 목표가 내담자의 주체적 치료목표의 내용이나 최종 합의된 치료목표의 내용이 아니라, 자기 결단을 내리고 그 결단에 대한 자신의 책임을 성취하는 '과정'에 있다는 점이다. 목표를 설정하고 합의하는 과정에서 나누기, 확인하기, 합의하기를 그토록 강조하는 이유도 주체성, 즉 주체의 의식적이고 반성적이며 의지적인 자기 결단의 측면을 개현, 발현, 부각하면서 명확한 자기 결단과 책임을 성취하도록 하기 위함에 있다. 나누고 확인하며 합의하는 그 자체가 자기의 결단을 드러내고, 또 그렇게 드러난 자기의 결단을 인지하고 인식하면서 다시 또 나누기, 확인하기, 합의하기를 반복하는 것이 책임을 뚜렷하게 수용하고 성취하는 과정이 되는 것이다.

자기 결단(self-determination)은 주체적인 판단을 통해 어떤 결정을 확고히 내리는 것을 말한다. 여기서 주체적 판단의 의미는 자기 책임을 명확하게 인식하고 소유하는 것이다. '결단'과 '책임'은 Heidegger가 말한 '결단성'과 연결하여 생각해 볼 수 있다. Heidegger는 '결단성(Entschlossenheit)'을 다음과 같이 언급한다.

> "자기 존재의 선택을 실존론적으로 선택함 …… 우리는 이것을 …… 결단성이라고 이름한다. …… 결단성은 그 존재론적인 본질상 각기 그때마다의 한 현사실적인 현존재의 결단성이다. 이러한 존재자의 본질은 곧 그의 실존이다. 결단성은 오직 이해하며 자기 자신을 기획투사하는 결의로서만 '실존한다'. …… 현존재 자신 안에서 그의 양심에 의해서 증거되고 있는, 탁월한 본래적인 열어 밝혀져 있음을, 즉 침묵하고 있으면서 불안의 태세 속에 가장 고유한 탓이 있음에로 자기 자신을 기획투사함을 우리는 결단성이라고 이름한다. …… 결단성은 현존재가 열어 밝혀져 있는 탁월한 양태의 하나이다. …… 결단성은 그 본래성을 앞질러 달려가 보는 결단성으로 획득한다. 이 결단성에서 현존재는 자신의 존재가능과 관련해서 자기 자신을 이해하는데, 그가 죽음 앞으로 나아가 그 자신인 그 존재자를 그 내던져져 있음에서 전적으로 떠맡는 식으로 이해한다. 고유한 현사실적 '거기에'를 결단하며 떠맡음은 동시에 상황에로의 결의를 의미한다(Heidegger, 1997)."

Heidegger는 우리가 우리 스스로 선택하지 않은 상황 속으로 내던져진, 즉 피투된 존재자인 동시에 항상 가능성으로 실존하는 존재자이기 때문에 미래를 향해 기투하는 존재자라고 말한다. 피투된 기투가 우리의 운명인 것이다. 우리는 내가 이 세상에 존재하기로 선택하고 결정해서 존재하게 된 것이 아니다. 하지만 실존하는 이상 끊임없는 결단을 통해 기투를 해야만 하는 가능성의 존재자이다. 내가 이미 존재한다는 사실 이외에는 고정되어 결정된 사실이 없으므로 나는 결단을 통해 나와 나의 세계의 창조에 참여한다.

물론 이때 결단은 진정한 자기 자신으로 자기의 삶을 자기답게 살려고 하는 본래적 실존 양태에서 일어나는 일이다. 여러 사람 중 하나일 뿐인 익명의 나, 즉 Heidegger가 말하는 '세인(das Man)'으로서 일상성에 빠져 있는 비본래적 실존 양태에서는 결단이란 존재할 수 없다. 그저 남들을 따라 남들처럼 사는 것뿐이다. 이때 그저 남들을 따라 남들처럼 살겠다고 스스로 결정한 경우라면, 이는 물론 본래적 실존 양태로서의 결단이다.

비본래적 실존 양태에서는 실존적 불안 속에서 자기의 기여를 명확하게 자각하면서 책임을 지는 결단은 일어나지 않는다. 여러 가지 선택과 결정을 하면서 살겠지만, 그것이 진정으로 나의 선택과 결정이라는 전적인 책임을 지면서 하는 결단은 아니다. 그렇기에 결과 역시 나의 탓이 아니다. 이것이 바로 나 이외의 다른 사람과 상황을 탓하면서 자신의 주체성을 망각하거나 회피할 수 있는 이유이다. 박찬국의 다음과 같은 말은 앞에 기술된 내용을 잘 표현해 준다.

> "세상 사람으로부터 '자기를 되돌려 오는 것', 즉 세상 사람으로서의 자기를 본래적 자기로 실존적으로 변양하는 것은 세상 사람으로서의 현존재가 하지 못했던 선택을 만회하는 것으로서 수행되지 않으면 안 된다. '선택을 만회한다는 것'을 하이데거는 '선택을 선택한다'고도 말하고 있다. '선택을 선택한다'는 것은 현존재는 선택할 수 있는 존재이지만 세상 사람으로서의 자기로 존재하는 현존재는 진정한 의미에서 선택한 적이 없기 때문이다. 그것은 세상 사람에 의해서 주어진 가능성들을 자신의 가능성으로서 무비판적으로 수용했을 뿐이다. …… 자신의 고유한 존재가능성을 향해서 결단을 내린 현존재는 스스로 선택한 존재가능성이라는 궁극 목적에 입각하여 세계를 향해 자기를 열어 놓는다. 세계의 개시성과 함께 이미 세계 내부적 존재자가 발견되어 있는 바, 자신의 고유한 존재가능성을 향해서 결단을 내린 현존재는 이제 다른 사람들에 대한 배려를 이들의 가장 고유한 존재가능성에 입각해서 새롭게 규정한다(박찬국, 2014)."

주체적 실존치료에서 중요한 '결단'과 '책임'은 죽음과 연관해서 생각해 볼 수도 있다. 우리는 실존하는 존재자인 이상 죽을 수밖에 없는 존재자이다. 따라서 죽음이라는 끝을 미리 생각하면서 자신이 어떤 존재자로 어떻게 현존할 것인가를 심사숙고하여 자신이 그리는 자기를 기획하고 그것에 자신을 던지는 존재자이다. 죽음이 누구도 대신해 줄 수 없는 오직 나만의 죽음인 것처럼, 기획투사도 오직 유일한 나만의 것이므로 모든 결단의 책임이 전적으로 나에게 있는 것은 당연하다.

이처럼 이 세상에 죽음이라는 끝을 전제하며 내던져진, 즉 기투된 나는 미래의 나를 기획하여 투사하는, 즉 활짝 열려 있는 가능성의 세계에서 순간순간 결단하며 실존하는 존재자이다. Heidegger는 이러한 점을 다음과 같이 표현한다.

> "미리 달려가 봄은 현존재에게 '그들'–자신에 상실되어 있음을 드러내 보이며 현존재를, 배려(Besorgen)하는 심려(Fürsorge)에 일차적으로 의존하지 않은 채, 그 자신이 될 수 있는 가능성 앞으로 데려온다. 이때의 자기 자신이란, '그들'의 환상에서부터 해방된 정열적이고 현사실적인, 자기 자신을 확신하고 불안해하는 '죽음을 향한 자유' 속에 있는 자신이다(Heidegger, 1997)."

Jaspers는 양심에 근거하는 결단성을 말하면서 '실존적 결단성'에 대해 다음과 같이 서술한다.

> "나는 나의 현존이나 행동의 직접성 안에 머무를 수가 없다. 양심이 나로 하여금 구별하도록 이끌었다면, 그것은 나로 하여금 결단하도록 요구하는 것이다. 즉, 양심은 내가 현재에 있는 그대로 존재하는 것이 아니라 내가 원하는 바대로의 존재를 붙잡을 것을 요구한다. 나는 많은 가능성 중에서 결단하는 것에 의해 나 자신이 된다. …… 결단은 구별하는 사고의 밝음 안에서 양심에게 대답하는 것이다. 결단은 실천적으로 당혹스러운 특수한 문제에 대한 의식일반에서의 올바른 해결이 아니고 절대의식으로서의 실존적 결단인 것이다. …… 실존적 결단은 …… 본래적인 양심의 대답으로서 어떤 희생이라도 무릅쓰는 각오 밑에서 무조건적으로 선택한다. …… 나와 나의 결단은 두 개의 다른 것이 아니다. 결단되지 않은 존재로서는 나는 나의 절대의식 안에서 분열되어 있다. 그러나 나는 결단하였을 때 비로소 전체가 된다. 결단의 순간은 전체적 생명으로서, 자기를 전개시키는 씨앗으로서, 자기의 다양한 양태들 안에서 자기를 확인하면서 반복하는 전체로서의 자기 존재이다(Jaspers, 2019)."

또한 Sartre(2008)의 '앙가주망(engagement)'도 결단과 연결하여 생각해 볼 수 있다. 앙가주망은 "인간이 자기 고유의 상황에 직면해서 자신의 전적인 책임을 의식하고 그 상황을 변경하거나 유지하기 위해 행동할 것을 결심하는 태도"이기 때문이다. 여기에서 한 가지 유의할 점은, 상황과 결단이 긴밀한 관계에 있다는 것이다. 상황을 무시한 결단이란 있을 수 없으며, 모든 결단은 고유한 특정 상황에 대한 반응이기 때문이다. Jaspers의 다음과 같은 말도 나의 선택과 결단과는 무관한 것 같지만 사실은 그렇지 않은 '상황'에 대해 기술하고 있다.

> "상황 …… 그에 대해 관심을 가지는 현존으로서의 주관에 대한 현실성 …… 의 미관련적 현실성 …… 현존은 상황 안에 있는 하나의 존재이기 때문에 나는 결코 다른 상황에 들어서지 않고서는 그 상황에서 벗어날 수 없다. 상황파악이란 내가 상황을 변경시킬 수 있는 단초를 만들어 낸다는 뜻이다. 그러나 내가 이 상황–내–존재 자체를 지양할 수 있다는 것을 뜻하는 것은 아니다. 나의 행위는 나로 인하여 나타난 상황, 즉 지금 주어져 있는 상황으로서 나에게 또다시 돌아온다(Jaspers, 2019)."

요약하자면 모든 것이 인연(因緣) 따라 생겨나고 인연(因緣) 따라 사라지는, 즉 '연기(공)'하는 '불확실성' 속에서, 실존의 확실성에 기반하여 특정 상황에 대한 각자 자신의 고유한 '관점(해석)'을 명확하게 판단하는 것이 바로 '결단'이다. 이러한 결단은 상황의 영향 아래 존재하는 동시에 상황 역시 이 결단의 영향 아래 존재한다.

다시 강조하지만, 주체적 실존치료에서 목표의 내용, 즉 '무엇'을 목표로 하는가는 중요한 문제가 아니다. 목표의 내용보다 더 중요한 것은 내담자 자신이 항상 자기 결단을 통해 책임을 인식하면서 목표를 결정하는 것이다. 핵심은 주체적 실존치료의 목표는 자기 결단과 책임의 성취에 있다는 점이다. 치료 과정 전체를 통해 내담자가 '자기 결단과 책임의 성취'라는 과정을 반복적으로 경험할 수만 있다면, 그것이 바로 주체적 실존치료의 목표가 달성된 것이다.

치료 과정에서 목표는 얼마든지 달라질 수 있다. 수십 번 목표가 달라져도 아무 문제가 없다. 그것이 내담자가 자기 결단에 따라 스스로 결정한 것이고, 그 결정에 대해 자기 책임을 자각한다면 말이다. 내담자가 스스로 결단하여 책임감 있게 결정하고 그것을 명확하게 인식하고 있다면, 목표가 없는 것도 전혀 문제가 되지 않는다.

주체적 실존치료에서는 내담자가 스스로 책임감 있는 결단을 하는 주체로서 자기 삶의 주인이 되는 것이 가장 중요하다. 치료자가 예상하는 만큼 치료의 회기가 지속되거나, 치료자가 기대하는 내담자와 치료자 간의 관계가 형성되거나, 내담자의 호소문제가 완화 혹은 사라지거나, 내담자의 적응력이 향상 혹은 발전하거나 하는 것보다 말이다. 예를 들어, 만약 내담자가 치료자를 한 번 만나고 난 후에 불만족스러워서 치료를 중단한다고 해도 이 또한 치료자가 낙담할 일만은 아니다. 왜냐하면 내담자가 자기를 위한 결단을 신속히 내리고 치료 취소라는 책임감 있는 행동을 취한 것이기 때문이다.

이상으로 주체적 실존치료의 이론에 대한 전반적인 기술을 마친다. 앞에 기술된 주체적 실존치료의 주요 내용을 정리하면 〈표 8-1〉과 같다.

표 8-1 주체적 실존치료의 주요 내용

주체와 주체성	• 주체: 모든 것과 연결되어 개방되어 있는 개개의 인간 존재자, 즉 각자의 가변적 가능성의 장에 항상 열려 있는 실존하는 총체적 인간 존재자 • 주체성: 주체의 의식적 · 반성적 · 의지적 자기 결단의 측면
주체적 실존치료의 전제	• 연기(공)(緣起/空, Conditioned arising/Insubstantiality) • 불확실성(Uncertainty) • 관점주의(Perspektivismus/Perspectivism)
주체적 실존치료에서 '치료'의 의미	• 만남(참여), 같이 알아보기, 함께 궁리(窮理)하기
주체적 실존치료의 정의	• 주체의 실존(구체적 · 실제적 · 현실적 현존) 과정에의 주체적 참여(만남, 같이 알아보기, 함께 궁리하기)
주체적 실존치료의 과정	• 주체성의 개현(開顯), 발현(發現), 부각(浮刻)
주체적 실존치료의 목표	• 자기 결단과 책임의 성취

제9장

주체적 실존치료의 주요 내용 적용

모든 심리치료는 이론적 지향과 무관하게 여러 공통점을 가지고 있다. 치료자들은 학부와 대학원 과정을 거치면서 대체로 이러한 공통 영역에 해당하는 내용들을 배우고 수련한다. 처음에는 심리적 고통을 호소하는 타인과 일정 시간 동안 대화를 이어 가면서 안정적인 관계를 형성하는 것이 결코 쉬운 일이 아니다. 나 또한 첫 치료를 시작하기 직전에 경험했던 긴장(물론 기대도 함께)을 어렴풋이나마 지금도 기억하고 있다.

이와 같은 초기의 공통 교육과 수련 과정을 거치면서 치료자들은 점차 자신이 주로 지향할 치료 이론과 방법을 찾아 집중하게 된다. 이때부터 '나는 어떤 치료를 할 것인가'와 '나는 어떤 치료자가 될 것인가' 등을 깊이 고민하게 되고, 그러한 맥락에서 치료자는 자신의 치료자(흔히 교육분석가라고 지칭함)와 주수퍼바이저를 선택하여 또 다른 단계의 교육과 수련 과정을 거치게 된다(이는 내가 속한 한국심리학회 산하 한국상담심리학회 기준이다).

물론 어떤 치료자는 자신의 지향이 뚜렷하여 초기부터 그 지향에 초점을 맞춘 교육과 치료(흔히 교육분석이라고 지칭함)를 받고, 수퍼비전 역시 자신이 지향하는 이론적 배경의 수퍼바이저들에게 받으면서, 그 지향의 숙련된 치료자를 자신의 주수퍼바이저로 적극적으로 결정하기도 한다. 그러나 이런 경우라도 전문가가 되기 위해서는 공통 영역에 해당하는 교육과 수련을 필수적으로 받게 된다. 따라서 공인된 '자격증'을 소지한 전문가가 되기 위해서는 모든 치료자가 공통적인 치료적 접근이나 방법을 수련해야 한다.

그러나 또 다른 측면에서 모든 치료자는 공신력 있는 자격증 취득을 위한 공통적인 치료적 접근이나 방법 이외의, 자신의 주된 접근이나 방법을 갖지 않을 수 없다. 왜냐하면 한 사람의 내밀한 삶의 문제를 진정으로 경청하고 어떤 식으로든 의미 있는 도움을 주기 위해서는 다른 사람들이 효과적이라고 혹은 도움이 된다고 말하는 접근이나 방법을 그저 학습하여 모방하는 것으로는 부족하기 때문이다. 치료자 자신이 정말로 효과적이고 도움이 되는 것이라고 체험하여 스스로 확신하고 믿을 수 있는 체화된 접근과 방법이 필요하다.

더구나 치료자는 아무런 물질적 도구나 장치도 없이 내담자와 마주한 그 장(field)에 온전히 있는 그대로 내맡겨지므로, 치료자의 존재 자체가 치료 전반에 큰 영향을 미치는 요인이 될 수밖에 없다. 숨을 수 있는 도구나 장치가 없으므로 '나'와 '나의 있음' 자체가 중요한 요인이 되는 것이다. 물론 말(언어) 속에 숨을 수는 있겠으나, 말하는 '나'와 '나의 있음'은 여전히 거기에 현현(顯現)해 있다. 그러므로 치료자의 신체적이고 심리적이며 정신적인 모든 것이 치료의 도구가 될 수밖에 없다. 간단히 말해, 치료자라는 그 사람 자체가 가장 큰 치료의 도구가 되는 것이고, 치료자의 스타일이 곧 치료 스타일이 되는 것이다.

이는 내가 어떤 스타일의 사람인가가 곧 나의 치료 스타일이 되는 것을 의미하고, 내가 어떤 스타일의 치료를 하는가가 곧 내가 어떤 스타일의 사람인지를 반영한다는 것이다. 두 사람이 긴밀하게 함께 하는 그 시간과 공간을 통해 치료자와 내담자는 서로를 숨김없이 내보이게 되며, 만나는 시간이 길어지고 속 깊은 이야기들이 나눠질수록 그러한 경향이 더욱 짙어진다(물론 철저하게 자신을 숨기는 치료자나 내담자가 있기도 하다).

단지 방법을 학습하고 어느 정도 익힌 후 그것을 똑같이 적용하면 되는 간단한 문제가 아니기 때문에 치료자들은 수년의 수련 과정을 거치게 된다. 그러한 수련 과정을 통해 훈습(薰習)된 경험이 치료자에게 그대로 체화(體化)되어 녹아들고, 그것이 바로 그 치료자의 치료 스타일이 되는 것이다. 이렇게 치료자의 주된 스타일이 형성되어 가면서 점차 각 치료자가 각자 자신만의 치료 스타일을 더욱 드러내게 된다.

치료자의 고유한 치료 스타일은 치료 전반에 걸쳐 내담자와의 만남과 대화에서 그대로 드러나며, 특히 내담자의 호소문제 및 치료목표와 관련해서는 더 뚜렷하게 드러나는 경향이 있다. 왜냐하면 치료자가 내담자의 문제와 그 문제의 발생과 지속, 그리고 소멸 등에 대해 어떤 이론적 관점을 취하는지가 내담자의 호소문제 및 치료목표 결정 과정에서 응축되어 표현될 가능성이 크기 때문이다.

치료자들이 수련 과정을 거치면서 사례 개념화 연습을 그토록 열심히 하게 되는 이유도 여기에 있다. 자신의 이론적 관점을 토대로 일방적으로(전문적으로) 내담자 문제를 개념화하고, 그 개념화에 기반하여 일방적으로(전문적으로) 치료의 전략과 방향을 계획하기 위해서이다. 비유하자면, 이 과정은 치료자가 일방적으로 내담자의 문제와 관련한 큰 지도를 그리는 것이고 퍼즐판과 퍼즐조각을 만드는 것이라 할 수 있겠다.

그런데 문제는 이런 과정이 대체로 내담자와의 면밀한 나누기와 확인하기, 그리고 합의하기 없이 치료자에 의해 이루어진다는 데 있다(이것을 문제로 여기는 치료자나 내담자는 거의 없을 것이다). 혹은 나누기, 확인하기, 합의하기가 피상적으로 이루어지기는 하나 심층적으로는 그렇지 않다는 데에 문제가 있다(이것을 문제로 생각하는 치료자와 내담자도 거의 없을 것이다). 내담자들도 이러한 경향에 기꺼이 편승하고자 하므로 비단 이것이 치료자들만의 문제라고 치부할 수는 없을 것 같다.

이런 맥락에서 볼 때, 주체적 실존치료는 다른 치료들과 구별이 된다. 물론 독자들은 다양한 치료들 사이에 차이점보다는 공통점이 많다는 것을 꼭 기억해야 한다. 치료자들은 치료에 있어 큰 공통 분모를 공유한 채 자기만의 치료 스타일이 가지는 작은 차별적 요소를 갖게 된다. 그러나 그 작은 차별적 요소가 지니는 파급력은 상당히 크다.

이런 점을 숙지하고 제8장에서 언급한 〈표 8-1〉에 제시된 주체적 실존치료의 주요 내용들을 훑어보자. 그 간단한 내용만 보더라도, 주체적 실존치료에서는 치료자가 잠깐의 면담을 통해 내담자와 내담자 문제에 대한 지도를 그리거나 퍼즐판과 퍼즐조각을 만드는 것 등의 소위 '전문적' 활동이 쉽지 않다는 것이 짐작될 것이다. 모든 것을 치료자와 내담자가 함께하기를 추구하는 주체적 실존치료는 자칫 '비전문적'인 치료로 보일 수 있다. 주체적 실존치료에서 치료자가 일방적으로 훌륭한 지도를 만들거나 독단적으로 멋진 퍼즐판과 퍼즐조각을 만드는 일은 없다.

만약 치료자를 만나 잘 그려져 있는 지도를 얻어 혼란스러운 내 인생의 길을 벗어날 수 있기를 기대하거나 혹은 잘 만들어진 퍼즐판의 큰 그림을 통해 복잡하고 애매한 나와 내 문제의 퍼즐들을 볼 수 있기를 기대한 내담자가 있다면, 그 내담자는 주체적 실존치료의 접근방식에 대해 실망하고 당혹스러움을 느낄 수 있다. 그러나 어떤 내담자에게는 이미 그려져 있는 지도도 없고 이미 완성되어 있는 퍼즐판도 없는 주체적 실존치료의 접근방식이 신선하고 새로울 수 있다.

이 장에서는 〈표 8-1〉에 제시된 주체적 실존치료의 주요 내용들이 실제 치료에서 어떻게 적용되는지를, 치료 초기 회기에서 주로 다루어지는 내담자의 호소문제 및 치료목표와 관련한 내용을 통해 기술하고자 한다. 치료자들의 치료 스타일은 전체 치료 과정에 걸쳐 나타나지만, 특히 내담자의 호소문제 및 치료목표와 관련해서는 그 스타일의 차이가 더 뚜렷하게 드러나는 경향이 있으므로, 독자들이 이 부분에 대한 주체적 실존치료의 적용 내용을 참고한다면 주체적 실존치료의 스타일을 보다 잘 이해할 수 있을 것이다.

단, 주체적 실존치료의 주요 내용이 어떻게 적용되는지를 살펴보기 전에 주의할 점을 먼저 언급하고자 한다. 독자들은 내가 이 장에서 기술하는 내용에 집착하여 주체적 실존치료의 초반 회기에 이런 일이 반드시 일어나야 한다는 식으로 이해하지 않도록 경계해야 한다. 많은 수퍼바이지가 주체적 실존치료의 방법을 수련하는 과정에서 그 방법에만 집착할 뿐, 주체적 실존치료가 모든 것을 내담자와 같이 나누고 함께 확인하면서 조율하고 합의하는 치료라는 것을 잊는 경향이 있다. 예를 들어, 주체적 호소문제를 결정하는 것의 중요성을 강조하면, 어떤 수퍼바이지는 나누기, 확인하기, 합의하기는 잊은 채 주체적 호소문제를 결정해야만 한다고 생각하여, 내담자에게 주체적 호소문제 결정을 일방적으로 과도하게 종용하는 식이다. 이는 큰 문제이다.

주체적 실존치료에서 내담자의 주체적 호소문제 결정은 당연히 중요하다. 그러나 내담자가 처음부터 자신의 주체적 호소문제를 결정하는 경우는 많지 않다. 치료자와 내담자는 내담자의 호소문제로부터 출발하여 내담자 당사자의 '진짜' 문제가 무엇인지를 나누기, 확인하기, 합의하기를 통해 면밀하게 찾아간다. 이런 과정을 거쳐 종국에 내담자가 진정으로 자신에게 의미 있는 '진짜' 문제를 찾게 되고, 그것이 자신의 문제라고 명확하게 인식하고 언급하게 될 때 바로 이것이 주체적 호소문제가 되는 것이다.

치료자가 내담자의 '진짜' 고통과 '진짜' 문제, '진짜' 괴로움이 무엇인지를 진심으로 궁금해하면서 열심히 내담자와 같이 알아보고 함께 궁리하다 보면 자연스럽게 결정되는 것이 내담자의 주체적 호소문제인 것이다. 처음부터 내담자에게 당신의 진짜 문제가 무엇인지 결정하여 내놓으라고 압박하는 것은 주체적 실존치료에서 말하는 주체적 호소문제 결정이 아니라는 것이다.

주체적 실존치료는 문제는 '당연히' 이런 것이고 치료는 '당연히' 저런 것이라는 등의 '자연적 태도'를 잠시 멈추고, 모든 것을 원자료에 근거하여 있는 그대로 엄밀하게 보고자 하는 '현상학적 태도'를 취하는 치료이다. 주체적 실존치료자는 내담자가 '자연적 태도'에서 문제라고 당연시하는 호소문제를 해체하면서, 내담자 당사자에게 그것이 '왜' 혹은 '어떻게' 문제가 되는지를 엄밀하게 살피는 '현상학적 태도'를 통해 '진짜' 문제를 찾아간다. 이 과정이 바로 만나서(참여하여) 같이 알아보고 함께 궁리하는 것이고, 이 과정 자체가 주체성의 개현, 발현, 부각이며, 이러한 전 과정은 나누기, 확인하기, 합의하기로 진행된다.

이 과정의 일차적인 목적은 문제의 내용 자체가 무엇인지를 밝히는 것에 있지 않다. 오히려 내담자가 깊은 고민 없이 문제라고 당연시했던 문제를 그것이 진정 자신의 문제라고 내담자가 의미를 부여하는 것에 일차적인 목적이 있고, 이것이 바로 자기 결단과 책임의 성취이다. 주체적 실존치료의 핵심 목표는 이러한 자기 결단과 책임의 성취를 통해 내담자가 자기 문제와 자기 삶의 명확한 관점을 가지는 것, 즉 자기 문제와 자기 삶의 주인이 되는 것이다. 그리고 여기에서 무엇보다 중요한 것은 이 과정이 '연기(공)' '불확실성' '관점주의'를 전제로 한 상호 의존적인 '나누기' '확인하기' '합의하기'를 통해 이루어진다는 것이다.

주체적 실존치료는 치료자의 일방성과 독단성을 버리고 치료자와 내담자가 함께 한 걸음, 한 걸음 같이 걸어가고자 하는 치료이다. 치료자가 이미 그려져 있는 지도를 갖고 내담자에게 길을 안내하거나, 이미 완성된 퍼즐판을 알고 있으면서 내담자에게 적절한 퍼즐조각을 건네주는 방식이 아니다. 치료자와 내담자가 처음부터 같이 지도를 만들어 가는 것이고, 함께 궁리하며 퍼즐조각을 맞춰 퍼즐판을 완성해 가는 것이다.

이 방식이 답답하고 더딜 수는 있다. 전문적으로 보이지 않을 수도 있다. 그러나 이 방식이 내담자만의 고유한 지도와 퍼즐을 만들기 위해 치료자가 할 수 있는 최선의 길이라고 나는 생각한다(내담자들도 그렇게 생각한다면 좋겠지만 꼭 그렇지는 않다). 물론 치료자가 지도를 많이 그려 봤고 퍼즐 맞추기를 많이 해 봤다면 더 익숙하고 더 유능할 수는 있을 것이다. 그런 경우라면 치료자가 그 익숙함과 유능함을 있는 그대로 내담자에게 개방하고 공유하면 된다. 모르면 모르는 대로, 알면 아는 대로 이를 진솔하고 솔직하게 개방하고 공유하면 되는 것이다.

현상학적 태도로 자세하고 엄밀하게 바라보면 안다고 생각했던 것에서도 새로운 면이 보이기도 하고, 모른다고 생각했던 것에서도 새로운 면이 나타나기도 한다. 그것이 무엇이 됐든 치료자와 내담자는 각자의 경험 내용인 원자료를, 나누기와 확인하기를 통해 공유하고 합의하기를 통해 조율하면 되는 것이다.

이제 주체적 실존치료의 주요 내용이 어떻게 적용되는지 살펴보자. 주체적 실존치료를 수행하기 위해서는 우선 '주체'와 '주체성'의 의미를 숙지하면서 주체적 실존치료의 전제인 '연기(공)' '불확실성' '관점주의'를 이해할 필요가 있다. 그리고 주체적 실존치료에서 '치료'가 의미하는 바가 '만남(참여), 같이 알아보기, 함께 궁리하기'라는 점과 치료 과정은 '주체성의 개현, 발현, 부각'의 반복이며, 목표는 '자기 결단과 책임의 성취'라는 것을 기억할 필요가 있다. 이것이 바로 주체적 실존치료의 정의인 '주체의 실존(구체적·실제적·현실적 현존) 과정에의 주체적 참여(만남, 같이 알아보기, 함께 궁리하기)'를 구현하는 길이다.

내담자들이 치료에 와서 주로 호소하는 문제를 치료자들은 보통 '주 호소문제'라고 부른다. 자발적으로 치료를 신청한 내담자이든, 비자발적으로 치료에 오게 된 내담자이든, 모두 각자의 주 호소문제를 가지고 있다. 자신의 주 호소문제가 없는데도 의무나 강제로 치료에 오게 된 경우에는, 의뢰자의 호소문제가 내담자의 주 호소문제로 취급되기도 하고, 혹은 자신이 원치 않는 치료를 받는 것에 대한 내담자의 불평불만이 주 호소문제가 되기도 한다. 또 정신과에서 진단명을 받고 치료에 오는 경우에는, 진단받은 그 병 자체가 주 호소문제의 핵심 내용이 되기도 한다.

내담자들이 호소하는 문제는 매우 다양하나, 보통 치료자들이 주 호소문제를 결정하는 두 갈래가 있다. 하나는 내담자가 가장 힘들고 고통스럽다고 호소하는 문제를 주 호소문제로 결정하는 경우이고, 다른 하나는 내담자의 호소 중 치료자가 가장 심각하거나 중요하다고 생각하는 호소문제를 주 호소문제로 결정하는 경우이다. 첫 번째 경우에는 대체로 내담자의 목표가 치료자의 목표와 일치되는 경향이 있고, 두 번째 경우에는 명시적으로는 내담자의 목표를 중요시하면서도 암묵적으로는 치료자가 자신의 심층적 목표 또는 임상적 목표를 따로 갖게 되는 경향이 있다. 두 번째에 해당하는 치료자의 목표는 주로 치료자가 자신의 이론적 틀로 삼고 있는 내용에 기반한다.

앞서 기술한 바와 같이, 주체적 실존치료에서의 호소와 목표는 일반적인 경우와는 다른 특성이 있다. 주체적 실존치료의 목표는 '자기 결단과 책임의 성취'이고, 이 목표를 달성하기 위한 주체적 실존치료의 과정은 '주체성의 개현, 발현, 부각'이며, 주체성이라는 것은 '주체의 의식적·반성적·의지적 자기 결단의 측면'이다. 이런 점을 고려하면 주체적 실존치료에서 호소문제와 치료목표를 결정할 때, 주체성을 개현하고 발현하며 부각하여 그 결정에 대한 자기 결단과 책임을 성취하는 것이 중요하다. 대개의 치료와 달리 주체적 실존치료는 주제 혹은 내용에 큰 중점을 두지 않는다. 오히려 자기 결단과 책임의 성취라는 과정적인 측면에 초점을 둔다.

내담자는 자발적으로 치료에 왔든 그렇지 않든, '내가 치료에서 다루고 싶은 문제는 바로 이것이다'라는 주체적 호소문제와 '내가 치료를 통해 달성하고자 하는 것은 바로 이것이다'라는 주체적 치료목표를 결정해야 한다(내가 '반드시'라고 말하지 않는 것을 기억하자). 여기서 잊지 않아야 할 것은, 치료자가 첫 회기부터 내담자에게 그러한 결정을 내놓도록 요구하거나 그러한 결정을 내리는 것에만 집착해서는 안 된다는 점이다(초기 회기뿐 아니라 치료 과정 전반에 걸쳐 이런 태도는 있어서는 안 된다). 이러한 태도는 주체적 실존치료가 지향하는 바를 완전히 부정하는 것일 뿐 아니라 주체적 실존치료가 지양하는 바를 오히려 좇는 것으로, 일방적이고 독단적인 치료에 불과하게 될 것이 자명하다.

주체적 호소문제와 주체적 치료목표를 찾고 결정하는 과정에서 우선 중요한 것은, 문제라는 것을 당연하게 여기는 '자연적 태도'를 '판단중지(에포케)'하고(멈추는 방법도 나누기와 확인기, 합의하기를 통해서이기를 추구한다), '지금 무슨 일이 어떻게 일어나고 있는가'를 면밀하게 서로 나누고 확인하며 합의하면서, 내담자의 '진짜' 문제가 무엇인지를 치료자와 내담자가 같이 알아보고 함께 궁리하는 것이다. 그리고 이 과정을 통해 내담자 스스로 '이것이 바로 나의 문제이다'라고 자각하고 '내가 치료에서 다루고 싶은 문제는 바로 이것이다'라고 결단할 수 있을 때, 이것이 바로 주체적 호소문제를 결정한 것이다.

마찬가지로 내담자가 '나는 이 문제가 어떻게 되기를 원한다'라는 자신의 바람을 인식하고 '내가 치료를 통해 달성하고자 하는 것은 바로 이것이다'라는 바를 스스로 결단할 수 있을 때, 이것이 바로 주체적 치료목표를 결정한 것이다(이 과정에서 내담자는 물론 치료자 역시 자기 결단과 그 결단에 대해 명확한 책임을 수용하는 것은 당연하다). 주의할 점은, 치료자가 처음부터 이미 내담자가 책임감 있게 자기 결단을 내린 호소문제나 치료목표를 갖고 있는 것처럼 생각하여 그것을 캐내려고 하는 것이 아니고, 내담자로 하여금 자기 결단을 통한 호소문제와 치료목표를 빨리 내리도록 독촉하는 것도 아니라는 것이다.

이를 위해서 주체적 치료동기를 확인하는 것이 전제되어야 함은 물론이다. 비자발적으로 치료를 신청한 내담자는 말할 필요도 없거니와, 자발적으로 치료를 신청한 내담자조차도 그가 자신의 주체적 치료동기를 가지고 있다고 전제해서는 안 된다. 치료동기가 '주체적 치료동기'가 되는 것도, 호소문제가 '주체적 호소문제'가 되는 것이나 치료목표가 '주체적 치료목표'가 되는 것과 유사한 과정을 거쳐야 한다. 주체적 치료동기를 확인하는 과정도 주체적 호소문제와 주체적 치료목표를 결정하는 과정과 똑같다.

다시 강조하지만, 치료의 첫 회기부터 치료자와 내담자 간의 면밀하고 명확한 나누기, 확인하기, 합의하기를 통해 이러한 결정을 향해 '같이 그리고 함께' 나아가는 것이 핵심이다. 그리고 나는 이 과정 자체가 신뢰 관계를 형성하는 길이라고 본다. 치료자들은 종종 내담자와의 신뢰 관계를 형성한 후에야 어떤 치료적 작업을 진행할 수 있는 것처럼 말하곤 하는데, 나에게는 이런 말들이 오히려 신뢰 관계 형성을 방해하거나 신뢰 관계라는 것의 의미 자체를 의심하게 만드는 말들로 들린다. 왜냐하면 이런 경우 대개 치료자들은 신뢰 관계를 형성해야 한다는 이유로 자신의 솔직하고 진솔한 견해를 개방하기보다는 숨기는 경향이 있기 때문이다. 나는 면밀하고 명확한 나누기와 확인하기, 그리고 조율을 통한 합의하기 그 자체가 신뢰 관계 구축의 필요조건이자 충분조건이라고 생각한다.

주체적 호소문제와 주체적 치료목표는 치료자와 내담자가 나누기, 확인하기, 합의하기를 통해 내담자의 '진짜 자기 문제'를 탐험하는 과정에서 찾아지고 결정된다. 치료자와 내담자의 주체성, 즉 치료자와 내담자의 의식적이고 반성적이며 의지적인 자기 결단의 측면이 내담자의 '호소문제'를 중심으로 개현되고 발현되며 부각되는 것이다. 이러한 주체성의 개현, 발현, 부각은 치료자와 내담자의 나누기, 확인하기, 합의하기를 통해서 이루어진다.

이때 자기 결단과 책임의 성취는 비단 주체적 호소문제와 주체적 치료목표 결정에만 국한되는 것은 아니며, 이러한 결정을 도출하기 위한 전 과정을 아우른다. 왜냐하면 무엇인가를 의식하고 반성하며 의지적으로 알아보고 궁리한다는 것은 이미 지금 자신이 무엇을 하고 있다는 것을 자각하고 인식하면서 하는 것이니, 이 자체가 자기의 결단과 책임의 성취 영역을 벗어나 있지 않은 것이다. 여기서 결단이라는 것이 어떤 중대한 선택이나 결정만을 의미하는 것이 아니라는 점을 기억하는 것도 중요하다.

어떤 내담자는 치료에서 무엇을 다루고 싶은지는커녕 무엇을 해야 할지도 모르겠다고 말하기도 한다. 그냥 한 번 와 봤다고 하기도 하고, 혹시나 해서 와 봤다고 하는 등 호소문제와 목표 자체가 없거나 애매모호한 경우도 적지 않다. 이런 경우 치료동기 역시 불분명하기는 마찬가지이다. 그러나 이런 경우일지라도 내담자가 자기 결단을 통해 그 상태에서 무엇을 할지를 결정하는 것이 필요하다 (내담자는 치료자와의 나누기와 확인하기를 통해 자연스럽게 결단을 내리게 될 것이므로, 치료자가 내담자에게 결단을 종용하거나 강요해서는 안 된다).

때로는 내담자가 치료자에게 자기 문제가 무엇인지 혹은 자기가 어떤 목표를 가져야 하는지 결정해 달라는 요청을 하기도 하는데, 그런 경우일지라도 '내가 나의 문제와 목표를 결정해 달라고 치료자에게 요청하고 있다'는 명확한 인식이 필요하다. 그 명확한 인식이 바로 책임을 수용하고 성취하는 것이기 때문이다. 책임 수용의 결과는 다름 아닌 합의와 계약이다. 이처럼 모든 치료 과정이 나누기, 확인하기, 합의하기를 통해 이루어진다.

만약 내담자가 자신이 왜 치료를 받기로 했는지 모르겠다고 '명확하게' 자각하고, 자신의 호소문제와 치료목표를 스스로 결정하는 것이 힘들다고 '분명하게' 인식하면서, 주체적 치료동기와 주체적 호소문제 및 주체적 치료목표를 결정하기를 '진정으로' 원한다면, 이 모두가 그 순간의 주체적 치료동기와 주체적 호소문제일 수 있으며, 그런 상태 자체에 머물러 자신의 진짜 치료동기와 자신의 진짜 호소문제를 알아보고자 하는 것이 그 시점에서의 자신의 진짜 목표, 즉 주체적 치료목표일 수 있다. 중요한 것은 내용이 아니라 자신이 어떤 것을 그렇게 하고 있다는 자각과 인식이며, 이러한 명확하고 분명한 자각과 인식에 근거한 선택과 결정이다. 이것이 곧 자기 결단과 책임의 성취이며 주체성이 현현(顯現)하는 주체적인 태도이다.

문제의식을 가지고 자발적으로 치료를 직접 신청한 내담자의 경우조차도 자신의 주 호소문제와 치료목표에 대해 불명확하거나 혼란스러워하는 경우가 많고, 혹은 명확한 듯이 말하지만 조금만 질문을 해 봐도 그 명확함이 애매모호함으로 뒤바뀌는 경우가 흔하다. 이들의 공통점은 자신의 문제와 목표가 없거나 또는 모른다기보다는, 스스로 자신의 문제와 목표를 정의하고자 하는 자기 결단을 발휘하지 않는다는 것이다. 달리 표현하면, 이들은 자기 문제와 목표를 명확하게 인식하면서 참구(參究)하고자 하지 않는다는 것이다.

이는 내담자들의 자기 결단 능력에 문제가 있거나 내담자가 자기 결단을 회피하거나 부정한다기보다는, 치료에서 호소문제나 치료목표를 자기 스스로 결단을 통해 정의한다는 생각 자체가 생소해서인 경우가 대부분이다. 달리 표현하면, 내담자가 생각하는 치료란 대개 전문가인 치료자가 내담자인 자신의 문제를 치료자 임의(任意)로 진단하고, 그 진단에 맞는 적절한 처방을 치료자 임의(任意)로 제시해 주는 것이라고 여기기 때문이다(치료자조차도 이러한 관점으로 치료에 임하는 경우가 비일비재하다).

평소에 상당히 주체적으로 산다고 자부하는 사람조차도 일단 내담자가 되면 '전문가'인 치료자 앞에 앉아 있는 '비전문가'가 되어 수동적인 태도를 취하는 경우가 흔하다(실은 겉으로만 그런 경우가 대부분이다). 이런 수동성이 지나쳐서 치료자가 전적으로 자신의 문제를 찾아내고 해결해 주어야 한다는 식으로 생각하는 내담자들까지 존재한다. 이들은 '당신이 전문가이니 나의 문제를 알아서 파악하고 그 문제에 대한 해답을 전문가답게 내놓아 내 문제를 해결해 주어야 한다'라는 식으로 생각하는 경향이 있다. 어떤 내담자들은 치료자에게 자신의 문제를 '객관적'으로 보고 해결 방안을 달라고 요구하기도 하는데, 이러한 요구는 자기 삶의 고유하고 독특한 자기만의 문제를 모든 사람의 일반적이고 평균적인 문제로 만들어 버리는 것과 같다.

내담자들이 이런 태도를 취하는 데에는 각자 나름의 사정이 있을 수 있다. 그러나 주된 이유는 치료라는 것을 문제가 있는 내담자가 이 문제를 해결해 주는 전문가인 치료자를 만나 그 문제를 고치고 변화시키는 것으로 생각하는, 상식적이고 일반적인 편견과 선입견의 결과일 수 있다. 전문가 집단이 내담자에 대한 '객관적'인 검사와 '병리적(임상적)'인 진단을 점점 심화해 가는 것이나, 내담자 집단이 검사나 진단, 구조화된 전략 등이 자신의 문제해결에 특효약이라고 여기는 풍조 또한 이러한 사고를 증폭시키고 있다고 볼 수 있다. 이렇게 되면 '나'의 문제는 더 이상 '나'의 문제가 아니고, 내 문제의 '주인'은 더 이상 '나'가 아니게 된다.

주체적 실존치료자가 내담자의 문제나 괴로움에 마음을 쓰지 않는 것은 아니다. 검사나 진단, 구조화된 전략 등을 무용지물로 치부하거나 객관적이고 실증적인 결과들을 경시하는 것은 더욱 아니다. 다만, 주체적 실존치료자는 치료의 초반부터, 즉 치료를 신청하게 된 경위(계기, 동기)와 이유(문제, 병, 주제)에서부터 내담자의 자기 결단과 책임의 성취를 강조하는 것뿐이다. 즉, 내담자가 자신의 생각과 말과 행동 등을 스스로 인식하고 알아차림으로써 치료 전반에 걸쳐 그 누구에게도 주인의 자리를 내어 주지 않는 것을 강조하는 것이다.

내가 나의 주인이 된다는 것은, '나에게 지금 무슨 일이 어떻게 일어나고 있는가'를 나 스스로 알아차리면서 내가 이 일의 생성과 지속과 소멸에 하나의 원인과 조건으로 작용하고 있다는 것을 자각하고, 이 자각을 의식적으로 반성적으로 또 의지적으로 활용하는 것이다. 이것이 자기 결단이고 책임의 성취이다.

간단히 표현하면, 내가 나의 주인이 된다는 것은 '나 자신이 스스로 알고 말하는 것' 혹은 '나 자신이 스스로 알고 행동하는 것'을 의미할 뿐이다. 이것 이외에 내가 할 수 있는 것이 없기도 하지만, 이것이 내가 내 삶을 나로서 살아 내는 것의 전부이기도 하다. 이것은 주체성의 현현(顯現)이고 이것 이외에 우리의 삶이라는 것이 따로 있지도 않다. 주체성과 한 몸이기는 하지만 주체는 우리에게 모름 그 자체이고, 우리가 아는 것은 단지 주체의 한 측면인 주체성뿐이기 때문이다.

다시 말하지만, 호소문제와 치료목표의 내용과는 무관하게 훨씬 더 중요한 것은 그 호소문제와 치료목표가 내담자 자신이 자기의 호소문제와 자기의 치료목표라고 스스로 선택하고 결정한 것이라는 점, 즉 자기 결단과 책임의 성취이다. 내담자가 이것이 나의 호소문제이고 이것이 나의 치료목표라는 것을 인지적으로 '아는 것'이 중요하다. 선택과 결정의 내용은 언제든지 달라질 수 있지만, 내담자는 그러한 스스로의 선택과 결정을 '알아차리는 나' '자각하는 나' '인식하는 나'로서 이 모든 변화변천의 과정을 '알고 보는' 것이며, 이것이 곧 자기 결단이고 책임의 성취이다.

단지 스스로 자신이 무엇을 하고 있는지를 자각하고 알아차리면서 무엇을 하는 그것이 바로 자기 결단이고 책임의 성취이지, 특별한 다른 어떤 것이 아니다. 같은 의미에서, 목표의 내용을 달성했는가의 여부와 무관하게 그 목표가 왜 달성되고 달성되지 않는가를 스스로 아는 것이 훨씬 더 중요하다. 만약 내담자가 치료 전반에 걸쳐 이와 같이 주인의 자리를 지킨다면, 과정이나 목표와 관련한 자기 책임을 성취하는 것은 지극히 자연스러운 일이 된다.

내담자의 자기 결단과 책임의 성취가 어떤 특별한 기술을 통해 어떤 특별한 것을 이루는 것이 아니라, 내담자와 치료자 간의 나누기, 확인하기, 합의하기를 통해 끊임없이 주체성을 현현(顯現)하는 것뿐이라는 점을 기억할 필요가 있다. 내담자와 치료자가 각자 자신의 주체성, 즉 주체의 의식적이고 반성적이며 의지적인 자기 결단의 측면을 개현하고 발현하며 부각하는 것이 전부이다. 이 과정은 내담자와 치료자 간의 진솔하고 솔직하며 면밀하고 엄밀한 소통(대화) 그 이상도 이하도 아니다. 그저 내담자와 치료자가 각자 스스로 '알고 보면서' 말하고 '알고 보면서' 행동하는 것이다.

이때 중요한 것이 치료자 자신도 전문가인 치료자의 역할에만 집착하며 존재하는 것이 아니라, 한 사람의 주체로서 주체성을 개현하고 발현하며 부각하면서 내담자와 만나고 있다는 점을 숙지하는 것이다. 치료자는 이론적 틀이나 독단적 판단을 앞세워 내담자를 내담자 자신보다 더 잘 아는 양 자신을 전문가로서 특별한 위치에 놓고, 내담자를 내담자 자신과 자기의 문제에 대해서 잘 모르므로 적절한 도움(처치)을 받아야만 하는 사람으로 단정해서는 안 된다.

치료자와 내담자는 평등한 자리에 존재한다. 여기서 평등이라는 것은 차이 없이 균등하다는 것을 의미하지는 않는다. 치료자는 치료자대로 수많은 지식과 경험을 가진 역사적 존재자이고 내담자 역시 다양한 지식과 경험을 지닌 역사적 존재자이다. 따라서 온갖 차이가 현실적으로 존재하고 각자의 차이 중 어떤 측면은 우월의 위치에, 어떤 측면은 열등의 위치에 놓여 있을 것이다. 그러한 명백한 차이를 수용하는 평등이다. 차이를 차이대로 인정하면서, 치료자는 치료자의 주체성을 개현, 발현, 부각하고 내담자는 내담자의 주체성을 개현, 발현, 부각하는 것이 평등한 것이다. 물론 그 현현(개현, 발현, 부각)의 방법은 진솔하고 솔직하며 면밀한 나누기와 확인하기, 그리고 합의하기이다.

내가 이런 말을 하면 어떤 치료자(특히 중립성이라는 교육에 염증을 느끼거나 내담자에게 조언과 교육 등을 퍼붓고 싶은 치료자)는 물 만난 물고기처럼 좋아하면서 내담자 말을 경청하기보다 자기가 하고 싶은 말을 하는 데 집중하기도 한다. 이는 심각한 오해이다(때로는 내담자에 대한 폭력이다). 주체적 실존치료는 다른 모든 실존치료와 마찬가지로 현상학적 방법에 근거하여 치료를 수행한다. 실존치료자들이 현상학적 방법만을 치료에 적용하는 것은 아니지만, 현상학적 방법을 치료에 적용하지 않는 실존치료자는 없다고 해도 크게 틀린 말이 아닐 정도이다.

나는 종종 Husserl이 '사태 자체로 돌아가자'라고 한 말을 '원자료로 돌아가자'라고 내 방식대로 표현하곤 한다. 그만큼 주체적 실존치료에서는 원자료에 근거하고 원자료에 기반하여 치료를 수행하는 것이 중요하다는 의미이다. 내가 원자료(raw source)라고 말하는 것은 바로 지금 여기의 장(field)에 생생하게 존재하는 자료들이다. 내담자가 하는 생각, 느낌, 말 등 내담자의 내면에서 혹은 바깥에서 현상하는 모든 있는 그대로의 자료들 그것이 원자료이고, 치료자가 하는 생각, 느낌, 말 등 치료자의 내면에서 혹은 바깥에서 현상하는 모든 있는 그대로의 자료들 그것이 원자료이며, 우리가 공유하는 장에서 발생하고 나타나는 모든 있는 그대로의 자료들 그것이 원자료이다.

나는 나의 수퍼바이지들을 교육할 때 내담자 말의 조사까지도 있는 그대로 정확히 들으라고 말하곤 한다. 내담자가 말한 문장 그대로를 다시 똑같이 그대로 치료자가 말할 수 있을 정도로 원래의 자료 그대로에 집중하도록 요구한다. 또한 치료자 자신이 하는 생각(이미지나 상상 등 모든 의식적 작용을 포함하여)이나 말 등의 원자료를 있는 그대로 자각하고 알아차리면서 원자료의 내용을 변형 없이 표현하는 연습을 하도록 교육한다. 치료자가 한 말에 대해 내담자가 그렇게 말한 이유를 물었을 때 치료자가 그 물음에 답하지 못하는 일이 없을 정도로 원자료(치료자 내면의 원자료이든 밖으로 드러난 원자료이든 내담자와의 관계에서 혹은 그 장에서 생겨난 원자료이든)에 대한 엄밀한 알아차림을 강조한다.

이때 원자료의 내용 그 자체에는 어떤 변형도 가하지 않지만, 치료자 자신의 원자료를 내담자에게 표현하는 방식에서는 맥락과 상황에 따른 다양한 수사학적 기술을 적용하도록 교육한다. 이렇게 교육하는 목적은 치료자 원자료의 내용을 내담자가 정확하게 이해할 수 있도록 전달하기 위해서이며, 이러한 시도 역시 치료자가 자기 원자료의 내용을 내담자와 있는 그대로 교환하여 소통하게 하기 위한 노력의 일환이다.

이러한 소통에서 주의할 점은 치료자가 자신의 원자료를 자기 자신의 원자료라고 명확하게 명시하면서 소통하는 것이다(이는 내담자도 마찬가지이다. 그러나 우선 모범을 보여 주어야 할 사람은 당연히 치료자이다). 내담자의 원자료는 내담자 당사자의 것으로 치료자의 원자료는 치료자 당사자의 것으로, 각자 그 원자료의 출처를 분명하게 밝히고 각자 자신의 원자료에 대한 책임을 소유하면서 소통하는 것이 중요하다.

만약 각자의 원자료를 토대로 소통하는 가운데 내담자의 말과 치료자의 말 사이에 간극(間隙)이 있다면, 그 간극 자체도 다시 원자료로 삼아 그 원자료에 대한 각자의 원자료를 서로 소통하는 것이 필요하다. 이 모든 것의 핵심은 오롯이 '원자료'에 집중하는 만남을 매우 강조한다는 것이다. 주체적 실존치료는 철저하게 원자료에 근거하여 원자료를 재료로 이루어지는 치료이므로, 주체적 실존치료자는 어떠한 변형이나 조작도 없이(그것이 훌륭한 이론적 설명일지라도) 있는 그대로의 원자료에 충실하겠다는 의도와 그렇게 하기 위한 노력, 그리고 그렇게 할 수 있는 능력이 그 무엇보다 우선 요구된다.

사실 완벽하게 원자료에 집중한다는 것은 불가능하다. 우리가 생각하고 느끼는 모든 것을 알아차리거나 말로 드러내는 것 자체는 불가능하다. 혼자서도 불가능하기는 하지만 두 사람이 만나서 긴밀하게 소통하는 치료 장면에서는 더더욱 불가능하다. 그럼에도 불구하고 내가 이와 같이 교육하는 것은 주체적 실존치료에서는 그만큼 원자료가 중요하고, 원자료에 집중하는 것이 중요하기 때문이다. 이런 접근 역시 내담자와의 나누기, 확인하기, 합의하기를 통해 이루어지는 것임은 물론이다. 주체적 실존치료에서는 일방적이고 독단적인 모든 것을 지양한다(합의된 일방성과 합의된 독단성이라면 당연히 수용되겠지만 말이다).

합의에 관해서도 '반드시' 명시적인 합의를 해야만 된다는 식의 일방성과 독단성은 수용되지 않는다. 합의의 수준과 정도 자체도 합의에 따라야 하기 때문이다. 끊임없이 반복되는 나누기와 확인하기가 전부이고 이 방법이 곧 합의하기에 이르게 하는 것이므로, 합의의 최종 모습은 명시적이고 명확할 수도 있고 암묵적이고 애매할 수도 있다. 그 양태는 내담자와 치료자 간의 나누기와 확인하기 방식에 달린 것이다. 핵심은 나누기, 확인하기, 합의하기가 세밀하고 면밀하게 반복적으로 이루어지는 것이다.

예를 들면, 치료자가 자기의 생각이나 느낌 등의 원자료를 자기의 생각이나 느낌이라고 명확하게 밝히지 않으면서, 자신의 원자료를 특정 이론 및 분석 등을 통해 각색하여, 내담자의 양해나 동의 없이 치료자 임의로 일방적으로 드러낸다면, 이는 원자료에 충실한 것이 아니다. 혹은 내담자의 원자료를 경청하거나 그 의미를 내담자와의 나누기를 통해 명확하게 확인하지도 않으면서, 내담자와의 합의도 없이 치료자가 조언이나 교육 등 자신의 치료 전략을 독단적으로 드러낸다면, 이 역시 원자료에 충실한 것이 아니다.

원자료에 충실하다는 것은 치료자와 내담자가 각자 지금 여기에서 함께하는 이 순간의 체험적 자료 그 자체에 온전히 주의를 집중하고 몰입하는 것을 말한다. 지금 여기에서 드러나고 나타나고 있는 그대로의 일차적인 자료를 이차적 혹은 삼차적 자료 등으로 변형시키거나 채색하지 않고, 치료자와 내담자가 경험하는 그 원자료 자체를 자료로 하여 열심히 나누고 확인하고 합의하면서 같이 알아보고 함께 궁리하는 것이다. 내담자에 대한 공감과 자비조차도 그것이 내담자와 공유되고 조율된 합의에 기반한 것이 아니라면, 그것은 진정으로 내담자에 대한 공감과 자비가 아니라 치료자가 내담자를 위한 것이라고 독단적으로 믿고 일방적으로 실행하는 공감과 자비일 수 있다.

치료자들이 흔히 저지르는 오류 중 하나가 내담자를 도움이나 치료가 필요한 사람으로만 보면서 내담자를 '위해서' 존재하는 것을 마치 자신이 내담자를 존중하는 것인 양 생각하는 것이다. 치료자가 독단적 판단으로 내담자만을 '위해서' 일방적으로 현존한다면, 그것은 사람과 사람의 진정한 만남이라고 보기 어렵다.

내담자가 이 치료의 주인인 것처럼 치료자도 이 치료의 주인이다. 두 사람이 각자 자신의 주체성을 드러내면서 치료에 참여하는 것(만나는 것), 즉 같이 알아보고 함께 궁리하는 것이 바로 주체적 실존치료에서 치료의 진정한 의미이고 과정이다. 이는 면밀하고 솔직한 '나누기'와 진솔하고 개방적인 '확인하기', 즉 치료자와 내담자가 각자 솔직하고 면밀하게 자신을 개방하고 이해한 바를 진솔하게 공유하면서 그 의미를 확인하는 것을 통해 구현된다(그것이 상호 합의에 기반한 것이어야 함은 물론이다).

치료자와 내담자는 이미 같은 시대와 공간의 공통 지평 위에서 주체로서 만나고 있었던 사람들이다. 치료를 한다는 것은 단지 자신의 의식적·반성적·의지적 자기 결단의 측면을 통해 치료자와 내담자가 함께 만난다는 명확한 인식을 가지고 만나는 것이라는 점에서만 차이가 있을 뿐이다. 그 만남에서 중요한 것은 내용보다는 어떻게 만나고 있는가이고, 그보다 더 중요한 것은 만남의 과정 전반에 걸친 치료자와 내담자의 자기 결단과 책임의 성취이며, 이것은 합의를 바탕으로 한 솔직하고 면밀한 나누기와 개방적이고 진솔한 확인하기를 통해 실현된다.

치료 전 과정에서 시종일관 중요한 것은 치료자와 내담자가 각자의 실존 과정에 각자가 주체적으로 참여하는 그 자체이고, 치료에의 참여는 철저하게 각자의 혹은 상호 간의 원자료에 근거한 나누기와 확인하기의 방식이어야 한다는 것이며, 이러한 주체적 참여에 대한 상호 합의가 전제되어야 한다는 점이다. 여기서 '주체적'이라고 함은 물론 주체성과 주체 모두를 포함하는 것이지만, 우리가 현상적으로 경험하는 것은 주체성의 개현, 발현, 부각이고, 이 과정을 수행하는 것 자체가 주체의 참여이다.

나는 치료 시작부터 이러한 점을 매우 강조하는데, 그럴 경우 치료에 가지고 온 문제가 더 이상 문제가 되지 않는 일이 일어나거나 전혀 다른 문제가 중요해지기도 한다. 자기 문제를 주체성을 자각하며 주체적으로 바라보기 시작하면 이전에는 생각하지 못했던 새로운 일들이 일어난다. 첫 만남부터 주체적 실존치료에서 중요한 '주체성의 개현, 발현, 부각'에 초점을 두다 보면 최종 치료목표의 내용은 대개 '같이 잘 알아보고 함께 잘 궁리해 보기'로 귀결된다(내담자가 이 방식에 익숙하고 만족했을 경우라면 말이다).

왜냐하면 모든 문제와 목표라는 것이 원인과 조건에 따라 수시로 변화하므로('인연생기'하기 때문에), 어떤 특정 호소문제나 특정 치료목표를 정한다는 것 자체가 궁극적으로는 무의미하다는 것을 인식하게 되기 때문이다. 또한 치료에서 중요한 것은 그러한 다양한 주제들을 면밀하게 펼쳐서 '지금 무슨 일이 어떻게 일어나고 있는가'를 같이 알아보고, '이 일을 어떻게 처리할 것인가'를 함께 궁리하는 것이라는 점을 깨닫게 되기 때문이다. 그리고 바로 이 과정 전체의 중심부에 하나의 커다란 원인과 조건으로서 내담자인 '자기 자신의 기여(寄與)'가 굳건히 자리하고 있다는 것을 자각하게 되기 때문이다.

안타깝게도 이런 일이 흔하게 발생하는 것은 아니며, 내담자들이 이런 접근에 처음부터 호감을 보이는 경우도 거의 없다. 그러나 주체적 실존치료 입장에서 볼 때, 내담자가 이러한 접근에 호의적이지 않거나 부정적인 것은 아무런 문제가 되지 않는다. 그 사람은 단지 그런 관점을 가지고 그런 결단을 내렸을 뿐이다. 따라서 주체적 실존치료를 실행하는 치료자는 자신의 관점을 엄밀하고 충실하게 주체적으로 시도하면 되는 것이고, 내담자는 그것에 대해 자신의 관점에 따라 주체적으로 판단하여 반응하면 되는 것이다(어떤 치료자들은 내담자들이 이런 판단을 할 상태가 아니라든가 그럴 능력이 부족하다고 할 수도 있겠지만, 나는 그렇게 생각하지 않는다). 그 결과가 무엇이든 그것은 '인연생기'일 뿐이므로 인연(因緣) 따라 일어난 일은 인연 따라 흘려버리면 되는 것이고, 그 인연에 참여한 나의 기여 부분에 대해서만 내가 책임을 지면 되는 것이다.

내담자와의 첫 만남부터 세밀하고 면밀한 나누기와 확인하기, 합의하기를 통해 내담자의 진짜 문제, 즉 주체적 호소문제를 탐색하고 결정하는 과정을 실행하여 이 진짜 문제에 자연스럽게 따라오는 진짜 목표, 즉 주체적 치료목표를 탐색하고 결정하는 과정을 실행하게 되면, 내담자는 진정 중요한 핵심은 호소문제와 치료목표의 내용 그 자체가 아니라 결국 그것을 자기의 문제라고 선택하고 그것을 자기의 목표라고 결정하는 자기 결단의 측면이라는 점을 자각하게 되며, 이런 알아차림이 곧 책임의 성취이다.

이렇게 모든 것의 핵심에 엄연하게 자리하고 있는 자기 결단과 책임의 성취를 보고 알게 되면, 이때부터는 그저 어떤 조건들이 모여 문제가 생기고 어떤 조건들이 모여 문제가 사라지는지를 알아보고 궁리하는 것에 관심이 생기게 되고, 그 중심에 자신의 의식적이고 반성적이며 의지적인 자기 결단이 자리하고 있다는 것에서 오는 주인의식을 가지게 된다. 그리고 이런 주인의식 자체가 자신의 책임을 수용하고 성취하는 것이다.

어떤 내담자들은 자기 문제를 자기 책임으로 받아들이고 주체성을 개현하고 발현하며 부각하면서 주체적으로 바라보려는 이 시도 자체에 대한 불편감과 거부감을 드러내기도 한다. 치료자가 정답을 내놓기를 바라고 온 내담자나 치료자가 적극적으로 자기편을 들어 주면서 위로해 주기를 바라고 온 내담자라면, 단 한 번의 만남으로도 실망할 가능성이 크다. 특히 자신을 '피해자'라고 생각하는 내담자의 경우, 이러한 시도 자체가 자신에 대한 또 다른 '가해'라고 생각하면서 분노할 수도 있다. 왜냐하면 주체성을 강조하게 되면 어떤 일의 발생에 대한 자신의 '기여(寄與)'를 생각할 수밖에 없는데, 이것이 어떤 사람에게는 수용되기 어려운 것일 수 있기 때문이다.

나는 이 현상의 기반에는 '나 중심적 사고'와 '고착된 선형적 인과관계' 개념이 있다고 본다. 모든 것을 나 중심적 사고에서 원인과 결과로 단선적으로 연결하기보다는, 나조차도 여러 원인 혹은 조건 중의 하나일 뿐 어떤 현상이든 단지 여러 원인과 조건이 인연에 따라 모이고 흩어지는 것이라는 '연기' 개념을 전제한다면, 내담자가 '나의 기여(寄與)'라는 부분을 분노 없이 수용할 수도 있다고 생각한다. 그러나 여전히 수용이 힘든 내담자가 있는 것도 사실이다. 하지만 이것은 문제가 되지 않는다. 주체적 실존치료를 진행할 것인가 말 것인가는 전적으로 내담자의 자유로운 선택과 결정에 달려 있으며, 이는 내담자가 주체적 실존치료의 전제에 동의하느냐 하지 않느냐의 문제일 뿐, 결국 주체적 실존치료의 전제 중 하나인 관점주의, 즉 관점(해석)의 차이일 뿐이기 때문이다.

그러나 만약 치료자가 내담자의 사정과 상황을 충분히 고려하지 않거나 면밀한 나누기와 엄밀한 확인하기를 세밀하게 수행하지 않는다면, 그것은 바람직하지 않을 뿐만 아니라 치료자의 잘못이다. 내담자의 사정과 상황에 따라 치료자가 주체적 실존치료의 적용 방식을 조율하고 조정하는 것이 필요하다는 점은 말할 필요도 없이 당연하다. 주체적 실존치료자의 목적이 내담자와의 진솔하고 솔직한 만남이고 그 만남을 통해 열심히 같이 알아보고 함께 궁리하는 것인 이상, 내담자와의 진정성 있는 '만남'을 위해 내담자의 사정과 상황을 고려하는 것은 매우 기본적이고 근본적인 것이다.

주체적 실존치료자가 치료 장면에서 내담자에게 솔직하고 개방적이고자 할 때, 여러 가지 위험에 노출될 가능성이 충분히 있다. 따라서 이러한 위험성을 염두에 두어야 할 필요가 있지만, 사실 실수와 위험을 감수하는 용기 없이는 주체적인 한 인간과 또 다른 주체적인 한 인간이 어떠한 '문제'를 진정으로 열심히 같이 알아보면서 함께 궁리하기가 쉽지 않다. 그러므로 치료자는 실수와 위험을 최소화하기 위해 주체적 실존치료의 방법을 엄격하게 수련해야 한다.

주체적 실존치료에서는 치료자가 내담자 문제에 대한 치료자 나름의 사례 개념화와 개입 전략을 구성할 필요가 없다. 더 정확하게 말하면 사례 개념화와 그것에 기반한 개입 전략이라는 것은 궁극적으로 필요하지도 않을뿐더러 가능하지도 않다고 생각한다. 또 주체적 실존치료의 방법은 단순히 외워서 그대로 실천하기만 하면 되는 것이 아니라, 몸에 깊이 배는 훈습(熏習)이 필요한 방법이다. 그저 나누고 확인하고 합의하는 것이 전부이기 때문에 고정된 어떤 틀로써 명확하게 매뉴얼화할 수 있는 길이 없기 때문이다. 주체적 실존치료를 지향하는 치료자가 '전문가'로 불릴 수 있는 유일한 길은 매뉴얼화된 어떤 방법을 구사하는 것에 의해서가 아니라, 훈습을 통해 치료자 그 사람에게서 자연스럽게 보이고 나타나는 체화(體化)된 태도와 말(행동)을 통해서이다.

나는 내담자가 들고 온 문제가 무엇이든지 간에 나와 내담자가 치료 장면에서 할 수 있는 것이라고는 그 문제를 면밀하게 잘 펼쳐서 같이 열심히 알아보고 함께 열심히 궁리하는 것뿐이라고 생각한다. 조금 더 욕심을 낸다면 같이 알아보고 함께 궁리한 끝에 내담자가 자기 결단을 통해 시도해 보고자 하는 것이 생겼을 때 그 과정을 함께하는 것 정도이다. 만약 크게 욕심을 내 본다면 내담자가 '인연생기'라는 것을 개념으로서만이 아니라 진정 심정적으로도 이해하도록 그리고 구체적 경험 속에서 체화해 가면서 우리가 '문제'라고 부르는 것의 가변성과 연기성(공성)을 자각하도록 돕는 것이다.

이렇게 연기성(공성)을 자각하게 될 때, 현실적으로는 최선을 다해 지금의 문제를 해결하고자 하는 노력을 열심히 하면서도 궁극적으로는 그 '문제'나 그 문제를 해결하기 위해 열심히 노력하는 '나'나 또 그 문제의 '상황' 혹은 '맥락'이 모두 인연생기(因緣生起)라는 진실을 알게 될 것이기 때문이다. 나는 이 '앎'의 결과가 '집착으로부터의 벗어남'이고, 불교에서 말하는 '여여(如如)'이며, 진정 '내가 내 삶의 주인이 되는 것'이라고 생각한다. 이것이 주체적 실존치료가 그릴 수 있는 가장 큰 그림이다.

그러나 여기서도 잊지 말아야 할 것은, 주체적 실존치료의 목표는 그 그림 자체가 아니라 그 그림을 그리겠다고 결심하고 실제로 그리는 주체적 결단 그 자체라는 것이다. 물론 그 그림을 그리지 않겠다고 주체적으로 결단한다면 그 자체도 주체적 실존치료의 목표를 훌륭하게 이룬 것이다. 또 집착으로부터의 벗어남이나 자기 삶의 주인이 되는 것 등이 모두 '인연생기'라는 것을 잊지 않는 것이 중요하다. 한마디로 '앎'이 주체적 실존치료의 목적이지, '앎의 내용'이 목적인 것은 아니다. 앎의 내용은 단지 각자의 때와 상황에 따른 관점을 따르면 되는 것이다.

사실 내담자가 치료를 신청하게 된 계기인 특정 문제, 즉 오랫동안 내담자를 괴롭혀 온 문제가 치료를 통해 쉽게 사라진다면 그것이 오히려 기이한 일일 수 있다. 왜냐하면 그 문제의 형성과 지속에는 내담자의 기여가 필수적인 조건일 것인데, 내담자가 스스로 괴로움을 겪으면서까지 그 문제를 지속해 올 수밖에 없었다면, 이는 내담자가 그렇게 할 수밖에 없었던, 즉 그 문제의 지속에 하나의 조건으로서 스스로 기여할 수밖에 없었던 나름의 사정과 여건이 분명히 존재할 것이기 때문이다.

따라서 그러한 여러 가지 여건과 사정을 면밀하게 펼쳐서 살펴보아야 하는 것은 물론이거니와 그러한 여건과 사정 속에서 내담자가 어떤 방식으로 어떻게 대처하며 그 문제의 지속에 기여해 왔는지 등도 다각도에서 세밀하게 펼쳐서 살펴보아야 한다.

내담자도 괴로움을 경험하고 그 괴로움에서 벗어나기 위해 나름 애를 썼음에도 불구하고 그 문제를 어찌하지 못하는 자신을 알고 있다. 그래서 그 문제가 어떤 의미에서든 자기에게 중요한 것이고, 그런 까닭에 쉽게 사라질 것이 아님을 누구보다 잘 알고 있다. 때로는 말로는 그 괴로움을 없애고 싶다고 하지만 심중에는 그 괴로움이 지속되어야 할 이유가 있기도 하다. 그저 당장 너무 괴롭기 때문에 가만히 생각하면 말이 안 된다는 것을 알면서도 치료와 치료자에게 희망을 걸어 보는 것이다. 세상에 기적이 존재하듯이, 치료에서도 기적 같은 일이 간혹 일어나기도 하니 말이다.

이와 같은 내담자의 심정과 사정을 모르는 바는 아니지만, 주체적 실존치료자는 이 심정과 사정에 빠지는 것을 경계한다. 오히려 내담자 스스로 '지금 나에게 무슨 일이 어떻게 일어나고 있는가'를 자기 자신이 직접 알아차리는 것의 중요성을 강조한다. 그러나 만약 내담자가 치료자가 자신의 심정과 사정에 함께해 주기를 명확한 자기 결단을 통해 요청하고 치료자가 그것에 동의하여 합의한다면, 치료자 역시 무슨 일이 어떻게 일어나고 있는가를 인지적으로 궁리하는 것보다는 정서적으로 내담자의 상태에 공명하려는 노력에 집중할 것이다. 물론 치료자가 그것을 할 수 있고, 하기로 결정하는 것이 전제되어야 하지만 말이다.

어떤 치료도 정서의 중요성을 부정할 수 없듯이 주체적 실존치료 역시 정서의 중요성을 간과하는 것은 아니지만, 정서보다 인지에 초점을 두는 경향이 있는 것은 분명하다. 주체적 실존치료에서는 정서조차도 인지적 탐구의 대상이 되는 경향이 강하다. 그러나 오해를 해서는 안 된다. 주체적 실존치료는 정서를 특별히 분리하여 주목해서 따로 다루어야 할 주제라고 생각하지 않을 뿐이다. 주체적 실존치료는 정서가 치료자와 내담자의 만남과 궁리 작용 자체 안의 어떤 분위기를 통해 항상 내재하고 있다고 본다.

우리가 늘 공기를 들이마시고 내뱉으면서 살지만 평소에 그 공기의 존재를 의식하면서 살지 않는 것처럼, 정서는 늘 우리와 붙어 있는 것이기에 특별한 경우가 아니라면 그것을 주제화할 필요성조차 느끼지 못하는 것이다. 그러나 숨을 쉬기 어려울 때 공기에 대해 생각하는 것처럼 평소 우리는 정서에 크게 관심을 두지 않지만, 정서와 내가 자연스럽게 조율되어 있지 않을 때 정서는 나의 관심을 끌게 된다. 따라서 정서를 특별히 주제로 한다는 것은 이미 정서가 인지적으로 포착되었다는 것이고, 정서를 집중적으로 다룰 것인가 아닌가조차도 내담자가 자기 결단을 통해 결정할 사안이다(물론 최종 결정에는 치료자와의 합의도 필요하다).

정서 혹은 감정이 내담자의 고유세계를 들여다볼 수 있는 창문인 것은 분명하지만, 그 창문이 자연스럽게 열리는 경우가 아닌 이상 그 창문을 열 것인가 말 것인가는 내담자의 고유한 선택과 결정에 달려 있다. 치료자는 권유하고 호소할 수는 있지만 그 이상의 권리를 가질 수는 없다. 특히 '전문가'라는 이름 뒤에 숨어서 갖는 독단적이고 우월적인 권리는 더더욱 조심해야 할 것이다.

요약하자면, 주체적 실존치료에서는 호소문제와 치료목표가 내담자의 주체적 자기 결단을 통해 주체적 호소문제와 주체적 치료목표로 결정되는 것이 중요하다. 이것이 반드시 명시적으로 명문화할 수준까지 이루어지지는 않을 수 있으나, 나누기, 확인하기, 합의하기를 통해 이루어지는 주체적 실존치료 과정에서 내담자가 자신의 호소문제와 자신의 치료목표를 스스로 결정하게 되는 것은 자연스럽게 귀결되는 결과이다. 내담자의 '진짜' 문제를 함께 탐구하다 보면 내담자의 주체적 호소문제가 자연스럽게 결정되고, 이는 다시 내담자의 '진짜' 목표인 주체적 치료목표로 자연스럽게 이어지게 된다.

이때 내담자의 주체적 치료목표에 치료자가 기꺼이 동의가 되고 동참할 수 있다면, 치료자는 그 사실을 솔직하게 개방하면서 내담자의 주체적 치료목표 그대로를 최종 치료목표로 합의하는 결정을 할 수 있다. 이는 굳이 합의라고 이름 붙일 필요가 없을 정도로 자연스럽게 합의가 이루어지는 것을 의미한다. 그러나 내담자의 주체적 치료목표에 치료자가 동의하고 동참하기 어려운 경우라면, 이를 솔직하게 개방하여 나누고 확인하면서 최종 치료목표를 조율하여 합의하는 과정을 명시적으로 거칠 필요가 있다(이 경우에는 특히 면밀하고 세밀한 나누기와 확인하기가 필요할 수 있다).

치료자는 내담자의 목표에 속으로는 진정으로 동의하지 않으면서 겉으로만 동의하는 척을 해서는 안 된다. 또 내담자의 현재 목표를 중요시하지 않거나 동의하지 않으면서도 그것을 개방하지 않고 자신의 계획대로 암묵적으로 그리고 독단적으로 치료를 진행해서는 안 된다. 마찬가지로 내담자의 목표가 무엇이든 상관없이 자신의 이론적이고 임상적인 목표에만 집중해서도 안 된다. 치료자는 자신이 할 수 있는 것과 할 수 없는 것에 정직해야 하고, 자신의 관점과 견해를 원자료에 근거하여 내담자와 면밀하게 나누고 확인하면서, 함께 기꺼이 동참할 수 있는 치료목표 합의를 위해 진심으로 노력해야 한다. 이것이 바로 내담자의 주체적 치료목표가 결정된 후, 치료자와 내담자의 합의에 의해 최종 치료목표를 결정하는 과정이다.

자연스럽게 합의가 되는 경우도 있지만 때로는 내담자와 치료자가 열심히 의견을 나누고 서로의 견해를 확인하면서 열띤 논의를 해야 할 때도 있을 수 있다. 이 과정에서 치료자가 내담자를 설득해야 할 수도 있고 내담자가 치료자를 설득해야 할 수도 있다. 어떤 경우이든 핵심은 주체적 실존치료의 최종 치료목표는 치료자와 내담자 둘 간의 합의(자연스러운 합의일 수도 있고 열띤 논의 결과 이루어진 합의일 수도 있는)를 통해 결정해야 한다는 것이다.

또한 치료 진행의 방식에 대해서도 치료자는 내담자에게 의견을 묻고 또 자신의 의견을 제시하면서 나누기와 확인하기를 통해 합의를 실행할 수 있다. 최종 치료목표와 마찬가지로 치료의 진행방식도 자연스럽게 암묵적으로 합의가 이루어지기도 하고 여러 가지 의견 차이를 조율하면서 명시적으로 합의가 이루어지기도 한다. 때로는 합의 결과를 계약 형식을 통해 기록으로 남겨야 할 때도 있다. 최종 치료목표나 진행방식의 합의에 있어서도 가장 중요한 것은 내용 자체라기보다는 그러한 최종 치료목표와 진행방식을 만들어 낸 내담자와 치료자의 자기 결단과 책임의 성취이다. 그리고 이는 주체성의 개현, 발현, 부각을 통해 달성되는 것이고, 이 전체 과정은 나누기, 확인하기, 합의하기를 통해 이루어진다.

이처럼 치료 초기 회기에서 실제로 구현된 현상들(나누기, 확인하기, 합의하기를 통한 자기 결단과 책임의 성취)은 결국 주체적 실존치료의 전 과정을 통해 반복적으로 구현될 현상들이므로, 내담자가 주체적 실존치료의 실제를 잘 이해하고 경험하게 되는 하나의 훌륭한 실례가 될 것이다. 또한 결국 치료에서 중요한 것은 주제(문제의 내용)가 아니라 치료자와 내담자가 그 주제(문제의 내용)와 관련된 여러 조건을 같이 알아보고 함께 궁리하는 것이라는 점, 그리고 치료자와 내담자 각자는 물론 치료자와 내담자의 만남 자체가 지금 일어나고 있는 일의 분명한 하나의 조건이라는 점을 인식하게 되는 중요한 실례가 될 것이다.

그러나 만약 치료자들이 이와 같은 치료 방식이 내담자들에게 잘 적용될 것을 기대한다면, 실망할 일이 많을 것이다. 왜냐하면 우리는 보통 힘들 때 심사숙고하면서 자기 문제를 자기가 스스로 해결하고자 하기보다는 누군가에게 기대고 의지하며 위로받고자 하고 누군가가 내 문제를 대신 해결해 주기를 원하기 때문이다. 그 대상이 신일 때도 있고, 치료자일 때도 있을 뿐이다. 내담자가 신이 아닌 치료자를 선택했다면, 내담자는 그의 모든 문제를 전적으로 대신 책임져 줄 수 있는 신과는 달리 치료자 역시 자기 몫의 괴로움과 책임을 짊어지고 살아가는 고유하고 독특한 한 명의 인간에 불과할 뿐이라는 점을 숙지할 필요가 있다.

치료자들이 다른 사람들과 조금 다른 면이 있다면, 치료자들은 자기 실존의 문제를 큰 관심사로 여기면서 끊임없이 궁리하는 것에 익숙하고, 그러한 사고 능력이 수련을 통해 숙련되어 있으며, 이렇게 궁리하는 것을 다른 사람과 공유하는 것에서 기쁨을 느끼는 사람이라는 것뿐이다. 치료자가 특별한 존재가 아니라는 말이 너무 당연하게 여겨져서 내가 이런 말을 하는 것에 대해 의아해할 사람도 있을 수 있다. 그러나 나는 치료 현장에서 이 말을 피상적으로 이해하는 사람은 많지만, 그 말의 진정한 의미를 이해하는 사람은 많지 않다는 경험을 하곤 한다. 그 사람이 내담자이든 치료자이든 마찬가지이다.

앞에서 기술한 주체적 실존치료의 주요 내용 적용을 정리하면 〈표 9-1〉과 같다. 독자들은 이것이 단지 하나의 적용의 예라는 점을 기억해야 한다. 이 내용 자체에 집착하여 이 내용 자체의 구현에 몰두한다면, 이는 주체적 실존치료를 완전히 오해하는 것이 될 수도 있다. 이 적용의 예에서 일어나는 일들이 어떤 '과정'을 통해 이루어지는지가 주체적 실존치료 이해에 있어 핵심이라는 점을 잊지 않기를 바란다.

표 9-1 주체적 실존치료의 주요 내용 적용 예시

주체적 치료동기 결정	• 내담자의 치료 신청 경위 혹은 의뢰 사유 확인 – 치료를 '왜(why)' 혹은 '어떻게(how)' 신청하게 되었는가? • 내담자 자신의 주체적 치료동기 확인 및 결정 – 치료를 진정으로 '왜(why)' 하고자 하는가?
주체적 호소문제 결정	• 내담자의 호소문제 탐색 • 호소문제 중 내담자 자신의 주체적 호소문제 결정 – 치료에서 다루고자 하는 진정한 문제가 '무엇(what)'인가?
주체적 치료목표 결정	• 주체적 호소문제에 따른 내담자 자신의 주체적 치료목표 결정 – 치료를 통해 '무엇(what)'을 진정으로 달성하고자 하는가?
최종 치료목표 및 진행방식 결정	• 내담자와 치료자가 목표에 대한 의견을 나누고 확인한, 최종 치료 목표 결정 • 내담자와 치료자가 최종 치료목표에 따른 치료 진행방식에 대한 의견을 나누고 확인한, 최종 치료 진행방식 결정 – 내담자와 치료자 간 조율된, 치료를 '무엇을 위해(what for)' 하는가? – 내담자와 치료자 간 조율된, 치료를 '어떻게(how)' 진행하는가?

제2부

주체적 실존치료의 방법

제 10 장

실존치료의 방법

실존치료자들은 특정 방법에 매이지 않는 경향이 강하다. 그러므로 실존치료에서 사용되는 방법은 매우 다양하고 때로는 다른 이론에서 주로 쓰이는 방법을 차용하기도 한다. 다른 치료들에 비해 실존치료 자체의 스펙트럼도 넓지만, 실존치료에서 쓰이는 방법의 스펙트럼 또한 넓다.

Cooper 등(2019)은 실존치료를 어떤 특정한 미리 정해진 기법에 근거해 정의할 수 없다고 하면서 실제로 일부 실존치료자들은 그 어떤 기법적인 개입도 하지 않는다고 말한다. 왜냐하면 그들은 그러한 부자연스러운 기법들이 자칫 치료적 관계의 근본이라고 할 수 있는 진솔성과 솔직성, 정직성 등을 약화시킬 수도 있다고 보기 때문이다.

그러나 주요 실존치료, 즉 '현존재분석' '실존적-현상학적 치료' '실존적-인본주의적 치료와 실존적-통합적 치료', 그리고 '의미치료와 실존분석'에서 공통으로 사용되는 방법이 있다. 바로 현상학적 방법이다. 실존치료에서 사용하는 현상학적 방법은 Husserl의 선험적(초월론적) 현상학뿐만 아니라 Heidegger의 해석학적 현상학과 Jaspers의 현상학 등 다양한 현상학적 방법을 포괄한다. Gadamer는 현상학이라는 것은 그 전개 방향이 너무도 다양하여 하나의 이름으로 불릴 수 없다고 말한다(이진모, 2010에서 재인용).

현상학적 방법을 Spinelli(1989)는 치료자가 특정 의미와 이론을 판단중지하고 기술적인(descriptive) 진술을 촉진하는 것으로, Milton과 Legg(van Deurzen &

Arnold-Baker, 2005에서 재인용)는 암시적 혹은 형식적 이론이 적용되지 않는 내담자 고유의 현실을 명확하게 기술(description)하는 것으로 정리한다. 실존치료자는 치료 과정에서 현상학적 방법을 통해 치료와 관련된 모든 선입견을 일시적으로 옆으로 제쳐 놓으려고 노력함으로써 매회 치료 시간 동안에 최대한 그 순간에 집중하고 주의를 기울이려고 노력한다.

이렇게 하는 목적은 내담자의 어떤 특정한 경험이 그 사람의 고유하고 독특한 현재의 삶의 맥락에서 어떤 의미를 지니는지 명확하고 분명하며 깊이 있게 이해하기 위해서이다(Cooper et al., 2019). 또한 내담자를 일반적이고 객관적이며 과학적이고 의학적인 대상으로 보고, 치료자를 그러한 대상인 내담자를 분석하고 판단하여 진단하고 변화시키는 주관으로 보는, 자연과학적이며 실증주의적인 이분법을 피하기 위함이다.

이처럼 현상학적 방법은 모든 실존치료자가 공통으로 사용하는 방법이지만, 실존적-현상학적 치료로 명명되는 영국(유럽) 학파의 경우에는 자신들의 치료 방법으로 특히 현상학을 강조하고 있다. 현상학을 기반으로 하는 실존치료 방법의 몇 가지 예를 간단하게 제시하면 다음과 같다.

Adams(2013, 2019)는 실존치료의 현상학적 방법을 주의(Attention), 에포케(Epoché), 기술(Description), 균등화(Equalization), 지평화(Horizontalization), 확인(Verification)으로 제시하고, van Deurzen과 Adams(2016)는 주의(Attention), 에포케(Epoché), 확인(Verification), 기술(Description), 균등화(Equalization), 지평화(Horizontalization), 해석(Interpretation)으로 제시한다.

특히 van Deurzen(2016)은 Husserl의 현상학에 초점을 두고 환원(reduction)의 방법, 즉 현상학적 환원(phenomenological reduction), 형상적 환원(eidetic reduction), 선험적(초월론적) 환원(transcendental reduction) 각각에 속하는 현상학적 방법들을 소개하고 있는데, 그 내용은 〈표 10-1〉과 같다.

표 10-1 Husserl의 환원(reduction)에 기반한 현상학적 방법

현상학적 환원 (Phenomenological Reduction)	• 인식작용(Noesis), 사유작용(Cogitiatio), 지향성 과정(Process of intentionality) • 판단중지(Epoché) • 기술(Description) • 지평화(Horizontalization) • 균등화(Equalization) • 확인(Verification)
형상적 환원 (Eidetic Reduction)	• 인식대상(Noema), 사유작용들(Cogitationes) • 음영(Abschattungen) • 본질직관(Wesenschau) • 발생적 구성(Genetic constitution) vs 정적(Static) • 개별 너머의 보편(Universale beyond the properties)
선험적(초월론적) 환원 (Transcendental Reduction)	• 사유함[나는 생각한다](Cogito), 이성[지성](Nous) • 선험적(초월론적) 자아(Transcendental ego) • 유아론(독아론) 극복(Solipsism overcome) • 지향성의 지평(Horizon of intentionality) • 영점으로서의 자기(Self as point zero) • 선험적(초월론적) 상호-주관성[상호-주체성](Transcendental inter-subjectivity)

이 세 환원 중 첫 번째 현상학적 환원에 속하는 것이 실존치료에서 주로 현상학적 방법으로 소개되는 에포케(Epoché, 자연적 태도를 판단중지 하기), 기술(Description, 설명 혹은 해석이 아닌 묘사하기), 지평화(Horizontalization, 관찰의 한계와 맥락을 인식하기), 균등화(Equalization, 동등한 중요도 부여하기), 확인(Verification, 결론을 속단하지 말고 계속 검증하기) 등이다.

Spinelli(2007, 2015)는 핵심적인 현상학적 방법으로 세 단계의 규칙, 단계 A: 에포케, 즉 괄호치기(Bracketing)의 규칙, 단계 B: 기술, 즉 묘사(Description)의 규칙, 단계 C: 지평화(Horizontalization)·균등화(Equalization)의 규칙을 제시한다. Lacovou와 Weixel-Dixon(2015) 역시 Spinelli가 제시한 세 가지 방법을 실존치료에서 일반적으로 사용하는 현상학적 방법이라고 말한다. Cooper(2015)는

Spinelli의 방법을 기본으로 하면서 좀 더 확장된 방법, 즉 에포케(Epoché), 기술(Description), 도전(Challenge), 교육(Education), 실존적 소여들의 탐구(Exploring the givens of existence) 등을 제시하고 있다.

Sousa(2016, 2017)는 Husserl 현상학의 두 갈래인 정적 현상학과 발생적 현상학 각각을 토대로 한 방법들을 제시한다. 이남인(2013)은 Husserl이 정적 현상학과 발생적 현상학을 선험적(초월론적) 현상학의 서로 구별되는 "두 가지 얼굴"이라고 불렀다고 하면서, 정적 현상학과 발생적 현상학 모두 선험적(초월론적) 주관의 구성작용을 해명함을 목표로 하는 현상학이지만 양자는 선험적(초월론적) 구성을 해명하는 관점에서 차이가 있다고 말한다.

정적 현상학은 구성을 타당성의 초시간적 정초관계의 관점에서 해명하고자 하고, 발생적 현상학은 시간적인 발생적 정초관계의 관점에서 해명하고자 한다는 것이다. 즉, 정적 현상학과 발생적 현상학은 양립 가능한데 관점의 차이로 인해 각자 나름의 의미를 지닌다는 것이다. Sousa가 Husserl의 정적 현상학과 발생적 현상학 각각을 토대로 하여 소개한 현상학적 방법은 〈표 10-2〉와 같다.

표 10-2 정적-발생적 현상학적 방법

정적 현상학(static phenomenology)	발생적 현상학(genetic phenomenology)
• 에포케(Epoché) • 현상학적 환원(Phenomenological Reduction) • 기술(Description) • 적극적 경청(Active Listening) • 대화적 태도(Dialogical Attitude) • 형상적 분석(Eidetic Analysis)(명료화 Clarifications) • 경험적 즉시성(Experiential Immediacy) • 공감적 탐색(Empathic Exploration)	• 해석(Interpretation) • 반사적 재활성화(Reflexive Reactivation) • 자아의 다른 측면들 사이의 대화(Oneself as Another Dialogue) • 경험적 타당화(Experiential Validation) • 실존적 직면(Existential Challenge) • 꿈 분석(Analysis of Dreams)(해석학적 순환)(Hermeneutic Circle) • 자기개방(Self-disclosure) • 체화(Embodiment)
지향적 경험(Intentional Experience)	의미의 발생(Geneses of Meaning)

실존치료자들은 현상학을 바탕으로 한 다양한 방법을 제시하고 있는데, 그 핵심에는 Husserl 현상학이 자리하고 있다(Husserl이 현상학이라는 용어를 처음 사용한 것이 아니고 다양한 다른 현상학자들과 현상학이 존재함에도 불구하고, 일반적으로 Husserl은 현상학의 창시자이자 대표자로 평가된다). 그러나 Husserl 현상학을 치료적 방법으로 활용할 때 다양한 의견이 존재하는 것도 사실이다.

앞의 예에서 볼 수 있는 것처럼, van Deurzen은 Husserl의 현상학적 환원뿐만 아니라 형상적 환원(본질직관)과 선험적(초월론적) 환원을 치료적 방법으로 활용하는 것을 제시한다. Sousa 역시 흔히 Husserl의 전기사상과 후기사상으로 대표되는 정적 현상학과 발생적 현상학을 치료적 방법으로 적용하는 것을 보여 준다(Husserl 전문가들은 정적 현상학을 전기사상으로, 발생적 현상학을 후기사상으로 구분하는 것 자체가 Husserl 현상학을 올바르게 이해하지 못한 증거라고 말할 것이다).

이에 반해, 이진오(2010)에 따르면 우리가 대표적인 실존철학자로 알고 있는 Heidegger와 Jaspers는 철학을 엄밀한 학으로 만들어야 한다는 Husserl의 주장에 대한 비판 의식을 공유하면서 구체적이고 생생한 삶의 사유로서의 철학을 주장했다. 특히 의과대학 학생들을 위한 교재인 『정신병리학 총론(Allgemeine Psychopathologie)』을 저술한 Jaspers는 Husserl의 기술심리학은 받아들였지만, Husserl 현상학이 본질직관이라는 방향으로 나아가는 것에는 단호히 반대했고, 선험적(초월론적) 현상학 역시 받아들이지 않았다고 한다.

이와 같이 실존치료자들이 Husserl 현상학을 자신의 치료에 적용하는 것은 사실이지만, 그 구체적인 내용에 있어서는 여러 가지 차이가 있다는 점을 독자들은 숙지할 필요가 있다. 이는 비단 Husserl 현상학에만 해당하는 말이 아니다. 다양한 현상학자들과 다양한 현상학이 존재하기 때문에, 치료자들은 현상학적 방법을 자신의 치료에 적용한다고 할 때 그 현상학이 어떤 현상학인지에 대해 자각하고 인식할 필요가 있다.

물론 실존치료에서 현상학적 방법만을 사용하는 것은 아니다. 그러나 실존치료자라면 아마도 현상학적 방법이 실존치료의 핵심 방법(method) 혹은 기술(skill)이라는 점에 대해 이의를 제기하지 않을 것이다. 나는 앞으로도 많은 실존치료자가 다양한 현상학자의 다양한 현상학을 토대로 각자의 다양한 현상학적 방법 및 기술을 개발하여 치료에 적용하는 시도를 하리라고 생각한다. 내가 위에서 현상학을 방법적으로 실존치료에 적용한 몇 가지 예를 제시한 이유도 이러한 다양한 시도의 예를 보여 주고 싶어서이다.

실존치료자들은 이와 같은 새로운 시도를 환영하고 이에 대해 개방적일 것이 분명하다. '연기(공)' '불확실성' '관점주의'를 전제로 하는 주체적 실존치료를 지향하는 치료자 역시 이런 흐름에 활짝 열려 있을 것임은 자명하다. 단, 잊지 말아야 할 것은 현상학을 지향하는 치료자들은 매우 철저하고 엄밀한 구체적인 과정을 중요시한다는 점, 또 지금 여기에서 드러나고 있는 그대로의 현상(Husserl 현상학에서의 '사태 자체'와 주체적 실존치료에서의 '원자료')에 근본적이고 근원적인 중요도와 가치를 둔다는 점이다.

제 11 장

주체적 실존치료 방법의 배경

1. Husserl 현상학

이 책은 주체적 실존치료의 이론과 방법을 소개하는 것이 목표이므로 앞서 예로 든 치료자들의 현상학적 방법들이나 현상학 자체에 대해 자세히 다루지는 않겠다. 하지만 현상학(Phenomenology)이 무엇인지와 현상학의 슬로건인 '사태 자체로(Zu den Sachen selbst/To the things themselves)', 그리고 '엄밀성(Streng)' 등에 대해서는 조금 언급하고자 한다.

이남인(2004)은 '현상학'에 해당하는 독일어 'Phänomenologie'의 어원이 그리스어 phainomenon과 logos의 합성어인데, 여기서 phainomenon은 '자기 자신을 드러내다'라는 뜻을 지니는 그리스어 동사 phainesthai에서 파생된 명사로 '자기 자신을 드러내는 것', 즉 '현상'을 의미한다고 말한다. 따라서 phainomenon의 복수형 'phainomena', 즉 '현상들'은 백일하에 드러나 있는 것 혹은 환한 빛 속으로 끌어들여질 수 있는 것, 다시 말해 그리스인들이 존재자(ta onta)와 동일시했던 것들의 총체를 의미한다고 한다.

또한 그는 logos가 그리스어에서 다의적으로 사용되기는 하였으나 그 근원적인 의미 가운데 하나는 '말(Rede)'인데, '말'이란 구체적으로 '제시해 주면서 볼 수 있게 해 줌' 혹은 '말속에서 언급되고 있는 것을 드러나게 해 줌'을 의미하므로 phainomenon과 logos의 합성어인 Phänomenologie는 '스스로 드러나는 것을 스스로 드러나는 그 자체로 볼 수 있도록 해 줌'을 의미하고, 결국 근원적인 의미에서 볼 때 현상학이란 모든 유형의 자의적인 사변, 구성 혹은 전통과 권위의 속박에서 벗어나 '사태 자체'로 귀환하라는 방법론적 요청을 뜻한다고 정리한다.

서양철학 전통에서는 존재자(ousia)의 본질(essentia)과 현존(existentia) 또는 현상을 구분하고 대립시켜 왔으나, Husserl은 의식에 직접 주어진 사태(Sache), 즉 현상을 본질로 보았다. 이종훈은 Husserl의 철학을 다음과 같이 요약한다.

> "이론과 실천, 가치를 포괄하는 보편적 이성을 통해 모든 학문의 타당한 근원과 인간성의 목적으로 되돌아가 물음으로써 궁극적 자기 책임에 근거한 이론(앎)과 실천(삶)을 정초하려는 '엄밀한 학문(strenge Wissenschaft)으로서의 철학(선험적 현상학)'의 이념을 추구한 것이다. 그 방법은 기존의 철학으로부터 정합적으로 형이상학적 체계를 구축하는 것이 아니라, 모든 편견에서 해방되어 의식에 직접 주어지는 '사태 그 자체로' 되돌아가 직관하는 것이다(이종훈, 2014)."

이종훈의 요약처럼, Husserl(2014)은 『엄밀한 학문으로서의 철학(Philosophie als strenge wissenschaft)』의 첫머리에서부터 "철학은 그 최초의 출발 이래 엄밀한 학문이 되고자 하는 요구를 지녀 왔다"라고 주장하면서 다음과 같이 말한다.

> "철학은 그 본성상 참된 단초, 근원 즉 '만물의 뿌리'에 관한 학문이다. 철저한[근본적인] 것에 관한 학문은 자신의 수행 절차에서도 철저해야만 하며, 모든 관점에서 철저해야만 한다. 무엇보다 철학은 '자신의' 절대적으로 명석한 출발점, 즉 자신의 절대적으로 명석한 문제들과 이 문제들의 고유한 의미에서 미리 지시된 방법들과 가장 밑에 절대적으로 명석하게 주어진 사태들의 연구 영역을 획득할 때까지 결코 휴식해서는 안 된다. 우리는 '어디에서도' 철저한 '무편견성'을 포기해서는 안 되며, 처음부터 이 '사태들(Sachen)' [현상들]을 경험적 '사실들(Tatsachen)'[있는 그대로가 아니라 '만들어진 것']과 동일시 해서도 안 되고, 이렇게 중요한 의미에서 직접적 직관 속에 절대적으로 주어진 이념(Ideen)에 대해 맹목적 태도를 취해서도 안 된다(Husserl, 2014)."

> "직접적으로 보는(Sehen)—단순히 감각적으로 경험하는 보는 것이 아니라, 어떤 종류이든 원본적으로 부여하는 의식으로 보는 것 일반—은 모든 이성적 주장의 궁극적 권리의 원천이다(Husserl, 2009)."

이상의 인용문은 우리가 당연하다고 자연스럽게 여기는 태도, 즉 '자연적 태도'로 바라보는 사태들에 대해서 Husserl이 얼마나 철저하고 엄밀하게 그 사태 자체를 보고자, 즉 드러난 사태를 스스로 드러나는 그 자체로서 있는 그대로 보고자 하는 '현상학적 태도'를 취하고자 했는지 잘 보여 준다.

현상학적 태도란 하나의 현상을 보더라도 이미 나에게 존재하는 편견이나 선입견, 지식이나 경험 등으로 판단하고 단정하여 보는 것이 아니라, 그 판단이나 단정 등을 잠시 보류 혹은 중지하고 드러나는 현상 자체를 나의 편견이나 선입견, 지식이나 경험 등으로 채색하지 않으면서, 그 드러난 현상 있는 그대로 보고자 하는 태도이다.

이남인(2004)에 의하면 엄밀한 학문으로서의 현상학이 되기 위해서 일차적으로 이루어져야 할 작업은 "사태 자체로(zu den Sachen selbst)"라는 현상학의 구호가 말해 주듯이 철학이라는 학문의 정체에 대한 일체의 선입견에 대해 일단 판단중지를 한 후 그러한 선입견에서 벗어나 철학이 다루고자 하는 다양한 유형의 "사태 자체로" 귀환하는 일이다. 그리고 이처럼 "사태 자체로" 귀환하는 작업을 가능하게 해 주는 것이 바로 "현상학적 환원"이다.

Husserl 현상학은 이 환원의 과정을 철저하고 엄밀하게 진행한다. 이종훈(2014)은 Husserl 현상학의 이념인 '엄밀성(streng)'은 실증적 자연과학의 '정밀성(exakt)'과 다르며, 논리적 정합성만도 아니라고 말한다. 여기서 '엄밀성'은 객관적 학문의 궁극적 근원으로 되돌아가 물음으로써 그 타당성의 근거를 밝히고 진정한 학문으로 정초해 이론적 앎의 자기 책임과 실천적 삶의 의지 결단을 성취하는 것을 포괄하는 선험적 개념이라는 것이다. Husserl은 다음과 같이 말한다.

> "우리가 우리 시대의 의미를 해석하면서 앞에서 서술한 위대한 목표를 향해 전진

> 해 가려면, 우리는 그 목표에 도달할 수 있는 길이 오직 하나밖에 없다는 사실을 분명하게 해야만 한다. 즉, 우리가 진정한 철학적 학문의 본질에 속하는 (철저한) 근본주의(Radikalismus)에 의해 미리 주어진 어떤 것도 받아들이지 않고, 전해 내려오는 어떤 것도 출발점으로 삼지 않으며, 아무리 위대한 대가(大家)라도 그 명성에 현혹되지 않고, 오히려 문제 자체와 이 문제로부터 나오는 요구들에 자유롭게 몰두하는 가운데 탐구의 실마리를 찾으려고 노력해야만 한다는 점은 명백하다(Husserl, 2014)."

또한 엄밀성과 밀접하게 연관되어 있는 Husserl의 '선험성(transzendentalität)'은 소박한 자연적 태도에 기초한 존재정립을 판단중지함으로써 드러나는 새로운 차원, 즉 순수자아와 그 체험영역 전체의 본질적인 지향적 상관관계를 뜻하는 것으로, Husserl이 '선험적(transzendental)'이라고 할 때의 의미는 "모든 인식이 형성되는 궁극적 원천으로 되돌아가 묻는 동기이며, 인식하는 자가 자기 자신과 자신의 인식하는 삶에 대해 자신을 성찰하는 동기"(Husserl, 2015), 즉 '철저한 반성적 태도'를 말한다.

Husserl은 『엄밀한 학문으로서의 철학(Philosophie als strenge wissenschaft)』(2014)에서 "공허한 단어분석을 버려라! 우리는 사태 자체를 심문해야만 한다. 우리가 사용하는 단어들에 의미와 이성적 권리를 유일하게 부여할 수 있는 경험으로, 직관으로 되돌아가자"라고 역설한다.

앞의 내용에서 볼 수 있는 것처럼, Husserl 현상학은 사태 자체로 돌아갈 것을, 즉 엄밀성을 추구한다. 여기서 '엄밀성'이란 무엇인가를 자세하게 탐구하거나 논리적 또는 합리적으로 어긋남 없이 살펴보는 것을 의미하지 않는다. 무엇인가를 우리가 자연과학적이고 객관주의적이며 실증주의적으로 파악한다는 것도 아니다.

Husserl이 말하는 '엄밀성'은 학문과 과학, 이론과 지식, 상식과 지혜 등 이미 우리에게 주어져 있는 그 어떤 정보나 자료도 일차적이고 근원적인 우리 사유의 출발점으로 삼지 않겠다는 의지이다. 오직 지금 이 순간 나에게 현현(顯現)하는 사태(현상)와 그 사태(현상)에 대한 나의 직관적 인식 자체를 기초로 해서만 나의 사유를 전개해 나가겠다는 결심이다. 우리가 너무도 당연한 진리와 사실로 여기기 때문에 의심의 여지가 없다고 생각하는 것, 우리가 권위를 부여하며 따르고 있는 소위 대가(大家)라고 하는 사람들의 언행 등 그 무엇에도 의존하지 않겠다는 결정이다.

대신 우리 자신이 마주한 사태(현상)와 처한 맥락 속에서 그러한 사태(현상)와 맥락이 우리와 어떤 관계를 맺고 있고 어떻게 연관되어 있는지를 있는 그대로 직관하여 우리 자신의 의미와 진리를 책임감 있게 취하겠다는 결단이다. 한마디로 모든 것을 사태(현상) 자체로 되돌려 그 어떤 기존의 관점과 해석에도 구애받지 않으며 있는 그대로의 사태(현상)를 관찰하고 조사하겠다는 것이다.

이와 같은 Husserl의 엄밀성은 '무전제성(Voraussetzungslosigkeit, 無前提性)의 원리'에서도 잘 나타난다. 무전제성의 원리는 그 어떤 전제도 가지지 않은 상태에서 일어나는 있는 그대로의 현상(사태)을 직관하여 알아차리는 것이다. Husserl 현상학을 생각하면 많은 사람이 우선 떠올리는 것이 무전제성의 원리이기도 하다. Husserl은 실제 다양한 전제들이라고 말할 수 있는 우리의 자연적 태도를 배제하고 옆으로 비켜 둔 상태에서 사태(현상)를 직관하기를 요청한다. 수많은 전제의 방해로부터 자유로운 상태에서 지금 일어나고 있는 현상을 직접적으로 바로(directly) 보고자 하는 것이다. 이처럼 철저한 Husserl의 태도는 다음의 말을 통해서도 잘 나타난다.

> "만약 실증주의가 …… 원본적으로 파악된 것에 모든 학문의 절대적이고 편견 없는 정초를 뜻한다면, 우리야말로 진정한 실증주의자이다(Husserl, 2009)."

한마디로 전제의 판단중지, 전제의 괄호치기, 전제의 배제하기, 즉 무전제성(無前提性)이 현상(사태)을 있는 그대로 직관하고자 하는 Husserl 현상학의 기본 전제라고 할 수 있다. 그러나 여기서 주의할 점이 있다. 우리는 전제라는 것을 갖지 않을 수 없는 존재자이다. 전제를 판단중지하고 괄호치며 배제하면서 그 전제들에 물들어 휘둘리는 상태를 견제하는 것은 가능하지만, 전제가 아예 없는 무전제의 상태를 성취하는 것은 불가능하다. 이것은 우리 실존의 실상(實相)이다.

이종훈(2014)은 Husserl이 강조한 '무전제성의 원리'는 철학적 탐구가 언어나 논리학까지 모두 배격해 절대적 무(無)로부터 출발해야 한다는 주장이 아니라, 직관에 주어지지 않은 물질적 대상의 본성에 관한 형이상학적 문제나 자연과학적 설명에서 단순한 가설적 개념들을 배제하고 순수 체험에 탐구 영역을 국한시켜야 한다는 것을 뜻한다고 해설한다.

한마디로, 무전제성의 원리란 소박한 자연적 태도를 판단중지하고 우리의 의식을 인식의 근원인 순수 의식으로 환원하여, 순수 의식에 주어진 사태(현상) 자체를 그 어떤 기존의 전제나 설명도 허용하지 않는 엄밀하고 철저한 현상학적 태도로 직관하겠다는 것이다.

Husserl이 말하는 무전제성은 우리가 체험하는 현상에 대한 엄밀한 앎을 위해 우리가 가진 수많은 전제를 잠시 괄호치는 것을 말한다. 괄호친다는 것은 괄호쳐진 내용이 그대로 간직된다는 것이지 어디로 사라져 없어지는 것이 아니다. 그런데 사람들은 무전제성을 흔히 아무런 전제도 가지고 있어서는 안 되는 상태처럼 왜곡해서 받아들이는 경향이 있다. 이는 가능한 일도 아니거니와 Husserl이 무전제성의 원리를 통해 의미하고자 하는 바도 아니다.

Husserl은 그 어떤 전제도 없어질 수 있는 것으로 보지 않는다. 없애야 한다고 말하지도 않는다. 그런 일은 일어날 가능성이 전혀 없다(물론 우리가 기억상실증에 걸린다면 많은 전제가 사라지기는 하겠지만 말이다). 다만 우리가 스스로의 경험적이고 체험적인 확인과 검증 없이, 가설적·관념적·추상적·이론적·수학적 전제 등으로 어떤 사태(현상)를 살피고 파악하는 것을 경계하는 것이다.

이는 치료 장면에 시사하는 바가 크다. 치료자는 대체로 내담자의 문제를 기존의 이론적 틀로 진단하고 평가하여 개념화하고, 그 추상적 사례 개념화를 통해 치료 전략과 개입 방법을 설정하는 경향이 있다. 의학적 진단명과 숫자로 이루어진 심리검사 점수를 의심의 여지없이 사실로 받아들여 당연하게 여기는 경향 또한 짙다. 내담자가 자신의 문제 현상을 어떻게 바라보고 어떤 식으로 경험하는지 내담자의 일인칭적 관점에서 보이고 느껴지고 생각되는 그대로 기술하거나 개념화하지 않는다. 또 그 문제 현상에 대한 대처를 어떻게 해갈지에 대해 내담자 본인은 어떻게 보고 느끼고 생각하는지를 핵심으로 삼지 않는다.

어떤 치료자들은 이렇게 내담자의 일인칭적 관점에 집중하는 그 자체가 전문가답지 못한 태도이고 전문가로서의 역량이 부족한 것이라고 폄훼하기도 한다. 내담자들 역시 자신의 문제를 대상으로 전문가답게 이론적이고 추상적인 진단과 사례 개념화를 신속히 하여 대책을 내놓기는커녕, 계속 자신의 경험을 일인칭적 관점에서 묘사(기술)하도록 하는 치료자를 폄훼하는 경향이 있는 것은 마찬가지이다.

그러나 만약 Husserl 현상학에 충실한 치료자라면 어떤 이론도, 검사도, 진단도, 또 어떤 방법도 내담자가 스스로 기술하고 묘사하는 자기 체험에 대한 자료보다 더 중요할 수 없다는 점에 수긍할 것이다. 이는 내담자의 일인칭적 관점에 근거한 체험 현상을 떠난 이론과 검사, 진단과 방법은 큰 의미를 가질 수 없다는 것을 말한다. 이런 관점은 치료를 자연과학적 의학모델에 속하는 것으로 당연하게 생각하는 치료자들과 내담자들에게는 생소하고 비전문적으로 보일 가능성도 있다. 이종훈은 다음과 같은 말도 하고 있다.

> "'사태 자체로!' 부단히 접근하려는 현상학의 철저한 직관주의적 태도에서 '보는 것'은 '아는 것'의 궁극적 기초이자 자아를 실현하는 첫걸음이다. 그리고 이러한 후설의 입장은 유가(儒家)가 모든 근본을 격물치지(格物致知)에 둔 것이나, 불가(佛家)의 팔정도(八正道)에서 첫 항목이 정견(正見) 혹은 지관(止觀)인 것, 또 도가(道家)에서 도통(道通)의 첫 단계를 관조(觀照)라고 한 것과 동일한 맥락으로 모두 '봄'이 '이론적 앎'과 '실천적 삶'의 기본임을 강조하고 있다(이종훈, 2014)."

이는 '보는 것'이 '아는 것'의 기초이고, 우리가 본다고 하는 것이 우리가 이론적으로 무엇을 아는 것인지와 실천적으로 어떻게 행동하는지의 기초라는 것이다. 따라서 모든 현상의 기초는 '보는 것'에 있는데, 여기서 '보는 것'과 관련하여 중요한 것은 바로 이미 존재하는 어떤 틀에 의해서 보는 것이 아니라는 점을 '아는 것'이다. 여기서 '봄'은 철저하게 즉각적·직접적 직관을 통해 실상(實相)을 곧 장(directly) 보는 것이며, 그것이 바로 사태(현상) 자체를 있는 그대로 보는 엄밀한 현상학적 '봄'이다.

물론 '사태 자체로'에서 Husserl의 '사태'는 대체로 의식에 직접 주어진 현상을 의미한다. 그러나 실존치료에서 중요한 것은, 의식에 직접 주어진 사태(현상)라는 측면보다는 '사태 자체로'라는 말이 어떤 이론적 판단이나 설명도 거부하면서 오직 직접성과 즉시성, 개방성을 통해 지금 드러나고 있는 현상을 엄밀하게 조사하는(보는) 것을 의미한다는 점이다(van Deurzen & Kenward, 2005).

실존치료에서 현상학이 중요한 이유는 실존치료가 기존의 어떤 이론이나 설명 혹은 분석 등을 통해 현상(사태)을 보는 것이 아니라, 어떤 현상(사태)이 우리에게 드러나고 나타나는 그대로, 곧 보이는 그대로 직접 보는 것을 강조하기 때문이다. 그리고 여기서 본다는 것은 단지 인식론적인 측면에 국한된 것이 아니고 존재론적인 측면까지도 포괄하므로, 이론(앎)과 실천(삶)이 이분법적으로 나누어지지 않는다는 것 역시 중요하다.

주체적 실존치료는 현상학에 대한 이러한 실존치료의 시각을 공유하면서 한발 더 나아가고자 한다. 한 개인이 사태(현상)를 있는 그대로 직관하는 것 자체는 주체적 실존치료에서도 물론 일차적이고 중요하다. 그러나 치료는 최소 두 사람이 함께하는 작업이라는 전제가 있으므로 사태(현상) 자체로 되돌아가 있는 그대로 직관한다는 것의 의미도 이에 맞게 수정될 필요가 있다.

나 역시 내가 누구인지를 바로(directly) 알면서 '나'다운 '나'로서 '나'를 주체적으로 실현하는 것의 기초는 바로(directly) '보는 것', 즉 엄밀한 현상학적 봄에 있다고 생각한다. 그리고 이것이 치료 장면에 적용될 때, 이는 바로 내담자의 일인칭적·직관적 관점(원자료)과 치료자의 일인칭적·직관적 관점(원자료), 더불어 그 둘 간의 상호작용을 통해 드러나는 현상(사태)에 대한 각자의 일인칭적·직관적 관점(원자료) 간의 교호작용, 즉 '나누기' '확인하기' '합의하기'를 통해 실현된다고 본다. 나는 치료자와 내담자가 자신의 일인칭적·직관적 관점(원자료)을 서로 개방하여 나누고 확인하면서 합의하는 그것이 바로 치료 장면에서 사태(현상) 자체를 있는 그대로 보는 엄밀한 현상학적 봄(방법)이라고 생각한다.

주체적 실존치료에서는 내담자 자신의 일인칭적·직관적 관점(원자료)과 치료자 자신의 일인칭적·직관적 관점(원자료), 그리고 치료 장면에서 이들이 상호작용한 결과로써 발생하는 현상(사태)에 대한 내담자와 치료자 각자의 일인칭적·직관적 관점(원자료)이 솔직하게 개방되어 나누어질 필요가 있다. 또한 그 나눔을 통해 서로의 관점이 진솔하고 분명하게 확인될 필요가 있으며, 이를 토대로 치료의 전 과정이 합의를 통해 이루어질 필요가 있다. 이처럼 주체적 실존치료에서 '나누기' '확인하기' '합의하기'가 면밀하고 철저하게 반복되는 과정이 치료 장면에서 바로 사태(현상) 자체로 되돌아가 사태(현상)를 있는 그대로 엄밀하게 보는(조사하는) 것이라고 나는 생각한다.

결론적으로, 나는 치료 장면에서 Husserl 현상학의 주요 내용이 실현되는 방법이 '나누기' '확인하기' '합의하기'라고 판단한다. 또한 이 방법들이 주체적 실존치료의 전제인 '연기(공)' '불확실성' '관점주의'가 치료 실제에서 구체적으로 구현되는 방법이라고 생각한다. 뒤에서 방법을 서술할 때 자세히 다루겠지만, 이러한 관점이 현재의 치료 장면에 시사하는 바는 매우 클 수 있다. 물론 이 관점의 어느 측면을 어느 정도 수용하느냐의 여부에 따라, 그리고 그것이 치료자 집단과 내담자 집단에서 얼마나 수용되느냐의 여부에 따라 그 위력의 차이는 다양하겠지만 말이다.

2. 현상학, 불교, 주체적 실존치료

독자들은 앞의 기술을 통해 Husserl이 얼마나 엄중하게 기존의 지식이나 이론에 의지하지 않고, 있는 그대로의 드러난 사태 그 자체를 보고자 노력했는지 이해할 수 있을 것이다. 그리고 이러한 노력은 결국 엄밀한 학문으로서의 철학을 구축하고자 하는 목적에서였다. 우리가 알고 있는 모든 학문조차도 자연적 태도에서 기인한 것이라고 보는 Husserl에게 그 모든 학문의 본질로서의 철학, 즉 본질학을 위해 현상학적 태도에 기초한 엄밀한 봄의 방법이 필요했던 것은 당연해 보인다.

나는 치료자들이 Husserl 현상학을 비롯해 현상학 자체에 대해 반드시 깊고 풍부한 지식을 가져야 한다고 생각하지는 않는다. 그러나 Husserl이 명백하게 보여준 현상(사태)에 대한 이와 같은 철저하고 엄밀한 '봄'과 '앎'의 태도는 실존치료에서는 물론 주체적 실존치료에서도 필수적인 태도이다.

주체적 실존치료는 모든 것이 여러 조건에 의해 생겨나고 유지되며 소멸한다는 불교의 '연기(緣起)' 개념과 본질이나 실체라고 할 만한 자성(自性)이 없으므로 결국 모든 것이 무아(無我)라고 하는 불교의 '공(空)' 개념에 기초하고 있다. 한마디로 그러한 관점을 취한다는 말이다. 이와 같은 불교의 '연기(공)'의 관점은 또한 여러 관점 중에 주체적 실존치료가 취하는 하나의 관점일 뿐이라는 점에서, 이는 주체적 실존치료의 전제 중 하나인 '관점주의(perspectivism)'를 반영하는 것이기도 하다.

주체적 실존치료에서 '주체'라는 개념은 기존의 상식적이고 당연한 '주체'의 정의와는 다르다. 기존의 주체 개념은 실체를 전제하는 것이지만, 불교의 '연기(공)' 개념으로부터 정의된 주체적 실존치료의 '주체(insubstantial-self)'는 실체를 전제하지 않는다. 주체적 실존치료에서의 '주체'는 그것이 무엇이라고 혹은 그것이 어떤 것이라고 우리가 단정하여 말하는 것이 불가능한 '모름'의 영역이다. 반면, 기존의 주체 개념은 주체적 실존치료에서의 '주체성(insubstantial-ego)'과 유사한 것으로, 주체성은 주체의 의식적이고 반성적이며 의지적인 자기 결단의 측면이고 이는 곧 '관점'과 다르지 않은 것이다.

이때 '관점'이라는 것은 단지 인식론적 차원의 관점만을 말하는 것이 아니다. 몸과 의식을 지니고 태어난 이상 이미 우리가 관점을 가지고 존재할 수밖에 없고 또 관점을 가지고 존재하는 것을 포기할 수 없는 운명이라는 의미에서 존재론적이고 실존론적인 차원의 관점을 포괄하는 '관점'이다. 내가 '나'를 자각하고 인식하면서 '나'라고 할 때 그것은 바로 주체의 한 측면인 '주체성'이고 또 '관점'일 뿐이다. 나는 '실체(substance)'를 전제하는 기존의 매우 당연한 '주체(subject)' 개념을 '연기(공)'를 전제하는 주체적 실존치료에서의 '주체(insubstantial-self)' 개념이 대체할 수 있기를 기대한다.

이런 맥락에서 생각하면, 심리적 문제는 물론 나의 생각과 나의 느낌, 나의 행동 등 모든 생겨나고 유지되며 사라지는 것들은 순간순간의 '관점'의 이합집산(주체성)이고 이는 곧 '연기(공)'이다. 내가 경험하는 일들만 그런 것이 아니다. 내가 '나'라고 지칭하는 그것조차도 모두 인연생기(因緣生起)일 뿐이다. 주체성, 즉 관점이 생겨나는 것도 인연(원인과 조건)에 따른 것이고 그것이 사라지는 것도 인연(원인과 조건)에 따른 것이기 때문이다.

그렇다면 중요한 것은 이 인연(因緣)의 이합집산(離合集散)을 있는 그대로 잘 알아차리고 관찰하는 일이다. 예를 들면, 내가 심리적 괴로움을 겪고 있을 때 그 심리적 괴로움이 어떤 인연의 이합집산을 통해 발생하고 유지되며 소멸하는지를 있는 그대로 면밀하게 보고 아는 것이다. 한마디로 '지금 무슨 일이 어떻게 일어나고 있는가'를 자연적 태도가 아닌 현상학적 태도로 엄밀하고 면밀하게 알아보고 궁리하는 것이다.

이때 알아보고 궁리하는 그 중요한 역할을 담당하는 것이 우리가 흔히 '나'라고 부르는 '주체성'이다. 따라서 '지금 무슨 일이 어떻게 일어나고 있는가'를 알아보고 궁리할 때 우리가 가장 집중하여 보게 되는 원인 혹은 조건은 바로 '나(주체성)'이다. 이렇게 되면 우리의 관심은 '지금 무슨 일이 어떻게 일어나고 있는가'로부터 나아가 점차 '그 일에 대한 나의 기여(寄與)는 무엇인가' 혹은 '그 일이 생기고 유지되고 사라지는 것에 나는 어떻게 기여(寄與)하고 있는가' 등으로 옮겨 가게 된다.

왜냐하면 내가 할 수 있는 것이라고는 내가 나라고 확실하게 자각하고 인식하는 그 주체성을 활용하는 것뿐이기 때문이다. 주체성도 근본적으로 '인연화합'이기는 하지만 주체성은 주체의 의식적이고 반성적이며 의지적인 자기 결단의 측면이므로, 일상에서 우리는 주체성에 대해서는 통제권이 있는 주인의식을 갖고 있는 것이 사실이다(어느 것 하나도 내가 하는 것은 없다는 깊은 불교 수행의 차원은 여기에서 논외로 한다).

이렇게 되면 Husserl이 말하는 엄밀한 현상학적 태도는 불교와 주체적 실존치료에서도 매우 중요해진다. 그 어느 것도 무엇이라고 고정할 수 있는 실체나 본질은 존재하지 않고 모든 것이 '인연생기'이므로 '불확실'하여 결국 '관점'에 의지할 수밖에 없다면, 나의 심리적 문제 역시 고정된 것이 아니라 어떤 조건들이 모여서 나타나고 어떤 조건들이 모여서 사라지는 불확실한 것일 뿐이니, 그 조건들을 엄밀하고 면밀하게 잘 보고 잘 아는 것이 무엇보다 중요해지는 것이다.

불교를 적용하는 심리치료 분야에서 주의집중 혹은 알아차림(mindfulness)이 그토록 강조되는 이유도 여기에 있을 것이다. 어떤 문제가 발생했을 때 우리가 일차적으로 할 수 있고 또 해야 할 일은 그 현상을 엄밀하고 면밀하게 잘 보고 잘 아는 것이다. 이를 통해 자기 자신을 포함하여 그 현상에 영향을 미치고 있는 조건들을 살펴서 알아내고, 바로 그 조건 중 우리가 변화를 꾀할 수 있는 조건에 대한 어떤 방식의 기여를 통해, 우리가 문제라고 여기는 현상을 우리가 원하는 바의 문제가 아닌 현상으로 변화시키는 것이다. 궁극적으로 이것 외에는 어떤 현상에 대해 우리 자신이 취할 수 있는 대처 방법이 없다고 할 수 있다.

예를 들어, 만약 내가 어떤 심리적 문제로 괴로움을 겪고 있고 그 괴로움에서 벗어나고 싶다면, 내가 할 수 있고 또 해야 할 일은 어떤 조건들이 그 문제 현상의 발생과 유지 및 소멸에 관여하고 있는지를 잘 보면서 살피고 관찰하여, 명확하고 분명하게 잘 아는 것이다. 이후 이런 과정을 통해 보고 알게 된 그 특정 괴로움을 둘러싼 여러 조건을 토대로, 그 괴로움을 강하게 만드는 조건들은 회피하고 그 괴로움을 약하게 만드는 조건들은 취하는 방식으로 대처하는 것이다. 이것이 우리가 할 수 있는 전부이다. 그러므로 이 전체 과정에서 가장 중요한 핵심은 엄밀하고 철저하게 있는 그대로 '보고 아는 것'에 있다.

이처럼 현상학과 불교에서 중요하게 여겨지는 엄밀하고 철저한 봄과 앎을 치료 장면에 적용하면, 그것이 바로 주체적 실존치료이다. 유일한 차이는 주체적 실존치료는 나 혼자서 하는 작업이 아니라 두 사람이 만나 '같이 그리고 함께' 작업하는 것이라는 점이다(모든 치료가 두 사람 이상이 동참하는 작업임은 분명하다. 그러나 나는 많은 치료가 치료자와 내담자가 각자 따로 떨어져 물리적으로 마주 앉아 있을 뿐, 두 사람이 진정으로 '같이 그리고 함께' 공명하며 현존한다고 생각하지는 않기 때문에 여기에서 '치료'가 아닌 '주체적 실존치료'라고 쓰고 있다). 즉, 주체적 실존치료는 무엇이든 '같이' 알아보고 '함께' 궁리하는 것이다.

따라서 혼자 알아보고 혼자 궁리하고 싶은 사람이 주체적 실존치료를 찾을 이유는 없다. 그러나 치료자와 '같이' 알아보고 '함께' 궁리하고 싶은 사람이라면 주체적 실존치료가 유용할 수 있다. 물론 목표가 '알아보고 궁리하는' 것이 아니라 문제에 대한 객관적이고 임상적인 진단과 해답을 얻는 것이라면, 주체적 실존치료가 매력적인 치료로 여겨질 가능성은 거의 없다. 주체적 실존치료의 전제에 동의하거나 적어도 개방적인 호기심을 가진 내담자라야 면밀하고 엄밀하게 같이 알아보고 함께 궁리하는 철저하고 지난한 작업을 기꺼운 마음으로 수행할 수 있을 것이다.

치료자와 함께 궁리하고자 하는 내담자일지라도, 내담자가 치료자와 같이 알아보고 함께 궁리할 주제를 처음부터 명확하게 갖고 있어야 하는 것은 아니다. 치료에서 무엇을 할지 혹은 무엇을 하고 싶은지 도무지 알 수 없는 상태는 전혀 문제가 되지 않는다. 자신의 문제가 무엇인지조차 생각할 여력이 없는 상태도 전혀 문제가 되지 않는다. 더 나아가 억지로 떠밀려 비자발적으로 혹은 강제로 치료에 왔다고 해도 이것은 전혀 문제가 되지 않는다.

그 애매모호하고 혼란스러운 상태와 절망스럽고 무기력한 상태, 그리고 불만과 분노의 상태 등을 치료자와 같이 알아보고 함께 궁리할 의향만 있다면 말이다. 사실 그 의향이 없는 것조차도 문제가 되지는 않는다. 왜냐하면 시도해 보지 않고는 어떤 것도 알 수 없으니, 의향이 없는 상태에서 치료자와 만나 소통하면서 무슨 일이 어떻게 일어나는가를 체험하는 것 자체가 바로 지금 여기에 주의를 기울이며 '같이 그리고 함께' '알아보고 궁리하는' 것이기 때문이다. 한마디로 그것이 어떤 현상이든 현상의 내용이 중요한 것이 아니라, 지금 여기에서 나타나고 드러나는 그 현상 있는 그대로에 주의를 집중하여 '같이 그리고 함께' '알아보고 궁리하는' 것만이 전부이다. 그리고 같이 알아보고 함께 궁리하는 과정이 바로 '나누기' '확인하기' '합의하기'이다.

주체적 실존치료자는 모든 것을 내담자와 나누고 확인하고 합의하면서 함께 하고자 노력하는 치료자이다. 원천적으로는 모든 것을 나누고 확인하며 합의한다는 것이 불가능하다는 것을 알기에, 더욱 이 노력에 집중하는 치료자이다. 왜냐하면 그것 이외에는 할 수 있는 것이 아무것도 없기 때문이다. 모든 것이 '인연생기'이며 '불확실'하므로 우리가 활용할 수 있는 현실적인 원인이나 조건은 그저 우리의 '관점(주체성)'이 전부이니, 이 원인과 조건을 어떤 방식으로 어떻게 활용할 것인지에 집중할 수밖에 없다.

주체적 실존치료는 '고정성(실체성)'을 인정하지 않으므로, 주체적 실존치료자에게는 고정된 문제나 고정된 사례 개념화, 고정된 양식의 치료목표나 개입 전략 등이 이미 큰 의미가 없다. 따라서 주체적 실존치료자는 내담자의 문제를 고정된 객관적 문제인 것처럼 개념화하고 고정된 객관적 목표에 집중하여 그 목표를 이루기 위한 온갖 객관적 수단들을 사용하는 것에 큰 흥미가 없다. 또한 치료자 자신조차도 하나의 원인과 조건이라는 점을 명백히 자각하고 있으므로, 치료자라는 조건이 가진 미약한 영향력과 강력한 영향력 모두를 인지하고 있다.

이와 같은 주체적 실존치료에서 Husserl이 말하는 '사태 자체로' '엄밀성' '에포케' '현상학적 태도' 등이 얼마나 중요할지는 충분히 짐작될 것이다. 그러나 중요한 것은 Husserl이 말하는 이러한 개념들을 혼자가 아닌 둘이 작업하는 치료에서, 더구나 불교의 '연기(공)', '불확실성', Nietzsche의 '관점주의'를 전제로 하는 주체적 실존치료에서 방법적으로 어떻게 구현할 것인가이다. 그리고 나는 그 방법으로 나누기, 확인하기, 합의하기를 제시했다. 이 방법의 구체적인 내용은 제13장에서 다루게 될 것이다. 여기에서는 불교와 주체적 실존치료에 대해 좀 더 거론하고자 한다.

불교에서는 무아(無我)를 이야기한다. '무아'는 '나'라는 것이 전혀 없다는 것을 말하는 것이 아니고, 우리가 '나'라고 집착할 만한 고정된 본질이나 실체를 지닌 '나'라는 것이 없다는 의미이다. 이중표(2024)는 불교의 '업설(業說)'은 상식적인 '업설'과는 크게 다르다는 점을 주장한다. 일반적인 '업설'은 업을 짓는 주체로서의 시간적 동일성을 갖는 '자아'를 전제하지만, 불교의 '업설'은 그러한 '자아'의 존재를 부정한다는 것이다.

『잡아함경』에는 다음과 같은 붓다의 말이 제시되어 있다.

> "나는 이제 그대들을 위하여 설법하겠다. …… 이른바, '제일의공경(第一義空經)'이니, 자세히 듣고 잘 생각하여라. 그대들을 위하여 설법하겠다. 어떤 것을, '제일의공경(第一義空經)'이라 하는가. 비구들이여, 눈은 생길 때에도 오는 곳이 없고, 멸할 때에도 가는 곳이 없다. 이와 같이 눈은 실체가 없이 생기고, 생겼다가는 모두 멸하니, 업보(業報)는 있지만 지은 자는 없다. 이 근간[陰]이 멸하고 나면 다른 근간이 이어받으니, 세간에서 이해하는 것과는 다르다. 귀·코·혀·몸·의지에 대해서도 이와 같이 말하니, …… 세간에서 이해하는 것과는 다르다. …… 이것을 '제일의공법경(第一義空法經)'이라 한다(고익진, 2014)."

이 경과 관련한 이중표의 기술 내용을 인용하면 다음과 같다.

> "우리는 사물을 볼 때 '보는 나[眼]'를 지각한다. 우리는 '보는 나'의 지각을 토대로 '자아'가 존재하고 있다는 생각을 갖는다. 그러나 '보는 나'는 볼 때에만 나타난다. 보지 않을 때는 '보는 나'는 지각에서 사라진다. '보는 업'을 통해서 '보는 나'가 나타날 뿐 '자아'가 어디에 숨어 있다가 볼 때는 나오고, 보지 않을 때는 숨는 것이 아니다. 그러므로 '보는 업'과 그 결과로서 나타나는 '보는 나'는 있지만 '보는 업'의 작자(作者)로서의 '자아'는 없다는 것이다. …… 인간은 이러한 업보의 현상이다. 우리가 육신이나 영혼이라고 부르는 것도 그 실상은 업보인 것이다. 불교의 연기설은 이러한 '무아업보설(無我業報說)'을 의미한다. 무아의 논리적 근거가 되는 연기(緣起)란 업(業)의 다른 이름이다. 이와 같이 불교에서는 인간을 육체나 영혼과 같은 존재로 보지 않고 업으로 본다. 이러한 업설의 인간관에서 보면 인간은 업이면서 보(報)이다. 인간은 본래적으로 어떤 본질을 갖고 있는 존재가 아니라 삶에 의해 형성되어 가는 과정적 존재인 것이다. 따라서 삶이 곧 인간이라고 할 수 있다(이중표, 2024)."

이상의 인용문들을 통해 독자들은 불교가 얼마나 철저하게 존재하는 모든 것들의 '인연생기'와 '공성'에 대해 설파하고 있는지를 알 수 있을 것이다. 주체적 실존치료는 이와 같은 불교의 '무아', 즉 '연기(공)' 개념을 전제로 하는 치료이다. 따라서 무명(無明) 상태에서 보면 '나'라고 하는 실체의 '나'가 있지만, 명지(明智) 상태에서 보면 '나'라는 것이 있기는 있지만 그 '나'는 인연(因緣)에 따라 있는 것에 불과하므로 '나'라고 할 만한 실체의 '나'는 없는 것이다(내가 이해한 바로는, 무명과 명지는 두 개의 독립된 의식이 아닌 똑같은 의식의 다른 상태를 의미할 뿐이다).

붓다는 우리가 '무명' 상태에서 다섯 가지 무더기를 취하여 '나'라고 여긴다고 하면서 이를 '오취온(五取蘊)'이라고 명명한다. 우리가 '나'라고 집착하는 다섯 가지 구성요소(五蘊)는 색(色/물질적 요소/신체), 수(受/느낌/감수작용), 상(想/표상작용/인지작용), 행(行/형성력/의도작용), 식(識/인식작용/식별작용)인데, 이중표(2017)는 이 '오온'을 취하여 '나'라고 여기는 '오취온'이 바로 실존철학에서 '실존'이라고 부르는 '인간 존재'라고 말한다.

즉, 우리는 '무명' 상태에서 무상(無常)한 '오온'을 실체인 듯 취하여 고정된 '나'를 상정하여 그 '나'가 항상성과 정체성을 가지고 존재한다고 여긴다는 것이다. 우리가 삶을 영위한다고 할 때 그 삶의 중심에서 작동하는 것이 바로 이와 같은 '무명' 상태에서의 '오취온' 곧 '실존'이다. 주체적 실존치료에서는 '주체성'이 이에 상응하는 것으로 볼 수 있다. 주체는 알 수 없는 것이고, 우리는 오직 주체의 한 측면인 주체성만을 '나'라고 알아차릴 수 있기 때문이다(그 '나'라는 알아차림이 곧 주체성 자체이다).

그러나 비록 우리가 주체성을 또렷하게 자각하고 인식할 수 있다고 해도 주체적 실존치료자는 그 주체성 역시 '인연(조건)' 따라 생겨난 것이라는 점을 잊지 않아야 한다. 그리고 이런 점 때문에 주체적 실존치료자는 주체성을 더욱 적극적으로 개현하고 발현하며 부각할 수 있는 것이다. 모든 것이 '인연생기'이므로 치료자 자신조차도 지금 일어나고 있는 현상의 여러 조건 중 하나임이 분명하다. 그렇다면 어떤 식으로든 분명한 기여분이 존재하는 것은 자명하므로, 어떤 현상에 영향을 미치고자 하는 의도가 있다면 나의 기여(寄與) 부분을 적극적으로 활용하여 적용할 가능성이 크다.

주체적 실존치료자는 이런 방식으로 어떤 일이든 어떤 현상이든 그것의 인연생기(因緣生起)에 주의를 집중한다. 예를 들면, 주체적 실존치료자는 내담자 문제의 내용보다는 이 문제가 어떤 인연들, 즉 조건들에 의해 생기고 유지되는지 그리고 어떤 조건들에 의해 강화되고 약화되는지 등에 집중한다. 문제의 인연(因緣)을 살피는 것이다. 여기에서 가장 중요한 조건은 늘 내담자 당사자이다. 왜냐하면 그 문제라는 것은 내담자 당사자에게 문제로서 의미가 있는 것이지 다른 누군가에게 의미 있는 문제가 아니기 때문이다.

치료는 대개 지금의 상황이나 조건에 변화가 필요하다는 동기가 있는 사람이 찾게 되고, 치료자는 그런 사람에게 '내담자'라는 이름을 붙인다. 따라서 내담자의 문제는 내담자 자신에게 의미와 가치가 있는 중요한 주제일 것이고, 이런 의미와 가치는 내담자 자신에 의해서 주어진 것이니, 내담자 자신이라는 조건이 문제의 형성 자체에 가장 영향력이 큰 조건일 것은 분명하다.

그러나 일단 치료가 시작되면, 내담자뿐 아니라 치료자도 중요한 조건으로 작용하게 된다. 주체적 실존치료를 수행할 때 '인연'에 해당하는 조건에는 내담자의 생각, 느낌, 행동 등의 모든 것이 포함됨은 물론이고 치료자의 생각, 느낌, 행동 등의 모든 것도 역시 포함된다. 또한 치료자와 내담자가 의식하지 못하는 수많은 다른 조건들도 포함된다. 이때 치료자와 내담자는 모르는 것에 집중할 수는 없으므로, 주체성을 발휘하여 알아차리고 밝힐 수 있는 조건들에 집중할 것이고, 그 조건들 가운데 우리가 같이 알아보고 함께 궁리하며 변화시킬 수 있는 조건들에 초점을 두고 목표를 향해 갈 것이다(목표의 내용보다 항상 자기 결단과 책임의 성취가 중요하다는 점을 기억하자).

이 모든 것의 핵심에는 의문의 여지없이 '연기(공)'가 자리하고 있다. 따라서 주체적 실존치료자는 내담자의 문제에 집중하여 자신의 주체성을 개현하고 발현하며 부각하면서 내담자와 열심히 같이 알아보고 함께 궁리하면서도, 그것의 결과를 비롯한 전체 과정의 어떤 것에도 집착하지 않을 수 있어야 한다. 주체적 실존치료자는 내담자의 문제가 발생하는 조건과 유지되는 조건, 그리고 사라지는 조건을 열심히 조사하고 내담자의 고통을 덜어 주기 위해 열심히 노력하겠지만, 또한 자신의 주체성을 개현, 발현, 부각시키는 것을 통해 내담자 주체성의 개현, 발현, 부각을 위해 열심히 노력하겠지만, 그저 열심히 노력할 뿐 그것의 결과에 일희일비(一喜一悲)하는 일은 적을 것이다(일희일비하는 일이 없다는 말을 적어도 나는 할 수 없다).

이러한 치료 작업을 수행하는 주체적 실존치료가 취하는 방법은 '나누기' '확인하기' '합의하기'이다. 나는 Husserl의 현상학이 '연기(공)' '불확실성' '관점주의'를 전제로 하는 주체적 실존치료와 만났을 때, 이들이 추구하는 공통된 가치를 실현하는 방법이 바로 이 세 가지 방법이라고 생각한다. 이 방법들은 모두 고정된 주체가 고정된 객체에게 어떤 기법을 일방적이고 선형적으로 적용하는 이분법적인 방법이 아니다.

Husserl이 '지향성'과 '상호주관성[상호주체성]'을 이야기하면서 현상학적 태도를 말하는 것이나, Nietzsche가 모든 것이 나의 '관점'이며 '해석'일 뿐 고정된 '나'도 고정된 '진리'도 존재하지 않는다고 말하는 것, 그리고 모든 것이 '인연생기'이므로 '나'도 '나의 문제'도 결국 여러 조건이 상호 의존적으로 함께 일어난 것일 뿐(따라서 불확실할 수밖에 없는)이라는 붓다의 가르침에서 볼 수 있는 것처럼, 주체적 실존치료의 방법은 모든 것이 의존적으로 연관되어 있다는 사실에 기반한 방법인 동시에 치료 장면에서 이 연관성 자체를 현실적으로 잘 드러내 실현하는 구체적인 방법이다.

나는 이 방법들, 즉 '나누기' '확인하기' '합의하기'에 숙련된 치료자가 이 방법들을 마치 숨 쉬는 것처럼 자연스럽게 사용할 수 있다면, 이는 치료 장면에서 불교의 핵심인 '연기'와 '공'이 그대로 구현되는 것이라고 생각한다.

독자 중 위에 제시된 제일의공경(第一義空經)에서 붓다가 설법을 시작하면서 '나는 이제 그대들을 위하여 설법하겠다. …… 자세히 듣고 잘 생각하여라'라고 한 말에 관심을 가진 사람이 있을 수 있다. 경전 곳곳에는 붓다가 이처럼 자신이 무엇을 설법할 것인지를 안내하는 말과 자기의 말을 무조건적으로 수용하지 말고 듣는 사람이 스스로 생각하여 체험지(體驗智)를 체득할 것을 강조하는 말들이 등장한다. 몇 가지 예를 인용하겠다.

"비구여, 이와 같이 '일체의 법을 집착하면 안 된다'라는 말을 들은 비구가 일체의 법을 체험적으로 인식하고, 일체의 법을 체험적으로 인식함으로써 일체의 법을 이해하고, 일체의 법을 이해함으로써 일체의 현상들이 달라졌다고 본다오(이중표, 2021)."

"거룩한 제자는 가르침에 대하여, '잘 설해진 세존의 가르침은 지금 여기에서 볼 수 있는 것이며, 즉시 체득할 수 있는 것이며, 와서 보라고 할 수 있는 것이며, 지혜로운 사람이 스스로 볼 수 있도록 도움을 주는 것이다'라는 청정한 믿음을 구족한다오(이중표, 2021)."

"그대들이 확신이 없고, 의구심이 있는 것은 당연한 일이오. …… 그대들이 '이들 법(法)은 좋지 않다. 이들 법은 결함이 있다. 이들 법은 현자(賢者)들이 꾸짖는 것이다. 이들 법은 실행하고 시도하면 해롭고 괴롭게 된다'라고 스스로 알게 되었을 때, …… 이제 그대들은 그것을 버리도록 하시오. …… 이제 그대들은 전통이나 전승과 같은 다른 것에 의지하지 말고, 그대들이 '이들 법은 좋다, 이들 법은 결함이 없다, 이들 법은 현자들이 칭찬하는 것이다, 이들 법은 실행하고 시도하면 이롭고 즐겁게 된다'라고 스스로 알게 되었을 때, …… 이제 그대들은 그것을 성취하여 살아가도록 하시오(이중표, 2023)."

붓다는 여기서 더 나아가 솔직하고 진솔하며 개방적인 나누기와 확인하기를 요청하기도 한다.

"만일 내가 말하는 것이 옳거든 그대도 옳다고 하고, 만일 옳지 않거든 옳지 않다고 말하시오. 그리고 그대가 의심하는 것이 있거든 곧 나에게, '사문 고타마시여, 여기에 무슨 일이 있으며, 여기에 무슨 뜻이 있습니까?'라고 물으시오. 내가 말하는 것을 그대가 받아들인다면 나는 그대와 함께 이 일을 논의할 것입니다(고익진, 2014)."

"만약에 그대가 나에게 인정할 수 있으면 인정하고, 반대해야 한다면 반대하십시오. 나아가서, 내 말의 의미를 모르겠으면, 나에게 '이 말은 이 의미인가요?'라고 반문하십시오. 이렇게 대화를 하시겠습니까? …… 어떻게 생각하나요(이중표, 2023)?"

나에게는 이 모든 노력이 붓다가 자신이 옳다고 생각하는 것을 일방적으로 전하려고 하는 것이 아니라, 같이 알아보고 함께 궁리하자는 뜻으로 보인다. 나는 이러한 태도가 불교가 가진 큰 매력이라고 생각한다. 그리고 치료 장면에서 진정으로 필요한 태도가 바로 이러한 태도라고 믿는다.

붓다는 자신도 그저 스스로 체험하여 알게 된 것을 우리와 나누는 것일 뿐이라고 말한다. 단지 체험(體驗)을 통해 자신이 알게 된 것을 아는 그대로 말하고, 자신이 말하는 것을 그대로 행동하는 것일 뿐이라는 말이다. 붓다는 이를 다음과 같이 말한다.

"비구들이여, 여래가 온전히 깨달은 날 밤부터 여래가 열반에 드는 날 밤까지, 그동안 가르치고, 이야기하고, 설명한 모든 것은 사실 그대로(如如)일 뿐, 다른 것은 없다오. 그래서 여래라고 부른다오. 비구들이여, 여래는 말한 대로 행하고 행한 대로 말한다오. 이렇게 말한 대로 행하고, 행한 대로 말하기 때문에 여래라고 부른다오(이중표, 2023)."

내가 주체적 실존치료의 방법으로 제시하는 '나누기' '확인하기' '합의하기'는 이처럼 붓다의 모습에서 잘 드러나고 있다. 나는 이것이 붓다가 사람들과 만나서 진정으로 참여하면서 같이 알아보고 함께 궁리하는 모습이고, 이야말로 치료 장면에서 실현되어야 마땅한 이상적인 모습이라고 생각하며, 이것이 바로 내가 주체적 실존치료를 통해 구현하고자 하는 바이다.

이 장을 마치기 전에, 주체적 실존치료자와 주체적 실존치료를 찾는 내담자 모두에게 깊은 울림을 줄 수 있는 붓다의 또 다른 인상적인 말을 인용하고자 한다.

"대화를 통해서 토론에 적합한 사람인지 아닌지를 알아야 한다오. …… 토론에 적합한 사람 …… 토론에 적합하지 않은 사람 …… 대화를 통해 믿음이 있는 사람인지 없는 사람인지 알아야 한다오. 비구들이여, 귀를 기울이지 않는 사람은 믿음이 없는 사람이고, 귀를 기울이는 사람은 믿음이 있는 사람이라오. 믿음이 있는 사람은 한 법(法)을 체험적으로 알고, 한 법을 이해하고, 한 법을 버리고, 한 법을 체득한다오. 그는 한 법을 체험적으로 알고, 한 법을 이해하고, 한 법을 버리고, 한 법을 체득하면서 바른 해탈에 도달한다오. 비구들이여, 집착이 없는 마음의 해탈, 이것이 대화의 목적이고, 이것이 충고의 목적이고, 이것이 믿음의 목적이고, 이것이 경청(傾聽)의 목적이라오(이중표, 2023)."

아무리 몸에 좋은 약이라도 그 약을 마음으로 거부하는 사람에게는 효력을 발휘할 수 없는 것처럼, 적절한 때에 적절한 사람과의 적절한 만남을 통해 주체적 실존치료가 실시되지 않는다면 기대하고 목적하는 바를 성취할 수는 없을 것이다. 주체적 실존치료자는 모든 것이 시절인연(時節因緣)에 기대어 있다는 것을 알기에 목표와 결과 등에 집착하지는 않겠으나, 모든 것이 '시절인연'이기에 하나의 또렷한 원인과 조건인 자기 자신을 최대치로 활용하는 노력을 조금도 게을리하지 않을 것이다. 자신의 미약한 힘이 곧 자신이 가진 가장 강력한 힘이라는 것이 자명하기 때문이다(이는 내담자에게도 그대로 적용되는 말이다).

제 12 장

주체적 실존치료 방법의 전제

주체적 실존치료의 방법에서 일차적으로 중요한 것은 이 치료가 '철학적 방법'을 추구한다는 점이다. '방법(method)'은 어원상 '무엇을 얻기 위한 과정과 절차(meta+hodos)'(이종훈, 2017)이고, 여기서 '철학적'이라는 말은 탐구(exploration), 조사(scrutinization), 질문(question) 등을 의미한다.

철학적 방법은 우리가 어떤 특정한 사안에 대해 특정한 답을 찾는 것을 가능하게 하지만, 그것이 철학적 방법이 궁극적으로 추구하는 바는 아니다. 근본적으로 이러한 철학적 방법은 최종적인 고정된 정답을 찾는 방법이라기보다는 지속적인 탐구와 조사와 질문으로 이어지는, 즉 연기(緣起)적인 우리의 실존적 근본 조건과 양립하는 끊임없는 참구(參究)이다. 이것이 바로 내가 철학적 방법이라고 할 때의 '철학적'의 의미이다.

대개 실존치료의 특성을 이야기할 때 빠지지 않고 등장하는 것이 실존치료가 철학적 치료라는 점이다. 여기서 '철학적'이라는 것이 무엇을 의미하는지는 실존치료자들마다 다를 것이다. 어떤 실존치료자는 특정 철학자나 특정 철학적 내용 혹은 개념에 중점을 두고 '철학적'이라는 말을 수용할 것이고, 또 다른 실존치료자는 특정 내용이 아니라 우리가 철학적이라고 할 때 그 철학적이라는 말이 의미하는 공통적인 작동 원리 혹은 작용 방식 및 과정에 초점을 두고 '철학적'이라는 말을 받아들일 것이다.

이와 유사하게 실존치료를 지향하는 어떤 치료자들은 죽음과 무의미 등 실존적 주제, 즉 내용에 중점을 두고 실존치료를 실행할 것이고, 또 다른 치료자들은 내담자 호소문제의 내용보다는 치료 장면에서 내담자와 어떻게 존재할 것인가 하는 존재방식 혹은 내담자가 호소하는 문제의 작동 원리와 과정에 초점을 두고 실존치료를 실행할 것이다. 실존치료를 내용 중심적으로 이해하고 접근하는 것과 과정 중심적으로 이해하고 접근하는 것 사이의 분명한 차이가 존재하고, 이는 '철학적 치료'라는 의미를 어떻게 이해하고 수용하는지와 밀접하게 연관된다.

주체적 실존치료는 내용 중심적이기보다는 과정 중심적인 치료이다. 따라서 '철학적 치료'라고 할 때 그 의미는 특정 철학자나 철학 개념 혹은 내용을 중시하는 치료라기보다는, 탐구와 조사와 질문을 끊임없이 반복하면서 참구(參究)의 과정을 지속하는 철학적 태도의 치료라고 볼 수 있다. 한마디로 주체적 실존치료의 방법은 문제가 무엇인지, 해답이 무엇인지 그 내용을 찾는 것이 중요하다기보다는, 문제가 무엇인지를 알아보고 궁리하는 과정, 해답이 무엇인지를 알아보고 궁리하는 과정, 문제가 어떻게 문제가 되는지를 알아보고 궁리하는 과정, 어떤 것이 어떻게 해답이 될 수 있는가를 알아보고 궁리하는 과정 등에 더 중점을 두는 방법이다.

주체적 실존치료의 방법은 흔히 하는 말로, 물고기를 잡아서 주는 것이 아니라 물고기 잡는 방법을 알려 주는 것과 같은 것이라고 할 수 있다. 주체적 실존치료자는 치료자가 내담자 문제에 대해서 어떤 실증주의적인 방법을 일방적으로 적용하여, 치료자가 정답이라고 생각하는 해답을 통해 내담자 문제를 해결해 주려고 하지 않는다. 주체적 실존치료자는 치료자가 내담자와 맺는 상호 의존적 관계양식을 통해, 즉 치료자가 내담자와 '같이 그리고 함께' 어떤 문제 혹은 주제를 알아보고 궁리하는 방식을 통해, 내담자가 문제에 대한 참구(參究)를 스스로 할 수 있는 방법을 체험적으로 훈습(薰習)할 수 있도록 하는 것에 초점을 둔다. 이러한 방법이 주체적 실존치료의 방법이다.

주체적 실존치료의 이런 측면 때문에, 주체적 실존치료는 치료자로부터 일방적으로 정답과 해결책을 얻고자 하는 내담자보다는 치료자와의 만남을 통해 같이 알아보고 함께 궁리하면서 스스로 자신의 정답과 해결책을 찾고자 하는 내담자에게 더 효과적일 것이다. 이미 존재하는 정답과 해결책에만 중점을 두는 내담자는 끊임없는 참구(參究)의 과정을 지속하기 어려울 것이고 그 과정의 가치를 알고 체화(體化)하기도 힘들 것이다. 그러나 자기 힘으로 또 스스로의 노력으로 자신만의 정답과 해결책을 찾고자 하는 내담자는 지난(至難)한 참구(參究)의 과정을 견딜 수 있을 것이고, 그 과정의 가치와 의미를 체험하고 체화할 가능성이 크다.

후자의 내담자는 자신이 자기 문제의 주인이고자 하는 바람이 크기 때문에 비록 만족할 만한 정답과 해결책을 찾지 못할지라도, 그 전체 과정을 자신이 주체적으로 결단하며 이끌어 왔다는 것에서 오는 만족감과 자신이 치료자와 만들어낸 결과에 대한 의미를 책임감 있게 취할 수 있다. 그리고 결국 이러한 과정, 즉 자기 결단과 책임의 성취 그 자체가 삶에서 가장 중요할 수 있다는 점을 깨닫게 될 것이다. 왜냐하면 문제라는 것은 끊임없이 생기고 사라지므로 정작 삶에서 중요한 것은 그 수많은 문제를 내가 어떻게 맞이하고 겪으면서 보낼 것인가와 같은 과정적 측면이기 때문이다.

주체적 실존치료에서는 이처럼 '철학적' 방법이라고 할 수 있는 지속적인 탐구, 조사, 질문 등의 방법이 큰 틀의 핵심이 된다. 달리 말해 끊임없는 참구(參究)를 제외하고는 사실 주체적 실존치료의 방법에는 특정한 제한이 존재하지 않는다. 앞으로 구체적인 주체적 실존치료의 방법이 제시되겠지만, 독자들은 모든 주체적 실존치료 방법의 전제가 철학적 방법, 즉 반복적인 탐구와 조사, 질문 등에 있다는 것을 기억할 필요가 있다. 또한 주체적 실존치료에서 선호되는 방법이 존재하기는 하지만, 주체적 실존치료에서 사용해야만 하거나 혹은 사용해서는 안 되는 특정한 방법이 존재하는 것은 아니라는 점 역시 잊지 않아야 한다.

마지막으로 당부하고 싶은 것은, 만약 치료자가 주체적 실존치료의 방법 자체를 내담자에게 기법적(technical)으로 적용하는 것에 매몰된다면 이는 주체적 실존치료가 지향하는 바와 거리가 멀다는 것이다. 물론 치료자는 심리적 문제나 고통에 대해 내담자보다 더 많은 정보와 지혜를 갖고 있고 그 문제나 고통을 해결하는 방법에 대해서도 내담자보다 더 풍부한 지식과 경험을 소유하고 있을 가능성이 충분히 있다. 그러나 '이 치료자'와 '이 내담자'가 '지금 여기'에서 만나 '이 주제 혹은 문제'에 대해 알아보고 궁리하는 것은 여전히 전례가 없는 유일하고 새로운 맥락과 상황이다. 따라서 주체적 실존치료는 치료자도 내담자도 가 보지 않았고 가 볼 수도 없었던 낯선 길을 '같이 그리고 함께' 열심히 탐험하는 치료라는 점을 기억해야 한다.

이러한 전제를 바탕으로 주체적 실존치료의 방법(method)을 정리하면 〈표 12-1〉과 같다.

표 12-1 주체적 실존치료의 방법

<table>
<tr><td rowspan="2">나누기
(Sharing)</td><td>무지
(Un-knowing/Not-knowing)</td><td>판단중지와 환원(Epoché & Reduction),
지평인지(Awareness of horizon)</td></tr>
<tr><td>펼침
(Disclosing/Unfolding)</td><td>원자료 경청(Listening for the raw source),
기술(Description), 균등화(Equalization),
우선순위화(Prioritization), 초점화(Focusing),
지평화(Horizontalization)</td></tr>
<tr><td rowspan="2">확인하기
(Verifying)</td><td colspan="2">해체적 해석(Deconstructive interpretation)</td></tr>
<tr><td colspan="2">선택과 결정(Choice & Decision)</td></tr>
<tr><td rowspan="2">합의하기
(Agreeing)</td><td colspan="2">합의(Agreement)</td></tr>
<tr><td colspan="2">계약(Contract)</td></tr>
</table>

제 13 장

주체적 실존치료의 방법

내가 주체적 실존치료에서 사용하는 세부적인 방법 혹은 기술은 다른 실존치료자들과 마찬가지로 현상학이 핵심이므로, 앞서 소개한 여러 실존치료자의 방법 및 기술과 상당한 유사점이 존재한다. 나 자신을 포함하여 실존치료자들은 Husserl과 Heidegger를 비롯한 많은 현상학자와 실존철학자에 의해 풍부하게 제공된 재료들을 자기 나름의 방식으로 발췌하고 다양하게 해석하여 자신의 치료에 활발하게 적용하고 있다.

다만 나는 항상 '원자료(raw source)'를 강조하면서 '원자료로 돌아가기'를 주장하는 치료자로서 Husserl의 '엄밀성'과 '사태 자체로'라는 구호에 방점을 찍고 있음을 밝힌다. 그리고 주체적 실존치료의 전제가 '연기(공)' '불확실성' '관점주의'인 것처럼, 주체적 실존치료의 방법에서도 이 연기(공), 불확실성, 관점주의가 잘 구현되는 것이 나의 주요 관심사임을 밝혀 둔다. 물론 주체적 실존치료가 발생한 가장 중요한 배경이 불교인 것에서 볼 수 있는 것처럼, 나의 근본적이고 궁극적인 관심은 '연기(공)'의 구현에 있다.

주체적 실존치료의 방법은 제12장의 마지막에 제시된 〈표 12-1〉에서 볼 수 있는 것처럼 '나누기' '확인하기' '합의하기' 세 가지이다. 각각의 나누기, 확인하기, 합의하기 내에 세부적인 방법들이 포함되어 있기는 하지만, 사실 치료자들이 나누기와 확인하기, 그리고 합의하기가 무엇을 의미하는지를 명확하게 이해하고 적용할 수만 있다면, 이 세 가지 방법 내에 속하는 세부적인 방법들을 굳이 외워서 자신의 치료에 적용하려고 노력할 필요는 없다.

주체적 실존치료에서 중요한 것은 주체적 실존치료 제1의 전제가 '연기(공)'인 것처럼, 방법에서도 내담자와 치료자의 개방적이고 가변적인 상호 의존적 '교호작용(交互作用)'에 초점을 두는 것이 핵심이라는 것이다. 만약 치료자가 주체적 실존치료의 방법을 내담자를 '향해서' 혹은 내담자를 '위해서' 일방적으로 사용한다면, 그 방법 자체를 아무리 잘 사용했다고 해도 그것은 주체적 실존치료의 방법을 적용한 것으로 보기는 어렵다.

실존치료는 방법의 적용과 활용에 있어서 개방적이다. 이는 주체적 실존치료도 마찬가지이다. 주체적 실존치료가 제시하는 방법이 이미 존재하고, 주체적 실존치료자들이 선호하는 방법이 분명히 존재하겠으나, 실존치료자들과 마찬가지로 주체적 실존치료자들은 치료 실제에서 유용하다고 생각하는 어떤 방법이든 사용할 수 있다. 단, 치료자가 내담자와의 합의 없이 어떤 방법을 일방적이고 독단적으로 사용하는 것은 제한된다.

예를 들어, 주체적 실존치료자가 어떤 특정 방법을 적용하고 싶다면, 치료자는 그러한 자기의 생각을 내담자에게 개방하여 나누고 내담자의 의사를 명확하게 확인하면서 내담자와 상호 합의를 거친 후 그 방법을 사용해야 한다. 내담자에게는 아무 말도 하지 않은 채 치료자 혼자서 어떤 특정 방법을 일방적으로 적용하는 일이 있어서는 안 된다. 주체적 실존치료에서는 모든 방법(method) 혹은 기술(skill)의 적용에 있어서 치료자와 내담자 간 '나누기' '확인하기' '합의하기'의 실행이 필수 조건이다.

주체적 실존치료의 방법인 '나누기' '확인하기' '합의하기'의 개략적인 내용은 〈표 13-1〉과 같다.

여기서 명확하게 언급해야 할 것은, 이 방법들이 서로 뚜렷하게 구별되어 따로 개별적으로 적용되는 방법들이 아니라는 점이다. 또 각각이 선형적으로, 즉 처음에 나누기 방법이 다음에 확인하기 방법이 그 후에 합의하기 방법이 마치 순서가 있는 것처럼 적용되는 것도 아니라는 점이다. 비록 세 가지 방법이 구분되어 따로 기술될지라도, 주체적 실존치료자는 나누기 방법 자체가 이미 확인하기와 합

표 13-1 주체적 실존치료의 방법: 나누기, 확인하기, 합의하기

방법	내용
나누기	치료자와 내담자가 자기를 개방하고 자신의 원자료를 있는 그대로 진솔하고 솔직하게 나누면서 각자가 이해한 바의 의미를 투명하게 공유하기
확인하기	치료자와 내담자가 면밀하게 펼쳐지는 현상을 해체적 해석과 선택 및 결정을 통해 명료하게 밝히고 명확하게 확인하면서 상호 간의 이해를 구축하기
합의하기	치료자와 내담자가 상호 의존적인 조율 과정을 통해 합의 내용을 도출하기

의하기를 포함하고 있고, 확인하기 방법 자체가 이미 나누기와 합의하기를 품고 있으며, 합의하기 방법 자체가 이미 나누기와 확인하기와 얽혀 있다는 사실을 잊지 않아야 한다.

물론 필요에 따라 치료자들이 나누기, 확인하기, 합의하기 방법을 조작적으로 떼어서 각각 연습할 수는 있겠지만(또 때에 따라 필요하기도 하겠지만), 실제 치료 장면에서 내담자와 만나 소통할 때 이 방법 간에는 뚜렷한 구분도 명백한 구별도 존재하지 않는다. 더 정확하게 말하면, 그러한 구분과 구별이 존재할 수 없다. 왜냐하면 주체적 실존치료 장면에서 치료자와 내담자는 서로의 관점을 나누고 확인하며 합의하는 끊임없는 과정을 매우 면밀하게 반복하기 때문에, 세 가지 방법을 각각 구분하여 각각 적용하는 활동 자체가 불가능하기 때문이다. 또한 주체적 실존치료자는 치료 장면에서 드러나는 원자료에 온전히 집중하여 내담자와의 상호작용에 몰입할 것이기 때문에, 치료자 혼자서 자신의 방법적 적용에 대한 자기인식적 반성(성찰)을 수행하는 것 자체가 거의 불가능할 것이기 때문이다.

지금 여기에서 각자에게 혹은 공유된 장(field)에 현현(顯現)하는 원자료에 온전히 집중하여 서로의 주체성을 개현하고 발현하며 부각하는 치료 실제에서는, 이 모든 방법은 서로 의존하여 얽히고설킨 상태로, 즉 연기(緣起)적으로 드러나지 각기 개별적으로 나타날 수 없다. 그러므로 치료자들은 이 방법들의 개념에 익숙해지면 질수록 또 적용에 숙달되면 될수록 방법들 각각의 이름과 내용을 떠나게 되

고, 그 결과 어떤 특정 방법을 쓴다는 생각도 없이 모든 방법을 자유자재로 구별 없이 쓰게 될 것이다. 이것이 이 방법들에 대한 바람직한 훈습(熏習) 결과이다.

만약 어떤 치료자가 어떤 방법을 적용하고 있는 자기 자신을 그 적용과 동시에 인식하고 있다면, 그 치료자는 내담자와의 만남에 온전히 주의를 집중하여 참여하고 있는 것이 아니라고 나는 생각한다. 이러한 태도는 주체적 실존치료자의 태도로서는 바람직하지 않다.

주체적 실존치료자에게 요구되는 태도는 내담자와의 지금 여기의 만남의 장에 생생하고 긴밀하게 온전히 주의를 집중하여 함께하는 것이지, 지금 자신이 어떤 치료적 접근을 어떻게 적용하고 있는가를 계속 검열하고 점검하면서 거리를 둔 채, 자기 자신은 물론 내담자와 내담자와의 만남을 관찰하고 평가하는 것이 아니다. 주체적 실존치료에서 '치료'의 의미가 '만남(참여), 같이 알아보기, 함께 궁리하기'라는 것을 잊지 않기를 바란다. 이러한 점들을 숙지하면서 주체적 실존치료의 방법 각각을 알아보자.

1. 나누기

치료자와 내담자가 자기를 개방하고 자신의 원자료를 있는 그대로 진솔하고 솔직하게 나누면서 각자가 이해한 바의 의미를 투명하게 공유하기

나누기는 내담자와 치료자가 자기를 개방하고 자신의 원자료를 있는 그대로 솔직하게 나누면서 각자가 이해한 바의 의미를 투명하게 공유하는 것을 말한다. 주체적 실존치료에서 '치료'의 기본 의미가 '만남'이고, 주체적 실존치료의 정의에서도 결국 '참여'가 핵심이 되는 것처럼, 나누기 방법은 주체적 실존치료에서 핵심적인 방법이다.

우선 나누기 방법에서 '자기'라는 것이 무엇인지 이해하기 위해, 주체적 실존치료에서 '주체'와 '주체성'을 구분한 것을 상기할 필요가 있다. 내가 "나는 김은희이다"라고 말할 때 나는 내가 식물도 동물도 물건도 아닌 인간 존재자인 '나'라는 것을 알고 있고, 그 '나'에 대해 '김은희'라고 부모가 지어 주고 사회에서 통용되는 이름을 사용하여 내가 누구인지를 안다고 생각하면서 말한다. 이때 나는 의식적·반성적·의지적 자기 결단의 측면, 즉 주체성을 현현(顯現)하고 있다.

그러나 나는 이런 주체성 외에 무의식, 전(선)반성, 비(무)의지, 신체(몸) 등의 여러 측면은 물론이고, 내가 그 무엇으로도 이름을 붙일 수 없는 나와 연관된 수많은 알 수 없는 것들을 포함한 '주체'라 불리는 것이기도 하다. 나는 내가 '나'라고 아는 것(주체성)뿐 아니라, 그것이 무엇인지 모르는 나와 연결된 모든 신비와 수수께끼 자체인 '주체'이기도 하다. 주체라고 할 때 이 '주체'는 어떤 특정한 무엇을 지칭하는 것은 아니지만, 그 어떤 것으로도 드러나서 지칭될 수 있는 '알 수 없는 나' 그리고 내가 '나'라고 인식하는 주체성과 연관된 모든 '모름'의 세계 자체를 의미한다.

Sartre(2008)의 "실존은 본질에 선행한다"라는 말처럼, 나는 단지 있을 뿐이고 이 '있음(실존)'에 근거하여 '본질'은 각양각색으로 그때그때 우연적으로, 즉 가능성으로서 구성되는 것일 뿐이다. 내가 아는 나는 '주체성' 측면의 나일 뿐 나는 '주체'가 무엇인지, 그것의 가장자리가 어디인지 알 수 없다. 따라서 '나라고 할 만한 나'가 분명하게 있으면서도 한편으로는 내가 모르는 '나'와 항상 내가 한 몸으로 함께 있으므로, '나라고 할 만한 나'가 없다고도 말할 수 있다.

각 철학자마다 의미하는 바가 물론 다르지만, Heidegger(1997)가 현존재를 '세계-내-존재(In-der-Welt-sein)'로, Merleau-Ponty(2002)가 인간의 실존을 '세계-에로-존재(Être-au-monde)'로 정의한 것이나, Sartre(2008)의 '상호주관성[상호주체성](Intersubjectivité)'과 Husserl(1997, 2002, 2013, 2019)의 '상호주관성[상호주체성](Intersubjektivität)' 모두 '나'라고 하는 것이 우리가 의식적으로 나라고 하는 것에만 국한할 수 없음을 나타내는 것이라는 단편적인 의미에서는 유사하다.

또한 '의식은 항상 무엇에 관한 의식으로서의 대상을 향해 있다'는 Husserl의 '지향성(Intentionalität)' 개념 역시, Husserl이 의식 삶의 생생한 흐름 전체를 통일성 속에서 파악하는 작업을 현상학의 과제로 삼은 것을 볼 때, "'합리론 대 경험론' '관념론 대 실재론' 등의 이원론 대립에서 벗어나 있는 개념"(이종훈, 2017)이라고 볼 수 있고, 이를 확장하여 생각하면 유아론(solipsism)을 타파하는 Husserl의 '상호주관성[상호주체성]' 개념과 맥을 같이한다고 볼 수 있다.

결국 '자기(나)'라는 것은 신비와 수수께끼이고, 내가 의식적으로 명료하게 '나'라고 말할 때조차도 그 명료하게 드러나는 것과 동시에 드러나지 않는 '나'가 있으므로, 자기를 개방한다고 할 때 그 '개방'에는 비은폐되어 드러나는 '나'와 은폐되어 드러나지 않는 '나'가 동시에 존재하는 것이다. 여기서 중요한 점은 비은폐와 은폐 혹은 개방과 폐쇄와 같은 이분법을 적용해서는 안 된다는 것이다.

만약 은폐를 마치 치료자가 분석해 내야 할 무의식과 같은 것으로 생각한다면 이는 오류를 범하는 것이 된다. 비은폐도 수많은 인연(因緣)의 그물망으로서의 비은폐이고, 은폐도 수많은 인연(因緣)의 그물망으로서의 은폐이며, 비은폐도 은폐도 나눌 수 없는 것을 그저 현전이라는 기준으로 나누는 것일 뿐, 연결되어 있다거나 분리되어 있다는 등의 말이 무색한 인연생기(因緣生起)일 뿐이다. 이 점을 숙지하는 것이 근본적으로 중요하다.

이렇게 볼 때 '나'를 개방한다는 것을 알면서 하는 개방은 주체성의 측면이고, 개방과 은폐라는 개념조차도 붙을 데가 없이 분위기나 느낌, 행동, 기운, 직감 등 알 수 없는 그 모든 것을 포함하는 전체는 주체라고 할 수 있다. 이런 이유로 주체적 실존치료의 과정은 그저 주체성의 개현, 발현, 부각이 전부일 뿐이다. 치료자와 내담자는 각각 자신의 지평을 갖고 있고 두 사람의 만남은 지평의 융합을 이루는데, 이때 우리가 명백한 현상으로 경험할 수 있는 것은 주체성의 측면일 뿐이다.

치료에서는 말(언어)이 주요 도구가 된다. 물론 비언어적인 것들이 존재하기는 하지만, 주체적 실존치료에서는 비언어적인 것들조차도 언어적으로 표현되어 드러나 확인되는 것이 중요하므로, 결국 모든 것이 말(언어)이라고 할 수 있다. 침묵의 의미조차 말(언어)로서 나누게 되니 침묵조차도 언어화되는 것이다. 따라서 말(언어)로 이루어지는 대화가 나누기의 핵심이고, 이것이 주체성의 개현이고 발현이며 부각이다.

그러나 볼 수도 만질 수도 없는 공기가 우리를 늘 감싸고 있는 것처럼 주체가 항상 우리의 저변에 자리하고 있다. 이는 Heidegger가 말하는 '기분(Stimmung)'과 관련해서 말해 볼 수 있을 것 같다. Heidegger(1997)는 "기분은 덮친다. 기분은 '밖'에서부터 오는 것도 '안'에서부터 오는 것도 아니며, 오히려 세계-내-존재의 방식으로서 이 세계-내-존재 자체에서부터 피어올라 온다. …… 기분은 그때마다 이미 세계-내-존재를 전체로서 열어 밝혀 왔고, 무엇에로 향함을 처음으로 비로소 가능하게 한다"라고 말한다.

물론 Heidegger가 말하는 기분이란 내가 말하는 주체와는 다른 것이다. 하지만 Heidegger가 말하는 기분이 주관적인 심리적·정서적 상태를 의미하는 것이 아니라, 세계-내-존재인 현존재의 '처해 있음'이라는 현사실성(Faktizität)으로서의 실존, 즉 '거기에 있음'이 열어 밝혀지는 근본 양태라는 점에서는 내가 말하는 '주체'의 의미와 상통하는 부분이 있다고 생각한다. 어쩌면 주체는 내가 나라고 여기는 주체성의 존재론적 바탕 같은 것으로 볼 수 있다. 물론 바탕이라는 말에서 어떤 고정된 형태나 범위가 있는 것을 상상하지 않는 것이 중요하지만 말이다.

이런 점을 고려할 때, 나누기 방법에서는 자기 자신의 지각, 생각, 느낌, 관점 등 명백하게 의식할 수 있는 것을 최대한 생생하고 면밀하게 개방하는 것이 중요하다. 자신의 원자료를 조작 없이 있는 그대로 표현하려고 하는 노력이 중요한 것이다. 동시에 내가 표현하고 개방하여 나누는 것이 내가 나누고 있는지를 알 수 없는 것들의 나누기를 이미 전제하고 있음을 아는 것이 중요하다. 나눌 수 있는 것을 충분히 나누면서 동시에 내가 나눈다는 생각 없이 나누는 것이 있다는 것을 인지함이 중요한 것이다. 한마디로 '나'와 '너'의 만남에서, 나의 '주체성'의 개방은 나의 '주체'의 개방과 나의 '지평'의 개방 모두를 의미하고, 너의 '주체성'의 개방은 너의 '주체'의 개방과 너의 '지평'의 개방 모두를 의미하는 것이다.

치료 장면에서 이러한 개방은 동시에 발생하여 상호 역동적으로 순환하는데, 이는 Gadamer(2012)가 말한 '지평융합'을 떠올리게 한다. Gadamer는 공통된 지평이 생겨나는 것을 '지평융합'이라고 표현했는데, 치료자와 내담자의 이와 같은 개방, 즉 나누기는 지평의 융합을 이루게 하고 이러한 지평의 융합은 다시 지평의 장(field)의 확장과 변화, 움직임을 불러일으키며 이러한 지평의 장(field)의 확장과 변화, 움직임은 다시 지평융합으로 이어진다.

이것은 주체적 실존치료에서 마치 나비효과(어떤 일이 시작될 때 있었던 아주 작은 변화가 결과에서는 매우 큰 차이를 만들어 내는 것)와 같은 현상을 불러일으킬 수 있다. 단지 서로가 자신을 솔직하게 개방하여 나누는 참구(參究)의 벗이 된 것뿐인데, 이것이 서로의 지평을 확장하고 변화시켜서 종국에는 나의 결단을 통해 내 삶의 진정한 주인으로 나에 대한 책임을 성취하게 되는 결과를 가져오기 때문이다. 그리고 우리의 삶 자체가 이러한 결단의 연속이라는 것, 내가 결단하고 책임을 진다고 할 때 그 '나'는 이미 심리학적이거나 생물학적인 '닫힌 나'가 아니라 모든 것과 연결된, 즉 '인연생기'하는 가능성으로서의 '열린 나'라는 것을 체득하게 된다. '나'이면서 동시에 나라고 할 수 없는 '나'인 것이다.

나누기와 관련해서 치료자들이 생각해 볼 만한 주제로 '공감(empathy)'을 들 수 있다. 치료에서 가장 중요한 것을 꼽으라면 그 자리에 공감을 위치시킬 치료자가 많을 것이다. 이는 내담자 역시 마찬가지이다. 내담자가 치료자에게 가장 원하는 것이 자신이 하는 말을 잘 들어 주고 공감해 주는 것이라는 점은 상식처럼 여겨지기까지 한다. 그러나 우리는 공감을 매우 협소한 차원에서 생각하는 경향이 있다.

공감도 반영이라는 기술을 통해 교류하는 하나의 나누기라고 볼 수 있다. 그런데 대개 치료자와 내담자 모두 말(언어)로 공감을 표현하고 말(언어)로 공감을 받는 것에만 초점을 둘 뿐, 우리가 이미 서로의 지평을 공유하며 지평융합 상태에서 공명하고 있음은 간과하는 경향이 짙다. 치료자는 치료자대로 따로 있고 내담자는 내담자대로 따로 있는 상태에서, 독립된 실체인 치료자가 독립된 실체인 내담자의 심정을 마치 그 내담자의 입장이 된 것과 같은 상태가 되어 그 내담자처럼 느끼는 것을 공감으로 생각하는 것이다.

이는 주체와 객체를 구분하는 이원론에 근거한 설명이다. 엄밀히 말하자면 이렇게 '치료자'와 '내담자', 즉 '나'와 '너'가 명확하게 경계지어져 독립적으로 따로 존재하는 존재자라면, 이는 치료자와 내담자가 함께 어떤 느낌을 공유하는 것이 이미 불가능하다는 것을 전제하는 것이나 마찬가지이다. 그러나 우리는 이렇게 따로 경계지어져 독립적으로 떨어져 있는 것이 원천적으로 불가능한 존재자들이다. Heidegger(1997)의 말처럼 우리는 이미 '세계-내-존재'이고 '공동존재(더불어 있음, Mitsein)'이며 '공동현존재(함께 거기에 있음, Mitdasein)'이다.

Heidegger(1997)는 '더불어 있음'을 현존재의 근본적인 존재구성 틀인 세계-내-존재의 실존론적 구성요소의 하나로 보기 때문에 현존재가 결코 따로 떨어진 독립된 실체일 수 없는 '서로 함께 있음'이라는 존재 양식을 가지고 있다고 말한다. 따라서 독립된 실체로서의 '나'가 독립된 실체로서의 '너'를 공감한다는 등의 말은 존재론적(ontological)으로 볼 때 모순이다. 그러나 존재적(ontic)으로 우리는 '감정이입'이라는 말을 사용하는데, Heidegger는 "감정이입이 비로소 더불어 있음을 구성하는 것이 아니라, 오히려 더불어 있음에 근거해서 비로소 감정이입이 가능한 것이며, 더불어 있음의 우세한 결손된 양태들에 의해서 감정이입의 불가피함이 동기부여를 받고 있는 것이다"라고 말한다.

이는 우리가 감정이입과 공감 등을 이야기할 때 이분법적인 나-너 현상을 무시하지는 않지만, 그렇다고 해서 그러한 이분법을 당연하게 생각할 수도 없고 또 생각해서도 안 된다는 것, 더 나아가 이러한 이분법적 현상의 토대가 바로 '더불어 있음' '서로 함께 있음'이라는 점을 명확하게 드러내는 것이다. 우리는 단지 더불어 있음에 근거해서만 생생하게 상대방을 알 수 있고, 이 더불어 있음에 손상이 있을 때 감정이입을 시도하게 되는데, 이 감정이입 역시 더불어 있음을 토대로 해서만이 가능한 것이다. Heidegger의 다음과 같은 말은 공감과 관련하여 시사하는 바가 크다.

> "더불어 있음에 근거해서 생생하게 서로 상대방을 알게 되는 것이 흔히 고유한 현존재가 그때마다 자기 자신을 얼마나 넓게 이해했는가에 달려 있다는 점은 분명히 논란의 여지가 없다. 그러나 그것은 단지 고유한 현존재가 타인들과의 본질적인 더불어 있음을 얼마나 넓게 스스로에게 투명하게 만들었으며 위장하지 않았는가를 말할 뿐이며, 이것은 현존재가 세계-내-존재로서 각기 이미 타인들과 더불어 있을 때에만 가능하다(Heidegger, 1997)."

우리는 알지 못하는 것은 보지 못한다. 그리고 내가 무엇을 안다는 것은 이미 내가 그것과의 관계를 맺고 있음을 의미한다. 내가 그것과의 관계를 이미 맺고 있지 않다면, 즉 그것에 대해 내가 이미 아는 바가 없다면 나에게 그것이 그것으로 지각되지도 또 인식되지도 않을 것이다. 결국 내가 어떤 대상을 어떤 대상으로 보고 안다는 것은 그 대상을 보고 아는 것이라기보다는 현존재인 나 자신이 의식할 수 있는 나의 의식 안의 어떤 것을 보고 안다는 것이다.

내 의식을 떠나서 내 의식과 상관없는 것을 내가 의식한다는 것은 있을 수 없는 일이므로, 내가 무엇인가를 의식한다는 것은 내가 이미 그것을 내 의식의 한 부분에 갖고 있다는 것, 즉 그것과 내가 이미 더불어 있음을 의미한다. 더불어 있기에 나는 그것을 지각하고 인식하는 것이지 그것이 나와 아무 연관 없이 동떨어져 있는 것이라면, 그것과 나는 서로 알아보는 것이 불가능하고 따라서 나에게 그것은 있다고도 없다고도 할 수 없는 것이 되는 것이다. 이처럼 우리가 서로를 알아볼 수 있는 것은 이미 우리가 서로 연관되어 있음을 전제하지 않고는 불가능하다. 우리는 긴밀하게 서로 연관되어 있으므로 서로 떨어져 있다는 것을 인식할 수도 있게 되는 것이다.

사실 연관되어 있다는 것조차도 궁색한 표현일 수 있다. 불교의 '일체유심조'나 '모든 것이 관점, 즉 해석일 뿐'이라는 Nietzsche의 말, 그리고 Husserl의 '지향성'이나 Heidegger의 '세계-내-존재' 등이 의미하는 것은 따로 떨어져 있는 것이 서로 다시 연관된다는 의미의 '연관'이라기보다는, 연관이라는 말을 사용할 수 있는 것이 바로 훨씬 이전부터 이미 우리가 한 몸처럼 얽혀 있었기에 가능하다는 의미에서의 '연관'을 시사하기 때문이다. 여기서 중요한 것은 우리가 각기 따로따로인 것처럼 생각하는 것이 실상은 그렇지 않다는 사실이다. 우리가 따로 떨어져 있는 것처럼 서로를 인식할 수 있는 것의 전제가 바로 서로 떨어져 있지 않고 이미 긴밀하게 연관되어 있다는 것이라는 점이 핵심이다.

실제 치료 장면에서 치료자들은 자신이 내담자를 공감하지 못한다고 하면서 괴로워하는 경우가 많고, 내담자들은 치료자가 자신을 공감하지 못한다면서 불평하는 경우가 많다. 그러나 앞서 기술된 내용을 참조한다면 우리는 이미 공감하지 않을 수 없는 상태에 처해 있는 존재자들이다. 두 사람이 하나의 장(field)에서 느끼는 모든 것은 이미 공감의 상태를 반영하는 것이다. 공감한다(공감을 받는다)고 느끼든 공감하지 못한다(공감을 받지 못한다)고 느끼든, 그 모든 것이 이미 함께하는 장에서 함께하는 느낌, 즉 공감(共感)이라는 말이다. 만약 공감을 '똑같은(同)' 감정을 느껴야 하는 것으로 본다면 나의 말은 틀린 말이다. 그러나 공감을 '함께하는(共)' 감정으로 생각한다면 우리가 함께함으로써 불러일으키는 모든 감정이 공감이라고 볼 수도 있다. 비록 그것이 불편하거나 불쾌한 감정일지라도 말이다.

나는 공감의 문제를 좀 더 나누기의 측면에서 보기를 원한다. 이는 치료자가 내담자의 감정과 심정이 무엇인지 정답을 맞히는 것과 같은 작업을 공감으로 보지 않는 것이다. 그리고 내담자도 치료자가 자기와 같은 감정과 심정을 경험하고 표현하는 것만을 공감이라고 보지 않는 것이다. 그저 치료자와 내담자가 각자 자신의 감정과 심정 및 이해를 허심탄회(虛心坦懷)하게 개방하여 펼치고, 또 상대방의 개방과 펼침에 대한 자신의 감정과 심정 및 이해를 솔직하고 진솔하게 개방하여 펼치는 나누기의 과정 그 자체를 공감으로 생각하기를 바란다.

이러한 공감, 즉 나누기가 가능하기 위해서는 치료자와 내담자 모두 우리가 이미 지평융합 상태에 있다는 것과 나와 너는 따로 떨어져 존재하는 동시에 분리될 수 없는 연관성으로 존재한다는 실존철학의 관점을 공유해야 한다. 더 나아가 주체적 실존치료의 전제인 '연기(공)'를 수용하는 것이 중요한데, 이때에만 우리는 끊임없이 서로의 이해와 오해, 곧 해석과 관점을 펼쳐서 나누고 서로 확인하고, 또 펼쳐서 나누고 서로 확인하는 것 외에 그 어떤 공감의 표현과 수용의 방법이 없다는 것을 깨달을 수 있을 것이다.

모든 것이 인연(因緣) 따라 생기(生起)하는 실체 없는 '공'이라면 그저 그 과정에서 내가 취하는 관점(해석)을 순간순간 나누는 것이 전부일 것이다. 이러한 견해에 동의하는 치료자와 내담자라면 이 과정 이외에 다른 것이 있을 수 없으므로, 치료자와 내담자 모두 나누기 그 자체가 아닌 나눔의 내용, 즉 치료자와 내담자가 정확하게 같은 내용의 감정을 느꼈는가 혹은 그렇지 않은가에 집착하는 일은 없을 것이다. 오히려 각자 자신이 진심으로 솔직하고 진솔하게 나누기 과정에 참여했는가 혹은 그렇지 않은가가 중요한 문제가 될 것이다.

나는 Palmer(1988)가 "우리는 텍스트에 나타난 것을 관찰하고 파악하려 해서는 안 되며, 오직 텍스트가 말하는 바를 따르고 거기에 참여하며 귀 기울여야 한다"라고 한 말이 중요한 함의를 갖는다고 생각한다. 나는 이 말이 우리의 인식론적·존재론적 나누기를 포괄하면서도 그 안에 머물지 않고 항구적으로 '인연생기'하는 신비로운 나누기와 연관될 수 있다고 해석한다.

우리는 서로를 공감하고 이해하며 그 내용을 교환한다. 그러나 '나'와 '너'가 있음을 인식한 이후부터만 공감과 이해 현상이 나타나는 것이 아니라, '나'와 '너'가 있음을 인식하기 이전에도 우리는 수많은 연결 요소에 의해 이미 공감과 이해를 하고 있었다. 또한 하나의 장(field)에 함께하는 이 순간에도 머리로 인식하며 교류하는 공감과 이해뿐만 아니라, 각자의 지평과 맥락이 인식 없이 교류되는 존재론적 공감과 이해가 존재한다. 그리고 우리는 그것이 무엇인지 도대체 지칭하여 알 수 없는 '연기'의 과정에 참여하므로 공동운명체로서의 공감과 이해를 이미 하고 있다.

한마디로 우리는 인식하면서 나누기를 하든 인식하지 못하면서 나누기를 하든, 나누기 상태를 벗어날 수는 없다는 것이다. 치료는 단지 나누기를 주체성, 즉 주체의 의식적·반성적·의지적 자기 결단의 측면을 통해 인지적으로 개현하고 발현하며 부각하는 인식론적 작업일 뿐, 이 작업 역시 그 의미를 확정할 수 없는 주체의 존재론적이고 절대적인 나누기의 한 양태에 불과한 것일 뿐이다.

나누기 방법은 '무지'와 '펼침'을 포함한다. 무지는 다시 '판단중지와 환원' '지평인지'를, 펼침은 '원자료 경청' '기술' '균등화' '우선순위화' '초점화' '지평화'를 포함한다.

1) 무지: 자연적 태도의 자각, 모름의 알아차림, 앎에 대한 개방성, 앎이 없음을 앎

무지는 자연적 태도의 자각, 모름의 알아차림, 앎에 대한 개방성, 앎이 없음을 앎을 말한다. 무지의 방법에는 판단중지와 환원, 지평인지가 포함된다.

Husserl은 모든 실증학문이 의심하지 않고 암묵적으로 수용한 일상적 삶을 특징짓는 형이상학적이고 인식론적인 가정들을 그저 받아들이는 태도를 '자연적 태도(natural attitude)'라고 부르고, "우리는 자연스럽게, 즉 '자연적 태도 속에' 표상하고, 판단하며, 느끼고, 욕구하면서 살아가는 인간으로서 우리의 고찰을 시작한다"(Husserl, 2009)라고 말한다. 한마디로 '자연적 태도'는 추호의 의심도 없이 당연하다고 여기기 때문에 우리가 그런 가정과 전제 등을 가지고 있다는 사실조차 의식하지 못하는 그런 상태를 지칭하는 것이다.

무지는 이러한 자연적 태도를 자각하고, 어떤 현상에는 그것이 무엇인지 알 수 없을지라도 우리가 알지 못하는 측면이 항상 존재한다는 사실 그 자체를 알아차리려고 노력하면서, 늘 새로운 앎에 대한 개방성과 유연성을 유지하려는 태도를 말한다. 이러한 태도는 우리가 무엇을 안다고 말하는 그 '앎'이 상황과 맥락에 따른 인연생기(因緣生起)일 뿐 그 자체로 고정되어 확고한 '앎'은 아니라는 것, 즉 분명히 '앎'이 있으나 궁극적으로는 그 '앎'은 '연기(공)'하는 것이므로 있기는 있지만 있다고만 말할 수는 없는 그러한 '앎'이라는 것을 알아차리는 데까지 나아가게 된다. 이것이 '앎이 없음을 앎', 즉 '무지'의 엄밀한 의미이다.

무지는 Jaspers가 '알지 못함(Not-knowing)'(Spinelli, 2015에서 재인용)이라고 명명한 것을 Spinelli(1997)가 '모름(Un-knowing)'이라고 다시 명명한 것과 유사한 것이다. Spinelli(1997, 2015, 2016)는 모름을 "어떤 현상에 대해 최대한 개방적인 상태를 유지하려는 시도"라고 말한다. 어떤 현상을 볼 때 우리는 자신의 관점에 따라 바로 판단을 내린다. 그것이 친숙하고 익숙한 것일 때는 '저것은 무엇이다'라는 판단을 더욱 빨리 그리고 단호하게 내리면서 다른 가능성을 배제하는 경향이 강하다. 이러한 자연적 태도는 우리 실존의 필연적인 측면이므로 이것을 제거하는 것은 불가능하다. 극단적으로 표현하자면 자연적 태도 없이 우리는 한순간도 생존할 수 없다.

그러나 자연적 태도는 주체적 실존치료의 실제에서 큰 방해물이다. 예를 들어, 내담자가 '저는 우울해요'라고 말하면서 여러 가지 현상을 토로할 때, 치료자가 '우울'이라는 현상에 대한 지식과 정보, 전문가적 소견 등, 즉 자연적 태도를 확고하게 가지고 있으면 있을수록 바로 '이' 내담자의 우울 현상이 아니라, 객관주의적이고 실증주의적인 '누구나'의 우울 현상을 가정할 가능성이 크다. 우울 현상에 대해서 치료자가 가지고 있는 기존의 풍부한 지식과 경험을 의심의 여지가 없는 전제로 삼아 내담자의 말을 듣고 소위 객관적으로 진단하는 것이 바로 자연적 태도의 예가 될 수 있다. 어쩌면 전문가란 어떤 분야에서 자연적 태도의 고착이 최고점에 이른 사람을 칭하는 말일지도 모른다. 이와 같은 예는 셀 수 없이 많다.

주체적 실존치료는 '누구나'의 우울 현상에 관심이 있는 것이 아니라, 지금 치료자 앞에 있는 바로 '이' 내담자가 '우울이라고 말하는 특정 현상'이 무엇인지에 관심이 있다. 또한 '이' 내담자가 우울이라고 말하는 특정 현상이 바로 '이' 내담자에게 개인적으로 어떤 '의미'가 있는지에 관심이 있다. 치료자가 우울이라는 현상에 대한 자신의 자연적 태도를 자각하고, 자신이 알고 있는 우울 현상에 대한 지식이 바로 이 내담자의 우울 현상과 같을 수도 있으나 다를 수도 있으며 자신이 모르는 어떤 것이 있을 수 있다는 사실을 알아차리면서, 바로 '이' 내담자의 고유한 우울 현상에 대한 앎에 개방적인 상태가 되려고 시도하는 것이 '무지'이다.

무지는 아무것도 모른다는 뜻이 아니다. 내가 안다고 알고 있는 것이 사실은 모르는 것일 수도 있을 가능성, 즉 모름의 앎에 열려 있는 것을 말한다. 또한 내가 지금 안다고 하는 것도 지금의 맥락과 상황에서의 앎일 뿐 여전히 내가 모든 측면을 아는 것은 아니기 때문에 모르는 측면이 항상 존재한다는 것을 아는 것, 더 나아가 모든 것이 '인연생기'임을 알기 때문에 궁극적으로 고정된 앎이라는 것이 없음을 아는 것, 즉 앎이 없음을 앎을 말한다. Socrates가 '모른다'라는 무지를 이야기할 때, 이것은 모름에 안주하기 위한 무지가 아니라 앎의 추구를 위한 출발점으로서의 무지, 즉 알기 위해서는 우선 모른다는 사실을 아는 것이 필요함의 의미에서의 무지를 말하는 것이다. 즉, 이 무지는 앎에 대한 개방성이다. 또 이 무지는 실상(實相)에 대한 앎이다. 바로 이것이 주체적 실존치료에서 말하는 무지의 의미이다.

이러한 의미의 무지, 즉 앎을 위한 모름인 무지의 방법은 판단중지와 환원 그리고 지평인지로 이루어진다. 두 방법, 즉 '판단중지와 환원' 그리고 '지평인지'는 모두 우리가 당연한 것으로 여기므로 의심해 본 적 없는 우리 자신의 자연적 태도와 지평에 대해 의문을 품고 새롭게 바라보는 기회를 제공한다. 우리가 너무나 자연스러운 것으로 생각하는 것을 우리는 자세히 알려고 하지 않는다. 그것은 당연히 그런 것이기 때문에 다시 새롭게 살펴볼 필요가 없기 때문이다. 또 모든 것을 자신의 맥락적 관점에서만 바라보는 경우 우리의 시각은 새로운 다른 측면을 향해 확장되거나 전환되지 않는다. 그것은 마땅히 그런 것이기 때문에 시각을 달리하여 의식적으로 관점을 변화시킬 아무런 이유가 없기 때문이다.

이와 같은 자연적 태도를 현상학적 태도로 변경하여 자기 지평의 한계를 명확히 인식함으로써 새로운 지평의 문을 여는 방법이 바로 '판단중지(에포케)와 환원' 그리고 '지평인지'이고, 이를 통해 우리는 무지의 방법을 실현할 수 있다.

① 판단중지(에포케)와 환원: 자연적 태도를 에포케(판단중지)하고 태도를 변경하기

나는 다른 현상학적 실존치료자들과 마찬가지로 '무지'의 방법에 필수적인 것이 판단중지(Epoché, Suspension, Bracket)라고 생각한다. Husserl(2009)은 '판단중지(Epoché)'를 "괄호침(Einklammerung)" 또는 "배제함(Ausschaltung)"으로 표현하면서 다음과 같이 말한다.

> "판단중지는 이제까지 그가 가진 모든 확신 전체를 문제시하고, 그러한 확신에 관한 어떠한 판단을 사용하는 것도 미리 막으며, 그 타당성이나 부당성에 대한 어떠한 태도결정도 금지하는 것 …… 미리 주어진 모든 것(세계 속에 존재하는 것에 대한 그 모든 전제된 타당성)을 철저하게 억제하는 것(Husserl, 2015)"

이종훈은 판단중지로 해석되는 'Epoché(에포케)'라는 용어에 대해 다음과 같이 기술한다.

> "스토아학파와 에피쿠로스학파의 독단론에 반발한 피론(Pyrron)의 회의(懷疑)학파에서 마음의 평정(ataraxia)을 얻으려면 모든 인식에 대한 판단중지가 필수적이라고 강조한 것에서 유래한다. 그러나 후설은 이 용어를 세계의 존재를 소박하게 전제한 자연적 태도의 일반정립에 깃든 확신과 타당성을 일단 배제하는, 즉 괄호 속에 묶는 독특한 현상학 용어로 사용한다. 요컨대 판단중지는 이미 정립한 것을 폐기하거나 그 확신을 변경시키지 않기 때문에 그 결과 아무것도 잃는 것이 없다. 다만 이 판단중지를 거쳐야만 다양한 현상학적 환원이 가능한 예비절차라 할 수 있다(이종훈, 2017)."

이남인(2013)에 의하면 현상학에서 '태도'가 의미하는 바는 "어떤 주체 또는 다수의 주체들이 어떤 특정한 주도적인 관심에 따라 세계를 바라보고 그것을 대하며 살아가는 통일적인 관점"이다. 따라서 '자연적 태도'란 우리가 아무런 의심 없이 당연한 것으로 자연스럽게 전제하고 있는 "세계 및 세계 안에 존재하는 모든 대상을 향한 주체의 통일적인 관점"을 의미하며, '판단중지(에포케)'란 우리가 가진 전제와 편견, 선입견, 지식 등의 자연적 태도를 비롯한 특정 태도에 대한 판단중지(괄호치기, 배제하기)를 뜻한다.

이남인(2004)은 "어떤 지식 혹은 정립에 대해 판단중지한다 함은 일단 이러한 정립 속에서 주어지는 것이 절대적으로 확실하게 주어지는 것이 아니기 때문에 우리가 혹시라도 무의식적으로 그것을 절대적으로 확실하게 주어지는 것으로 간주하는 일이 없도록 일단 그것을 '괄호에 넣어서' 그에 대한 일체의 '판단을 보류'함을 의미한다"라고 말한다. 이종훈(2014)은 "판단중지는 세계를 소박하게 전제한 자연적 태도에서 일반적으로 정립한 것에 깃든 확신과 타당성을 일단 괄호 속에 묶어 경험의 새로운 영역을 볼 수 있게 만드는 것"이라고 정의한다. 또한 Zahavi는 판단중지와 환원에 대해 다음과 같이 말하고 있다.

> "판단중지는 우리의 소박한 형이상학적 태도를 갑작스럽게 유보하는 것을 지칭하는 용어다. 후설은 종종 판단중지를 환원의 가능조건으로 이야기한다. 환원은 주관성과 세계의 상관관계를 주제화하는 용어다. 이것은 자연적 영역으로부터 그것의 초월론적 토대로 되돌아가게 하는(환원하게 하는) 길고도 어려운 분석이다. 따라서 판단중지와 환원 모두 자연적(자연주의적) 독단에서 우리를 해방하여, 구성하는(즉, 인식적인 의미를 부여하는) 우리 자신의 기여를 알게 하는 것을 목표하는 초월론적 반성의 요소들로 간주될 수 있다. …… 후설이 내성주의(introspection)에 분명한 일격을 가하며 반복해서 강조하듯이, 판단중지를 통과하지 않는다면 우리는 아무리 철저하게, 그리고 아무리 주의 깊고 조심스럽게 반성하더라도 대상화되고 세속화된 경험만을 다루게 될 것이다. 다양한 연구 분야에서 직접적으로 나아갈 수 있는 실증학문과는 대조적으로 현상학이 탐구해야 할 영역은 즉시 접근되는 것이 아니다. 어떤 구체적 연구에 앞서 '자연적 태도'를 벗는 일종의 '방법론적 반성'을 이용하는 것이 필수적이다. 모든 초월적 선입견에 대한 방법론적 보류를 통해서만, 그리고 엄밀한 의미에서 일인칭적 관점에서 주어지는 것으로의 철저한 전향을 통해서만 초월론적 분석은 시작될 수 있다(Zahavi, 2007)."

앞의 인용문들이 말하는 것처럼, 우리는 어떤 현상을 볼 때 지금 그 현상이 드러나서 나타나고 있는 그 자체로 보려고 하기보다는 이미 우리가 가지고 있는 그 현상에 대한 편견과 선입견, 정보와 지식 등에 입각하여 그 현상을 판단하면서 보는 경향이 있다. 이것은 너무나 당연하고 자연스러운 태도이기에 대체로 우리는 이런 판단의 경향성 자체에 아무런 자각도 의심도 가지고 있지 않다. 이러한 자연적 태도는 각자의 생존은 물론 타자들과의 공존을 위해서도 필수적인 태도이다.

그러나 우리는 이러한 자연적 태도를 판단중지하고 '지금 나에게 무슨 일이 어떻게 일어나고 있는가'를 면밀하고 엄밀하게, 즉 새롭게 보아야 하는 때를 만나기도 한다. 예를 들면, 편안하고 안락하며 안전한 나의 일상과 나의 상태를 어떤 낯설고 불쾌하며 불안한 것이 엄습하는 경우가 그러하다. 우리가 보통 심리적 고통이라고 부르는 것들은 이런 것에 속한다. 내담자들이 치료를 찾는 경우는 대체로 자연적 태도가 더 이상 자연스러운 태도로 작동하지 않는 경우이다. 자기에게 자연스럽게 상황이 흘러간다는 것은 일상적 표현으로 문제가 없다는 것을 뜻한다. 문제가 생기고 그 문제 때문에 치료를 찾는다는 것은 이미 무엇인가 자신이 당연하다고 여기는 자연스러운 상태나 상황이 더 이상 아니라는 것을 뜻한다.

바로 이런 상태와 상황일 때 우리는 그동안 우리에게 익숙했던 자연적 태도를 전환하여 지금 여기에서 일어나는 현상을 가능한 한 우리의 기존 관점이나 해석으로 채색하지 않고, 있는 그대로 면밀하고 엄밀하게 보려는 현상학적 태도로 변경하고자 하는 의도를 갖게 된다. 왜냐하면 기존의 방식이 통하지 않기 때문에 문제가 발생했으니 이 문제의 해결을 위해서는 새로운 방식이 필요하고, 새로운 방식을 찾기 위해서는 기존의 시선이 아닌 엄밀한 시선으로 현상을 새롭게 바라보는 것이 우선 전제되어야 하기 때문이다. 이러한 현상학적 태도로의 전환을 위해 필요한 것이 바로 판단중지(에포케), 즉 기존의 관점과 해석 등을 일단 보류하거나 괄호치는 것이고, 판단중지를 거쳐 태도를 변경하는 그것이 바로 환원(reduction)이라고 하는 것이다.

실존치료자들은 대체로 기존의 자연과학적이고 실증주의적이며 정신병리학적이고 의학모델적인 진단과 처치에 저항하는 경향이 있다. 이러한 진단과 처치 자체를 바로 자연적 태도로 간주하는 것이다. 특히 현재 실존치료 영역에서 가장 활발한 움직임을 보여 주고 있는 영국의 실존적-현상학적 치료가 Laing으로 대표되는 '반-정신의학(Anti-psychiatry)'의 흐름하에서 발생했다는 것은 이러한 경향과 맥을 같이한다('반정신의학'이라는 용어를 처음 만들어 사용한 것은 David Cooper이다. 하지만 반정신의학의 대표 주자로 늘 언급되는 사람은 Laing이다). 이처럼 실존치료는 자연적 태도를 판단중지하고 자연적 태도에서 현상학적 태도로 우리의 태도를 변경하여 심리적 문제라는 현상을 새로운 시선으로 있는 그대로 바라보고자 하는 대표적인 치료이다.

같은 맥락에서, 앞에 제시된 Zahavi의 말은 치료자가 치료 실제에서 흔히 범하는 오류를 지적한다고도 볼 수 있다. 몇 가지 오류의 예를 들어 보자. 치료자는 내담자가 일단 치료 장면에 오면 치료를 시작하는 것을 '당연하게' 생각한다. 내담자는 내담자의 역할을 하는 사람으로, 치료자는 치료자의 역할을 하는 사람으로 '당연하게' 생각한다. 그 역할이 무엇이라는 것도 '당연하게' 정해져 있다. 내담자가 우울증이라는 진단을 받았다면, 치료자는 그 내담자를 우울증이라는 병을 가진 내담자라고 '당연하게' 생각한다. 내담자의 우울증이 무엇인지 자세히 알아보지 않고도 치료자는 그 내담자의 우울증이 어떤 것인지 자신이 알고 있다고 '당연하게' 생각한다. 치료자는 치료의 목표가 우울증을 완화 혹은 제거하는 것이라고 '당연하게' 생각한다.

이처럼 치료자는 셀 수 없이 많은 의심의 여지가 없는 당연한 전제들을 갖고 있다. 그것이 바로 치료자의 전문성을 보증해 주는 것들이다. 치료자와 마찬가지로 내담자 역시 수많은 당연한 전제들을 갖고 있다. 그리고 그 전제들을 기준으로 내담자는 치료와 치료자를 평가한다. 판단중지(에포케)는 이러한 당연한 것들, 즉 자연적 태도를 배제하고 괄호치는 것을 말한다.

내담자가 치료를 신청할 때, 대부분은 판단중지를 할 수밖에 없는 상황에 놓여 있을 수 있다. 그가 겪는 심리적 고통이 자신의 자연적 태도를 판단중지 하도록 만들 것이기 때문이다. 그러나 치료 장면에서 등장하는 수많은 다른 자연적 태도들에 대해서는 인식하지 못할 가능성이 크다. 왜냐하면 내담자들은 보통 자신의 자연적 태도가 아닌 특별히 유용한 다른 자연적 태도를 취하고자 치료를 찾기 때문이다. 소위 실증주의적으로 검증되고 전문가들에 의해 객관주의적으로 효력이 있음이 입증된 자연적 태도 말이다.

내담자들은 대체로 치료를 둘러싸고 발생하는 자연적 태도에 대해서는 인지하지 못할 뿐만 아니라 인지하고 싶은 생각이나 인지하려는 의도를 갖지도 않는다. 그리고 그런 자연적 태도에 익숙한 치료자들을 선호하는 것은 물론이거니와, 치료란 그러한 전문가적인 치료자들이 제공하는 실증주의적이고 객관주의적인 분석과 해석, 처치와 처방 등이라고 '당연하게' 생각하면서, 그러한 치료를 통해 긍정적이고 바람직한 적응적 결과가 '당연하게' 도출되어야만 한다고 생각한다.

판단중지와 함께 환원 역시 중요한 개념이다. 우선 우리는 현상학에서 말하는 환원(reduction)이 심리학에서 말하는 환원주의(reductionism)와는 다르다는 것을 숙지해야 한다. 심리학에서의 환원주의는 다양한 현상을 하나의 기초 원리나 개념으로 설명하는 방식으로, 여기서 환원은 쪼개고 축소하는 등의 방식을 통해 근원적인 원인을 찾는 것으로 볼 수 있다. 예를 들면, 치료자든 내담자든 흔히 내담자가 현재 겪고 있는 다양한 대인관계 문제의 근원적인 원인을 가족관계에서, 특히 주 양육자와의 관계에서 찾는 것 등이 이런 것이다.

그러나 Husserl에게 환원은 자연적 태도에서 보는 것과 동일한 방식의 봄을 제거하지 않고 그저 잠시 자연적 태도를 판단중지하고 의식으로 눈을 돌리는 것으로, 이는 사태의 원인이나 이유를 찾기 위한 것이 아니라, 주관과 사태의 관련성을 전제하고 그 관계 구조를 찾기 위해 우리의 의식을 인식의 근원으로 되돌리는 것을 의미한다.

예를 들면, 나의 현재 대인관계 문제의 원인을 당연하고 자연스럽게 과거의 중요한 대상과의 관계에서 찾는 것(이것이 다수의 치료자가 갖고 있는 자연적 태도이다)을 잠시 보류하고, 이 문제가 나에게 어떻게 문제로서 발생하고 있는 것인지 혹은 이 문제가 왜 나에게 문제로서 나타나고 있는 것인지 또는 이 문제가 나에게 문제가 되는 맥락과 의미가 무엇인지 등을 살펴보는 것, 즉 나와 내 문제의 관련성을 전제하고 그 관계 구조에 주의를 집중하여 엄밀하게 살펴보고 알아보고자 태도를 변경하는 것을 말한다.

이남인(2013)은 현상학적 환원이란 "태도변경"이라고 말한다. 앞서 제시한 것처럼 태도란 "세계 및 세계 안에서 존재하는 모든 대상을 향한 주체의 통일적인 관점"이다. 이남인은 여러 가지 태도가 있을 수 있으나, 모든 태도는 주체가 어떤 특정한 주도적인 관심에 따라 세계를 바라보고 그것을 대하며 살아가는 통일적인 관점이라는 공통된 특징을 가진다고 말한다. 따라서 주체가 어떤 특정한 태도를 취하면 세계는 그 태도에 의해 채색된 특정한 의미를 지닌 세계로 주체에게 현출한다는 것이다. 즉, 다양한 태도에는 다양한 유형의 세계가 대응하고 이러한 태도변경이 바로 현상학적 환원이다.

이종훈(2017)은 Husserl의 현상학적 환원을 "판단중지(세계의 존재를 소박하게 전제한 자연적 태도의 일반정립에 깃든 확신과 타당성을 일단 괄호 속에 묶어 경험의 새로운 영역을 봄)" "형상적 환원(개체적인 우연적 현상에서 '상상을 통한 자유변경', 즉 이념화 작용을 통해 보편적인 필연적 형상–본질–을 직관함)" "선험적 환원(의식에 대해 초월적인 대상을 내재하는 대상으로 환원해 대상과 본질적 상관관계인 선험적 자아와 그 체험영역 전체–즉, 선험적 주관성–를 드러내 밝힘)"으로 정리하고 있다.

쉽게 말해, 어떤 현상을 있는 그대로 보고 알기 위해서는 우리의 특정 태도(특히 자연적 태도)를 판단중지하고, 태도를 변경하는 환원의 방법을 엄밀하게 반복하는 것이 필수적이라는 말이다. 주체적 실존치료에서 내담자들이나 치료자들이 당연히 문제라고 말하는 것을 주체적인 판단이나 결단 없이 당연한 문제로 당연하게 받아들이지 않는 것이 바로 판단중지의 한 방법이다. 그리고 당연히 문제라고 하는 그 현상 자체를 원자료에 근거해서 '지금 무슨 일이 어떻게 일어나고 있는가' 그리고 '그 일의 한가운데서 나는 그 일에 대해 어떤 방식으로 어떻게 기여하며 실존하고 있는가' 등을 철저하고 면밀하게 살피고자 하는 것이, 바로 현상학에서 중요한 환원을 치료 장면에 적용하는 것이라고 볼 수 있다. 이는 자연적 태도에서 현상학적 태도로의 태도변경, 즉 환원을 실행하는 것이기 때문이다.

이와 같은 판단중지와 환원을 통해 우리는 자기중심적으로 침전된 자연스러운 자신의 성향과 습관 및 관점과 이해의 지평 등을 인지하고 새로운 가능성에 자신을 개방하게 되며, 이는 다시 나와 나의 문제 혹은 맥락과 상황은 물론 타자와 세계에 대한 나의 관점과 이해의 지평(horizont)이 변화되고 확장되는 계기가 된다.

그런데 여기서 우리가 주의를 기울여야 할 중요한 점이 있다. 그것은 바로 Husserl이 말한 판단중지와 환원 모두 일차적으로 '혼자'하는 작업이라는 점이다 (Husserl에게서도 매우 엄밀한 의미에서 '혼자'라는 것이 원천적으로 불가능하다는 사실은 여기에서 논외로 한다). 예를 들면, Husserl은 '자기 혼자서' '자기 자신'의 의식 경험에 초점을 두고 '자기 자신'의 의식에 주어진 사태 자체를 '자기 자신'의 자연적 태도를 배제(판단중지)한 채, 주관성과 세계 간 상관관계의 초월론적 토대로 되돌아가는(환원) 길고도 어려운 분석을 '자기 혼자' 해 나간다.

그리고 Husserl에게 있어 판단중지와 환원의 궁극적 목적은 우리에 대해 존재하는 모든 것과 그 존재 영역보다 선행하는 존재 영역, 즉 절대적 주관성(초월론적 의식)으로 진입하는 것이다. 이것이 바로 Husserl의 현상학을 초월론적 현상학이라고 부르는 이유이며, Sartre와 Merleau-Ponty 등 여러 철학자가 비판했던 유아론 혹은 독단론적 측면이다. 이들이 Husserl의 전체 현상학을 잘못 이해한 부분이 있다고 해도 Husserl 역시 이런 비판으로부터 완전히 자유로울 수는 없을 것 같다.

그렇다면 에포케(판단중지)와 환원을 혼자 하는 작업이 아닌 최소한 둘 이상이 참여하는 치료 장면에서 구현한다는 것은 치료 장면에서 실제로 어떤 일이 벌어진다는 것인가? 나는 치료가 처음부터 치료자와 내담자가 '같이 그리고 함께' 참여하는 작업이라는 점을 고려할 때, 현상학에서 말하는 에포케(판단중지)와 환원이 '나누기'의 형태로 나타날 수밖에 없다고 생각한다(여기서 나누기만을 설명하지만, 나누기는 확인하기 및 합의하기와 따로 떨어져 실행될 수 없다는 점을 기억하자).

치료자는 이미 수많은 편견, 선입견, 지식, 정보, 이해, 관점, 해석, 감정 등의 자연적 태도를 지니고 있다. 이는 내담자도 마찬가지이다. 이와 같은 자연적 태도를 '혼자' 자각하면서 '혼자' 괄호치고 배제한다는 것은 치료자와 내담자가 한순간도 따로 떨어져 혼자일 수 없으며 항상 '같이 그리고 함께' 참여해야만 하는 치료 장면에서는 어려운 일이다. 만약 치료자가 내담자와 공존하는 지금 여기의 장(field)에 주의를 온전히 집중하지 않고, 함께하는 이 장으로부터 거리를 두고 자기만의 의식에 몰두한다면 물론 가능할 수도 있다. 그러나 치료자든 내담자든 치료 장면에서 이런 상태로 현존한다는 것은 매우 어려운 일이며, 주체적 실존치료에서는 이렇게 공존하기가 거의 불가능하기까지 하다.

물론 우리는 몸은 한 장소에 함께 있지만 마음은 함께하는 이 장을 떠나 혼자만의 다른 의식의 세계에 빠져 있는 경험에 매우 익숙하므로, 늘 둘이 함께하는 치료 장면에서조차도 혼자 하는 에포케와 환원에 큰 어려움을 겪지 않을 가능성이 충분히 있다. 그리고 기존의 많은 치료는 치료자에게 이러한 거리두기와 혼자서 하는 에포케(판단중지) 및 환원을 오히려 장려할 가능성이 크다. 중립성을 그토록 중요하게 생각하는 것도 한 예가 될 수 있다.

그러나 주체적 실존치료는 치료자가 '늘 그리고 항상' 내담자와 '나란히 함께' 가고자 하는 치료이므로, 치료 장면에서 치료자가 중립적인 태도로 내담자와 거리를 두며 의식적으로 홀로 존재하는 것을 가능한 한 지양한다. 물론 혼자서 하는 에포케(판단중지)와 환원이 양심적·윤리적·법적으로 꼭 필요할 때가 있다는 것도 인정하지 않을 수는 없다.

그러나 주체적 실존치료는 '가능한 한' 함께하는 에포케(판단중지)와 환원을 지향하고자 한다('가능한 한'이라는 말을 잊지 말자. 자신의 모든 생각이나 느낌, 감정이나 이미지 등의 원자료를 나누기할 수는 없는 일이다. 그것은 불가능하다). 그리고 이와 같은 '함께하는 에포케(판단중지)와 환원'을 실행하는 방법은 지금 여기에서 어떤 현상을 체험하는 나의 주체적 경험, 즉 지금 여기에서 내가 지각하고 생각하고 느끼고 행동하는 등의 나의 원자료를 있는 그대로 개방하여 공유하는 것이다. 이것이 '나누기' 방법이다.

내가 만약 나의 경험을 개방하여 타인과 공유하지 않는다면, 그 경험은 확고한 나의 경험이 되고 내가 확실하게 아는 것들이 되어 버릴 가능성이 크다. 즉, 그 경험의 내용이 나의 자연적 태도로 굳어 버릴 수 있는 것이다. 따라서 만약 자연적 태도를 에포케(판단중지, 괄호치기, 배제하기)하고 싶다면, 또 자연적 태도를 현상학적 태도로 변경하는 환원을 하고 싶다면, 효과적인 방법은 자기의 경험 그대로의 원자료를 있는 그대로 개방하여 공유하는 것이다. 이렇게 말(언어)로서 표현하여 자기의 원자료를 타인에게 개방하고, 그 타인과 진솔하고 솔직하게 서로의 원자료를 공유하며 교환하는 것이 주체적 실존치료에서 중요하게 생각하는 '함께하는 판단중지(에포케)와 환원'이다(혼자 하는 판단중지와 환원 역시 중요함은 물론이다).

만약 우리가 판단중지(에포케)와 환원을 하지 않는다면, 우리는 모른다는 생각을 가지고 같이 알아보고 함께 궁리하기에 열리는 '무지'의 상태가 될 수는 없을 것이다. 그리고 우리가 이러한 무지의 상태에 있지 않다면, 우리는 어떤 현상을 새롭게 보고 새롭게 아는 경험을 할 수 없을 것이니, 우리가 어떤 현상에 대한 새로운 앎을 얻기 위해서는 무지가 필수적인 조건이다.

주체적 실존치료에서는 혼자 하는 판단중지(에포케)와 환원보다 함께하는 판단중지(에포케)와 환원이 더욱 중요하다. 주체적 실존치료자는 자신이 내담자의 원자료에 대해서 안다고 생각하는 것이 정말 아는 것이 맞는지, 자신이 내담자의 원자료에 대해서 모른다고 생각하는 것이 정말 모르는 것이 맞는지 등을 확인하는 길은, 오직 있는 그대로의 자기 경험, 즉 원자료를 내담자에게 개방하고 공유하는 방법밖에는 없다고 생각한다.

주체적 실존치료자는 이와 같은 '나누기'가 치료자 자신의 판단을 우선 괄호 안에 넣어 배제함으로써 자기 혼자만의 앎을 고집하지 않고 새로운 앎의 가능성에 자신을 여는 '에포케(판단중지)'의 방법이고, 자연적 태도를 현상학적 태도로 변경하는 '환원'이며, 이것이 결국 자기 자신의 앎에 대한 의문을 품는 '무지'의 방법이라고 여긴다.

우리는 한순간도 판단하는 것을 멈출 수 없다. 판단을 중지할 수 없는 것이다. 자신의 판단을 중지해야 한다는 그것조차도 하나의 판단일 뿐이다. 따라서 주체적 실존치료자는 자기 혼자서 자기의 판단을 중단하고자 애쓰기보다는 그 판단의 내용 자체를 개방하고 나누면서 독단적인 자기 판단의 힘을 빼고자 함은 물론, 자기 판단의 내용 자체를 새로운 탐구의 장(field)에 펼쳐서 내담자와 함께 면밀하고 엄밀하게 탐색하고 검증하고자 한다. 이것이 바로 주체적 실존치료자가 Husserl 현상학에서 말하는 에포케(판단중지)와 환원을 치료 장면에서 구현하는 방법이다.

아마도 이 점은 다른 치료들은 물론이거니와 실존치료 안에서도 새로운 것일 수 있다. 많은 실존치료자가 에포케(판단중지)를 치료의 방법으로 사용하고 있지만 여전히 혼자 하는 작업으로만 주로 기술하고 있지, 에포케(판단중지) 자체의 적용 방식을 나와 같이 '함께' 의사소통을 하면서 참여하는 방식의 작업으로 적용하지는 않는 것 같기 때문이다(내 앎의 범위에서는 그렇다). 나는 이렇게 '같이' 의사소통을 하면서 '함께' 자기의 원자료를 개방하여 공유하는 방법이 치료 장면에서 발생할 수 있고, 실제로 발생하며, 발생해야 할 독특한 에포케(판단중지)의 양태라고 생각한다.

치료 장면에서 치료자는 기존의 '혼자' 하는 에포케(판단중지)와 환원을 실행할 수 있고 또 어떤 때는 실행해야만 할 수도 있다. 그러나 '함께' 실행하는 에포케(판단중지)와 환원 또한 가능하고, '함께' 실행하는 에포케(판단중지)와 환원이 주체적 실존치료에서는 중요하게 인정된다. 물론 '혼자' 실행하는 것이든 혹은 '함께' 실행하는 것이든 에포케(판단중지)와 환원은 '무지'의 방법에 속하는 것이고, 이 무지는 다시 주체적 실존치료의 세 가지 주요 방법의 하나인 '나누기'에 속하는 것이다(사실 모든 방법이 '연기'적으로 서로 얽혀 있기 때문에 무엇이 무엇에 속한다는 것이 엄밀하게는 큰 의미가 없다).

'나누기'라는 이름에서 독자들이 짐작할 수 있는 것처럼, 주체적 실존치료에서 선호되는 에포케(판단중지)와 환원은 '함께' 참여하여 실행하는 양태의 에포케(판단중지)와 환원이다. '나누기'는 나의 앎을 고집할 수 없게 하고 나의 앎을 무지(자연적 태도의 자각, 모름의 알아차림, 앎에 대한 개방성, 앎이 없음을 앎)로 단박에 만들어 버리기 때문이다.

둘이 함께하는 만남에서 내가 이것을 알고 있다고, 느끼고 있다고, 생각하고 있다고 상대방에게 있는 그대로의 나의 원자료를 개방하면서 그것을 함께하는 공동의 장(field)에 내어놓는 것보다 더 엄밀한 에포케(판단중지)의 태도가 있을 수 없다는 것이 나의 생각이다. 그리고 이것이 바로 두 사람이 '같이' 열심히 알아보고 '함께' 열심히 궁리하면서 현상의 의미를 끊임없이 밝혀가는 것과 같은 환원, 즉 반복적인 태도변경을 하게 만드는 재료이자 동력이다. 또 이것이 주체적 실존치료에서 '나누기'가 그토록 중요한 이유이기도 하다.

② 지평인지: 경험이 발생하는 틀(의미의 터) 인지하기

판단중지와 환원을 실행하면 우리는 자연스럽게 자신의 지평을 인지하게 된다. 지평인지는 우리의 경험이 발생하는 틀, 즉 의미의 터를 인지하는 것을 말한다.

지평은 개인의 지각, 관점, 해석 등 그 자체는 물론 그러한 것들의 한계, 곧 맥락과 상황 등 경험이 발생하는 틀 모두를 의미한다. 예를 들어, 우리가 눈으로 보는 것과 그 대상 영역, 귀로 듣는 것과 그 대상 영역, 코로 냄새 맡는 것과 그 대상 영역, 입으로 맛보는 것과 그 대상 영역, 몸으로 행동하는 것과 그 대상 영역, 의식으로 생각하는 것과 그 대상 영역 등이 모두 우리의 관점(해석, 지각)이고 곧 관점의 한계이며, 그 관점(해석, 지각) 자체와 그 관점의 한계 모두가 바로 지평이라고 할 수 있다. 이종훈은 지평을 다음과 같이 정리한다.

> "그리스어 'horizein(경계를 짓다)'에서 유래하는데, 후설은 이것을 제임스가 의식의 익명성을 밝히려고 사용한 '언저리(Fringe)' 개념에서 받아들였다. 모든 의식작용에는 기억이나 예상과 함께 주어지는 국면이 있는데, 이것들은 경험이 발생하는 틀을 형성한다. 즉, '지평'은 신체가 움직이거나 정신이 파악함에 따라 점차 확장되고 접근할 수 있는 문화와 역사, 사회적 조망을 지닌 무한한 영역, 인간이 세계와 자기 자신을 항상 새롭게 이해할 수 있는 전제조건이다(이종훈, 2017)."

지평은 이처럼 인식론적인 것에 국한되는 것이 아니다. 우리의 경험이 발생하는 모든 틀이 바로 지평이며 이 지평이 결국 우리가 의미를 부여하고 의미를 수용하면서 살아가는 삶의 장(field) 자체이다. 그러나 지평은 우리가 그 가장자리를 완전하게 알 수 없는 무한한 영역이므로 나는 단지 나의 지평을, 달리 표현하면 내 경험의 발생 틀만을 인지할 수 있다.

이남인(2004)은 Husserl이 '사물이 지닌 의미의 터'를 '지평'이라고 부른다고 말하면서 Heidegger에게서는 존재자를 그러한 존재자로서 현출할 수 있도록 해 주는 존재자의 '터'가 곧 '지평'이라고 말하고 있다. 이렇게 지평은 우리의 모든 경험과 체험이 일어나고 유지되며 소멸하는 장(field) 자체라고 할 수 있다. 따라서 우리의 경험과 체험이 달라지면 지평 역시 달라질 수밖에 없다. 지평과 나는 역동적으로 그리고 유기적으로 함께 움직이는 한 몸이다. 지평이 넓어진다는 것은 곧 나 자신은 물론 나의 관점과 경험의 맥락 등이 넓어진다는 것이고, 지평이 변화한다는 것은 곧 나 자신은 물론 나의 관점과 경험의 상황 등이 변화한다는 것이다.

판단중지와 환원을 실행하기 전에는 나의 관점이나 맥락 등 모든 것들이 너무나 당연하고 자연스러워서 굳이 나의 지평이라는 자각이나 인식이 이루어지지 않는다. 오히려 그러한 자각이나 인식이 있다면 그것이 방해물이 되고 문제가 될 것이다. 그러나 일단 어떤 현상을 당연하게 여기면서 수용하는 것이 어렵게 되었을 때, 예를 들어 심리적 문제로 고통을 겪게 되었을 때 우리는 '지금 나에게 무슨 일이 어떻게 일어나고 있는가'를 새로운 관점에서 볼 필요성을 느끼게 된다. 그리고 바로 이때 이제까지 당연하게 생각되던 것들을 괄호쳐서 잠시 옆으로 비켜두고, 태도를 변경하여 의문을 가진 채 현상(사태)을 면밀하고 세밀하게 살펴보고자 한다. 이것이 바로 판단중지(에포케)와 환원이다.

이렇게 판단중지(에포케)와 환원을 하게 되면 우리는 나의 관점과 맥락 등, 즉 나의 경험이 발생하는 틀로서의 지평을 명확하게 인지하게 되고, 그 한가운데서 내가 어떻게 실존하고 있는지를 분명하게 인식하게 된다. 그 결과 나와 나의 맥락에서 무엇이 가능하고 어떤 한계가 존재하는지 등을 알아차릴 수 있게 되고, 이러한 알아차림은 새로운 지평의 문을 여는 시작점이 된다.

지평은 우리가 흔히 나의 세계 혹은 나의 경험이라고 말할 때 '나'와 '나를 둘러싸고 있는 모든 맥락(context)'을 의미한다. 앞에서 말한 바처럼 우리는 대체로 이 지평을 명료하게 인식하지 않고 살지만, 자연적 태도를 자각하고 모름에 대한 알아차림을 하면서 판단중지(당연히 나누기 양태의 판단중지를 포함하여) 및 현상학적 태도로의 환원(태도변경)을 하게 되면, 나의 지평(맥락)이 명확하게 인지되기 시작한다.

이때 우리는 우리가 안다고 생각하는 것에 대한 확실성에 의문을 품게 된다. 그리고 이 탐구적 의문은 우리로 하여금 우리가 몰랐던 혹은 모른다는 것조차도 몰랐던 새로운 지평을 향하여 우리 자신을 개방하도록 이끈다. 즉, 우리는 경험이 발생하는 새로운 틀이자 의미 부여의 새로운 터인 새로운 지평에 놓이게 된다. 인지되는 나의 지평, 즉 나의 한계가 또 다른 지평의 세계를 여는 개방의 문이 되는 것이다. 이는 마치 모른다는 사실을 아는 것이 바로 앎의 첫 순간이라는 말과 같은 의미이다.

지평인지에 대해서도 나누기 양태의 판단중지(에포케)가 얼마나 큰 역할을 할 수 있을지는 아마 설명이 필요 없을 정도로 자명하게 이해될 것이다. 당연히 나 혼자 나의 지평을 인지하는 것이 가능하고 또 도움도 되겠지만, 내가 아닌 어떤 사람과 서로 의사소통을 하면서 나의 지평을 인지하는 것은 훨씬 더 즉각적이고 역동적이며 명료하고 또렷할 가능성이 있다.

우리가 무엇을 속으로 혼자 생각하거나 혼잣말을 할 때는 우리의 관점이나 견해가 나 자신에게도 선명하게 드러나지 않는 경우가 있다. 그러나 상대를 두고 그 앞에서 언어를 통해 어떤 말을 할 때 그것은 나에게도 명확하고 뚜렷한 내 생각과 관점 등으로 인식될 뿐만 아니라, 나의 이 말에 대한 상대방의 반응을 통해 다시 한번 분명하고 선명한 내 생각과 관점 등으로 나에게 인지될 것이다. 이런 경우 지평의 인지는 보다 즉각적이며 명확하게 일어날 가능성이 크다.

내가 말(언어)로 무엇을 언급한다는 사실이 나누기 양태의 판단중지(에포케)이면서 동시에 나누기 그 자체이기도 하다. 이렇게 언급된 말(언어)이 타인에게 어떤 반응을 일으키고, 그 타인의 반응인 어떤 말(언어)이 또 나와 공유되면서 다시 나에게 어떤 반응을 일으키는, 끊임없는 교환의 순환이 지평의 움직임이고 확장이며 흐름이다. 그리고 이런 과정과 내용에 대한 의식적인 인식이 바로 지평인지이다.

이런 맥락에서 생각하면, 치료자와 내담자가 진심으로 진솔하고 솔직하게 서로의 의견을 나누고 확인하며 합의할 수 있을 때 얼마나 명백하고 활발한 지평의 인지와 확장이 일어날 수 있을지 짐작할 수 있다. 물론 이 모든 과정의 전제는 치료자와 내담자가 함께 이러한 과정을 수행하기로 서로 조율하여 합의하는 것에 있다.

이것으로 무지에 속하는 '판단중지와 환원' 그리고 '지평인지'에 대한 기술을 마친다. 무지는 바로 주체적 실존치료의 주요 방법인 '나누기'에 속하는 것이다. 다음으로 역시 나누기 방법에 속하는 '펼침'에 대해 기술하겠다.

다시 강조하지만, '무지'가 먼저이고 '펼침'이 나중이라는 식의 이해는 큰 오해이다. 주체적 실존치료에 등장하는 모든 방법은 순서나 차례가 존재하지 않는다. 조건과 맥락에 따라서 유연하고 탄력적이며 유기적으로 모든 방법이 사용된다는 점을 기억해야 한다. 만약 어떤 치료자가 주체적 실존치료의 방법을 기계적으로 혹은 매뉴얼화된 방식으로 치료에 적용한다면 이는 주체적 실존치료가 지향하는 바를 정면으로 부정하는 것이 되고 만다.

2) 펼침: 원자료 중심의 명료한 드러내기

펼침은 어떤 현상을 원자료 중심으로 명료하게 드러내는 것이다. 여기서 '원자료(raw source)'란 지금 여기에서 현현(顯現)하고 있는 현상 있는 그대로의 그 자체를 의미한다. 다시 말해 원자료는 일체의 이차적인 해석이나 분석 혹은 판단이나 평가 등의 채색을 거치지 않은, 일인칭적 관점에서 순수하게 현전(現前)하여 현존(現存)하는 일차적인 현상 그 자체를 말한다.

치료 장면에서 우선적인 원자료는 치료자와 내담자의 발화된 말(언어) 그 자체이다. 그러나 치료자와 내담자 각자의 드러난 표정이나 행동, 느낌이나 분위기는 물론 겉으로 드러나지 않는 각자의 의식 내에 존재하는 생각이나 판단, 지각이나 이미지 등 있는 그대로의 경험 현상 그 자체를 모두 원자료라고 할 수 있다. 즉, 있는 그대로의 치료자의 내적·외적 경험 현상과 있는 그대로의 내담자의 내적·외적 경험 현상이 모두 원자료이다. 또한 치료자와 내담자 간의 교호작용 속에서 발생하는 있는 그대로의 경험 현상 모두 역시 원자료에 속하는 것이다.

내가 원자료라고 할 때의 핵심은 해석이나 분석, 판단이나 평가 등의 이차적인 과정이 가해지지 않은, 일차적이고 직관적이며 일인칭적인 지각이나 느낌, 생각이나 행동 등의 사태 그 자체, 즉 현상 있는 그대로의 원래의 자료 그 자체라는 점이다. 그것이 치료자 측면에서의 경험 현상이든, 내담자 측면에서의 경험 현상이든 혹은 치료자와 내담자가 함께하는 장(field)에서의 교호적이고 맥락적인 경험 현상이든, 즉 그 현상이 어느 측면으로부터 발생하는가와는 별개로, 지금 이 장(field)에 현전하여 현존하는 일차적이고 직관적이며 일인칭적인 자료 모두가 내가 말하는 '원자료'이다.

펼침에 속하는 구체적인 방법들을 알아보기 전에 독자들이 유념해야 할 것은 펼침이 나누기 방법의 하나라는 것이다. 독자들은 '무지'와 마찬가지로 '펼침'에 속하는 모든 방법에는 이미 '나누기' 방법이 전제되고 있다는 것, 달리 표현하자면 무지와 마찬가지로 펼침에 속하는 모든 방법도 결국 나누기 방법에 속하는 방법들이라는 것을 기억할 필요가 있다. 또 나누기 내의 여러 방법 간에 순서나 차례가 있어서 매뉴얼처럼 사용할 수 있는 것이 아니라는 것을 기억할 필요가 있다.

더 나아가 주체적 실존치료의 방법인 나누기, 확인하기, 합의하기 역시 따로 떼어서 각각 개별적으로 적용될 수 있는 방법들이 아니라 유기적으로 서로 긴밀하게 상호 의존하면서 동시적으로 적용될 수밖에 없는 방법들이라는 점을 기억하는 것 역시 중요하다. 내가 이 말을 반복하는 것은 치료 실제에서 이를 잊지 않는 것이 그만큼 중요하기 때문이다.

펼침에 대한 이해를 돕기 위해 '기술(묘사)' 방법 사용의 예를 들고자 한다. 치료자가 내담자가 호소하는 '우울'이라는 현상이 무엇인지 면밀하게 펼치고자 할 때, 내담자의 고유세계 경험을 드러나는 그대로 묘사하는 것이 기술이다. 예를 들면, 치료자는 내담자에게 우울 현상에 대해 여러 가지 질문을 할 것이고, 내담자는 여기에 답하면서 자신만의 고유한 우울 현상에 대해 자세하게 기술하고 묘사할 것이다. 이때 중요한 것이 내담자 본인의 일인칭적 관점에서 그 현상이 있는 그대로 면밀하고 자세하게 기술(묘사)되는 것이다.

이런 목적 때문에 마치 치료자가 질문과 반영, 재진술과 요약 등 심리치료의 기본 기법들(techniques)을 사용하여 일방적으로 내담자의 세계를 펼쳐 드러내는 것을 기술(묘사) 방법의 전부처럼 여기기 쉽다. 물론 이러한 기법을 통해 내담자의 고유세계를 펼치는 것은 매우 효과적이고 유용하다. 그러나 여기서만 그친다면 그것은 주체적 실존치료의 펼침에 속하는 기술(묘사) 방법으로는 완전하지 못하다.

독자들도 이미 짐작하겠지만, 주체적 실존치료에서 '치료'의 의미와 정의, 과정과 목표 모두의 토대가 되는 것은 주체적 실존치료의 세 가지 전제, 즉 연기(공), 불확실성, 관점주의이다. 그중 특히 '연기(공)'에 방점이 있다. 그리고 앞서 에포케(판단중지)와 환원에 대해 말한 바처럼 현재 실존치료자들이 사용하는 현상학적 방법은 현상학 자체의 충실한 적용이기는 하지만, 두 사람이 함께하는 치료 장면에서의 적용으로서는 일방적인 경향이 있다는 것이 나의 생각이다. 실존치료 이외에 다른 치료 접근의 일방적 경향에 대해서는 더 말할 필요도 없다고 본다.

물론 점점 더 많은 치료 접근이 치료자와 내담자 간의 솔직한 관계를 중요시하고, 이전의 철저한 중립성이 이제는 상당 부분 사라지는 경향인 것은 확실한 것 같다. 하지만 여전히 치료라는 이름으로 행해지는 접근들은 마땅히 특정 도움을 받아야만 하는 내담자에게 마땅히 특정 도움을 주어야만 하는 치료자가, 그 내담자에게 도움이 될 수 있는 실증주의적으로('실증적'이 아니고 '실증주의적'인) 검증된 기법들을 일방적으로 제공하는 것을 전문적이라고 표방하는 것이 실상이다.

주체적 실존치료도 물론 이와 같은 일방적 기술(묘사)을 사용하고 그 효과에 의존한다. 그러나 주체적 실존치료는 이 같은 일방적 기술(묘사)에만 머물지 않는다. 예를 들어, 치료자가 "당신이 우울증이라고 명명하는 것이 어떤 현상을 말하는 것이냐?"라는 취지의 질문을 할 경우 내담자는 자기 나름의 어떤 대답을 하게 될 것이다. 내담자의 대답을 듣는 동시에 치료자 내면에서는 어떤 현상이 일어날 것이다. 만약 치료자가 내담자의 말을 들으면서 '이 내담자는 왜 이 현상을 우울증이라고 하는 것일까?'라는 생각을 했다면, 치료자는 자신의 그 원자료를 내담자에게 개방할 수 있다. "당신이 우울증이라고 말하는 현상을 듣고, 저는 그것에 왜 우울증이라는 이름을 붙여야 하는지 의문이 든다"라는 식으로 말이다. 치료자의 이 말을 듣고 만약 내담자가 당황스러움을 느끼면서 '이 치료자는 도대체 전문가라면서 왜 우울증이 무엇인지도 알지 못하지?'라는 생각을 했다면, 내담자는 자신의 원자료를 치료자에게 개방할 수 있다. "전문가라면서 어떻게 우울증이 뭔지도 모르십니까? 저는 지금 당황스럽습니다"라는 식으로 말이다. 내담자의 이 말을 들은 치료자는 다시 자신의 원자료를 있는 그대로 내담자에게 기술하고 묘사할 수 있고, 치료자의 어떤 말을 들은 내담자는 다시 자신의 원자료를 치료자에게 있는 그대로 기술하고 묘사할 수 있다. 듣는 것뿐만 아니라 보는 것, 느끼는 것, 생각하는 것, 상상하는 것 등의 모든 원자료를 이와 같은 방식으로 기술하고 묘사할 수 있다(다수의 내담자는 이런 치료에 대해 부정적일 가능성이 있고, 소수의 내담자만이 호기심을 가지면서 긍정적으로 반응할 것이다).

이처럼 주체적 실존치료는 치료자가 질문하고 내담자가 대답하면서 치료자가 내담자의 경험을 일방적으로 펼치는 식의 기술(묘사)이 아니라, 두 사람이 서로 자기의 고유한 원자료를 교호적으로 있는 그대로 교환하는 식의 기술(묘사)을 실시한다. 주체적 실존치료에서는 기술(묘사)이 이처럼 치료자와 내담자 간 상호 의존적이고 교호적인 방식으로 실시된다는 특징이 있다. 물론 주체적 실존치료에서도 치료자가 내담자의 고유세계를 일방적으로 펼치는 식의 기술(묘사)이 실시되지 않는 것은 아니다. 그러나 중점은 항상 순환적인 교환 방식의 기술(묘사)에 있는 것이 사실이다.

치료자와 내담자가 각자 자기의 고유세계 경험을 일인칭적 관점에서 기술(묘사)하는 식으로 어떤 현상에 대한 면밀한 기술(묘사)이 교호적으로 이루어지는 것이 주체적 실존치료에서의 펼침에 해당하는 기술(묘사)이고, 이것이 바로 나누기 방법의 기술(묘사)이다. 주체적 실존치료자는 일방적으로 내담자의 고유세계를 드러내 기술하는 사람만이 아니라, 치료자 자신의 고유세계 경험을 진솔하게 개방하고 나누면서 내담자의 고유세계와 함께 자기의 고유세계도 같이 교호적으로 드러내 기술(묘사)하는 사람이기도 한 것이다(이때 적지 않은 용기가 필요할 수도 있다).

나는 사실 후자의 경우가 더 중요하다고 생각한다. 실존철학, 실존치료, 현상학 모두 '연관성(relatedness)' 개념을 공유하고 있고 주체적 실존치료의 핵심 전제가 불교의 '연기(conditioned arising)/공(insubstantiality)'이라는 것을 상기해 보면, 내가 일방적 탐색이나 탐구 식의 기술(묘사)적 펼침이 아니라 나누기를 통한 교호적 탐색과 탐구 식의 기술(묘사)적 펼침을 더 중요하게 생각하는 이유의 근거는 충분할 것이다. 우리 각자는 물론이고 이 세상의 모든 것이 각기 독립적으로 따로 떨어져 홀로 존재하는 것이 아니라 모두 상호 의존적으로 연관되어 있다는 관점에서 보면, 기술(묘사)이라는 것도 일방적으로 이루어지는 것이 본래 가능하지 않다는 점이 분명해진다.

이렇게 생각하면 펼침은 물론 이 펼침이 속해 있는 나누기를 방법이라고 지칭하는 것이 어색할 정도이다. 왜냐하면 우리는 이미 나누기 상태에 처해 있기 때문이다. 우리가 나누기 방법을 적용하기 전에도 적용하고 있는 순간에도 그리고 나누기 방법을 적용하고 난 후 이제 더 이상 나누기 방법에 대해 아무런 생각을 하지 않을 때조차도, 우리는 늘 나누기의 상태에 처해 공존하고 있기 때문이다. 물론 이것은 '연기(공)' 혹은 '연관성' 관점을 공유할 때 해당하는 말임은 분명하다.

기술(묘사)의 예에서 본 바와 같이, 주체적 실존치료에서의 펼침은 '일방적 펼침'과 '나누기를 통한 교호적 펼침' 모두를 포괄한다. 펼침의 방법에는 '원자료 경청' '기술' '균등화' '우선순위화' '초점화' '지평화'가 포함되는데, 이 모든 방법에서 나누기는 기본적인 바탕이 된다. 물론 치료자는 일방적 펼침을 실행할 수도 있다. 그것이 효과적일 때는 그러한 펼침을 적용하는 것이 유용할 것이다. 그러나 분명한 것은 주체적 실존치료가 나누기를 근본적인 바탕으로 하는 교호적 펼침에 중요도를 둔다는 사실이다(일방적 펼침과 교호적 펼침이 이것 아니면 저것 식으로 명확한 선이 있는 것처럼 구분되는 것은 아니다). 이러한 펼침에는 '나의 펼침'과 '너의 펼침', 그리고 그러한 각자의 펼침을 통해 발생하는 '우리의 펼침'이 있다. 이에 더해 우리가 인식하지 못하는 '이미 펼쳐져 있음'이 또한 늘 존재한다.

① 원자료 경청: 내담자의 말(언어)을 포함하여 드러나는(소여되는) 현상 그 자체를 있는 그대로 듣기

나는 Husserl의 '사태 자체로 돌아가기'를 본떠서 주체적 실존치료의 방법을 '원자료로 돌아가기'라고 말하곤 한다.

여기서 원자료(raw source)란 일차적으로 치료 장면에서 치료자나 내담자가 하는 말의 언어적 표현 그 자체를 의미한다. 그러나 언어적 표현 이외에도 비언어적 표현 혹은 치료자와 내담자가 내적으로 경험하는 생각, 심상, 느낌, 상상 등도 원자료에 포함된다. 이 외에도 치료자와 내담자 사이에 교호적으로 오고 가는 모든 것이 원자료가 될 수 있다. 원자료의 핵심은 현상(사태) 있는 그대로의 원래의 자료라는 것이다. 이는 소위 객관주의적이거나 실증주의적인 해석이나 분석, 판단이나 평가 등의 이차적인 과정으로 채색되고 덧칠되지 않은, 직접적이고 직관적이며 즉각적인 일인칭적 관점에서의 경험 현상(사태) 있는 그대로의 본래의 자료를 말한다.

나는 수련 과정을 처음 시작하는 수퍼바이지들에게 내담자가 하는 말의 조사 하나까지도 놓치지 말고 내담자의 말을 그 내담자의 표현 그 자체로 있는 그대로 정확하게 듣기를 요구하곤 한다(이는 거의 불가능하다). 더 나아가 내담자가 말하는 문장 그 자체를 그대로 기억하여 똑같이 반복할 수 있을 정도로 내담자 말의 원래 자료에 집중하기를 요청하곤 한다(이 또한 거의 불가능하다). 또 내담자의 언어적 표현을 치료자가 임의로 바꾸거나 다른 말로 변경하는 것을 엄격하게 경계하도록 가르친다.

내가 이렇게 수련을 시키는 것은 수퍼바이지들이 앵무새처럼 내담자의 말을 조사까지도 그대로 반복하기를 원해서가 당연히 아니다. 그것은 불가능하기도 하지만 전혀 바람직하지도 않다. 나는 단지 치료자들이 내담자의 원자료에 얼마나 집중하지 않는지, 그리고 그 원자료에 주의를 온전히 집중하는 것이 얼마나 어렵고 중요한 것인지를 수퍼바이지들이 깨닫기를 바라는 마음에서 이러한 수련 과정을 거치도록 하는 것이다. 치료 장면에서 치료자가 내담자가 말하는 것과 자기가 이해한 것이 똑같은 혹은 유사한 뜻이라고 생각하는 작은 단어나 뉘앙스조차도, 실제로 자세히 확인해 보면 그 뜻과 의미가 매우 다른 경우가 비일비재(非一非再)하다.

치료자가 내담자가 하는 말을 듣는 것에 대해서뿐만 아니라, 나는 수퍼바이지에게 자신이 하는 말에 대해서도 똑같이 지금 자기가 무슨 말을 하고 있는지 정확하게 알아차리기를 요구하고, 자기가 하는 말의 명확한 근거와 증거를 댈 수 있을 정도로 면밀하게 자각하기를 요청한다. 이 역시 불가능할 뿐만 아니라 바람직하지 않을 때가 있다는 것을 잘 알고 있다. 그러나 나는 수퍼바이지들이 가장 중요한 원자료를 무시하고, 소위 객관적이며 전문가적이라고 판단되는 진단과 평가, 분석과 이론 등의 자연적 태도로 원자료를 채색하고 덧칠하며 변경시키는 잘못을 저지르지 않게 하고 싶어서 이런 수련 과정을 거치도록 하는 것이다.

나는 치료자가 내담자의 원자료뿐만 아니라 자신의 원자료에도 큰 중요도를 두기를 바란다. 나누기, 확인하기, 합의하기가 방법의 전부인 주체적 실존치료에서 중요하고도 유일한 의사소통의 자료는 내담자의 원자료와 치료자의 원자료, 그리고 내담자와 치료자의 상호작용 속에서 드러나는 원자료들이 전부이다. 치료자와 내담자가 각자의 원자료인 일인칭적 관점을 솔직하고 진솔하게 나누고 확인하며 합의하는 것이 주체적 실존치료 방법의 전부이다.

물론 처음에는 치료자에게 이것이 부자연스럽고 어렵기도 하며 작위적으로 느껴질 수도 있다. 또한 이러한 치료를 처음 접하는 내담자들이 이 방법을 좋아하지 않을 가능성도 크다. 그러나 원자료를 기초로 솔직하고 진솔하게 소통하는 이러한 태도를 훈습(薰習)하면 할수록 치료자들은 어색해하지 않으면서도 효과적으로 원자료를 토대로 내담자와 작업하는 것에 익숙해지고, 점점 이러한 접근의 유용성과 중요성을 깨달아 간다. 내담자들 역시 이런 깨달음을 얻어 가는 것은 마찬가지이다(물론 이러한 접근에 호감을 가지고 긍정적으로 참여하는 소수의 내담자에 한해서이지만 말이다).

원자료를 소중하게 여기면서 나누고 확인하며 합의하는 과정을 통해 궁극적으로 보고 알면서 체화(體化)하게 되는 것은, 자기 삶의 주인은 바로 자기일 수밖에 없다는 외면할 수 없는 진실이다. 원자료를 가지고 작업을 하게 되면 그 원자료의 원천인 내가 계속 개현되고 발현되며 부각될 수밖에 없고, 그 과정에서 나의 모든 원자료의 주인이 바로 나이며 따라서 모든 생각과 말과 행동 등이 나의 결단에 의한 것이고 나에게 그에 대한 책임이 있다는 것을 인정하지 않을 수 없게 된다. 이것은 참으로 괴로운 일일 수도 있지만 반대로 엄청난 자유로움을 안겨주는 일일 수도 있다. 그 결과야 인연(因緣)에 따라 다르게 나타나겠으나, 주체적 실존치료에서는 이와 같이 원자료를 경청하는 것을 중요하게 생각한다.

대개 내담자들은 괴롭고 고통스러울 때 치료를 찾는다. 물론 간혹 당면한 큰 문제가 없는데도 치료자의 의견을 구하고 싶거나 치료자와의 대화를 통해 자신의 자각과 통찰을 확장하기 위해 치료에 오는 내담자도 있다. 또 드물기는 하지만 어떤 내담자는 그저 치료자와 이야기하는 것이 좋아서 치료에 오기도 한다. 어떤 경우이든 치료는 '말(언어)'이 중심이 되는 '대화의 장'이다. 따라서 말(언어)

의 '내용'이 정확히 무엇인지를 아는 것이 기본이면서 가장 중요하다. 모든 치료자가 이 말(언어) 내용의 중요성을 알고 있으므로 치료의 기본 기법 중에서도 경청(listening)은 항상 매우 중요한 기법으로 손꼽힌다.

그러나 치료자들이 말의 내용 그 자체에 초점을 두기가 늘 가능한 것은 아니다. 내담자들이 자신의 힘든 상태를 감정적으로 쏟아 내는 치료 장면에서 말의 내용에만 초점을 두는 것은 어렵기도 하지만 내담자들이 원하는 바와도 거리가 멀다. 내담자들은 대체로 치료자가 (내용을 잘 알지 못함에도 불구하고) 우선 무조건적으로 자신의 처지와 감정, 심정을 알아주면서 공감적으로 지지해 주기를 원하지(물론 그 후에는 치료자가 사정을 잘 알지 못함에도 불구하고 정답을 내놓기를 원하는 경향이 있다), 자신이 하는 말의 내용 그 자체를 드러난 그대로 듣고 그 말의 의미를 면밀하게 펼치는 것은 원하지 않는 경향이 있다. 흔히 우리가 '척하면 척이지'라고 하는 것을 잘하는 치료자는 어려움이 덜하겠지만, '우선 무슨 사정인지 알아야지'라고 생각하는 치료자는 큰 어려움에 봉착할 때가 많다. 간혹 자신은 공감이나 지지가 중요하지 않다고 말하는 내담자가 있지만, 그 말이 사실은 진심이 아니었거나 혹은 처음에는 진심이었으나 점차 아니었다는 사실을 깨닫는 경우가 드물지 않다.

치료자들이 말의 내용 그 자체에 초점을 두기 어려운 또 다른 중요한 이유는 치료자들의 자연적 태도, 즉 치료자들이 가지고 있는 지식과 전제 때문이다. 보통 수련을 시작하면서 치료자들이 '경청' 기법을 배울 때 강조되는 것이, 치료자는 내담자의 말만 듣지 말고 말과 감정, 행동은 물론이고 말로 표현되지 않은 내담자 말의 이면까지 들을 수 있어야 한다는 점이다. 이를 적극적 경청 혹은 깊은 경청이라고 명명하기도 한다. 또 '반영' 기법을 배울 때도 진정 깊은 공감적 반영 혹은 훌륭한 공감적 반영은 내담자의 말 그 자체를 반영하는 것이 아니다. 내담자의 드러나지 않은 감정은 물론이고 말로 표현하지 않은 생각까지도 마치 그 내담자의 입장에 선 것처럼 생각하고 느끼면서 그것을 반영하는 것이 깊고 훌륭한 반영이라고 학습한다. 반영의 정의 중에는 내담자가 한 말을 치료자가 다른 참신한 말로 바꿔 주는 것이 포함되기까지 한다. 원자료를 중요시하기는커녕 원자료의 변형이 반영에 필수 요소로 등장하는 것이다.

이 말이 틀린 말이 아니고 이러한 경청과 반영이 중요하며 또 내담자에게 도움이 된다는 것을 인정하지 않을 수는 없다. 그러나 이런 경향이 짙어지면서 정작 가장 중요한 원자료인 말의 내용 그 자체는 간과되는 경우가 많다는 것이 문제이다. 치료자들은 단순하고 순진하게 내담자의 말을 드러난 언어 그 자체로 있는 그대로 듣고 반영하는 것을 치료자답지 못한 것으로 생각하고, 때로는 그렇게밖에 듣지 못하거나 반영하기 힘든 자신은 치료자로서 자격이 없다고 생각하기도 한다. 치료자가 내담자의 말을 진심 어린 관심 없이 기계적으로 듣고 반영하는 것은 분명 바람직하지도 않을뿐더러 위험하기도 하다.

그러나 원자료인 발화된 말 있는 그대로의 내용 그 자체를 무시하거나 간과하는 것에는 더 큰 위험이 도사리고 있다. 치료자는 자신이 의식하기도 전에 이미 내담자를 알고 판단하는 사람으로 군림하게 되는 것이다. 치료자 자신이 내담자보다 내담자에 대해 더 많은 것을 더 깊게 알 수 있고, 알아야 하며, 알고 있다는 착각에 빠지게 되는 것이다. 그 순간 내담자 문제의 주인은 내담자가 아니라 치료자인 양 되어 버리는 이상한 일이 발생한다. 어떤 치료자는 독심술이라도 있는 듯이 내담자 스스로 자각하지 않는 내담자 문제를 확신에 차서 넘겨짚는 경우까지 있다. 내담자를 마치 자기 문제에 대한 인식이 없거나 혹은 그런 자각 수준에 도달하지 못할 사람처럼 취급하는 것이다.

내가 나의 '삶'과 나의 '문제'의 주인이 아니라면 도대체 누가 나의 '삶'과 나의 '문제'의 주인이 된다는 것인가? 내가 인식하거나 자각하지 못한다면 그 자체가 바로 '나'인 것이 아닌가? 나에게 닥치지 않은 현상을 어떻게 남이 단정할 수 있단 말인가? 내가 알지 못하고 내가 느끼지 못하며 내가 인식하지 못하고 내가 자각하지 못한다면, 바로 그것이 '나' 자체이고 나의 '실존'인 것이다. 그렇지 않은 내가 마치 진정한 나인 것처럼 생각하고 전제하는 것이 얼마나 우스운 일인가.

어떤 내담자는 스스로의 검증 없이 치료자가 제시하는 자신이나 자신의 문제가 마치 실제 자기 자신이나 자기 문제인 것처럼 믿는 바람에, 지금 여기에 또렷하게 존재하는 확실한 나의 세계를 망각하고 나라고 생각하는 모호하고 애매한 나의 세계로 빠져 버리기도 한다. 이것은 어쩌면 주인의식을 망각하고 포기하는 것이다. 그런데 역설적이게도 어떤 내담자들은 기꺼이 치료자에게 주인의 자리를 내주고 싶어 하는 경향이 있고(주인의 자리를 차지하지 않으려고 하는 치료자를 비전문적이라거나 무능하다고 보기까지 한다), 어떤 치료자들은 전문가라는 이름과 온갖 객관주의적이고 실증주의적인 자료의 기반 위에서 기만적으로 그 자리를 기꺼이 차지하고자 하는 경향이 있다(치료자는 내담자 문제의 정답이나 해결책을 갖고 있다고 믿고, 내담자는 이런 치료자를 전문가답고 유능하다고 생각한다).

이 글을 읽는 독자 중에 의아하게 생각하는 사람도 있겠으나, 의외로 많은 내담자가 자기 삶의 문제를 자기 자신의 책임으로 소유하지 않고 자기가 처한 상황이나 다른 사람 탓으로 돌리곤 한다. 자신은 마치 자기 삶의 문제에 대해 아무런 힘도 영향력도 없었던 사람처럼 자기 문제의 맥락에서 자기 자신의 기여나 몫은 제외하면서, 자신을 이해받고 지지받으며 위로받아야 마땅한 피해자처럼 생각하는 경우 또한 적지 않다. 내 삶의 주인은 나라든가 내 삶은 나의 책임이라는 등의 말은 상황이 좋을 때의 말이다. 치료를 찾는 많은 경우는 상황이 좋지 않을 때이고, 이때 자기 문제에 대한 자기 자신의 책임이나 기여분을 명확하게 인식하고 있거나 혹은 인식하고자 의도하고 노력하는 사람은 많지 않다.

나는 원자료만이 중요하다고 말하는 것이 아니라, 원자료의 중요성을 강조하고 싶을 뿐이다. 앞에서 말한 바처럼, 여기서 말하는 원자료는 일차적으로 내담자와 치료자의 발화된 말(언어)의 내용 그 자체이다. 어떤 치료자들은 원자료를 중요하다고 생각하지 않는 경향이 있을 뿐만 아니라, 심리검사 결과와 진단명 혹은 자신들이 전문가로서 합의하여 만들어 낸 온갖 유사-의학적 언어의 추상성과 피상성에 치중하여, 원자료 자체를 무시하는 경향까지 있다.

이런 경향의 치료자는 고유하고 유일하며 독특한 한 사람의 구체적이고 실제적이며 현실적인 현존, 즉 한 사람이 그 사람만의 지평(맥락)에서 오직 그 자신으로서 실제로 존재하는 실존 그대로 이해하고자 하는 시도를 하지 못하게 된다. 이와 같은 치료자들은 결국 자신들이 내담자라고 부르는 사람들을 자신들이 내담자라고 부르는 사람들의 지평(맥락)에서 자신들이 내담자들의 문제라고 부르는 것을 통해, 바로 '이 사람'의 실존이 아닌 '내담자들'의 실존을 바라보고 이해하게 되는 것이다.

주체적 실존치료는 이러한 경향을 피하고자 노력하기 때문에 원자료 경청이 매우 중요하다. 물론 원자료 경청에 중점을 두는 것이 내담자는 물론 치료자에게도 쉬운 일이 아니고, 빠른 문제 해결을 추구하는 치료자와 내담자에게 비효율적으로 여겨질 수도 있으며, 치료에 대한 자연적 태도를 가지고 치료를 찾은 내담자가 바라고 원하는 것이 아닐 경우가 더 많겠지만(내 경험도 그러하다), 그러함에도 불구하고 주체적 실존치료에서는 항상 '원자료'에 중점을 두는 노력을 포기하지 않는 태도가 중요하다.

말로 드러나지 않는 내용을 듣는 경청도 중요하겠지만, 주체적 실존치료에서는 말로 드러난 내용 그 자체를 정확하고 엄밀하게 잘 듣는 것이 무엇보다 중요하다. 그리고 치료자가 어떤 근거와 이유에서이든 내담자에게 확인되지 않은 사실을 짐작하고 추측하여 단정하는 것을 지양한다. 그것이 아무리 선하고 훌륭한 내용의 짐작과 추측일지라도 내담자에 의해 명확하게 확인되지 않은 치료자만의 가설이나 가정, 단정 등은 주체적 실존치료에서는 지양된다. 이는 표정이나 행동 등 비언어적인 것에 대해서도 마찬가지로 적용된다. 치료자가 내담자에게 확인하지 않고 내담자의 어떤 표정이나 행동이 어떤 의미라고 혼자 단정하는 것은 지양되어야 한다.

요약하자면 원자료 경청은 '내담자의 말(언어)을 포함하여 드러나는 현상(사태) 그 자체를 있는 그대로 듣기'이다. 여기서 '있는 그대로 듣기'는 나타난 현상 그 자체를 치료자의 의도적인 분석이나 진단, 판단이나 평가 없이, 즉 온갖 실증주의적이고 객관주의적이며 자연과학적인 채색과 조작 없이 듣는다는 것을 의미한다. 내담자와 치료자가 만나고 있는 이 장(field)에서 드러나는 현상(내담자와 치료자의 말과 행동 등을 포함한, 지금 여기에서 나타나고 있는 사태)의 의미가 진정 무엇인지는 오로지 내담자와 치료자 간의 진솔하고 솔직한 대화, 즉 나누기와 확인하기를 통해 드러나고 밝혀져, 합의하기를 통해 확정되어야 하는 것이다.

언어(말) 그 자체도 이미 해석이고 관점이며 상징이므로 당연히 해체되어 해석되고 이해될 필요가 있다. 그러나 그 전에 언어(말) 그 자체를 드러난 그대로 포착하는 것이 우선이고, 이후에 그 언어(말)를 사용한 당사자들에게 이 언어의 뜻과 의미가 무엇인지를 확인하는 과정이 뒤따라야 할 것이다. 결국 원자료 경청은 있는 그대로의 원래의 자료를 듣는(비언어적 자료에 대해서는 '보는' 것이라고 표현할 수도 있겠다) 것이므로, 주체적 실존치료에서는 원자료 경청이 모든 현상학적·해석학적 작업의 기초적이며 기본적인 핵심 토대라고 할 수 있다.

② 기술: 드러나는(경험하는) 현상을 있는 그대로 묘사하기

기술(묘사)은 May 등(1958)이 최초로 유럽의 실존치료를 미국에 소개한 책인 『실존(Existence)』에 서술되어 있는 것처럼, 실존치료자들이 전반적으로 사용하는 주요한 현상학적 방법이다.

Husserl(2018)은 "어떤 방식에서 (한편으로) 법칙에 따른 발생의 현상학인 '설명하는' 현상학과 (다른 한편으로) 비록 생성되었더라도 가능한 본질의 형태들을 순수 의식 속에 기술하고 그 목적론적 질서를 '대상'과 '의미'라는 명칭으로 가능한 이성의 영역 속에 기술하는 현상학인 '기술하는' 현상학은 구별된다"고 하면서 발생적 현상학(설명하는 현상학)과 정적 현상학(기술하는 현상학)을 구분했다.

Nitta(2014)는 "'정적 현상학'은 각각의 유형을 추적하면서 그것들을 질서지으면서 체계화해 가는 기술을 가리키는 것이기에 '기술적 현상학'이라 불리고, '발생적 현상학'은 '설명적 현상학'"이라고 정리한다. 또한 사상적으로는 발생적 구성이 정적 구성에 선행하지만, 이론의 면에서는 정적 구성이 발생적 구성에 선행한다고 정리하고 있다.

Zahavi(2007)는 정적 현상학의 주된 과제가 "작용과 대상 간의 관계를 설명하는 것이다. 그것은 보통 어떤 특정한 대상 영역(가령, 이념적 대상이나 물리적 대상)을 출발점으로 삼고, 이러한 대상과 상관적으로 관계를 맺고, 이러한 대상을 구성하는 지향적 작용들을 탐구하는 것"이라고 말한다. 이남인(2004)은 정적 현상학의 과제를 "불명료하고 변양된 소여방식으로부터 명료하고 변양되지 않은, 즉 근원적인 소여방식으로 향하는 지향적인 소급지시관계를 분석하는 것"이라고 말한다.

쉽게 말해 기술은 드러나는 현상(사태)을 드러나는 그대로, 즉 우리 각자가 경험하는 현상(사태)을 경험하는 그대로 일인칭적 관점(해석)에 따라 서술하고 묘사하는 것이다. 이러한 기술을 통해 우리는 어떤 현상의 타당성을 근원적으로 밝혀갈 수 있게 된다. 그런데 경험하는 현상 자체가 일인칭적 관점에서 부여되는 해석 자체이므로, 경험하는(드러나는) 현상을 있는 그대로 기술하고 그 현상의 타당성을 밝힌다는 것은, 결국 한 사람의 일인칭적 관점(해석)을 있는 그대로 기술하고 그렇게 묘사된 내용을 통해 어떤 현상을 충분한 타당성을 갖춘 현상으로 재구성한다는 것이다.

여기서 중요한 것은 외부적인 일체의 이론이나 해석, 판단과 분석, 가정과 가설 등을 배제하고, 한 개인이 자기의 경험을 스스로 묘사하고 서술하면서 그 내용에 대해 스스로 타당성을 부여하는 것이 핵심이라는 점이다. 즉, 스스로 '그렇구나'라고 자연스럽게 이해할 수 있을 만큼 명확한 타당성을 스스로 획득할 때까지 현상의 기술하기는 반복된다. 이런 점 때문에 Husserl의 현상학이 '기술적(descriptive) 학문'(Zahavi, 2007)으로 불리기도 하는 것이다.

Cooper(2003, 2017)는 실존치료를 분류하면서 기술적인(descriptive) 실존치료와 설명적인(explanatory) 실존치료를 구분한다. Sousa(2016, 2017)는 Husserl의 정적 현상학(Static Phenomenology)을 기술적(descriptive) 방법으로, 발생적 현상학(Genetic Phenomenology)을 해석학적(hermeneutic) 방법으로 분류하면서 기술(description)을 정적 현상학에 위치시키고 있다. 여기서 기술은 내담자의 경험과 세계관, 구성된 의미, 침전된(sedimented) 이슈, 믿음 등을 묘사하는 것이다. 중요한 것은 현상학적 기술이라는 것은 어떤 현상을 결정론적인 현상으로 보면서 설명하는 시도를 하지 않는 것이고, 좋은 기술이란 어떤 사태를 가능한 한 있는 그대로 면밀하고 자세하게 드러나는 모습 그대로 묘사하는 것이라는 점이다.

Spinelli(1994)는 내담자의 명백하게 드러난 말에 대해서 그 말 자체가 아니라 그 말속에 숨겨져 있는 드러나지 않은 의미를 찾으려고 하는 분석적 해석(analytical interpretation)과 드러난 그 말 자체에 초점을 두고 그 말이 내담자에게 의미하는 바가 무엇인지를 찾으려고 하는 기술적 해석(descriptive interpretation)

을 구분한다. 또한 Spinelli(2005, 2015)는 현상학적 방법을 에포케 규칙, 기술 규칙, 지평화(균등화) 규칙으로 요약하는데, 기술 규칙은 내담자가 생생하게 실제로 경험하고 있는 것을 자기의 말로 가능한 한 구체적으로 묘사하는 것을 말한다. 여기서 중요한 것은 내담자가 자기 경험의 내용을 있는 그대로 스스로 묘사하고 기술해야 한다는 것이며, 치료자가 자신의 이론이나 가설을 가지고 내담자의 말과 경험을 설명하거나 변형시키거나 채색하지 않아야 한다는 것이다.

Spinelli는 이러한 기술 규칙의 본질을 "기술하라, 설명하지 마라(Describe, don't explain)"(Cooper, 2015; Spinelli, 2015에서 재인용)로 요약하고 있다. 이는 삶은 삶 자체로 이해해야 한다고 역설한 Dilthey가 자연과학은 자연을 설명하는 데 반하여 정신과학은 삶의 표현을 이해하는 것이라고 하면서, 설명이 자연과학의 핵심 개념이고 정신과학의 핵심 개념은 이해라고 주장했던 것(Palmer, 1988)과 맥을 같이한다.

van Deurzen(2016) 그리고 van Deurzen과 Adams(2016)는 Husserl의 현상학적 환원 방법에서 기술을 "설명(explanation)이나 해석(interpretation)이 아닌 이야기하기"로 요약하면서, 치료 장면에서 "분석하기(analysing)나 설명하기(explaining) 대신 기술(description)"에 충실할 것을 강조하고, 빨리 결론에 이르고자 하지 말고 관찰하고 기록하고 살펴보고 기술하는 이 똑같은 과정을 계속해서 인내심을 가지고 반복하라고 요청하고 있다. 이야기가 계속 진행됨에 따라 점점 어떤 변형이 일어나고 그런 과정을 통해 중요한 본질들이 스스로 드러나는 것이 보일 때까지 이 반복을 지속하라는 것이다. van Deurzen은 설명이 치료자의 혼란을 덜기 위한 것이지 내담자를 위한 것이 아닐 뿐만 아니라, 어떤 경우에는 치료자의 설명이 오히려 내담자의 혼란을 가중시킨다는 사실을 언급한다.

기술(묘사)은 실존치료자들이 현상학으로부터 가장 빈번하게 차용하는 방법에 속한다. 주체적 실존치료에서도 기술은 중요한 방법이다. 예를 들어, 치료자들은 대체로 내담자가 어떤 진단명이나 혹은 우리에게 너무나 익숙한 문제를 토로할 때 자기가 그것이 무엇인지 안다고 바로 당연하게 생각한다. 그러나 주체적 실존치료에서 '내담자'는 내담자라고 통칭되는 내담자가 아니라 '유일하고 독특하며 고유한 특정한 한 개인인 내담자'이고, '문제'는 통용되는 진단명이나 개념적인 이름으로 지칭될 수 있는 병리적이며 일반적인 문제가 아니라 '한 개인이 그만의 삶의 맥락에서 유일하고 독특하며 고유하게 경험하는 그만의 특정한 문제'이다.

그러므로 내담자가 호소하는 문제가 무엇인지를 알기 위해서는 '그 개인'과 '그 개인의 문제'는 물론이고 '그 개인 및 그 개인의 문제의 맥락'을 면밀하게 기술하고 또 기술할 필요가 있다. 이것은 비단 내담자의 호소문제에만 국한된 것이 아니며 치료 장면에서 주제화되는 모든 것에 적용되는 말이다.

호소문제와 관련해서 단순한 예를 하나 들어 보자. 어떤 내담자가 우울증이 있다고 말할 때, 치료자가 "그렇군요" 하며 마치 그 내담자의 우울증이 무엇인지 바로 당연하게 아는 것처럼 생각하고 더 이상의 자세한 탐색을 하지 않는다면, 그것은 기술하지 않는 것이다. 이런 치료자에게는 이미 우울증에 대한 고정된 설명의 틀이 존재하고, 치료자가 그것을 확고하게 믿고 있는 것이기 때문이다.

주체적 실존치료자는 "당신이 말하는 우울증이라는 것이 무엇입니까?" "당신이 우울하다고 말할 때 그것은 어떤 현상을 말하는 것입니까?" "왜 당신은 그것에 우울증이라는 이름을 붙였습니까?" "그 현상을 우울증이라고 정의할 때 그것이 당신에게 의미하는 바는 무엇입니까?" "당신 스스로 그 현상을 우울증이라고 확정할 수 있겠습니까? 아니면 다르게 생각해 보거나 이름을 붙이거나 할 여지가 있습니까?" "어떤 맥락에서 그런 현상이 나타나고 혹은 사라집니까?" "당신이 우울이라고 말하는 그 현상이 당신에게 어떤 영향을 미치고 있고 또 당신 자신은 그 현상에 어떤 영향을 미치고 있습니까?" "당신과 당신이 우울이라고 말하는 현상 간에는 어떤 관계가 있습니까?" "언제부터 그 현상을 우울증이라고 불렀습니까?" 등 여러 가지 질문을 통해 내담자가 우울증이라고 말하는 현상을 그 내담자의 말과 생각, 감정과 상황 등의 맥락에서 자세하고 명확하게 드러내어 묘사하기 위해 노력한다(이런 질문들을 한번에 모두 한다는 것은 아니니 놀라지 않기를 바란다. 이러한 식의 탐색을 통해 내담자의 고유한 경험 내용을 면밀하게 기술하고 묘사한다는 것이 핵심이다. 물론 일방적인 방식이 아닌 교호적인 방식, 즉 나누기, 확인하기, 합의하기를 통해서이다).

기술이 질문을 통해서만 이루어지는 것은 아니다. 우리가 흔히 치료의 기본 기법들로 사용하는 경청, 반영, 재진술, 요약과 정리 등 내담자의 원자료를 펼치는 데 도움이 되는 것들이 기술의 수단이 될 수 있다. 주체적 실존치료자가 의도하는 것은 일반적, 개념적, 관념적, 추상적, 객관적인 '모든 사람'의 현상과 의미를 개별적, 실제적, 사실적, 현실적, 주관적인 '한 개인'의 현상과 의미로 기술하는 데에 있다. 기술을 통해 치료자는 내담자가 펼치는 원자료를 얻게 되고, 이 원자료는 주체적 실존치료의 가장 중요하고 기본적인 자료이자 재료가 된다(마찬가지로 기술을 통해 치료자 자신의 원자료도 펼쳐진다).

주체적 실존치료에서는 공인된 자료일지라도 누구나의 자료는 내담자의 원자료에 비해 가치나 의미가 적다. 또 각종 방식으로 채색된 이차 혹은 삼차 자료는 근본적으로는 큰 의미가 없다. 오직 내담자가 자신의 것으로 소유하고 책임지면서 일인칭적 관점에서 서술하고 묘사하는 자기만의 경험 자료만이 의미가 있는 것이고, 그것이 바로 내담자의 '원자료'라고 불리는 것이다. 치료자의 원자료도 마찬가지다. 오직 치료자가 자신의 것으로 소유하고 책임지면서 일인칭적 관점에서 서술하고 묘사하는 자기만의 경험 자료만이 의미가 있는 것이고, 그것이 바로 치료자의 '원자료'라고 불리는 것이다.

기술은 이 원자료들을 자세하고 면밀하게 펼치는 작업이다. 즉, '드러나는(경험하는) 현상(사태)을 있는 그대로 묘사하기'가 기술이다. 기술에서 가장 중요한 것은 설명하지 않는다는 전제이다. 이 설명에는 내담자와 치료자의 일인칭적 관점으로부터 묘사된 것들 이외의 모든 것이 포함된다. 또한 설명의 타당성이나 합리성, 정당성 등 그 어떤 것도 설명의 필요성에 대한 변명이 될 수 없다.

③ 균등화: 드러난 각각의 현상에 동등한 중요도 부여하기

균등화는 드러난 각각의 현상에 대해 동등한 중요도를 부여하는 것이다(Spinelli, 2015; van Deurzen, 2016; van Deurzen & Adams, 2016).

호소문제로 예를 들자면 내담자가 치료에서 다루고 싶은 문제를 우울, 무기력, 진로, 가족, 자살로 호소했을 때, 치료자가 이 다섯 가지 문제 모두에 대해 동등한 정도의 중요도를 부여하는 것을 말한다. 만약 치료자가 이 다섯 가지 문제 중 특별히 자살이라는 호소문제에 더 큰 중요도를 부여하고, 자살이라는 호소문제와 관련한 질문으로 일방적으로 대화를 이끈다면 이는 균등화에 실패한 것이다.

치료자는 전문가로서 자신이 개인적으로 중요하다고 생각하는 문제 혹은 자신이 지향하는 이론적 관점에서 중요하다고 생각하는 문제 또는 사회에서 중대한 문제라고 생각하는 문제 등에 자연스럽게 더 큰 중요도를 부여할 가능성이 언제나 있다. 어떤 경우에는 내담자는 그 문제에 대해 아무 말도 하지 않았음에도 불구하고, 의뢰를 한 사람이 중요하다고 미리 언급한 문제에 더 큰 중요도를 부여하기도 하고 혹은 중독이나 범죄 이력 등 본 치료와 상관없는 내용에 더 큰 중요도를 부여하기도 한다.

치료자가 내담자의 호소문제 모두 각각에 똑같은 중요도를 부여하지 못하는 이유, 더 나아가 치료 장면에서 드러나는 다양한 현상들 각각에 동등한 중요도를 부여하지 못하는 이유는 매우 다양하다. 그리고 때로는 그 이유가 합리적이고 바람직하며 충분히 타당한 경우도 많다. 그러나 주체적 실존치료에서는 이유를 불문하고 내담자와의 합의 없이 특정 호소문제 혹은 특정 현상에 치료자가 혼자서 더 큰 중요도를 부여하는 것은 철저하게 지양된다.

주체적 실존치료에서는 호소문제는 물론이거니와 치료 과정 내내 모든 주제화된 내용에 대해 균등화 방법을 잘 적용하는 것이 중요하다. 또한 치료자가 이 방법을 기계적으로 매뉴얼화된 방식으로 일방적으로 내담자에게 적용하지 않아야 하는 것 역시 매우 중요하다(균등화 방법이 펼침의 방법이면서 동시에 나누기의 방법이라는 것을 잊지 말자).

치료 장면에서 현상의 중요도, 즉 무엇이 중요한 현상인지 혹은 무엇이 중요하지 않은 현상인지를 결정할 권리와 책임은 일차적으로 그리고 전적으로 내담자 당사자에게 있다. 만약 내담자가 드러난 현상들 각각에 대해 중요도를 평가하기 전이라면, 그 현상들 모두는 동등한 중요도 상태에 있는 것이며, 따라서 치료자도 그 현상들에 대해 동등한 중요도를 부여해야 하는 것이다.

치료자가 내담자에게 드러난 현상들 각각에 대해 차등적인 중요도를 부여하도록 권유할 수도 있고 중요도와 관련한 치료자 자신의 의견을 개진할 수도 있다.

그러나 최종적으로 균등화에 균열을 내는 결정을 할 수 있는 권리와 책임은 오직 내담자에게 있으며, 치료자는 단지 균등화를 깨는 내담자의 중요도 결정에 대해 동의하거나 동의하지 않을 권리와 책임만이 있을 뿐이다. 내담자에게 중요한 현상이 무엇인지를 치료자가 결정할 권리와 책임은 있을 수 없다(단, 내담자가 자신의 권리와 책임을 주체적 결단을 통해 치료자에게 위임하고 치료자 역시 주체적 결단을 통해 그 권리와 책임을 위임받기로 합의한 경우는 예외 사항에 속한다).

주체적 실존치료는 일차적으로 드러난 모든 현상에 대해 동등한 중요도를 부여하는 것으로부터 출발한다. 어떤 문제는 당연히 중요한 문제이고 어떤 문제는 당연히 중요하지 않은 문제라는 식의, 치료자와 내담자 모두의 자연적 태도를 철저하게 배제하는 것이다. 이와 같은 판단중지(에포케) 상태에서, 드러난 현상들에 대한 중요도를 치료자와 내담자가 나누기와 확인하기를 통해 점차 결정해 가며, 최종 중요도는 치료의 참여자인 치료자와 내담자의 합의를 통해서 결정하게 된다. 이 과정은 드러난 모든 현상에 동등한 중요도를 부여하는 균등화를 전제로 하며, 바로 이러한 균등화가 치료자와 내담자 간의 합의를 통한 중요도 결정 작업의 필수 조건이 되는 것이다.

④ 우선순위화: 균등화한 현상들의 우선순위 평가하기

우선순위화는 드러난 각각의 현상에 대해 동등한 중요도를 부여했던 균등화와는 달리, 각각의 현상에 대해 중요도에 차등을 두면서 우선순위를 평가하는 것을 말한다.

우선순위화의 기준은 다양할 수 있다. 가장 중요하다고 생각하는 현상 순으로 우선순위가 설정될 수도 있고, 가장 심각하거나 가장 시급하다고 생각하는 현상 순으로 우선순위가 설정될 수도 있다. 이처럼 우선순위를 설정하는 기준은 다를 수 있지만, 그 기준에 따라 각 현상의 위치를 결정하는 가장 중요한 사람이 오직 내담자라는 사실은 불변한다(물론 내담자가 치료자에게 우선순위를 정해 달라고 주체적으로 결정하여 요청하고 이것이 치료자에게 수용되어 두 사람 간에 합의가 이루어진다면, 우선순위를 정하는 것이 치료자의 몫이 될 수 있다).

치료 초기 호소문제와 관련한 예를 들자면, 자발적으로 치료에 온 내담자의 경우에는 호소문제의 우선순위화 과정이 좀 더 수월할 가능성이 있다. 물론 자발적으로 치료에 온 내담자일지라도 치료 장면에서 무슨 이야기를 할지조차 결정하지 못하는 경우가 있기는 하다. 하지만 자발적으로 치료를 신청한 내담자는 치료를 신청하게 된 이유와 계기가 자신에게 있으므로 중요한 순위이든, 심각한 순위이든 혹은 시급한 순위이든 호소문제에 대한 본인의 우선순위가 이미 존재할 가능성이 크기 때문에, 호소문제의 우선순위화 과정이 비자발적인 내담자에 비해 순조로울 확률이 높다.

그러나 권유나 강제로 치료에 오게 된 내담자의 경우, 처음부터 호소문제 자체가 없다거나 치료 장면에서 할 이야기가 전혀 없다고 말하는 경우까지 있고, 치료를 권유한 주변 사람들의 호소문제를 나열하거나 법원 명령 등의 사안을 불만스럽게 토로하기도 한다. 이런 경우일지라도 그 주어진 조건 내에서 최대한 내담자가 주체적으로 호소문제의 우선순위를 설정하는 것이 중요하다.

호소문제의 우선순위화에서 치료자가 무엇보다 주의할 점은 법원 명령 등의 강제력이 있는 호소문제이든, 치료를 의뢰한 사람의 호소문제이든, 심각한 정신병 진단 내용이 호소문제이든, 그러한 외적 요소에 흔들리지 않아야 한다는 것이다. 치료자는 우선순위화의 일차적인 주인이 내담자 당사자라는 사실을 기억하면서 균등화 상태를 잘 유지함으로써, 내담자가 여러 호소문제들에 대해 스스로 우선순위를 평가할 수 있도록 조력해야 한다.

호소문제뿐 아니라 어떤 현상에 대해서든, 만약 내담자의 우선순위에 치료자가 동의하기 어렵다면, 치료자는 자신의 의견을 내담자와 나누고 확인하면서 둘 사이의 합의를 도출하는 노력을 해야 한다. 겉으로는 내담자의 우선순위를 존중하는 척하면서 속으로는 자신의 우선순위를 따로 가지고 있다거나, 내담자의 우선순위가 아닌 치료자 자신의 우선순위를 내담자와의 합의 없이 독단적으로 우선시하는 것은 주체적 실존치료에서 배제된다. 이와 같은 우선순위화의 과정은 치료 초기 주체적 호소문제 결정 및 주체적 치료목표 결정에 관해서만이 아니라, 치료 전반에 걸쳐 주제화되는 모든 내용에 똑같이 적용되는 과정이다(주체적 실존치료의 모든 방법이 그러하다).

가장 중요한 것은 내담자의 주체적 결정이다. 이후 내담자의 결정에 대해 치료자가 자신의 의견을 투명하게 개방하고 나누면서 함께 우선순위를 조율하고 합의해 가는 것이다. 치료자가 무조건 내담자의 우선순위를 따를 필요가 있는 것도 아니고, 내담자가 무조건 치료자의 우선순위를 따를 필요가 있는 것도 아니다. 주체적 실존치료에서 이러한 일방적이고 독단적인 과정은 금기시된다. 물론 일방적이고 독단적인 과정 자체가 내담자와 치료자와의 합의 내용이라면 전혀 다른 이야기가 되겠지만 말이다.

⑤ 초점화: 초점을 둘 현상(주제) 결정하기

초점화는 어떤 현상(주제)에 초점을 둘 것인지를 결정하는 것이다.

우선순위화 과정을 거치게 되면 내담자에게 중요하거나, 심각하거나 혹은 시급한 현상의 우선순위는 자연스럽게 결정된다. 이때 치료자는 우선순위의 가장 위에 놓인 현상을 치료의 주제로 삼는 것을 당연하게 여기기 쉽다. 내담자도 명료한 선택이나 결정 없이 자신이 우선순위의 가장 위에 위치시킨 현상을 당연하게 치료의 주제로 삼는 경우가 흔하다.

이러한 자연적 태도 때문에 우선순위의 가장 위에 놓인 현상이 본 치료에서 지금 다루고 싶은 혹은 다루어야 할 주제인지에 대한 명확한 인식과 합의 없이, 치료자와 내담자 모두 우선순위의 가장 위에 놓인 그 현상을 주제로 치료를 진행할 가능성이 있다. 이것은 명백한 실수이다.

내담자가 어떤 것을 자신에게 가장 중요한 주제, 심각한 주제 혹은 시급한 주제라고 생각한다고 해서 그것을 지금 바로 이 치료 시간에 다루고 싶은 주제로 반드시 선정하는 것은 아니다. 내담자는 여러 가지 상황과 조건을 고려하여 바로 지금의 이 치료 시간에 초점을 둘 주제를 주체적으로 다양하게 결정한다.

때로는 우선순위화 과정을 거친 후에 치료자가 지금 치료 회기에서 어떤 것을 주제로 삼고 싶은지 물을 때, 내담자는 이제까지 그런 생각을 하지 않았다는 것을 깨닫고 깊이 생각해 보기도 한다. 따라서 치료자가 명확한 확인과 합의 없이 성급하게 우선순위화 결과에 따른 주제를 선정한다면, 이는 내담자가 지금 바로 이 시간에 정말 이야기하고 싶은 주제를 다루지 못하게 되는 결과로 귀결될 수도 있다.

독자 중 누군가는 그렇다면 내담자가 그 이야기가 자신이 지금 하고 싶은 이야기는 아니라고 말할 수 있지 않겠냐고 반문할 수 있다. 물론 그런 내담자가 존재한다. 그러나 어떤 내담자는 우선순위화의 상위에 위치하는 주제가 늘 자신에게 중요한 문제이기 때문에 그 주제를 다루는 것도 나쁘지 않다고 생각하면서 지나치는 경우가 있다.

또 여러 가지 다른 이유로 내담자가 자신의 의견을 표현하지 않기도 하고, 어떤 경우에는 바로 이 치료 시간에 무엇을 주제로 할 것인가와 같은 주체적 결정에 대해 특별한 인식과 관심이 없기도 하다. 따라서 치료자는 내담자가 지금 이 치료 시간에 '진짜' 이야기하고 싶은 주제를 결정할 수 있도록 초점화 방법을 실시해야 할 필요가 있는 것이다.

주체적 실존치료에서는 균등화 및 우선순위화와 더불어 초점화 방법을 실시함으로써, 치료자와 내담자가 만나서 참여하는 치료 장면에서 치료자와 내담자가 같이 알아보고 함께 궁리할 내담자의 '진짜' 주제(현상)를 결정해 간다. 이러한 결정 과정은 치료 진행 내내 수없이 반복적으로 이루어질 수 있는 것은 물론이고, 한 회기 안에서도 여러 번 반복해서 이루어질 수도 있다.

주체적 실존치료의 전제가 '연기(공)' '불확실성' '관점주의'라는 것을 기억하는 독자에게는, 확실한 한 번의 결정이 변하지 않고 고정되어 지속되는 일이 발생하기가 불가능에 가깝다는 사실이 자명할 것이다(불가능에 가까울 뿐, 모든 것이 '인연생기'이므로 불가능하다고 말할 수는 없겠다). 주체적 실존치료의 다른 모든 방법에서와 마찬가지로, 균등화와 우선순위화 그리고 초점화 방법 모두에서 '나누기' '확인하기' '합의하기'가 연기(緣起)적으로 현현(顯現)하고 있음은 물론이다.

⑥ 지평화: 현상 자체와 현상의 의미 등을 당사자인 개인의 관점(해석), 즉 지평을 중심으로 맥락적으로 펼치기

van Deurzen(2016)은 지평화를 "관찰의 한계와 맥락을 인식하기"로 정의하면서 우리가 볼 수 있는 것이 한계가 있다는 것과 자신의 특정한 관점이 맥락과의 관련성 내에 존재한다는 것을 인식해야 함을 강조하고 있다. van Deurzen과 Adams(2016)는 지평화를 내담자의 세계관을 맥락화(contextualization)하는 것으로, 즉 맥락과 지평을 연결시키고 있고, Adams(2019)는 지평화(맥락화)가 판단중지(에포케)를 통한 명료화하기(clarifying)와 해석 및 도전을 통한 확인(verification) 사이의 다리(bridge)라고 표현한다. 판단중지(에포케)를 통해 탐구된 자료들이 맥락 또는 지평에 따라 펼쳐지게 되면 그 펼쳐진 내용은 다시 해석과 도전 등의 확인 과정을 거치면서 분명하게 검증되므로, 지평화가 판단중지(에포케)와 확인 사이의 다리 역할을 한다는 것이다.

지평은 '경험이 발생하는 틀(의미의 터)'이고, 우리가 무엇을 경험한다고 할 때 그 경험과 경험에 대한 이해의 '전제조건'이며, 하나의 '관점'이라고 할 수 있다. 달리 말해 지평은 "우리의 사고가 이루어질 수 있는 바탕이 되는 관계 구조"(Palmer, 1988)이다. 따라서 지평화는 일차적으로 내담자의 다양한 인식론적·존재론적 경험 내용을 내담자의 관점(해석)에 따라 내담자 중심 맥락 내에 면밀하게 펼치는 것이라고 할 수 있다.

예를 들어, 내담자는 자신의 문제에 대해 그 문제의 내용은 물론 그 문제를 둘러싼 다양한 상황과 맥락을 오로지 자기 자신의 관점에 따라 펼치는 것이다. 그것에 대한 객관적이고 일반적인 관점이 아닌, 순수하게 자기 자신의 입장에 근거해서 말이다. 왜냐하면 그 내담자의 문제는 그 내담자의 지평에서만, 즉 그 내담자의 관점과 그 내담자의 삶의 관계 구조 안에서만 이해될 수 있는 것이기 때문이다.

주체적 실존치료에서 지평화는 내담자 중심의 일방적인 펼침에서 그치지 않는다. 주체적 실존치료 장면에서는 내담자가 자신의 관점과 맥락, 즉 자신의 지평을 자기의 입장에 근거하여 펼치는 것처럼, 치료자도 똑같이 내담자의 펼침에 대한 반응으로서(때로는 수동적 반응으로서가 아니라 적극적 개입으로서) 자신의 관점과 맥락, 즉 자신의 지평을 치료자 자기의 입장에 근거하여 펼친다. 이와 같이 개방되어 공유되는 치료자와 내담자의 지평은 다각도의 맥락적 탐색 과정을 통해 융합되고, 이러한 지평융합 자체가 다시 각각 내담자의 지평과 치료자의 지평이 되며 이는 또다시 지평융합으로 이어지는, 지평의 변증법적 운동 혹은 순환 속에 존재하는 것이다. 그리고 이 자체가 바로 주체적 실존치료에서 말하는 '지평화'이다.

우리는 자신의 지평과 대립하는 지평 혹은 생소하고 새로운 지평에 직면할 때, 또는 자신의 과거 지평과 양립할 수 없는 현재의 지평에 직면할 때, 이런 다양한 지평을 자신의 관점(해석)과 맥락을 중심으로 펼치면서 이것에 대해 심사숙고하게 된다. 이 같은 지평의 분해와 융합 그리고 재분해와 재융합 과정을 반복하면서, 우리는 끊임없이 지속하는 지평의 인지와 지평의 확장, 그리고 지평의 변화를 체험한다.

주체적 실존치료 장면에서 내담자는 자기 자신의 내적 맥락 내의 지평의 분해와 융합뿐만 아니라 치료자라는 타인과의 공동 맥락 내의 지평의 분해와 융합을 반복한다. 이는 치료자의 경우도 마찬가지이다. 주체적 실존치료에서 치료자와 내담자가 만나 치료 작업에 참여하면서 같이 알아보고 함께 궁리하는 과정은, 매우 활발하고 다양한 지평화 그 자체라고 할 수 있다. Palmer(1988)는 물음과 대답의 변증법을 '지평 간의 융합'이라고 하고, Gadamer(2012)는 공통된 지평이 생겨나는 것을 '지평융합'이라고 하는데, 이 역동적인 움직임이 바로 지평화이다. 주체적 실존치료에서 중요한 것은 이 지평화에 내담자와 치료자가 동등한 중요도로 나누기, 확인하기, 합의하기를 통해 참여한다는 점이며, 이것 자체가 지평화라는 점이다.

이상으로 주체적 실존치료의 세 가지 주요 방법인 '나누기' '확인하기' '합의하기' 중 '나누기'에 속하는 방법의 서술을 마친다. 나누기 방법에는 '무지'와 '펼침'의 두 가지 방법이 포함된다. 그리고 무지에는 '판단중지(에포케)와 환원' '지평인지'가 포함되고, 펼침에는 '원자료 경청' '기술' '균등화' '우선순위화' '초점화' '지평화'가 포함된다.

2. 확인하기

치료자와 내담자가 면밀하게 펼쳐지는 현상을 해체적 해석과 선택 및 결정을 통해 명료하게 밝히고 명확하게 확인하면서 상호 간의 이해를 구축하기

확인하기는 나누기를 통해 면밀하게 펼쳐지는 현상의 내용을 해체적 해석을 통해 명료하게 증명하면서 이해하고, 그러한 이해를 바탕으로 한 선택과 결정의 실행을 통해 치료자와 내담자 상호 간의 명확한 이해를 구축하는 것을 말한다.

즉, 면밀하게 펼쳐진 내용을 다각도에서 해체하며 해석하고 다시 또 해체하고 해석하는 과정을 통해 이 현상이 무엇을 의미하는지를 더욱 명료하게 반복적으로 증명하는 것이다. 또한 이러한 과정에서 상호적 대화를 통해 치료자와 내담자가 각자 주체적인 선택과 결정을 수행함으로써 상호 간의 진정한 이해를 구축하는 것을 말한다.

주체적 실존치료에서는 비언어적 방식을 통한 검증이나 확증은 확실한 확인이라고 여겨지지 않는다. 비언어적 방식을 통한 확인이 존재하지 않는 것도 아니고 많은 경우 언어적 교류를 통한 확인이 어려운 것도 사실이지만(어떤 치료자는 내담자가 거짓말을 하고 있다고 혼자 확신하기도 한다), 주체적 실존치료에서는 언어적 소통을 통한 확인을 우선시한다. 비록 언어적 확인이 어려운 상황일지라도 치료자가 언어적 교류를 통한 확인을 추구하는 태도를 견지하는 것은 주체적 실존치료에서 매우 중요하다.

van Deurzen과 Adams(2016)는 확인(verification)을 해석과 비슷한 개념으로 간주하고 있고, Adams(2019)는 확인의 목적을 숨은 의미를 찾아내어 그 숨은 의미 간의 연관성을 밝히는 것으로 보고 있다. 나는 이러한 의견에 반대하지 않는다. 그러나 해석과 확인은 미묘한 차이가 있다고 본다. 해석은 여러 가능성을 추구하는 끝없는 탐구의 열린 과정인 데 반해, 확인은 그러한 열린 과정에서 고정되고 확실한 어떤 관점을 취하고 이를 소통하는 것이라는 차이가 있기 때문이다.

한순간도 이것이 이것이라고 할 만한 순간이 없다고 말하면서도 우리는 이것이 무엇이라고 말하지 않을 수 없다. 바로 이와 마찬가지로 해석의 과정이 최종적 결론을 취하지 않는 반복의 과정임에도 불구하고, 그 반복 과정에 한 매듭을 지으면서 어떤 것의 확실성을 서로 언어를 통해 교환하는 것이 바로 확인하기이다.

확인하기 방법에는 '해체적 해석' '선택과 결정'이 포함된다.

1) 해체적 해석: 이미 알려진 것의 의미를 고정된 것으로 간주하는 태도를 변경하여, 막연하고 불투명한 의미를 분명하고 명료하게 하여 구체적이고 명확한 의미로 바꾸어 가면서, 새로운 의미 혹은 근원적 의미 등을 끊임없이 밝혀 가는 것

해체적 해석은 이미 알려진 것의 의미를 고정된 것으로 간주하는 태도를 변경하여 막연하고 불투명한 의미를 분명하고 명료하게 하면서 구체적이고 명확한 의미로 바꾸어 가는 것을 말한다. 또 새로운 의미 혹은 근원적 의미 등을 끊임없이 밝혀 가는 것을 의미한다.

우선 해체(Deconstruction)라는 개념에 대해 살펴보는 것이 필요하다. '해체'는 여러 철학자에 의해 언급되거나 실행되었다고 볼 수 있지만, 현재 가장 대표적인 해체철학자로 여겨지는 인물은 Derrida일 것이다. Blackburn(2016)은 해체주의(Deconstructionism)가 Derrida에 의해서 시작되었다고 하면서 해체주의를 "고정된 의미의 가능성에 대한 회의적 접근"이라고 정의한다. 김욱동(2008)은 Derrida가 절대적 기초나 제1원리에 의존하는 모든 사고체계에 '형이상학'이라는 낙인을 찍으면서 어떤 식이든 절대적 근원을 증명하려는 철학적 시도는 부질없는 환상에 지나지 않는다고 주장한다고 말한다. 그는 또한 Derrida의 철학은 절대적 근원이나 기초가 되는 중심적 체계와 통일성의 원리를 해체하려는 것으로, Derrida가 말하는 해체는 파괴와는 다른 것이라고 언급한다.

van Deurzen과 Kenward(2005)는 '해체(Deconstruction)'를 Derrida에 의해 실행된 철학적 텍스트 분석 방법이라고 말하면서 정작 Derrida는 '해체' 개념에 대해 어떤 정의도 내리지 않았다는 점을 지적하고 있다. 다만 대체로 공유되는 해체의 정의는 "고정된 의미에 대한 깊은 회의"라고 기술하면서 Derrida의 '해체

(Deconstruction)' 개념이 Heidegger의 '해체/파괴(Destruktion or destructuring)' 개념으로부터 영향받은 것임을 언급하고 있다. 신승환(2003)도 Derrida의 '해체'의 철학을 Heidegger의 존재사유에 자리한 내적 동기에서 그 철학적 근거를 이끌어 온다고 하면서 그것은 존재론적 차이와 '파괴(Destruktion)'에 대한 Heidegger의 철학이라고 언급한다. 그리고 Derrida의 해체 개념은 서구 전통철학의 존재론의 역사를 파괴하려는 Heidegger의 기획을 모형으로 한 것이라고 말하면서 Derrida는 해체라는 착상을 구성의 과정으로 해석하였다고 지적하고 있다.

이남인(2004)에 의하면, Heidegger는 전통철학에서 사용된 개념들의 근원적인 의미를 밝혀내기 위해서 그것들의 본래적인 원천인 '근본경험' 혹은 '근원적 경험'의 영역으로 귀환하고자 하는데, 이처럼 근원적인 경험의 영역으로 귀환하는 작업을 이미 해석학적 현상학의 이념이 싹트기 시작하던 1919~1920년부터 "해체(Destruktion)"라 부르고 있다고 한다. 이는 Heidegger에게 철학사와의 비판적 대결 및 철학사를 자기 것으로 만들어 나가는 과정을 의미한다. Heidegger는 『존재와 시간(Sein und Zeit)』에서 다음과 같이 말한다.

> "존재물음 자체를 위해서 그 물음의 고유한 역사에 대한 투명성이 획득되어야 한다면, 이 경우 경직화되어 버린 전통을 느슨하게 풀고 전통에 의해서 시간화된 은폐들을 헤쳐 풀어내는 일이 필요하다. …… 해체(Destruktion)는 과거를 무[無] 속에 파묻어 버리려는 것이 아니다. 그것은 긍정적인 의도를 가지고 있다(Heidegger, 1997)."

이기상과 구연상(1998)은 "해체는 전승된 존재론적 근본개념들의 유래를 거슬러 오르는 것이며, 그 개념들의 '출생증명서'를 올바로 교부하는 것이고, 또 존재론적 전통의 긍정적 가능성과 한계를 밝혀내는 것이다. 해체는 과거를 부정하여 무화시키려는 것이 아니라, 오히려 '오늘날' 우리의 존재이해를 비판하기 위한 것이다"라고 해설하고 있다. 이는 해체(destruction)가 단지 파괴를 의미하는 것이 아니라, 건설적 비판을 통한 새로운 이해의 추구라는 점을 의미하는 것으로 해석할 수 있다.

또한 이남인(2004)은 Heidegger가 『존재와 시간(Sein und Zeit)』의 출간 직후인 1927년 여름학기에 현상학의 근본문제들을 주제로 행한 강연에서 '현상학적 방법의 세 가지 근본요소'로서 '환원(reduktion)' '구성(konstruktion)' '해체(destruktion)'를 논하고 있는데, 해체는 곧 "헐어 나가는 과정"이라고 말한다. '해체작업', 즉 "헐어내기 과정"을 통해 우리가 가진 존재이해의 정체를 해명할 수 있을 뿐 아니라, 이러한 존재이해가 가지고 있는 의의 및 한계를 검토하고, 더 나아가 또 다른 유형의 존재이해의 가능성까지 타진해 볼 수 있다는 것이다. 여기서도 해체는 단순한 파괴, 즉 헐어냄만을 의미하는 것이 아니라 해명과 검토, 새로운 이해의 가능성 타진이라는 의미를 함축하고 있다.

나는 이러한 해체(Destruction)가 의미하는 바가 최종적인 파괴 혹은 최종적인 정답의 성취가 아니라, 반복적인 해명을 통한 기존의 의의와 한계에 대한 검토 그리고 더 나아가 새로운 의미와 가능성의 추구에 있다고 본다. 즉, 해체는 끊임없는 열어 밝힘, 해명, 헐어내기, 열린 가능성에의 개방을 의미한다는 것이 나의 이해이다.

신승환(2003)도 Derrida의 '해체(Deconstruction)' 개념은 Heidegger의 '해체/파괴(Destruktion)' 개념으로부터 도출된 것이지만, 이 개념은 긍정적 의미 또는 재건립의 의도를 드러내고 있다고 말한다. Derrida는 서구 형이상학적 사고 구조의 해체가 의미하는 바를 'déconstruire'로 표현함으로써 '재구성'이라는 의미에서 해체를 새롭고 긍정적으로 나타내려고 한다는 것이다. 이와 같은 맥락에서 Frank(신승환, 2003에서 재인용)는 "파괴란 분쇄, 경감, 파멸시킴을 의미하며, 해체란 이와는 반대로 성벽의 철거, 어떠한 사고 전통 안에 건립된 것을 철거하여 기초의 해체, 그로 인한 같거나 혹은 다른 기초들을 납득할 만한 형태로 새로이 건립 …… 서두에 색인적으로 삽입된 'con'이란 표현에서 이 해체는 단순한 파괴와는 구별되는 것"이라고 말하면서 해체철학을 긍정적으로 고찰하고 있다.

앞의 서술을 통해 Heidegger의 'Destruktion'과 Derrida의 'Deconstruction'이 가지는 공통의 의미 도출이 가능함을 독자들은 이해했을 것으로 생각한다. 나는 이기상과 이남인 등이 Heidegger의 'Destruktion'을 파괴가 아닌 '해체'로 번역한 것 자체가 지니는 의의가 있다고 본다. 해체주의는 텍스트의 의미를 고정된 것으로 간주하는 태도를 버리고 새로운 해석의 가능성 혹은 새로운 지평의 가능성을 항상 열어 놓는 것을 의미한다.

이와 마찬가지로 주체적 실존치료의 방법인 '해체(deconstruction)'는 단순한 파괴가 아니라 가능성에의 끊임없는 개방성, 즉 이미 고정된 의미를 당연한 것으로 여기는 자연적 태도를 배제하고 그 의미를 더욱 분명하고 명확하게 하면서 새로운 의미를 부여하거나 혹은 근원적 의미를 탐구하는 등의, 반복적인 해명과 열어 밝힘을 의미한다.

다음으로 해석(Interpretation)이 의미하는 바가 무엇인지를 살펴보아야 할 것이다. 보통 치료 장면에서 해석은 내담자가 "과거 혹은 현재의 특정한 행동, 정서, 사고에 대한 통찰을 얻도록 돕기 위해 이론적 관점(theoretical perspective)에 근거한 설명(explanation)을 제공하는 언어적 기법(verbal technique)"으로 정의된다(Gladding, 2001). 여기서 중요한 것은 해석이 이론에 근거를 둔 설명의 제공이라는 점이다.

반면, 실존치료자인 DuBoss(2016)는 설명(explanation)은 한 변인이 다른 변인에 영향을 미치는 인과관계(causation)를 가정하고 있다고 말하면서 이는 현상학적 과정에서 핵심이라고 할 수 있는 기술(description)과는 대비되는 것임을 언급하고 있다. van Deurzen과 Arnold-Baker(2005)는 실존치료에서 해석(interpretation)은 "설명(explanation)이 아니라 이해(understanding)"를 의미하는데, 이것이 바로 실존적 사상가들이 말하는 '해석학(Hermeneutics)'과 같은 것이라고 말한다. 또한 Sousa(2016, 2017)는 해석은 무엇보다 "가능성에 대한 개방(openness of possibilities)"임을 강조하면서 해석이 내담자의 말과 경험으로부터 도출되어야 함을 언급하고 있다.

이는 Palmer(1988)가 해석학적 과정은 그 본질상 이미 텍스트에 형성(비은폐)되어 있는 것에 국한된 과학적 해석과는 무관하고, 오히려 그 과정은 아직 드러나 있지 않은 의미를 해명해 내는 근원적인 사유의 과정이며, 해석은 불가피하게 소여된 것에 대한 객관적인 분석(analysis)과는 근본적으로 구별된다고 한 의견과 맥을 같이한다. 또 Palmer가 Heidegger에게 있어서 해석학이란 단어의 보다 깊은 의미는 존재가 스스로를 드러내어 현존케 되는 탈은폐의 신비적 과정이라고 말한 것과도 연관된다.

결론적으로 해석은 이론적 토대를 기반으로 우리가 개념적으로 엮어서 설명하고 분석하는 것과는 전혀 다른 것이다. 대체로 치료자들은 해석을 이론적 틀에 의한 설명으로 이해하고 적용하지만, 실존치료자들은 해석을 다른 의미로 이해하고 적용한다. 실존치료자에게 해석은 내담자의 말을 어떤 이론적 설명 틀을 가지고 분석하고 객관적으로 평가하고 판단하는 것이 아니다. 다음과 같은 Nietzsche의 말을 상기할 필요가 있다.

> "문을 열어 개방하는 것, 온갖 사소한 사실 앞에서도 엎드리는 것, 다른 사람들이나 다른 사물들 안으로-들어가고, 그-안에-뛰어들 준비가 되어 있는 것, 요약하자면 유명한 근대적 '객관성'이라는 것은 나쁜 취향이며 전형적인 저속함이다. …… 타고난 심리학자는 본능적으로 보기 위해서 보는 것을 경계한다. …… 있는 그대로 본다는 것—이것은 다른 유의 정신에 속한다. …… 언어는 단지 평균적인 것, 중간적인 것, 전달 가능한 것을 위해서만 고안되어 있는 듯 보인다. 화자는 언어에 의해 자신을 이미 통속화시킨다(Nietzsche, 2002b)."

Nietzsche의 말은 우리가 너무나 당연하게 알고 있다고 확신하는 언어(그것이 전문용어일 때조차도)의 의미조차도 얼마나 조심스럽게 그 진짜 의미와 그 의미의 진짜 맥락을 확인해야 할 필요가 있는지에 대해 우리에게 경종을 울린다. 언어 그 자체조차도 이러한데 우리가 소위 객관적이라고 단정하는 것들이야 더 말할 필요조차 없을 것이다.

주체적 실존치료에서는 치료자가 내담자의 말을 있는 그대로 듣고 그 말을 듣는 자신에게 떠오르는 원자료를 내담자에게 있는 그대로 진솔하게 개방하고(물론 책임질 수 있는 선에서) 또 내담자가 치료자의 말을 있는 그대로 듣고 그 말을 들은 자신에게 떠오르는 원자료를 치료자에게 있는 그대로 솔직하게 개방하면서

(물론 책임질 수 있는 선에서), 치료자와 내담자가 이야기하는 현상이 두 사람이 함께하는 이 장(field)에 구체적으로 드러나 그 현상의 의미가 두 사람에게 명확하게 이해되는 것이 중요하다.

여기에 객관적이고 이론적인 설명이 포함될 수는 있지만, 핵심은 면밀하게 펼쳐진 내담자의 말과 경험 그 자체 그리고 치료자의 말과 경험 그 자체, 즉 내담자의 원자료와 치료자의 원자료가 지닌 진정한 주체적 의미가 무엇인지를 내담자와 치료자가 함께 반복적으로 해명하며 밝혀 가는 것이다. 반복적인 해명과 밝힘의 목적은 내담자와 치료자가 서로 일치하는 완벽한 하나의 답과 같은 이해에 도달하기 위한 것이 아니라, 이해에 이해를 거듭하면서 새로운 의미 혹은 근원적인 의미에로의 개방을 통해 끝없는 이해와 의미 추구의 여정을 함께하기 위함이다. 이것이 바로 열린 장(field) 내의 가능성의 발현이고 이해, 즉 해석이다.

주체적 실존치료자는 명백하게 드러나는(숨은 이면이 아닌) 있는 그대로의 내담자의 원자료에 근거하며, 그 원자료에 대한 생생한 자신의 생각과 느낌 등을 개방하여 나누면서 그 원자료의 의미를 명료하게 밝혀 가는 것을 바로 기본적인 해석으로 생각한다. 또 이러한 해석은 끝없는 개방성에 활짝 열려 있는 반복과 순환의 연속일 뿐이므로, 주체적 실존치료자는 최종적인 궁극적 해석에 도달할 수 있다는 허황된 꿈을 꾸지 않는다. 따라서 절대적으로 옳거나 그른 해석 혹은 맞거나 틀린 해석 등은 존재할 수조차 없다.

앞의 기술에 의해 주체적 실존치료의 '해체적 해석' 방법이 무엇인지 분명하게 드러난다. 해체적 해석은 지금 여기에 펼쳐진 원자료의 의미를 이미 존재하는 고정된 의미로 단정하거나 설명하거나 분석하지 않고, 새로운 이해와 가능성에 대한 개방성을 토대로 면밀하게 풀어 해체하면서 그 의미를 더욱 명료하고 명확하게 밝혀 가는 것을 말한다. 물론 이 과정은 치료자의 일방적 질문이나 탐색을 통해서가 아니라, 치료자와 내담자 간의 합의에 기반한 교호적인 의사소통을 통해 이루어진다.

주체적 실존치료자는 내담자와 치료자의 생생한 경험, 즉 지금 내담자와 치료자가 함께하는 장(field)에서 내담자와 치료자에 의해 면밀하게 펼쳐지는 그들의 원자료에 기반한 이야기를 떠난, 그 어떤 이론적 설명이나 분석도 해체적 해석의 일차적 자료로 사용하지 않는다. 내담자와 치료자는 반복해서 현상을 풀어 밝혀 해체하면서 서로의 의견을 개방하여 나누는 해석을 통해 작업할 뿐이다. 이러한 끝없는 해체적 해석의 과정은 그 내용이 무엇이든 오직 내담자와 치료자의 합의된 결단에 의해서만 끝을 맺게 된다.

2) 선택과 결정: 상황에 대한 반응으로서의 자유로운 주체적 취사선택과 상황에 대한 나의 기여를 책임지는 자유로운 주체적 최종 판단을 하는 것

선택은 상황에 대한 반응으로서의 자유로운 주체적 취사선택이고, 결정은 상황에 대한 나의 기여(寄與)를 책임지는 자유로운 주체적 최종 판단이다.

스스로 자유롭게 무엇인가를 취하거나 버리는 것이 선택이고 스스로 자유롭게 최종 판단을 내리는 것이 결정이기는 한데, 자유로운 선택은 단지 상황이라는 맥락 내에서의 자유로운 선택일 뿐이고, 또 자유로운 결정도 상황에 대한 나의 기여(寄與)를 전제하는 자유로운 결정일 뿐이다. 상황이라는 전제가 없는 무한한 자유의 선택도 결정도 존재하지 않는다. Sartre(1994, 2008)는 이를 상황 속에서만 자유가 있을 뿐이라고 표현하면서, 자유와 선택에 대해 다음과 같이 말한다.

> "자유는 본질을 갖지 않는다. 자유는 어떤 논리적 필연성에도 따르지 않는다. …… 자유는 자기를 행위로 만든다. …… 나의 자유는 나중에 부가된 하나의 성질도 아니고, 나의 본성의 '특질'도 아니다. …… 인간 존재는 세계에 대해 그리고 자기 자신에 대해 하나의 무화적 단절을 이룰 수 있는 존재로 있어야 한다. …… 이런 단절의 끊임없는 가능성은 자유와 다를 바가 없는 것이다. …… 나는 영원히 나의 본질 저편에, 내 행위의 동인이나 동기 저편에 존재해야 하는 운명에 있다. 다시 말해, 나는 자유롭게 있도록 운명지어진 것이다(Je suis condamnéàêtre libre). 요컨대 나의 자유에 관해서, 우리는 자유 그 자신 이외에 어떤 한계도 발견할 수 없을 것이다. ……

> 우리는 자유로운 것을 그만두는 것에 대해서는 자유롭지 않다(Nous ne sommes pas libres de cesser d'être libres). …… 인간 존재가 자유인 것은 인간 존재가 '충분히 존재하지 않기' 때문이고, 인간 존재가 끊임없이 자기 자신으로부터 분리되기 때문이며, '인간 존재가 그것으로 있었던 것'이, 하나의 무에 의해, '인간 존재가 그것으로 있는 것'과 '인간 존재가 그것으로 있을 것'으로부터 분리되어 있기 때문이다. …… 인간은, 그가 자기로 있는 것이 아니라 자기에 대한 현전으로 있기 때문에 자유롭다. 그것이 있는 그대로의 것으로 있는 존재는 자유로울 수 없을 것이다. 자유란 그야말로 인간의 핵심에서 '존재되는' 무(無)이고 , 이 무가 인간 존재로 하여금 '존재하는' 대신 자기를 만들도록 강요하는 것이다. …… 인간 존재에 있어서 존재한다는 것은 '자기를 선택하는(se choisir)' 일이다. …… 자유는 '하나의' 존재가 아니다. 자유는 인간 존재이다. 다시 말해, 자유는 인간의 '존재의 무(無)'이다(Sartre, 1994)."

인간은 본래 그 자신이 자기 자유로 스스로를 창조한 것이 아니다. 인간은 애초에 이 상황에 던져졌다. 인간은 스스로를 무화(無化)하면서 자기 실존을 계속 초월하면서 그렇게 자유를 행사할 수밖에 없는 무(無)인 존재자이다. 인간은 그저 실존할 뿐이며, 정해진 본질이 없으므로 그 자신의 본질을 끊임없이 만들어 가야만 하는 존재자이다. 그런데 그 자신이 세계 속에 던져진 이상, 인간은 쉴 새 없이 직면하는 상황들 속에서 한순간도 자유로운 선택을 하지 않고는 살 수 없는 자유롭지 못한 상황에 처해 있다. 이것이 인간 실존의 '현사실성'이다.

즉, 인간은 자신의 상황을 자신이 전적으로 선택하지 않음에도 불구하고, 그 자신의 상황에 대한 반응을 전적으로 자기 스스로 선택할 수밖에 없는 구조에 던져져 있는 존재자이다. 따라서 그 선택의 책임은 전적으로 나에게 있는 것이다. 이런 상황에 대한 반응이 곧 자유이다. 인간은 자유롭게 선택할 수밖에 없는 운명이다. 선택하지 않을 자유가 우리에게는 없다. 내가 선택하지도 않은 상황에 반응하는 자유를 거부할 자유가 우리에게는 없다.

그러나 한편으로 우리는 자유롭다. 우리의 자유롭지 못한 자유로운 선택과 결정이 상황이라는 것에 직접적인 영향을 미치기 때문에 상황 그 자체의 구성과 변화에 능동적으로 동참하게 되는데, 어떤 영향을 어느 정도 미칠 것인가를 내가 자유롭게 선택하고 결정할 수 있다.

Sartre(2008)는 인간은 우선 주체적으로 자기의 삶을 살아가는 하나의 기투(企投, 현재를 초월하여 미래로 자신을 내던지는 실존 방식)라고 말한다. 또 인간은 먼저 실존하고 자신의 본질을 스스로 만들어 가기 때문에 "실존주의의 제1원칙이 주체성"이라고 말한다. 그리고 만약 실존이 본질에 앞선다면 인간은 자신이 지금 어떤 사람이고, 어떤 상태인지에 대해 책임이 있고, 모든 인간은 자신의 실존에 대해 전적으로 책임을 져야만 한다고 주장한다. 우리가 우리의 본질을 구성하기 때문에 우리는 본질의 창조자로서의 자유로운 선택을 할 수 있고, 동시에 그 선택에 의한 본질에 대해 그 선택을 한 우리가 책임이 있다는 것이다.

한마디로 내가 어떤 사람인지는 내가 선택하지 않은 면도 있지만, 내가 선택한 면도 반드시 있다는 것이다. 내가 지금 어떤 상황에 처해 있는 것은 내가 어쩔 수 없는 것인 면도 있지만, 내가 기여(寄與)한 부분도 반드시 있다는 것이다. 지금의 나와 나의 상황에 대한 나의 기여가 무엇인지를 아는 것은, 바로 책임과 직결되는 문제이면서 우리가 나와 나의 상황에 대한 변화를 꾀할 수 있는 지점이기도 하다. 반면에 나의 선택이 아닌 부분에 대해서 나는 책임을 질 의무가 없고, 또 내가 선택할 수 없는 부분에 대해서 나는 책임을 질 권리가 없다.

Heidegger도 상황이라는 것이 우리의 결단에 의해 만들어지는 것이라는 점을 다음과 같이 말하고 있다.

> "상황은 그것의 기초를 결단성에 두고 있다. 상황은 각기 그때마다 결단성에서 열어 밝혀진 '거기에'이다. 이 '거기에'로서 실존하는 존재자가 거기에 존재하는 것이다. …… 상황은 …… 오직 결단성에 의해서만 그리고 결단성 안에서만 존재한다. 자기 자신이 그것으로 실존하며 존재해야 하는 바로 그 '거기에'를 위해서 결단할 때 비로소 그에게 형편의 그때마다의 현사실적인 사용사태 성격이 열어 밝혀지는 것이다. 오직 결단성에서만 공동세계와 주위세계로부터 우리가 우발적 사건이라고 이름하는 그것이 떨어져올 수 있는 것이다. …… 결단성은 '거기에'의 존재를 그

의 상황의 실존에로 데려온다(Heidegger, 1997).”

물론 여기서 Heidegger가 말하는 ‘상황’은 우리가 비본래적(inauthentic) 실존에서 빠져나와 본래적(authentic) 실존을 결단함으로써 열리는 존재론적인 상황을 말하는 것이다. 이미 존재하는 것들에서 어떤 것을 취사선택하는 존재적인 상황과는 다르다는 말이다. 그러나 이러한 존재론적인(ontological) 결단은 우리의 존재적(ontic) 선택 및 결정과 맥을 같이하는 것이므로 존재론적(ontologisch)·실존론적(existenzial) 측면에서이든 존재적(ontisch)·실존적(existenziell) 측면에서이든 우리의 상황이라는 것은 우리의 결단, 즉 선택 및 결정과 밀접한 관련을 맺고 있다고 볼 수 있다.

Sartre와 Heidegger는 모두 우리가 자유롭지 못한 존재자이면서 동시에 자유로운 존재자라고 말한다. 비록 우리의 ‘선택할 수 있음’과 ‘결정할 수 있음’이 우리 스스로의 선택과 결정에 의한 자유에 의해 주어진 것은 아니지만, 우리는 우리가 처해 있는 상황 속에서 자유로운 선택과 결정을 할 수 있고, 또 그러한 자유로운 선택과 결정을 통해 상황을 구성해 간다는 점을 언급하는 것이다.

그러나 여기서 간과해서는 안 되는 중요한 사실은 Sartre가 선택의 결과를 문화와 인류 전체에로까지 확산시켜 생각했다는 점이다. Sartre는 인간이 자신의 선택을 통해서 인류 전체에 앙가제한다(참여한다)고 말한다. 또한 Heidegger도 ‘세계-내-존재’라는 존재구성틀과 ‘(세계 내부적으로 만나게 되는 존재자) 곁에-있음으로서 자기를-앞질러-이미-(세계)-안에 있음’이라는 현존재의 존재인 염려[마음씀](Sorge)를 항상 전제하고 있다. 이는 모든 것이 연관되어 있다는 실존철학의 핵심 내용과 맥을 같이하는 것이다.

같은 맥락에서 Spinelli(2001)는 “전적으로 나의 선택이거나 전적으로 타인의 선택일 수 있는 것은 없다”라고 말한다. 왜냐하면 우리는 대인관계 측면들(interpersonal dimensions)을 가지고 있기 때문이다. Cohn(2002)은 우리가 “어떤 것을 선택한다는 것은 선택되지 않은 다른 것들을 선택할 수 없다는 것”을 의미한다고 말한다. 이는 선택과 선택하지 않음의 밀접한 연관성을 이야기하는 것이고, 선택이란 단지 현재의 전체적인 상황에 기초한 어떤 한 부분으로서의 의미만 이 있음을 강조하는 것이다. Heidegger(1997) 역시 현존재가 자신의 실존적 가능성에 대해서 자유롭다고 하면서 "자유는 오직 하나를 선택하는 데에 있다. 다시 말해서 다른 것은 선택하지 않았음, 다른 것을 또 선택할 수 있음을 견뎌 내는 데에 있는 것이다"라고 말한다.

자유, 선택, 결정 등의 주제는 많은 사람이 실존치료에 대해 오해하는 주제들이기도 하다. 어떤 사람들은 실존치료가 개인의 자유만을 지나치게 강조한다고 말한다. 그러나 앞에서 살펴본 것처럼, 실존치료에서는 개인이 이미 우리가 흔히 말하는 독립된 실체로서의 개인이 아니다. 모든 것과 연결되어 있는 개인으로서 나의 자유는 항상 나의 상황에 대한 반응으로서의 자유이고, 또 나의 자유는 모든 다른 사람과 연관되어 있는 자유이다. 나는 자유롭지만 동시에 자유롭지 못하고, 나는 상황에 직접적인 영향을 미치는 존재자이면서 동시에 상황에 의해 직접적으로 영향받는 존재자이다.

선택도 마찬가지이다. 나는 항상 내가 처한 상황적 조건 속에서만 그 조건에 기반한 선택을 할 수 있고, 그 선택은 나를 초월한 세상에까지 영향을 미칠 수밖에 없다(나 자체가 이미 초월이다). 나는 선택을 하지만 나의 선택은 상황이라는 한계 내에서의 선택이다. 그러나 동시에 나는 선택을 통해 상황이라는 조건에 직접적으로 영향을 미치기도 한다. 결정 역시 마찬가지이다. 나의 결정은 오직 내가 처한 상황과 조건의 맥락에서 이루어지는 전적인 나의 결정이고 따라서 나의 책임이지만, 동시에 나의 결정은 상황과 조건의 제약을 받지 않을 수 없다. 또한 나의 결정은 타인과 세상의 영향을 받는 동시에 타인과 세상에 영향을 미치기 때문에 모두의 결정이고 모두의 책임이 될 수 있다.

주체적 실존치료는 주체성의 개현, 발현, 부각으로서의 선택과 결정을 촉진하지만, 동시에 주체라는 측면에 대한 고려를 간과하지 않는다(내담자의 주체성뿐만 아니라 치료자의 주체성 역시 똑같이 개현, 발현, 부각된다는 것을 기억하자). 지금 내담자가 처한 상황에 대한 면밀한 탐색을 통해 그 상황에서의 선택과 결정을 독려하지만, 동시에 이 선택 및 결정의 결과와 관련될 수 있는 내담자의 다양한 맥락과 상황에 대한 횡단적·종단적 탐구를 세심하게 하는 것이다(치료자 역시 내담자의 다양한 맥락과 상황에 포함됨은 물론이다. 또한 내담자도 치료자의 맥락과 상황의 한 부분임은 마찬가지이다). 더불어 우리가 아무리 면밀하고 엄밀하게 우리의 선택과 결정의 맥락을 살핀다고 하더라도, 도저히 예상하거나 예측할 수 없는 여러 조건(인연)에 따른 맥락이 존재한다는 진실을 간과하지 않는다.

또한 주체적 실존치료는 '지금 무슨 일이 어떻게 일어나고 있는가'를 면밀하게 펼치고 자세히 살펴보면서 그 현상의 발생과 지속 및 소멸에 내담자가 지금까지 어떤 방식으로 어떻게 기여해 왔고 또 지금 어떤 방식으로 어떻게 기여하고 있는지 등, 즉 어떤 책임(기여)이 내담자에게 있는지를 탐색한다. 선택과 결정이라는 것에 수반될 수밖에 없는 책임이라는 의무를 살펴보는 것이다. 동시에 모든 것이 인연생기(因緣生起)이므로 내담자의 선택과 결정의 영향력이 얼마나 미약할 수 있는지, 따라서 책임을 지고 싶어도 책임을 질 수 있는 권리가 없는 영역이 있다는 점 역시도 면밀하게 탐색한다.

우리의 실존적 조건을 엄밀하고 엄중하게 살펴보면, 우리의 선택과 결정의 영향력이 얼마나 미약한지를 절감하는 순간을 만날 수도 있다. 그러나 우리의 실존적 조건을 다시 엄밀하고 엄중하게 자세히 살펴보면, 그 미약한 영향력이 우리 실존이 소유한 전부라는 것을 깨닫게 되고, 이때 우리의 선택과 결정의 영향력이 얼마나 큰 것인지를 절감하는 순간 또한 마주하게 된다.

이처럼 주체적 실존치료는 인간의 실존적 가능성과 능동성, 자율성 등을 충분히 고려하면서도, 동시에 인간의 실존적 한계인 필연성과 수동성, 책임성 등도 충분히 탐구한다. 이와 같은 실존적인 가능성과 한계의 탐구를 통해 우리는 자기 자신의 선택과 결정의 힘과 그 영향력에 매우 민감해지게 된다. 다시 말해, 어떤 현상, 예를 들면 심리적 문제 혹은 정신적 고통의 발생과 지속 및 소멸과 관련한 자기 자신의 기여(寄與)에 대해 명확한 자각과 인식을 하게 되는 것이다.

3. 합의하기

치료자와 내담자가 상호 의존적인 조율 과정을 통해 합의 내용을 도출하기

합의하기는 주체적 실존치료에서 매우 중요한 방법이다. 주체적 실존치료는 치료의 시작과 과정은 물론 종결에 이르기까지 모든 치료 관련 진행에서 합의하기를 필수적인 요건으로 간주할 뿐 아니라, 치료 장면에서의 모든 활동 및 의사소통 관련해서도 합의하기의 태도를 근본으로 삼고 있다. 한마디로 주체적 실존치료는 모든 것을 내담자와 치료자 간 상호 의존적인 조율을 통해 합의하면서 진행한다고 볼 수 있다.

치료목표와 관련한 예를 들자면, 주체적 실존치료는 내담자가 주체적 치료목표를 결정한다고 해서 바로 그것을 주체적 실존치료의 최종 치료목표로 삼지 않는다. 내담자가 호소문제를 기반으로 자신의 주체적 호소문제를 결정하고 이에 따라 자연스럽게 자신의 주체적 치료목표를 결정하겠지만, 이러한 내담자의 주체적 치료목표가 곧바로 주체적 실존치료의 최종 치료목표가 되는 것은 아니라는 것이다. 내담자의 주체적 치료목표를 치료자도 치료의 목표로 동의하고 합의하는 과정을 거쳐야만, 비로소 내담자의 주체적 치료목표가 주체적 실존치료의 최종 치료목표로 결정되는 것이다. 즉, 주체적 실존치료에는 내담자의 주체적 치료목표가 치료자와의 협의와 조율을 통해 최종 치료목표로 결정되는 과정이 존재한다.

주체적 실존치료에서 반드시 내담자와 치료자 간의 합의하기를 명시적으로 거친 최종 치료목표가 있어야 하는 것이 아니며, 내담자의 주체적 치료목표가 치료자와의 명백한 조율 없이 그대로 최종 치료목표가 된다고 해서 문제가 되는 것도 아니다. 다만 여기서 강조하고자 하는 것은 주체적 실존치료에서는 치료자든 내담자든 조율 과정을 통해 합의 내용을 도출하는 노력과 태도 없이, 일방적으로 어떤 독단적 결정을 내리는 태도와 행동은 그것이 무엇이든 지양된다는 점이다(그 일방적이고 독단적인 태도와 행동이 매우 선하고 착하며 자비롭고 따뜻한 의도에 기인한 것일지라도 마찬가지이다).

만약 어떤 치료자가 반드시 명시적인 합의하기를 통해 최종 치료목표의 내용을 도출해야만 한다고 주장한다면, 이는 주체적 실존치료에서 그토록 배제하고자 노력하는 또 하나의 일방적이고 독단적인 태도와 행동에 불과할 뿐이다.

주체적 실존치료는 치료자와 내담자가 나누기와 확인하기를 처음부터 끝까지 끊임없이 반복하는 치료이다. 치료자도 알지 못하고 내담자도 가 보지 않은 낯선 길을 서로 나란히 걸어가는 치료이다. 그러니 긴밀하고 면밀하게 서로가 서로에게 의존하면서 나누고 확인하고 합의하면서 갈 수밖에 없는 길인 것이다. 한마디로, 치료자와 내담자가 가능한 한 많은 것을 '같이 그리고 함께' 하고자 하는 치료이다('가능한 한 많은 것'이지, '모든 것'이 절대 아니다).

치료 장면에서 실제로 나누기와 확인하기가 생생하고 활발하게 반복적으로 이루어진다면, 아마도 암묵적인 방식으로든 명시적인 방식으로든 상호 의존적인 조율 과정인 합의하기는 나타나지 않을 수 없다고 나는 생각한다.

합의하기 방법에는 '합의'와 '계약'이 포함된다.

1) 합의: 치료자와 내담자 간 명확한 상호 동의를 확인하고, 동의한 내용에 대한 책임성을 확인하는 것

합의는 우선 치료자와 내담자 간 명확한 상호 동의를 확인하는 것을 말한다.

주체적 실존치료는 치료의 신청 경위와 호소문제 그리고 치료목표와 치료 과정 모두에서 '주체성'에 초점을 두는 치료이다. 주체성의 강조는 비단 내담자에게만 적용되는 것이 아니다. 즉, 내담자의 주체성이 개현, 발현, 부각되는 것만이 중요한 것이 아니라 치료자의 주체성이 개현, 발현, 부각되는 것 역시 똑같이 중요하다.

만약 치료자가 자신의 주체성은 은폐하고 통제하며 조작하면서 내담자의 주체성만을 개현, 발현, 부각시키려 한다면 이는 주체적 실존치료라고 보기 어렵다. 왜냐하면 주체적 실존치료는 인간 대 인간의 만남(참여)을 치료자와 내담자의 만남(참여)보다 우선시하고, 치료자와 내담자가 '같이' 알아보고 '함께' 궁리하는 것을 치료자가 내담자를 변화시키는 것보다 중요시하기 때문이다. 따라서 두 사람이 있는 그대로의 자기 자신의 진정성과 솔직성을 가지고 만나는 것이 매우 중요하다. 이때 '치료자'라는 명칭과 '내담자'라는 명칭은 큰 의미가 없을 수도 있다.

그러나 이러한 접근은 많은 사람이 일반적으로 알고 있는 치료의 전형적인 모습과는 차이가 있다. 대체로 사람들은 치료자가 전문가로서 내담자의 심리적 문제에 대해 내담자 자신보다 더 많이 정확히 알고 있어야 하며, 그 심리적 문제에 대한 원인이나 해결책을 전문가로서 마땅히 내담자에게 일방적으로 제공해야만 하는 것으로 여긴다. 반대로 내담자는 자신에게 필요한 위로와 공감 혹은 자기 문제의 원인이나 해결에 대한 정답이나 처치를 전문가인 치료자로부터 수동적으로 제공받아야 마땅한 것으로 여긴다.

이러한 일반적인 견해 때문에 치료자가 전문가로서만이 아니라 자기 자신으로서도 존재하면서 진솔하고 솔직하게 내담자와 만나기 위해서는, 치료자 개인의 용기는 물론 전문가로서 갖추어야 하는 책임 있는 윤리의식이 필수적이다. 만약 치료자가 전문가로서 자신이 속한 맥락과 상황에서의 철저한 윤리의식이 부족하거나 혹은 자신이 책임질 수 있는 수위 이상의 무모한 용기를 발휘한다면, 그 치료자는 주체적 실존치료의 실행에 있어 여러 가지 위험에 노출될 가능성이 있다.

따라서 주체적 실존치료자는 면밀하고 정밀한 '나누기'와 '확인하기'를 엄밀하고 철저하게 실행할 필요가 있고, 이러한 나누기와 확인하기의 과정은 빠짐없이 상호 의존적인 교호작용을 통한 '합의하기'에 의해 진행되어야 한다. 합의는 바로 이러한 명확하고 분명한 나누기와 확인하기를 토대로 하여 실행되어야 하며, 만약 나누기와 확인하기가 면밀하고 엄밀하게 진행되지 않은 채 합의가 이루어진다면, 그 합의는 오히려 치료 진행은 물론 결과와 관련해서도 문제가 될 소지가 충분히 있을 수 있다.

또한 합의는 합의하는 당사자들 각자가 자신이 합의하는 내용에 대한 책임성을 확인하는 것을 말한다. 왜냐하면 어떤 사람이 어떤 내용에 합의한다는 것은, 그 사람 스스로 자신이 합의하는 그 내용을 숙지하고 있다는 것이며, 그 내용에 대한 자신의 선택과 결정을 알아차리면서 스스로 그 내용에 대한 책임을 승인하고 있는 것임을 의미하기 때문이다. 만약 면밀하고 정밀하며 엄밀하고 철저한 나누기와 확인하기가 이루어졌다면, 합의 당사자들은 각자 자신의 책임성을 자연스럽게 확인하게 될 것이다.

주체적 실존치료는 치료의 대상이 되어야만 하는 특정 문제라는 것을 규정하고 있지 않고, 치료의 방법과 과정 등이 어떠해야만 한다는 고정된 규칙과 절차를 세우고 있지 않으며, 치료를 통해 성취해야만 할 바람직한 특정 내용의 목표 또한 설정하고 있지 않다. 주체적 실존치료의 모든 것은 내담자와 치료자 간의 합의에 달려 있다고 해도 과언이 아니다. 그러므로 주체적 실존치료에서는 내담자와 치료자가 각자 자신의 선택과 결정을 명확히 표현하여 표명하면서 상호 간의 조율 과정을 통해 협의하는 것이 핵심인데, 이것이 바로 '합의'이다.

2) 계약: 합의된 사항을 명시적으로 제시하는 것

계약은 합의된 사항을 명시적으로 제시하는 것이다. 합의는 명시적이고 명확한 형태로 이루어질 수도 있고 암묵적이고 불명확한 형태로 이루어질 수도 있다. 그러나 계약은 합의된 내용을 명시적으로 도출하여 제시하는 것이므로, 명확한 합의의 구체적인 증거가 바로 '계약'이다.

계약은 치료자와 내담자 사이에서의 의사소통을 통해, 즉 그저 명확하고 명시적인 말로써 제시될 수도 있지만, 때로는 합의 내용을 글로 적시하여 서류 형식을 갖춘 문서로 제시될 수도 있다. 일반적으로 치료 장면에서 치료자와 내담자 간 최종 합의된 치료목표와 같은 합의 사항은 문서를 통한 계약을 할 필요는 없겠지만, 전문가로서의 윤리적이고 법적인 문제의 소지가 있는 합의 사항들에 대해서는 서면을 통한 계약이 필수적일 수 있다.

어떤 방식이든 중요한 것은, 필요한 경우 합의된 사항의 내용을 명시적으로 도출하여 제시해야 하며, 이 계약의 내용은 내담자와 치료자 사이에 공유되어야 한다는 점이다. 이렇게 공유된 내용의 계약은 합의를 더욱 분명하게 확인하는 것은 물론, 각자의 책임과 의무 그리고 권리에 대한 명확한 주체적 선택과 결정을 드러내 제시하는 것이기도 하다. 그리고 이것이 바로 주체적 실존치료의 과정, 즉 주체성의 개현, 발현, 부각의 한 예이기도 하다. 여기서도 독자들은 또다시 이 계약 역시 나누기와 확인하기의 방법을 통해 이루어진다는 것을 상기해야 한다.

이상으로 주체적 실존치료의 방법 중 합의하기에 대한 기술을 마친다. 주체적 실존치료는 내담자와 치료자 모두가 치료의 주인이 되는 치료이다. 합의와 계약은 내담자와 치료자 두 사람이 동등한(다름을 인정하고 차이를 존중하는 동등) 주인으로서 치료에 참여하는 방법이면서, 동시에 그러한 방식의 치료에 대한 하나의 증거이기도 하다.

나는 내담자와 치료자가 기존의 정해진 규칙과 절차 혹은 방식 등에 크게 구애받을 필요가 없으며, 만약 필요하다면 그러한 규칙과 절차와 방식 등을 서로의 합의와 계약에 따라 새롭게 설정할 수 있다고 본다(여기서 반드시 숙지할 것은 합의와 계약에 대한 각자의 책임성 확인이다). 그리고 이렇게 치료자와 내담자 두 사람이 각각 치료의 동등한 주인으로서 치료의 시작과 과정, 종결은 물론 치료 과정에서의 모든 내용을 함께 구성하면서 어떤 주제(문제)에 대해 같이 알아보고 함께 궁리한다면, 이는 매우 의미 있는 치료, 즉 만남과 참여라고 생각한다.

이제 주체적 실존치료의 방법인 '나누기' '확인하기' '합의하기'에 대한 모든 기술을 마친다. 앞에 기술된 주체적 실존치료 방법의 내용은 〈표 13-2〉와 같이 간략하게 정리할 수 있다.

표 13-2 주체적 실존치료의 방법

1. 나누기: 치료자와 내담자가 자기를 개방하고 자신의 원자료를 있는 그대로 진술하고 솔직하게 나누면서 각자가 이해한 바의 의미를 투명하게 공유하기

1) 무지: 자연적 태도의 자각, 모름의 알아차림, 앎에 대한 개방성, 앎이 없음을 앎
   ① 판단중지(에포케)와 환원: 자연적 태도를 에포케(판단중지)하고 태도를 변경하기
   ② 지평인지: 경험이 발생하는 틀(의미의 터) 인지하기

2) 펼침: 원자료 중심의 명료한 드러내기
   ① 원자료 경청: 내담자의 말(언어)을 포함하여 드러나는(소여되는) 현상 그 자체를 있는 그대로 듣기
   ② 기술: 드러나는(경험하는) 현상을 있는 그대로 묘사하기
   ③ 균등화: 드러난 각각의 현상에 동등한 중요도 부여하기
   ④ 우선순위화: 균등화한 현상들의 우선순위 평가하기
   ⑤ 초점화: 초점을 둘 현상(주제) 결정하기
   ⑥ 지평화: 현상 자체와 현상의 의미 등을 당사자인 개인의 관점(해석), 즉 지평을 중심으로 맥락적으로 펼치기

2. 확인하기: 치료자와 내담자가 면밀하게 펼쳐지는 현상을 해체적 해석과 선택 및 결정을 통해 명료하게 밝히고 명확하게 확인하면서 상호 간의 이해를 구축하기

1) 해체적 해석: 이미 알려진 것의 의미를 고정된 것으로 간주하는 태도를 변경하여, 막연하고 불투명한 의미를 분명하고 명료하게 하여 구체적이고 명확한 의미로 바꾸어 가면서, 새로운 의미 혹은 근원적 의미 등을 끊임없이 밝혀 가는 것

2) 선택과 결정: 상황에 대한 반응으로서의 자유로운 주체적 취사선택과 상황에 대한 나의 기여를 책임지는 자유로운 주체적 최종 판단을 하는 것

3. 합의하기: 치료자와 내담자가 상호 의존적인 조율 과정을 통해 합의 내용을 도출하기

1) 합의: 치료자와 내담자 간 명확한 상호 동의를 확인하고, 동의한 내용에 대한 책임성을 확인하는 것

2) 계약: 합의된 사항을 명시적으로 제시하는 것

결론

『잡아함경』에는 다음과 같은 글이 실려 있다.

> "여래·응공·등정각은 위대한 의왕으로서 네 가지 덕을 성취하여 중생들의 병을 고치는 것 또한 이와 같다. 어떤 것을 넷이라 하는가. 여래가 아시는 것으로 괴로움의 진리를 여실히 알고[고성제, 苦聖諦], 괴로움의 집기의 진리를 여실히 알며[집성제, 集聖諦], 괴로움의 멸함의 진리를 여실히 알고[멸성제, 滅聖諦], 괴로움의 멸함에 이르는 길의 진리를 여실히 아는 것이다[도성제, 道聖諦](고익진, 2014)."

불교를 처음 접했을 때 나에게 인상적이었던 것 중 하나가 붓다가 치료자로서 언급되는 것이었다. 그리고 불교 공부를 통해 붓다라는 사람이 인간의 괴로움이라는 주제에 얼마나 몰두했는지를 알게 되면서, 붓다가 치료자라고 불리는 것을 전적으로 인정하고 수긍하게 되었다. 『중아함경』과 『맛지마 니까야』에 등장하는 아래와 같은 붓다의 말이 바로 붓다가 인간의 괴로움과 고통에 얼마나 천착하였는지를 보여 주는 예이다.

> "나는 어떠한 법을 한결같이 말하는가. 나는 괴로움과 괴로움의 집기와 괴로움의 멸함과 괴로움을 멸하는 길을 한결같이 말한다. …… 나는 한결같이 이것을 말한다(고익진, 2014)."

> "나는 예나 지금이나 괴로움과 괴로움의 소멸에 대해 가르친다(전재성, 2002)."

더 나아가 붓다라는 사람은 내가 그동안 치료자라고 알고 있었던 사람들과는 사뭇 다른 치료자라는 것도 알게 되었다. 당시 나에게 치료자란 당연히 병을 고쳐 주는 사람이었다. 이때 병이라는 것은 당연히 있는 것이니, 치료자는 이미 확연하게 존재하는 병을 고치는 사람이었다. 그런데 붓다는 병을 고쳐 주는 사람이 아니라, 우리가 병이라고 여기는 것이 본래 병이 아니라는 사실을 깨닫도록 도와주는 사람이라는 것이다. 이미 있는 병을 없애 주는 사람이 아니라 병 자체가 있는 것처럼 보이지만 실상은 있다고 할 수 없는 것이라는 진실을 알도록 도와주는 사람이라는 것이다. 그래서 치료자 중의 최고의 치료자, 곧 의왕(醫王)이라고 불린다는 것이다.

병이 본래 있는 것이 아니라니, 충격적인 말이 아닐 수 없다. 이 말은 내가 '나라고 할 만한 나가 없다'는 말을 들었을 때의 충격만큼은 아니더라도, 같은 맥락에서 나에게는 놀라운 말이었다. 당시 나는 중학교 시절에 심리학을 전공하기로 결정하고 실제로 심리학으로 학부 과정을 마친 후, 이제 막 치료자가 되기 위한 대학원 과정을 시작하는 심리학도였다. 이런 나에게 불교의 가르침은 충격의 연속이었다고 해도 과언이 아니다. 불교 공부를 시작하면서 더 이상 심리학 공부를 할 필요가 있는가를 심각하게 고민했던 적도 있다(지금은 그 고민 자체가 또 다른 아만(我慢)의 증거였다는 것을 알지만 말이다).

나는 학부 과정을 거치면서 서구의 심리치료 이론에 대해 가졌던 의구심과 미진함을 불교 공부를 통해 나름대로 해결할 수 있었다. 지난(至難)한 그 과정의 핵심에는 '연기법(緣起法)'이 존재한다. 그리고 주체적 실존치료는 바로 내가 이성적으로 이해하고 실천적으로 경험해 온 불교의 '연기'를, 심리치료 분야에 적용하고자 시도한 나의 체험적 노력의 결과이다(물론 최종적인 결과는 아니다).

나는 이 책의 내용이 많은 사람에게, 특히 치료자들에게 자연스럽게 수용될 수 있을지에 대해서 의구심을 품고 있다. 이러한 의구심은 내담자들에 대해서도 마찬가지이다(사실 치료자와 내담자도 치료 장면에서의 역할이 '치료자'이고 '내담자'일 뿐이니, 주체적 실존치료의 내용을 수용하는 것의 어려움에 관해서는 큰 차이가 없을 것이다). 나는 간혹 아무나 내담자가 될 수 있는 것이 아니라고 말하곤 한다. 내가 이 말을 하면 듣는 사람들은 의아해하는 표정을 짓곤 한다. 그들에게 내담자는 그가 누구이든 단순히 치료를 찾는 사람이기 때문일 것이다. 그러나 내가 여기에서 말하는 내담자는 단지 치료자를 찾아오는 사람이라기보다는, 진짜 자기 문제에 집중하여 천착(穿鑿)할 수 있는 사람을 뜻한다. 자기 문제를 자기 것으로 소유하고 책임지면서 자기 문제의 주인이 되고자 하는 사람을 말하는 것이다.

내담자들이 이 말에 얼마나 동의할지는 알 수 없다. 자신이 그럴 수 있는 처지라면 굳이 치료를 찾겠냐고, 즉 내담자가 되겠냐고 반박할 수도 있다. 나는 실제로 이런 말을 내담자로부터 들어 본 적은 없지만(이런 말을 하고 싶은 내담자는 아마도 나를 만나고 금방 치료를 종결했기 때문에 내가 그 내담자의 말을 듣지 못했을 가능성도 있겠다), 치료자로부터 이와 같은 회의적이고 냉소적인 의견을 들은 적은 있다. 일리가 있는 지적이라는 것을 나도 인정하지 않을 수는 없다. 내 경험 역시 이러한 치료가 쉽지 않다는 것을 방증(傍證)하기 때문이다. 그렇다고 해서 이러한 내 생각에 동의하고 동참하는 내담자들과 치료자들이 없었던 것도 아니며, 내 치료 경험은 이러한 치료가 유용하고 도움이 된다는 것을 증명하고 있다.

모든 치료적 접근이 그러한 것처럼, 주체적 실존치료 역시 어떤 때에 어떤 상황에 있는 어떤 사람에게는 분명히 도움이 된다(도움이 된다는 것을 검증하지 않고 하나의 치료 이론을 내놓을 치료자는 아마도 없을 것이다). 이것이 이 세상에 그토록 많은 다양한 치료가 존재하는 이유이다. 한마디로 모든 것이 인연생기(因緣生起)이므로, '인연' 따라 도움이 되기도 하고 '인연' 따라 도움이 되지 않기도 하는 것이다.

이 치료이기 때문에 꼭 도움이 되는 것도 아니고, 이 치료자이기 때문에 꼭 도움이 되는 것만도 아니며, 이 내담자이기 때문에 꼭 도움이 되는 것도 아니다. 우리가 명확하게 알 수 있는 조건들과 우리가 도저히 알 수 없는 조건들이 모여서 도움이 되는 일이 생겨나기도 하고 도움이 되지 않는 일이 생겨나기도 할 뿐이다. 그저 우리는 도움이 된다고 생각하는 조건들을 열심히 추구하고, 도움이 되지 않는다고 생각하는 조건들을 열심히 회피할 수 있을 뿐이다.

따라서 나는 주체적 실존치료가 도움이 된다고 생각하는 치료자들은 주체적 실존치료를 열심히 치료에 적용하기를 바랄 뿐이고, 주체적 실존치료가 도움이 된다고 생각하는 내담자들은 주체적 실존치료를 열심히 활용하기를 바랄 뿐이다. 그리고 내가 이 책에서 기술한 이론과 방법이 이러한 치료자들과 내담자들에게 도움이 되기를 진심으로 바란다. 이론에 대해서는 더 이상 기술하지 않겠지만 방법에 대해서는 첨언을 하고자 한다.

주체적 실존치료 방법을 간략히 요약하면, 면밀하고 명확하며 교호적인 '나누기' '확인하기' '합의하기' 세 가지이다. 치료자와 내담자가 '원자료'를 중심으로 서로 면밀하게 나누고 명확하게 확인하며 교호적으로 합의하는 것을, 반복적으로 엄밀하며 철저하게 실행하는 것이 주체적 실존치료 방법의 전부이다. 비록 이 책에 나누기, 확인하기, 합의하기에 속하는 여러 가지 방법이 서술되어 있기는 하지만, 주체적 실존치료를 실시하는 치료자들은 이러한 세세한 방법들의 이름과 기술을 기억하고 암기하여 적용하려고 하기보다는, 나누기와 확인하기, 그리고 합의하기의 의미를 상기하면서 내담자와 진심으로 솔직하고 진솔하게 만나려는 마음가짐을 갖는 것이 더 중요하다.

예를 들어, 주체적 실존치료자가 자신이 지금 이 장(field)에서 이 내담자를 대상으로 어떤 방법을 적용할지를 내담자와의 합의 없이 '혼자서' 결정하여 진행하는 치료는 문제가 있다. 주체적 실존치료는 어떤 것이든 치료자가 일방적으로 결정하는 것을 지양하는 치료이기 때문이다. 비록 전문가 집단이 공인한 전문가 자격증을 가진 사람이 실시하는 치료라는 한계 때문에 일방적인 방식의 적용을 완전히 배제하는 것은 불가능할지라도, 주체적 실존치료는 가능한 한 일방적이고 독단적인 태도와 방식을 배제하고자 한다.

또 다른 예를 들면, 주체적 실존치료자가 내담자가 말하는 것에 속으로는 진심으로 동의하지 않으면서도 겉으로는 이해하며 동의하는 척하는 치료는 문제가 있다. 치료자마다 그렇게 하는 이유는 다양하겠지만, 내가 주로 들은 바에 따르면 다음과 같은 이유가 있다. 치료는 내담자와의 신뢰 관계 형성이 우선인데, 치료자가 자기의 생각, 특히 동의할 수 없는 생각을 드러내는 것은 신뢰 관계 형성에 방해가 될 뿐만 아니라 치료 관계에 위험 요소가 된다는 것이다. 신뢰 관계가 충분히 구축되었다고 생각되어 자기 개방을 할 경우일지라도, 치료자는 가능한 한 중립적인 태도로 단지 내담자의 문제 해결에 도움이 될 내용에 한정하여 치료적 도구로서 자기의 생각과 느낌 등을 개방해야 한다는 것이다. 어떤 치료자는 솔직하고 진솔한 자기 개방은 전문적이지도 않고 치료적이지도 않다고 비판하기도 한다.

나는 이에 동의하지 않는다. 치료자와 내담자가 모두 생각이 같으면 같다고 다르면 다르다고 서로 솔직하고 진솔하게 이야기하면서, 자신들의 만남을 처음부터 그들 스스로가 조율하는 그 자체가 오히려 신뢰 관계를 형성하는 중요한 길이라고 나는 생각한다.

치료자가 내담자의 생각에 동의할 수 없는 내용을 개방한다고 반드시 큰 문제가 발생하는 것은 아니다. 물론 치료자가 내담자를 공격하거나 상처를 주려는 의도를 조금이라도 가지고 있다면, 치료자의 개방은 치료자와 내담자 간의 신뢰 관계 형성에 치명적인 문제를 초래할 것이다. 그러나 대부분 치료자는 내담자의 심리적 고통이나 괴로움을 덜어 주고자 하는 도움 욕구가 강하기 때문에, 내담자에 대해서 부정적인 의도를 갖는 것 자체가 쉽지 않은 것도 사실이다.

또한 오해로 인해 다소 갈등이 생기더라도, 그조차 솔직하고 진솔하게 나누면서 확인하면 얼마든지 풀 수 있는 경우가 대부분이다. 왜냐하면 내담자는 자기 문제의 해결을 원하는 사람이고 치료자도 내담자 문제의 해결을 원하는 사람이기 때문에, 큰 틀에서 보면 두 사람의 목적이 똑같기 때문이다. 바람과 목적이 똑같은 사람들끼리 솔직하고 진솔하게 이야기해서 풀지 못할 오해나 갈등은 그리 많지 않다(하지만 치료자의 기대와 달리 오해와 갈등이 해소되지 않는 경우가 있는 것도 사실이다). 바로 이러한 솔직하고 진솔한 교호적 소통 방법을 전문적인 치료의 방법으로 여기는 것이 주체적 실존치료이고, 이 점이 주체적 실존치료가 다른 치료들과 구별되는 지점이기도 하다.

여기서 주의해야 할 점이 있다. 만약 치료자가 엄밀하고 정밀하며 면밀한 나누기와 확인하기, 합의하기를 충분히 수련하지 않은 채 주체적 실존치료를 실행한다면, 다양한 위험에 노출될 가능성이 존재한다. 주체적 실존치료는 고정된 개념적 틀이나 체계적인 객관적 매뉴얼이 없는 치료이기 때문에, 만약 면밀하고 엄밀한 현상학적 방법을 훈련하지 않은 치료자가 솔직과 진솔이라는 미명 아래 단순히 자기의 생각이나 감정을 마음대로 편하게 개방한다면, 내담자와의 신뢰 관계 구축은 물론 치료 전반에 걸친 윤리적·치료적·법적 측면에서 여러 가지 위험에 직면할 수도 있다.

주체적 실존치료는 나누기, 확인하기, 합의하기가 전부인 치료이지만 그 방법들의 적용은 '원자료'를 떠나지 않는 조건에서 매우 면밀하고 매우 엄밀하게 이루어져야 한다. 따라서 의사소통에 있어 말(언어)의 면밀성이나 엄밀성 측면에서의 충분한 연습이 필요하다. 더구나 주체적 실존치료는 즉시 모방할 수 있는 객관적인 틀과 매뉴얼을 가지고 있지 않고, 치료자 자기 자신의 생각이나 의견을 즉각적인 교호적 소통 방식으로 개방하기 때문에, 말(언어)의 면밀성과 엄밀성 측면에서의 수련이 필수적이다.

대개 치료자들은 내담자의 말을 반영, 요약, 정리하는 등의 수동적인 소통 방식의 수련에 익숙하고, 자기 자신의 말을 하기보다는 이론에 근거한 분석과 해석에 기반하여 전문가인 치료자로서의 말을 하면서 중립성을 고수하도록 교육받는 경향이 있다. 따라서 치료자가 자신의 원자료에 충실하면서도 이러한 자기 자신의 원자료를 면밀하고 엄밀하게 드러내 표현하여 치료에서 활용하는 것에 익숙하지 않을 가능성이 크다. 이런 상태에 있는 치료자가 성급하고 부주의하게 자신의 원자료를 토대로 한 '나누기' '확인하기' '합의하기'를 시도할 때, 그 치료자는 자신의 의도와는 다른 예상치 못한 여러 가지 난제들을 마주하게 될 것이다.

자유로운 나누기와 확인하기, 그리고 합의하기를 위해서 전제되어야 할 것이 원자료에 매우 충실한 면밀하고 엄밀한 언어적 상호작용 능력이며, 바로 이것이 특별한 치료적 방법으로 여겨지지 않을 수도 있는 주체적 실존치료의 방법을 전문적인 치료적 방법으로 적용할 수 있는 이유이고 근거이다. 그러나 이런 방법의 수련을 마친 후에야 주체적 실존치료를 할 수 있다고 한다면, 이는 주체적 실존치료의 의미를 정면으로 부정하는 것일 뿐 아니라 이 자체가 불가능한 목표이다.

주체적 실존치료자는 자기 자신으로 존재함과 동시에 현상학적이고 해석학적인 방법을 반복적으로 그리고 꾸준하게 열심히 수련하는 전문가인 치료자로서 존재한다. 주체적 실존치료자에게 수련은 전문가 자격증을 따기 위해 일정 시간

동안 일정 조건을 채우는 식의 수련이 아니라, 한 사람의 치료자로서 한 사람의 내담자를 만나기 위해 끊임없이 자신의 치료에서 실천적인 수련을 지속하는 수련이다. 방법의 수련 자체가 곧 치료이고 치료 자체가 곧 방법의 수련인 그런 치료가 주체적 실존치료이다.

이처럼 주체적 실존치료의 수련과 치료는 오직 과정이 있을 뿐 최종적으로 정해진 모양의 결과는 존재하지 않으므로, 치료자는 순간순간의 자신에게 솔직하고 그 솔직함을 순간순간 내담자에게 진솔하게 개방하여 나누기를 반복하기만 하면 된다(여기서 내가 말하는 '진솔하고 솔직한 개방과 나눔'은 어디까지나 치료 장면에만 국한되는 것이다). 그러니 수련하면서 동시에 치료하고 치료하면서 동시에 수련하는 것, 즉 치료가 곧 수련이고 수련이 곧 치료인 것이 바로 주체적 실존치료이다.

주체적 실존치료에서 치료자는 자신의 느낌, 생각, 의견 등을 '자신의 것으로 소유'하며 개방하여 나누고, 이것에 대한 내담자의 느낌, 생각, 의견 등을 확인한다. 또 내담자는 자신의 느낌, 생각, 의견 등을 '자신의 것으로 소유'하며 개방하여 나누고, 이것에 대한 치료자의 느낌, 생각, 의견 등을 확인한다(이때 자신이 책임질 수 있는 수준의 개방을 하는 것이 중요하다). 치료자가 나누고자(말하고자) 한 것의 의미가 내담자에게 치료자가 나누고자(말하고자) 하는 그 의미대로 이해되었는지 확인하고, 내담자가 나누고자(말하고자) 한 것의 의미가 치료자에게 내담자가 나누고자(말하고자) 하는 그 의미대로 이해되었는지 확인하는 것이다. 그리고 합의하기는 이러한 치료 작업 전체에 걸친 필수적인 전제 요건이다. 치료자와 내담자의 합의 없이는 주체적 실존치료의 어떤 것도 진행은 물론 시작될 수도 없다. 이것은 주체적 실존치료가 다른 치료들과 차이를 보이는 중요한 요인이다.

나는 치료가 정신병리학적 병을 고치는 정신의학에만 국한된 것이 아닌 이상, 주체적 실존치료의 방법이 내담자와 치료자 모두에게 유익하고 도움이 되는 방법이라고 생각한다. 더 나아가 이런 치료적 접근이 정신병리학적 병에 대해서도 도움이 될 수 있다고 생각한다. 이러한 치료적 접근에 긍정적인 내담자가 많지 않은 것은 사실이나, 호의적인 내담자가 존재하는 것 또한 분명한 사실이다. 내가 '주체적 실존치료'라고 명명한 치료적 접근을 이렇게 독자들에게 알릴 수 있는 것도 바로 그런 내담자들과의 치료 경험 때문이다.

치료자라면 누구나 한 번쯤은 "내담자에게 해를 끼치면 안 된다" "치료자의 개방은 내담자에게 도움이 된다는 것이 전제되는 경우에만 그리고 도움이 될 만큼의 수준에서만 이루어져야 한다" 등의 말을 들어 봤을 것이다. 나는 수련생일 때부터 이런 말을 들을 때면 '내가 내담자에게 해를 끼치는지 끼치지 않는지 어떻게 알 수 있을까?' '나의 개방이 내담자에게 도움이 될지 도움이 되지 않을지는 개방해 본 후에야 알 수 있는 것이 아닌가?' '내가 어느 정도의 개방을 하는 것이 내담자에게 도움이 될 수준이고 아닌지는 내담자에게 물어보는 수밖에 없는 것이 아닌가? 혹은 개방해 본 후 그 결과를 보고 가늠할 수밖에 없는 것 아닌가?' '치료자가 신도 아닌데 어떻게 그런 확신과 결단을 행동해 보지도 않고 미리 알 수 있는 것일까?' '혼자 단정하는 것은 내담자를 너무 존중하지 않는 것은 아닌가?' 등의 생각을 하며 의문을 품곤 했다.

한번은 수퍼바이저가 나의 사례를 수퍼비전(supervision)하면서 공감 반응을 찾아볼 수 없는 축어록인데 어떻게 내담자가 계속 치료에 오는지 의아하다는 피드백을 하였다. 나는 수퍼비전 이후 회기에서 내담자에게 내가 내담자를 잘 이해하고 공감하고 있는지 아닌지를 확인하였고, 내담자는 내가 자신을 잘 이해하고 공감한다고 느끼기 때문에 치료에 계속 오는 것이라고 확인해 주었다. 나는 수퍼바이저의 말을 듣고도 그게 수퍼바이저의 말이지 나와 내담자 사이의 생생한 경험이 아니기 때문에 내담자에게 확인할 수밖에 없었다. 누군가의 말처럼 내담자가 나에게 거짓말을 했을 가능성도 전혀 없지는 않을 것이다. 그러나 내담자가 면전에서 나에게 직접 하는 말도 믿을 수 없다면, 그 만남은 이미 의미가 없다고 생각한다.

나는 수련을 처음 시작할 때부터 내담자와 나누고 확인하며 합의하기를 철저히 고수하고자 했다. 내담자와 매우 솔직하고 진솔하게 만나고 싶었다. 그것이 서로에게 때로는 아픈 경험일지라도 말이다. 실제로 나의 솔직함에 상처를 받았다가 몇 년 후 찾아와서 그 상처가 도움이 되었다고 말한 내담자도 있었다. 물론 아픈 경험 없이 솔직하고 진솔하게 만날 수 있다면 이보다 더 좋을 수는 없을 것이다. 바로 이 점 때문에 내가 주체적 실존치료 방법의 적용과 관련하여 엄밀성과 면밀성을 강조하는 것이기도 하다. 또 이런 점 때문에 책을 통해 이런 치료 접근이 있다는 것을 알리고자 하는 것이기도 하다. 이런 치료가 있다는 것을 알고 이런 치료에 관심이 있는 내담자가 이런 치료를 찾는다면, 그것보다 더 좋은 출발은 없을 것이기 때문이다.

나를 아는 지인들은 어쩌면 내가 눈치가 없고 공감 능력이 부족해서 나누기, 확인하기, 합의하기를 강조한다고 말할지도 모른다. 살아온 세월의 경험을 통해 볼 때 나는 그런 말에 아니라고 말할 자신은 없다. 그러나 2007년 한 해를 제외하고는 1998년 초 처음 치료비를 받는 유료 장면에서 내담자를 만난 후로(나의 첫 내담자는 학부 시절 치료 실습에 흔쾌히 동참해 준 아주 건강한 대학생이었다) 적지 않은 세월을 치료자로 살아오면서, 나는 나누기, 확인하기, 합의하기의 힘을 수없이 경험했다. 물론 나누기, 확인하기, 합의하기의 위험 역시 경험했다는 말을 빼놓을 수는 없겠다.

결론적으로, 주체적 실존치료는 치료자와 내담자가 만나 치료에 참여하여, 각자의 주체성을 개현하고 발현하며 부각하면서, 합의된 목표에 주의를 집중하며 열심히 같이 알아보고 함께 궁리하는 치료이다. 이 전체 과정은 바로 나누기, 확인하기, 합의하기를 통해 이루어진다. 나는 주체적 실존치료에서 '나누기' '확인하기' '합의하기' 방법이 매우 중요한 것이라는 점을 다시 한번 강조하고 싶다. 많은 사람이 너무 당연한 것들이라고 여겨서 방법이라고까지 생각하지 않을 가능성이 크기 때문이다. 그리고 평이하게 보일 수도 있는 이 방법들을 면밀하고 엄밀하며 진솔하게 사용하고자 할 때 얼마나 많은 인내와 용기, 숙련과 연습이 필요한지도 말해 주고 싶다. 또한 그 수련에는 끝이 있지도 않을 뿐더러 있을 수도 없다는 것도 함께 말이다.

반복해서 말하지만, 주체적 실존치료의 방법인 나누기, 확인하기, 합의하기는 각각 개별적으로 따로 떼어서 적용할 수 있는 방법들이 아니다. 따라서 '이것은 나누기이고 저것은 확인하기이며 이것은 합의하기이다'라는 식의 공식적이고 매뉴얼화된 적용은 가능하지도 않거니와 주체적 실존치료가 지향하는 치료의 모습과도 거리가 멀다. 그러한 적용 자체가 사실 불가능하다. 물론 어떤 수련생은 어떤 시점에서 이 방법들을 개별적으로 떼어서 조작적으로 연습을 해야 할 수도 있다. 그러나 이 세 가지 방법 각각을 외워서 그대로 적용한다는 것은 어불성설이다. 이 연습의 목적은 치료자가 이 방법들을 그때그때 인연(因緣)에 따라 구분 없이 자유자재로 쓸 수 있을 만큼 스스로 훈습(薰習)하고 체화(體化)하는 데 있다. 주체적 실존치료자에게는 그것이 무엇이든 항상 내담자와 '같이 그리고 함께' 열심히 그것에 참여하는 것이 가장 중요하다.

마지막으로 나는 주체적 실존치료가 세 가지 전제, 즉 '연기(공)' '불확실성' '관점주의' 중에서도 특히 불교의 '연기(공)'에 기반한 치료라는 것을 다시 한번 강조하면서, 『쌍윳따 니까야』(이중표, 2021)에 등장하는 게송으로 결론의 기술을 마무리하고자 한다.

> "몸의 형색(色)은 거품 덩어리 같고,
> 느끼는 마음(受)은 물방울 같고,
> 생각하는 마음(想)은 신기루 같고,
> 조작하는 행위(行)들은 파초 같고,
> 분별하는 마음(識)은 마술 같다고
> 태양족(부처님)은 가르쳤다네.
>
> 여실하게 생각하고,
> 이치에 맞게 살펴보면,
> 이치에 맞게 본 사람에게
> 그것은 공허하고 비어 있다네.
>
> 이 신체(kāya)에 관하여
> 대지(大地) 같은 지혜(智慧)로운 분은 가르쳤다네.

세 가지 법(法)이 끊어져서
버려진 몸의 형색(色)을 보라!

수명(壽命)과 열(熱), 식(識)이
신체(kāya)를 버리면,
그때는 아무런 의지(意志) 없이 버려져
다른 것의 먹이가 된다네.

이것은 혈통(血統)이 이와 같다네.
이것은 바보를 속이는 허깨비라네.
이것은 살해자(殺害者)라고 가르친 것이라네.
여기에 실체는 있지 않다네.

온(蘊)들(五蘊)을 이와 같이 보도록 하라.
비구여, 낮이나 밤이나 열심히 정진하라.
주의를 집중하여 바르게 알아차려라.

일체의 속박을 끊어 버려라.
자신을 의지처로 삼아라.
불사(不死)의 길을 갈망하여
머리에 불붙은 사람처럼 수행하라."

맺음말

심리학을 전공하고 불교와 실존철학 및 실존치료에 관심을 두고 공부하는 치료자로 살아오면서, 내가 중요하다고 생각하며 구현해 왔던 것들을 정리하여 '주체적 실존치료'라는 이름을 붙였다. 거의 모든 독자에게 '주체적 실존치료'는 생소한 치료일 것이다. 부디 이 책을 통해 독자들이 주체적 실존치료가 무엇인지에 대해서 보다 잘 이해할 수 있게 되기를 바란다.

나는 2024년 『주체적 실존치료』라는 책을 출간하면서 처음으로 주체적 실존치료에 대한 공개적인 소개를 시도했다. 그 후 수퍼바이지들이 좀 더 자세한 설명을 곁들인 책을 출간해 주기를 요청하였다. 나 개인적으로도 『주체적 실존치료』에 불교 관련 이야기를 포함하지 않은 것을 아쉬워하던 차였기에 다시 책을 출간하기로 결정하였다. 그리고 바로 이 책, 『주체적 실존치료의 이론과 방법』을 통해 주체적 실존치료의 이론과 주체적 실존치료의 방법에 관한 내용을 좀 더 보충하여 소개하였다. 2024년 처음 『주체적 실존치료』를 발간할 때 과연 이 책을 출간해 줄 출판사가 있을까 궁금했다. 그러나 내 의구심과는 달리 흔쾌히 『주체적 실존치료』는 물론 『주체적 실존치료의 이론과 방법』의 출판을 맡아 준 학지사에 감사한 마음을 전한다.

『주체적 실존치료의 이론과 방법』의 제1부에서는 기존 실존치료에 대한 간략한 소개와 주체적 실존치료의 배경 및 이론을 자세히 소개하였고, 제2부에서는 기존 실존치료의 방법에 대한 간략한 소개와 주체적 실존치료 방법의 배경 및 구체적인 방법을 자세히 소개하였다. 이 책의 목적은 주체적 실존치료의 이론과 방법을 소개하는 것에 있고, 이미 시중에 실존치료에 관한 책들이 많이 출판되어 있으므로 기존 실존치료에 대한 자세한 내용은 기술하지 않았다. 기존 실존치료에 대한 내용이 궁금한 독자들은 출판된 실존치료 책들이나 이 책의 참고문헌에

수록된 도서들을 참고하면 될 것이다.

이제 맺음말을 통해 몇 가지 이야기를 덧붙이면서 이 책을 마무리하고자 한다.

나는 그동안 실존치료에 관심이 있다는 치료자들을 많이 만났다. 그러나 관심만 있을 뿐 실제로 실존치료를 주 지향으로 삼고 치료를 한다고 말하는 치료자는 거의 없었다. 어떤 치료자들은 실존치료는 실존철학에 조예가 깊은 사람만이 할 수 있는 치료라는 오해를 하기도 하고, 또 다른 치료자들은 실존치료가 특정 실존적 문제의 주제를 다루는 치료라고 오해하기도 한다. 실존치료를 둘러싼 오해가 이 밖에도 많이 있을 수 있지만, 나는 만연한 이 두 가지 오해에 대해 언급하고자 한다.

첫 번째 오해, 즉 실존치료자는 실존철학에 상당한 지식이 있어야 한다는 오해와 관련해서 다음과 같이 말할 수 있다. 만약 실존철학적 지식이 풍부해야만 실존치료를 할 수 있다면, 이는 모든 실존치료자가 소중히 여기는 현상학의 근본이념을 부정하게 되는 것일 수도 있다는 것이다. 앞서 소개한 Husserl의 말을 다시 인용해 본다.

> "미리 주어진 어떤 것도 받아들이지 않고, 전해 내려오는 어떤 것도 출발점으로 삼지 않으며, 아무리 위대한 대가(大家)라도 그 명성에 현혹되지 않고, 오히려 문제 자체와 이 문제로부터 나오는 요구들에 자유롭게 몰두하는 가운데 탐구의 실마리를 찾으려고 노력해야만 한다(Husserl, 2014)."

이 말은 Husserl이 우리의 자연적 태도에 대해 얼마나 엄밀한 태도를 유지하면서, 즉 자연적 태도를 철저히 에포케(판단중지, 괄호치기, 배제하기)하면서 우리 자신의 일인칭적 직관적 관점에 근거한 관찰과 탐구에 집중하고자 했는지를 보여준다. 실존치료의 핵심 방법인 현상학의 창시자라 불리는 Husserl의 이와 같은 말을 조금만 상기해도 실존철학적 지식의 부족 때문에 실존치료를 할 수 없는 것처럼 말하는 치료자들의 입장이 그저 공허한 변명에 불가하다는 사실이 드러난다. 그들이 말하는 실존철학적 지식 자체가 이미 우리가 괄호를 쳐서 그 영향력을 배제해야 하는 자연적 태도에 속하는 것이기 때문이다.

거의 모든 실존치료자가 중요하게 여기는 것은 아마도 당사자인 '개인(나)'일 것이다. 실존치료자들이 내담자의 문제를 객관적이고 일반적인 문제로 보지 않고, 당사자인 그 고유한 내담자만의 주관적이고 독특하며 유일한 문제로 바라보면서 치료를 실행하는 것이 바로 이런 생각에서 기인한 것이다. 실존치료에서 중요한 것은 철학자나 대가(大家)의 지식을 얼마나 많이 알고 이해하는가가 아니라, 바로 '나' 자신이 '나' 자신에 대해 얼마나 깊이 알고 이해하고자 하는가이다.

마찬가지로, 주체적 실존치료에서 중요한 것은 치료자와 내담자가 각기 자기 자신과 자신의 맥락에 대해 진정으로 알아보고 궁리하는 것이고 자신의 구체적·실제적·현실적 현존인 실존을 핵심 관심사로 두는 것이다. 주체적 실존치료에 필요한 모든 지식과 경험은 치료자인 '나'와 내담자인 '너'의 실존을 통해 이미 충분히 갖추어진 것이다. 다른 누군가의 지식과 경험은 치료자인 '나'와 내담자인 '너'에 의해 그 필요성이 합의된다면 수용하게 되는 것이지 필수 불가결한 요소는 전혀 아니라는 것이다.

만약 자기 자신의 말을 하는 것이 아니라면 그 어떠한 훌륭한 말도 주체적 실존치료에서는 그다지 가치 있게 여겨지지 않는다(물론 우리가 하는 모든 말이 세상에 처음으로 등장하는 것이 아니라 근본적으로는 언젠가 어디에서 누군가가 한 말의 모방일 뿐이라는 부정할 수 없는 사실은 기꺼이 인정한다). 이런 맥락에서 『앙굿따라 니까야』에 실린 의미심장한 말을 다시 한번 인용하고자 한다.

> "붓다는 진실을 판단할 때 전통(傳統)에 의지하지 말고, 전승(傳承)에 의지하지 말고, 뜬소문에 의지하지 말고, 경전의 권위에 의지하지 말고, 논리에 의지하지 말고, 추론(推論)에 의지하지 말고, 이론(理論)에 의지하지 말고, '이 사문(沙門)은 우리의 스승'이라고 해서 의지하지 말 것을 가르친다. 그리고 스스로 실행하고 시도하여 즐겁게 되는 것과 괴롭게 되는 것을 스스로 알게 되었을 때, 그것을 취하거나 버리라고 가르친다(이중표, 2023)."

두 번째 오해는 실존치료가 특정 실존적 문제의 주제, 예를 들면 '죽음'이나 '무의미' 등에 초점을 두는 치료라는 것이다. 내가 실존치료를 한다는 사실을 아는 치료자들은 자신의 내담자나 주변인 중 죽음, 특히 자살이나 무의미 등의 문제로 고민하는 사람에게 나를 치료자로 소개하는 경우가 많았고, 나의 수퍼바이지가 아닌데도 이런 주제와 관련된 사례를 나에게 수퍼비전 받고자 하는 수퍼바이지들이 있었다(이런 수퍼바이지 중 어떤 사람은 자신이 예상하고 기대했던 것과는 너무나 다른 나의 말에 다소 충격을 받는 경우가 있기도 했다). 같은 맥락에서 나는 그동안 자해나 자살 시도를 한 내담자와 자살 유가족을 빈번히 소개받곤 했다.

나는 이런 주제와 관련한 치료를 받고자 하는 내담자들이 실존치료의 대상이 될 수 없다고 말하려는 것이 전혀 아니다. 다만 죽음이나 무의미 등과 같은 특정 주제가 마치 실존치료의 핵심 주제라고 여기는 것이 오해라는 것, 그리고 실존치료를 그러한 주제에 대한 맞춤 치료처럼 여기는 것이 오해라는 것을 말하고 싶을 뿐이다. 예를 들어, 죽음의 문제는 실존치료뿐만 아니라 모든 치료에서 주제로 등장할 수 있고 실제로 등장하고 있으며, 모든 치료자가 각기 자신의 전문적이고 특화된 방식으로 죽음의 문제를 다루면서 치료하고 있다. 내가 초점을 두는 것은 실존치료를 주제 혹은 내용 중심적 관점에서 보는 것이 오해라는 점이다.

나는 실존치료에서 다루어지는 주제 혹은 내용보다 실존치료에서 더욱 중요한 것이 그 주제와 내용을 각기 당사자가 얼마나 자기 자신의 주제, 자기 자신의 내용으로 책임지면서 소유하는가 하는 점에 있다고 본다. 만약 누군가가 죽음의 문제를 그저 죽음의 문제로 여기면서 마치 제삼자처럼 객관적으로 대한다면, 그 사람은 실존치료는 물론 주체적 실존치료를 통해 큰 도움을 얻지 못할 가능성이 크다. 왜냐하면 '나'의 진정한 실존적 문제로 소유되지 않은 문제는 그것이 아무리 중요한 문제일지라도 그 문제에 천착(穿鑿)하게 하는 열정과 의지를 수반하지 않기 때문이다.

나는 실존철학에 대한 조예가 있다면서 치료를 신청한 내담자가 자신이 치료에 가지고 온 주제와 관련한 해박한 철학적 지식을 펼치기는 하나, 그 주제와 관련된 자기 자신만의 생생하고 직접적이며 일상적이고 개인적인 일화를 펼치는 것에는 어려움을 겪는 경우를 보기도 했다. 그 내담자는 자기의 문제를 자신만의 고유한 문제로 주관화(개인화)하기보다는 철학적이고 일반적인 문제로 객관화(보편화)하려는 경향을 보였다. 이러한 경향은 실존치료, 특히 주체적 실존치료에서 지향하는 바와는 한참이나 거리가 있는 것이다.

나는 치료자와 내담자 모두가 실존치료를 실존철학에서 혹은 특정 실존치료에서 중요시하는 특정 주제를 다루는 치료라고 생각하기보다는, 자기 삶의 다양한 주제에 대해 스스로의 힘으로(물론 내담자가 가진 힘을 믿고 그 힘을 발휘할 수 있도록 동참하는 치료자와 함께) 철학적으로 알아보고 궁리하며 철학적으로 탐색하고 탐구하는 치료라고 생각하기를 바란다. 철학적 '내용'이 핵심이 아니라 철학적 '과정'이 핵심이라는 사실을 기억해 주기를 바라는 것이다.

특히 치료자들이 실존치료에 대한 이러한 오해에서 벗어나기를 바라고, 개인적으로 주체적 실존치료가 이런 오해를 불식시키는 데 도움이 되기를 바란다. 나는 그 내용이 무엇이든 우리가 합의한 어떤 주제(문제)에 천착(穿鑿)하여 열심히 같이 알아보고 함께 궁리하는 지속적인 탐구와 조사, 질문 그 자체, 즉 끊임없는 참구(參究)를 주체적 실존치료에서의 철학적 방법이라고 생각하기 때문이다.

앞에 기술한 두 가지가 내가 경험한 실존치료에 대한 주요 오해이다. 여기에 한 가지 오해를 덧붙이고 싶다. 바로 실존치료를 하나의 개별적인 치료적 접근보다는 다른 치료들의 보조 역할을 훌륭하게 할 수 있는 치료적 태도 혹은 요소로 보는 것이다. 이 오해는 치료자들 사이에서 명시적으로 뚜렷하게 드러나기보다는 암묵적으로 드러나는 경향이 있다(명시적인 경우는 오해라기보다 그 치료자의 치료적 관점이라고 할 수 있겠다).

앞의 두 오해와 달리 이러한 오해를 하는 치료자 중에는 실존치료 이론에 대한 깊은 학습이나 방법에 대한 꾸준한 수련 없이 자신이 하는 치료에 실존치료의 특정 내용이나 기술을 검증 없이 자유롭게 적용하는 경향이 있는 것 같다. 이런 접근들이 유용하고 효율적인 측면이 많다는 것은 인정한다. 그리고 그렇게 하는 것이 자신의 선택과 결정이라면 그것 역시 훌륭한 실존치료일 수 있다. 실존치료를 위해 이론을 공부해야 하고 방법을 수련해야 한다는 고정된 규칙은 없기 때문이다.

다만 나는 그런 치료자들이 자신이 무엇을 어떻게 하고 있는지에 대한 명확한 자각에 입각한 선택과 결정, 그에 대한 분명한 책임 의식을 가져야 함을 말하고 싶다. 그리고 실존치료가 그런 것이 아니라, 자신이 실존치료를 그렇게 정의 내리고 치료 실제에 적용하고 있다는 것을 인식하는 것이 필요하다고 말하고 싶다. 왜냐하면 실존치료를 다르게 정의하면서 꾸준히 공부하고 엄밀하게 치료에 적용하며 연구하고 탐구하는 치료자들이 존재하기 때문이다.

이상으로 맺음말을 통해 내가 덧붙이고 싶었던 몇 가지 이야기를 마친다.

나는 치료자들이 자기의 치료 수행에 대해 책임 의식을 가지고 주체적으로 내담자를 만나기를 바란다. 실증주의적 연구에 기초한 기존의 확고한 치료 접근을 따른다고 할 때조차도 이미 있는 것을 맹목적으로 따르는 것을 경계하기를 바란다.

실증주의적 연구에 기초한 치료적 접근의 신뢰성과 타당성을 부정하는 것은 아니다. 그러나 그러한 접근이 실제로 실행되는 장(field), 즉 치료자와 내담자의 만남이 이루어지고 있는 장 그 자체는 실증주의적으로 혹은 객관주의적으로 검증될 수 있는 지평이 아니다. 이미 지평융합을 이루고 있는 그 역동적인 지평 내에서 우리는 온전히 나 자체로 존재할 수밖에 없고, 실증주의적이며 객관주의적으로 검증된 특정 방법을 실행하는 것 역시도 바로 그 순간의 '나'인 것이다.

만약 내가 모든 실행의 주체임을 잊는다면 나는 그 자체가 전문가로서의 윤리 의식에 문제가 있는 것이라고 본다. 모든 것이 인연생기(因緣生起)이지만 그 인연(因緣)의 분명하고 또렷한 요소인 '나' 그리고 그 '나의 기여(寄與)'와 '나의 책임'을 늘 인식하는 것이 중요하고 그것이 전문가로서의 기본적 윤리라고 생각한다.

치료자로 살면서 가슴에 깊이 새기게 된 것 중 하나가 바로 우리 치료자들이 '내담자'라고 명명하는 각 사람에 대한 존경심이다(물론 모든 내담자에 대해 이러한 것은 아니다). 주체적 실존치료 장면에서 '내담자'라는 자리를 진정으로 자신의 것으로 소유한 사람, 즉 자기 문제의 주인으로 당당하게 고통과 고난에 직면하는 사람의 모습은 존경심을 넘어 때로는 경외감을 불러일으키기까지 한다.

마지막으로, 그동안 자신의 내밀한 이야기를 기꺼이 나와 공유하며 같이 알아보고 함께 궁리해 온 내담자들 그리고 쉽지만은 않은 '같이 알아보기'와 '함께 궁리하기' 작업을 지금 나와 열심히 진행하고 있는 나의 내담자들에게, 김은희의 주체적 실존치료는 바로 '우리 모두'의 주체적 실존치료라고 말해 주고 싶다.

부록

부록 1. 집착척도

다음 문항을 잘 읽으시고 문항의 내용이 자기 자신과 어느 정도 일치하는지를 체크해 주십시오. 문항내용이 자신과 전혀 일치하지 않을 경우 '전혀 그렇지 않다'에, 매우 일치하는 경우 '매우 그렇다'에 체크해 주시기 바랍니다.

문항	전혀 그렇지 않다	그렇지 않다	보통이다	그렇다	매우 그렇다
1. 돌이킬 수 없는 과거 기억 때문에 괴롭다.	1	2	3	4	5
2. 일단 싫어진 사람은 시간이 지나도 좋아지지 않는다.	1	2	3	4	5
3. 익숙하지 않은 사람이나 분위기에 적응하기 힘들다.	1	2	3	4	5
4. 나는 원하는 것을 얻지 못하면 참을 수 없다.	1	2	3	4	5
5. 나한테 주어진 일에 전념하지 못한다.	1	2	3	4	5
6. 앞날에 대한 걱정 때문에 불안하다.	1	2	3	4	5
7. 과거의 고통스런 경험이 자꾸 생각난다.	1	2	3	4	5
8. 미운 사람은 어떤 행동을 해도 계속 밉게 보인다.	1	2	3	4	5
9. 새로운 상황에 익숙해지는 데 시간이 오래 걸린다.	1	2	3	4	5
10. 무엇이든 내가 하려는 대로 되지 않으면 참을 수 없다.	1	2	3	4	5
11. 나는 지금 현재 하는 일에 집중하지 못한다.	1	2	3	4	5
12. 생각하지 않으려고 해도 나의 미래가 걱정된다.	1	2	3	4	5
13. 과거의 일이 지금까지도 나를 괴롭힌다.	1	2	3	4	5
14. 한 번 실망한 사람에겐 시간이 흘러도 호감이 생기지 않는다.	1	2	3	4	5
15. 새로운 사람 또는 상황에 적응하기가 어렵다.	1	2	3	4	5
16. 나는 좋아하는 것을 얻지 못하면 참을 수 없다.	1	2	3	4	5
17. 나는 지금 하고자 하는 일에 몰두하지 못한다.	1	2	3	4	5
18. 나는 미래에 대해 걱정하고 불안해한다.	1	2	3	4	5
19. 괴로운 과거 기억이 지워지지 않는다.	1	2	3	4	5

문항	전혀 그렇지 않다	그렇지 않다	보통 이다	그렇다	매우 그렇다
20. 나는 싫은 사람은 끝까지 상대하지 않는다.	1	2	3	4	5
21. 갑작스러운 변화에 융통성 있게 대처하지 못한다.	1	2	3	4	5
22. 소망하는 것이 이루어지지 않으면 견딜 수 없다.	1	2	3	4	5
23. 내가 하고 싶은 일에 몰입하지 못한다.	1	2	3	4	5
24. 미래에 대한 걱정이 떠나지 않는다.	1	2	3	4	5
25. 잊고 싶은 과거 기억이 잊히지 않는다.	1	2	3	4	5
26. 미운 사람은 계속 미워하게 된다.	1	2	3	4	5
27. 나는 친숙하지 않은 사람이나 장소는 피한다.	1	2	3	4	5
28. 무슨 일이든 내가 바라는 대로 진행되어야 한다.	1	2	3	4	5
29. 나는 해야 할 일에 충실하지 못하다.	1	2	3	4	5
30. 앞으로 일어날지도 모를 일을 걱정하며 시간을 보낸다.	1	2	3	4	5
31. 과거 일이 자꾸 후회된다.	1	2	3	4	5
32. 내가 싫어하는 사람은 다른 사람들이 칭찬해도 여전히 싫다.	1	2	3	4	5
33. 나는 상황변화에 적절하게 대처하지 못한다.	1	2	3	4	5
34. 내가 바라는 대로 일이 되지 않으면 견딜 수 없다.	1	2	3	4	5
35. 과제나 업무를 수행할 때 정신을 집중하기 힘들다.	1	2	3	4	5
36. 나는 아직 생기지도 않은 일을 걱정한다.	1	2	3	4	5

부록 2. The Clinging Scale

Please read each of the statements carefully. Using 1–5 scale, indicate your agreement with each statement by placing the appropriate number. Do not leave any item unanswered.

1 = Strongly Disagree

2 = Disagree

3 = Neither Agree nor Disagree

4 = Agree

5 = Strongly Agree

1. I suffer from past memories I can not change.
2. Once I dislike someone, my dislike toward that person does not change over time.
3. It is difficult for me to adjust to an unfamiliar person or a situation.
4. I cannot tolerate if I do not get what I want.
5. I do not focus on my assigned work.
6. Worries about my future make me anxious.
7. My past painful experience often pops up in my mind.
8. Once I dislike someone, I dislike them no matter what they do.
9. It takes a longer time for me to get used to a new environment.
10. I can not tolerate it when things do not turn out the way I want.
11. I can not concentrate on what I am doing now.
12. I can not help but worrying about my future.
13. My negative past experiences still bother me.
14. Once someone disappoints me, I do not like the person even after time passes.
15. I find it difficult to adjust myself to a new person or a new environment.
16. I cannot tolerate it if I do not get what I want.
17. It is hard for me to keep focused on what I want to do.
18. I am anxious and worry about my future.

19. I cannot forget my painful memories.
20. I keep ignoring people whom I dislike.
21. I am not flexible when I respond to a sudden change.
22. I can not tolerate it if I do not achieve what I hope for.
23. I can not focus on what I want to do.
24. I worry about my future all the time.
25. I can not erase the memories that I want to forget.
26. Once I come to dislike someone, I continue to dislike that person.
27. I tend to avoid an unfamiliar person or a place.
28. Everything should work out as I want.
29. I do not do what I am supposed to do.
30. I spend time worrying about something that might happen to me in the future.
31. I frequently regret my past.
32. If I dislike someone, I continue to dislike that person even when others give the person praise.
33. I am not good at responding to a change of situation.
34. I cannot tolerate if things do not turn out as I want to.
35. It is difficult for me to remain focused while I perform a task.
36. I worry about something that has not been happened yet.

부록 3. 집착척도의 요인 및 최종 선정된 문항 내용

요인 이름	문항 내용
과거중심성	1. 돌이킬 수 없는 과거 기억 때문에 괴롭다. 2. 과거의 고통스러운 경험이 자꾸 생각난다. 3. 과거의 일이 지금까지도 나를 괴롭힌다. 4. 괴로운 과거 기억이 지워지지 않는다. 5. 잊고 싶은 과거 기억이 잊히지 않는다. 6. 과거 일이 자꾸 후회된다.
현재성결여	1. 나한테 주어진 일에 전념하지 못한다. 2. 나는 지금 현재 하는 일에 집중하지 못한다. 3. 나는 지금 하고자 하는 일에 몰두하지 못한다. 4. 내가 하고 싶은 일에 몰입하지 못한다. 5. 나는 해야 할 일에 충실하지 못하다. 6. 과제나 업무를 수행할 때 정신을 집중하기 힘들다.
미래중심성	1. 앞날에 대한 걱정 때문에 불안하다. 2. 생각하지 않으려고 해도 나의 미래가 걱정된다. 3. 나는 미래에 대해 걱정하고 불안해한다. 4. 미래에 대한 걱정이 떠나지 않는다. 5. 앞으로 일어날지도 모를 일을 걱정하며 시간을 보낸다. 6. 나는 아직 생기지도 않은 일을 걱정한다.
시각고정성	1. 일단 싫어진 사람은 시간이 지나도 좋아지지 않는다. 2. 미운 사람은 어떤 행동을 해도 계속 밉게 보인다. 3. 한 번 실망한 사람에겐 시간이 흘러도 호감이 생기지 않는다. 4. 나는 싫은 사람은 끝까지 상대하지 않는다. 5. 미운 사람은 계속 미워하게 된다. 6. 내가 싫어하는 사람은 다른 사람들이 칭찬해도 여전히 싫다.
상황경직성	1. 새로운 사람 또는 상황에 적응하기가 어렵다. 2. 익숙하지 않은 사람이나 분위기에 적응하기 힘들다. 3. 새로운 상황에 익숙해지는 데 시간이 오래 걸린다. 4. 갑작스런 변화에 융통성 있게 대처하지 못한다. 5. 나는 상황변화에 적절하게 대처하지 못한다. 6. 나는 친숙하지 않은 사람이나 장소는 피한다.

요인 이름	문항 내용
욕구집착성	1. 나는 원하는 것을 얻지 못하면 참을 수 없다. 2. 나는 좋아하는 것을 얻지 못하면 참을 수 없다. 3. 무엇이든 내가 하려는 대로 되지 않으면 참을 수 없다. 4. 소망하는 것이 이루어지지 않으면 견딜 수 없다. 5. 무슨 일이든 내가 바라는 대로 진행되어야 한다. 6. 내가 바라는 대로 일이 되지 않으면 견딜 수 없다.

참고문헌

각묵(2003). 금강경 역해. 불광출판부.

고익진 엮음(2014). 아함경 재개정판. 담마아카데미.

권오민(2004). 인도철학과 불교. 민족사.

길상(2001). 불교대사전. 홍법원.

김욱동(2008). 포스트모더니즘. 연세대학교 대학출판문화원.

김은희(2007). 개정판 집착척도 개발 및 타당화. 한국심리학회지: 상담 및심리치료, 19(1), 153-170.

김정현(2013). 철학과 마음의 치유. 책세상.

김종두(2014). 키에르케고르의 실존사상과 현대인의 자아 이해. 새물결플러스.

대림, 각묵(2004). 아비담마 길라잡이. 초기불전연구회.

대우(2002). 그곳엔 부처도 갈 수 없다. 현암사.

대우(2007). 마음놓고 쉬는 도리. 현암사.

목경찬(2014). 연기법으로 읽는 불교. 불광출판사.

미산(2016). 미산 스님 초기경전 강의. 불광출판사.

박찬국(2014). 하이데거의 「존재와 시간」 강독. 그린비.

벽해 원택 감역(2018). 어록의 왕 임제록. 장경각.

변광배(2005). 존재와 무. 살림출판사.

신승환(2003). 포스트모더니즘에 대한 성찰. 살림출판사.

육조혜능선사 술. 학담 해의(2000). 육조법보단경. 큰수레.

윤호균(1999). 불교의 연기론과 상담. 동양심리학(최상진, 윤호균, 한덕웅, 조긍호, 이수원 공저). 지식산업사.

윤호균(2001). 공상, 집착 그리고 상담. 한국심리학회 연차학술발표대회 논문집. 한국심리학회.

이기상, 구연상(1998). 『존재와 시간』 용어해설. 까치글방.

이남인(2004). 현상학과 해석학. 서울대학교출판문화원.

이남인(2013). 후설과 메를로퐁티 지각의 현상학. 한길사.

이종훈 편역(2014). 후설의 현상학과 현대문명 비판. 이담북스.

이종훈(2017). 후설현상학으로 돌아가기. 한길사.

이중표(2017). 불교란 무엇인가. 불광출판사.

이중표 역해(2019). 디가 니까야. 불광출판사.

이중표 역해(2020). 맛지마 니까야. 불광출판사.

이중표(2020). 붓다가 깨달은 연기법. 불광출판사.

이중표 역해(2021). 쌍윳따 니까야. 불광출판사.

이중표 역해(2023). 앙굿따라 니까야. 불광출판사.

이중표(2024). 현대와 불교사상. 불광출판사.

이진오(2010). 야스퍼스의 정신병리학적 현상학과 후설의 현상학. 야스퍼스와 사유의 거인들. 지식을 만드는 지식.

일묵(2020). 사성제. 불광출판사.

일아 역(2015). 숫따니빠따. 불광출판사.

전재성 역주(1999). 쌍윳따 니까야. 한국빠알리성전협회.

전재성 역주(2002). 맛지마 니까야. 한국빠알리성전협회.

전현수(2018). 불교정신치료 강의. 불광출판사.

전현수(2020). 초기불교 32강. 불광출판사.

조광제(2013). 존재의 충만, 간극의 현존. 그린비.

지산 엮음(2005). 붓다의 길 위빠사나의 길. 한길.

梶山 雄一 (2024). 공(空) 공부. (김성철 역). 김영사.

Adams, M. (2013). *Existential counseling*. Sage.

Adams, M. (2019). Existential-phenomenological therapy, Method and Practice, In Deurzen, E. van, Craig, E., Längle, A., Schneider, K. J., Tantam, D., & Du Plock, S. (Eds.). *The Wiley World Handbook of Existential Therapy*. John Wiley & Sons, Inc.

Barnett, L., & Madison, G. (Eds.). (2012). *Existential therapy*. Routledge.

Binswanger, L. (1975). *Being-in-the-world: Selected papers of Ludwig Binswanger* (trans. J. Needleman). Basic Books.

Blackburn, S. (2016). *Oxford dictionary of philosophy* (3rd ed.). Oxford University Press.

Bollnow, O. F. (2006). 실존철학 입문(*Existenzphilosophie*). (최동희 역). 간디서원.

Boorstein, S. (1997). 자아초월정신치료(*Transpersonal Psychotherapy*). (정성덕, 김익창 공역). 하나의학사.

Boss, M. (1963). *Psychoanalysis and daseinsanalysis* (trans, L. B. Lefebre). Basic Books.

Cohn, H. (1997). *Existential thought and therapeutic practice*. Sage.

Cohn, H. (2002). *Heidegger and roots of existential therapy*. Continuum.

Cooper, M. (2003). *Existential therapy*. Sage.

Cooper, M. (2015). *Existential psychotherapy and counselling*. Sage.

Cooper, M. (2017). *Existential therapies* (2nd ed.). Sage.

Cooper, M. (2020). *The existential counselling primer* (2nd ed.). PCCS Books.

Cooper, M., Craig, E., & van Deurzen, E. (2019). Introduction: What is existential therapy?. In E. van Deurzen, E. Craig, A. Längle, K. J. Schneider, D. Tantam, & S. du Plock (Eds.). *The wiley world handbook of existential therapy*. John Wiley & Sons, Inc.

Cooper, M., & MacLeod, J. (2011). *Pluralistic counselling and psychotherapy*. Sage.

Correia, E. A., Cooper, M., & Berdondini, L. (2016). Existential psychotherapy: An international survey of the key authors and texts influencing practice. In S. Schulenberg (Ed.). *Clarifying and furthering existential psychotherapy*. Springer.

Corsini, R. J. (2002). *The dictionary of psychology*. Brunner-Routledge.

Craig, E. (2019). The history of daseinsanalysis. In E. van Deurzen, E. Craig, A. Längle, K. J. Schneider, D. Tantam, & S. du Plock (Eds.). *The wiley world handbook of existential therapy*. John Wiley & Sons, Inc.

DuBoss, T. (2016). Engaged understanding for lived meaning. In S. Schulenberg (Ed.). *Clarifying and furthering existential psychotherapy*. Springer.

Frankl, V. E. (1986). *The doctor and the soul: From psychotherapy to logotherapy*. Vintage Books.

Gadamer, H. G. (2000). 진리와 방법 1: 철학적 해석학의 기본 특징들(*Wahrheit und methode: Grundzuge einer philosophischen hermeneutik*). (이길우, 이선관, 임호일, 한동원 공역). 문학동네.

Gadamer, H. G. (2012). 진리와 방법 2: 철학적 해석학의 기본 특징들(*Wahrheit und methode: Grundzuge einer philosophischen hermeneutik*). (임홍배 역). 문학동네.

Gergen, K. J. (2009). *Relational being: Beyond self and community*. Oxford University Press.

Gladding, S. T. (2001). *The counseling dictionary: Concise definitions of frequently used terms*. Merrill Prentice Hall.

Gordon, H. (1999). *Dictionary of existentialism*. Greenwood Press.

Heidegger, M. (1997). 존재와 시간(*Sein und zeit*). (이기상 역). 까치글방.

Heidegger, M. (2005a). 이정표(*Wegmarken*) 1. (신상희 역). 한길사.

Heidegger, M. (2005b). 이정표(*Wegmarken*) 2. (이선일 역). 한길사.

Heidegger, M. (2008). 숲길(*Holzwege*). (신상희 역). 나남.

Hoeller, K. (2012). The existential 'therapy' of Thomas Szasz: Existential, yes; therapy, no. In L. Barnett & G. Madison (Eds.). *Existential therapy*. Routledge.

Husserl, E. (1997). 경험과 판단(*Erfahrung und urteil*). (이종훈 역). 민음사.

Husserl, E. (2002). 데카르트적 성찰(*Cartesianische meditation*). (이종훈 역). 한길사.

Husserl, E. (2009). 순수현상학과 현상학적 철학의 이념들 1(*Ideen zu einer reinen phanomenologie und phanomenologischen philosophi*). (이종훈 역). 한길사.

Husserl, E. (2013). 현상학적 심리학(*Phänomenologische psychologie: Vorlesungen sommersemester 1925*). (이종훈 역). 한길사.

Husserl, E. (2014). 엄밀한 학문으로서의 철학(*Philosophie als strenge Wissenschaft*). (이종훈 역). 지식을만드는지식.

Husserl, E. (2015). 유럽학문의 위기와 선험적 현상학(*Die Krisis der europäischen wissenschaften und die transzendentale phänomenologie: Eineeinleitung in die phänomenologische philosophie*). (이종훈 역). 한길사.

Husserl, E. (2018). 수동적 종합: 1918~1926년 강의와 연구 원고(*Analysen zur passiven synthesis*). (이종훈 역). 한길사.

Husserl, E. (2019). 형식논리학과 선험논리학(*Formale und transzendentale logik*). (이종

훈 역). 한길사.

Jaspers, K. (2019). 철학 II(*Philosophie*) . (신옥희, 홍경자, 박은미 공역). 아카넷.

Lacovou, S., & Weixel-Dixon, K. (2015). *Existential therapy*. Routledge.

Langdridge, D. (2013). *Existential counselling & psychotherapy*. Sage.

Matthews, B. (1983). *Craving and salvation: A study in buddhist soteriology*. Wilfrid Laurier University Press.

May, R., Angel, E., & Ellenberger, H. (Eds.). (1958). *Existence*. Basic Books.

May, R. (Ed.). (1961). *Existential psychology*. Random House.

Merleau-Ponty, M. (2002). 지각의 현상학(*Phénoménologie de la perception*). (류의근 역). 문학과지성사.

Nietzsche, F. (2000). 차라투스트라는 이렇게 말했다(*Also sprach Zarathustra*). (정동호 역). 책세상.

Nietzsche, F. (2001). 인간적인 너무나 인간적인 I(*Menschliches, allzumenschliches*). (김미기 역). 책세상.

Nietzsche, F. (2002a). 선악의 저편 · 도덕의 계보(*Jenseits von Gut und Böse·Zur Genealogie der Moral*). (김정현 역). 책세상.

Nietzsche, F. (2002b). 바그너의 경우 · 우상의 황혼 · 안티크리스트 · 이 사람을보라 · 디오니소스 송가 · 니체 대 바그너(*Fall Wagner · Götzen-Dämmerung · Antichrist · Ecce homo · Dionysos-Dithyramben · Nietzsche contra wagner*). (백승영 역). 책세상.

Nietzsche, F. (2004a). 아침놀(*Morgenröthe*). (박찬국 역). 책세상.

Nietzsche, F. (2004b). 유고(1884년 가을~1885년 가을) (*Nachgelassene fragmente herbst 1884 bis herbst 1885*). (김정현 역). 책세상.

Nietzsche, F. (2005a). 비극의 탄생 · 반시대적 고찰(*Geburt der Tragödie · UnzeitgemäBe Betrachtungen*). (이진우 역). 책세상.

Nietzsche, F. (2005b). 즐거운 학문 · 메시나에서의 전원시 · 유고(1881년 봄~1882년 여름)(*Frohliche Wissenschaft · Idyllen aus Messina · Nachgelassene Fragmente Frühjahr 1881 bis sommer 1882*). (안성찬 역). 책세상.

Nietzsche, F. (2005c). 유고(1885년 가을~1887년 가을)(*Nachgelassene Fragmente Herbst 1885 bis Herbst 1887*). (이진우 역). 책세상.

Nietzsche, F. (2016). 이 사람을 보라(*Ecce homo*). (이상엽 역). 지식을만드는지식.

Nitta, Y. (2014). 현상학이란 무엇인가: 후설의 후기 사상을 중심으로(現象学とは何か： フッサールの後期思想を中心として). (박인성 역). 도서출판b.

Palmer, R. E. (1988). 해석학이란 무엇인가(*Hermeneutics*). (이한우 역). 문예출판사.

Plock, S. D. (2012). A Response to 'Depth and the marketplace: psychology's faustian plight', In L. Barnett & G. Madison (Eds.). *Existential therapy*. Routledge.

Plock, S. D., & Tantam, D. (2019). History of existential-phenomenological therapy. In E. van Deurzen, E. Craig, A. Längle, K. J. Schneider, D. Tantam, & S. du Plock (Eds.). *The wiley world handbook of existential therapy*. John Wiley & Sons, Inc.

Pomponi, P. (Ed). (2019). *Dialogues on the search for meaning in existential therapy*. Society for Existential Analysis.

Rune, E. A. (1979). *The dynamic psychology of early buddhism*. Curzon Press Ltd.

Sartre, J. P. (1994). 존재와 무(*Être et le néant*). (정소성 역). 동서문화사.

Sartre, J. P. (2008). 실존주의는 휴머니즘이다(*Existentialisme est un humanisme*). (박정태 역). 이학사.

Schneider, K. J. (Ed.). (2008). *Existential-integrative psychotherapy: Guideposts to the core of practice*. Routledge.

Schneider, K. J., & Krug, O. T. (2010). *Existential-humanistic therapy*. APA.

Schneider, K. J., & May, R.(Eds.). (1995). *The psychology of existence: An integrative, clinical perspective*. MaGraw-Hill.

Schneider, K. J., & Plock, S. D. (2012). Depth and the marketplace. In L. Barnett & G. Madison (Eds.). *Existential therapy*. Routledge.

Schulenberg, S. (Ed.). (2016). *Clarifying and furthering existential psychotherapy*. Springer.

Sousa, D. (2016). Existential psychotherapy-the genetic-phenomenological approach: Beyond a dichotomy between relating and skills. In S. Schulenberg (Ed.). *Clarifying and furthering existential psychotherapy*. Springer.

Sousa, D. (2017). *Existential psychotherapy*. Palgrave Macmillan.

Spinelli, E. (1989). *The interpreted world: An introduction to phenomenological psychology*. Sage.

Spinelli, E. (1994). *Demystifying therapy.* Constable.

Spinelli, E. (1997). *Tales of un-knowing: Eight stories of existential therapy.* New York University Press.

Spinelli, E. (2001). *The mirror and the hammer: Challenges to therapeutic orthodoxy.* Continuum.

Spinelli, E. (2005). *The interpreted world: An introduction to phenomenological psychology* (2nd ed.). Sage.

Spinelli, E. (2007). *Practising existential therapy*. Sage.

Spinelli, E. (2015). *Practising existential therapy* (2nd ed.). Sage.

Spinelli, E. (2016). Experiencing change: An existential perspective. In S. Schulenberg (Ed.). *Clarifying and furthering existential psychotherapy*. Springer.

Spinelli, E. (2019). DIALOGUE 10. In P. Pomponi (Ed.) *Dialogues on the Search for Meaning in Existential Therapy*. Ernesto Spinelli & Gianfranco Buffardi. The Society for Existential Analysis.

Szasz, T. (1978). *The myth of psychotherapy: Mental healing as religion, rhetoric, and repression*. Anchor Press/Doubleday.

U Janaka(2003). 위빠사나 수행(*Vipassana meditation*). (김재성 역). 불광출판부.

U Pandita(2002). 위빠사나 수행의 길(*The path of Vipassana-be mindful at this moment*). (김재성 역). 호두마을 위빠사나 수행처.

van Deurzen, E. (2010). *Everyday mysteries: A handbook of existential psychotherapy* (2nd ed.). Routledge.

van Deurzen, E. (2012a). *Existential counselling & psychotherapy in practice* (3rd ed.). Sage.

van Deurzen, E. (2012b). Reasons for living: Existential therapy and spirituality. In L, Barnett & G. Madison (Eds.). *Existntial therapy*. Routledge.

van Deurzen, E. (2016). Structural Existential Analysis (SEA): A phenomenological method for therapeutic work, In S. Schulenberg (Ed.). *Clarifying and furthering existential psychotherapy*. Springer.

van Deurzen, E., & Adams, M. (2011). *Skills in existential counselling & psychotherapy.* Sage.

van Deurzen, E., & Adams, M. (2016). *Skills in existential counselling & psychotherapy* (2nd ed.). Sage.

van Deurzen, E., & Arnold-Baker, C. (Eds.). (2005). *Existential perspectives on human issues: A handbook for therapeutic practice*. Palgrave Macmillan.

van Deurzen, E., Craig, E., Längle, A,, Schneider, K. J., Tantam, D., & du Plock, S. (Eds.). (2019). *The wiley world handbook of existential therapy*. John Wiley & Sons, Inc.

van Deurzen, E., & Kenward, R. (2005). *Dictionary of existential psychotherapy and counselling*. Sage.

Yalom, I. (1980). *Existential psychotherapy*. Basic Books.

Zahavi, D. (2007). 후설의 현상학(*Husserl's phenomenology*). (박지영 역). 한길사.

크게 뒤치니 활발발(活鱍鱍)하다.

(대우, 2007)

저자 소개

김은희(Kim Eun Hee)

가톨릭대학교 심리학과 박사

전) 서울디지털대학교 상담심리학부 교수
한국상담심리학회 실존치료연구회 회장

현) 김은희심리상담연구소 소장

〈주요 논문〉

집착의 잠재계층과 정신건강(한국심리학회: 상담 및 심리치료, 2008)

집착, 역기능적 문제해결, 마음챙김, 자살생각 간의 관계(한국심리학회: 상담 및 심리치료, 2008)

개정판 집착척도 개발 및 타당화(한국심리학회: 상담 및 심리치료, 2007)

주체적 실존치료의 이론과 방법

Theory and Method of Existential Therapy of the Insubstantial-Self

2025년 10월 10일 1판 1쇄 인쇄
2025년 10월 15일 1판 1쇄 발행

지은이 • 김은희
펴낸이 • 김진환
펴낸곳 • (주) 학지사
04031 서울특별시 마포구 양화로 15길 20 마인드월드빌딩
대표전화 • 02)330-5114 팩스 • 02)324-2345
등록번호 • 제313-2006-000265호

홈페이지 • http://www.hakjisa.co.kr
인스타그램 • https://www.instagram.com/hakjisabook/

ISBN 978-89-997-3533-2 93180

정가 20,000원